Guide des nouvelles lectures de la Bible

Collection sous la direction de
André Lacocque

Guide des nouvelles lectures de la Bible

Traduction de Jean-Pierre Prévost

Bayard

ISBN 2-227-47173-5

3 et 5, rue Bayard, 75008 Paris

SOMMAIRE

Introduction 9

Lectures littéraires

Robert Alter
Critique littéraire 23

Jean-Noël Aletti
Lecture rhétorique 40

James A. Sanders
Lecture canonique 67

Lectures psychosociales

Danna Nolan Fewell
Lecture féministe 97

Thomas Overholt
Lecture culturelle et anthropologique 115

J. H. Elliott
Lecture socioscientifique 141

Wayne Rollins
Lecture psychologique .... 168 ✓

Andre Lacocque's translation of this article, originally English

Lectures politiques

Severino Croatto
Lecture libérationniste 201

David Jobling
Lecture idéologique 222

Fernando Segovia
Lecture postcoloniale 246

Warren Carter
Lecture impérialiste 273

Neil Elliott
Lecture politique 306

Lectures interpellantes

K. M. Adam
Lecture postmoderne 319

Daniel Patte
Lecture globaliste 338

INTRODUCTION

L'humain est un animal conscient, pensant, parlant – et interprétant. De fait, nous passons toute notre vie à interpréter nos sentiments, les gestes et paroles d'autrui, les événements personnels et collectifs, les choses, le monde – la Bible.

Ce qu'il est convenu d'appeler « les Écritures » ne sont pas que des écrits. L'Écriture est aussi une Lecture, elle est ainsi appelée par la tradition juive. La chose est particulièrement évidente en ce qui concerne le texte hébreu du Premier Testament lequel ne comporte que des consonnes et doit, par conséquent, être vocalisé (dans les deux sens du terme) par un lecteur. L'écriture « nue » n'existe tout simplement pas. Dès les origines, la tradition orale ou écrite a été vivifiée par son interprétation. De fait, l'Écriture s'est amplifiée elle-même par croissance interprétative. L'Écriture est interprétation de l'Écriture, qui devient dès lors une « lecture infinie »[1].

Lorsque la Bible devint objet d'étude critique avec les grands commentateurs juifs du Moyen Âge, puis les savants de la Renaissance, il fut impératif d'établir des critères scientifiques d'interprétation (l'herméneutique). Cette recherche atteignit un sommet important avec les critiques allemands du XIXe siècle. La méthode systématisée de Julius Wellhausen, appelée *historico-critique* ou *hypothèse documentaire*, a dominé la recherche biblique pendant au moins cent ans. Mais dans les dernières décennies du XXe siècle, au sortir d'une crise durement ressentie par les exégètes bibliques, une révolution épistémologique s'est produite. Jusqu'alors, l'hypothèse documentaire avait généralisé l'idée de la Bible comme le résultat d'une collection plus ou moins disparate et homogénéisée, de sorte que la tâche du critique consistait à identifier les couches littéraires jusqu'à trouver si possible le noyau « originel », considéré comme « authentique » par contraste avec les additions et retouches éditoriales

1. Voir David Banon, *La lecture infinie*, Paris, Le Seuil, 1987.

accumulées au cours de la transmission séculaire des textes[2]. Ceci, qui a battu son plain en « Ancien Testament », a aussi atteint la critique néo-testamentaire qui se mit à chercher à reconstruire les *ipsissima verba* de Jésus, de Paul, des autres écrivains du Nouveau Testament. Un travail considérable a été accompli dans cette ligne qu'il n'est pas question aujourd'hui d'ignorer dans une lecture critique de la Bible. Pourtant, l'entreprise s'avéra atteinte d'essoufflement, sinon d'auto-étouffement. Les études archéologiques, folkloriques et linguistiques jetèrent un doute grave sur les critères employés pour récupérer un « noyau originel ». Il était devenu évident, par exemple, qu'une version courte n'est pas nécessairement plus « authentique » qu'une version longue d'une certaine tradition. Plus radicalement, la question s'est posée de savoir si un texte « décanté » était « meilleur », c'est-à-dire plus fiable que le *textus receptus*.

Sortir des sillons d'une « vérité reconnue » ou « universelle » est toujours difficile et pénible. Aujourd'hui cependant, dans les milieux scientifiques, ce qui a été pensé hier comme indubitable est sujet à une révision fondamentale. Les résultats en ce qui concerne l'étude biblique sont en tout point remarquables. Ils s'expriment dans une floraison d'engagements du texte dont on trouvera une palette dans le présent ouvrage. On en appréciera la richesse de couleurs et la capacité d'éclairage des textes qu'elle révèle.

De ce florilège présenté aux lecteurs de langue française, on trouvera quatorze contributions explorant quatorze différents engagements du texte biblique. Ce nombre de méthodes critiques n'est pas exhaustif. Personne aujourd'hui ne pense qu'il n'y a pas d'autres approches possibles. Et, fait remarquable parmi les scientifiques, personne ne pense que sa méthode est exclusive des autres.

Donc, dans le présent volume, un groupe de spécialistes contemporains a contribué à produire un ouvrage collectif sur les « nouvelles lectures » de l'Écriture hébraïque et grecque.

2. C'est ce que nous avons appelé plus haut l'Écriture interprétant l'Écriture.

Leurs études ne sont pas groupées au hasard. Un principe de base sous-tend la totalité du projet, à savoir, comme il été dit plus haut, qu'il n'est plus possible aujourd'hui de prétendre à l'exclusivité critique d'un texte – y compris la Bible – quelle que soit la méthode adoptée.

*

LECTURES LITTÉRAIRES

Parmi les tout premiers mouvements de protestation contre l'impérialisme scientifique ancien, la nouvelle *critique littéraire* – illustrée par des maîtres tels que Robert Alter, dont l'étude sur le Deutéronome ouvre ce volume – défendit le bien-fondé du principe selon lequel le texte « tel quel » doit être le point de départ et le point d'arrivée du critique. Il en est de la Bible comme d'Homère ou de Shakespeare. Non seulement il n'y a aucune garantie qu'une version antérieure serait à juger comme « supérieure », mais ce qui fait d'un texte un classique est justement la victoire de ce texte sur le temps grâce à une lecture perpétuelle. Un document communautaire comme l'Écriture reçoit sa consécration dans la communauté de lecture.

Le style, dit R. Alter est l'un des aspects les plus négligés des étudiants de la Bible. Se concentrant sur la rhétorique du Deutéronome, dont le style est particulièrement original et, en fait, le plus développé de toute la Bible, le critique californien en souligne la force persuasive. Il examine toute une série de tropes, répétitions, phénomènes syntaxiques et grammaticaux, au service de la position centrale de l'événement du Sinaï dans la mémoire collective de Israël. Le monothéisme mosaïque a évidemment eu pas mal de fil à retordre pour s'imposer.

Comme d'habitude, R. Alter nous régale d'un feu d'artifice de critique littéraire à l'occasion de son étude du Deutéronome. Elle s'applique incontestablement à tous les textes de la tradition biblique.

C'est aussi de rhétorique qu'il est question avec la contribution du Français Jean-Noël Aletti sur la *lecture rhétorique* du Nouveau Testament. Ainsi que Aletti le dit lui-même, cette lecture des textes n'est pas nouvelle, elle a été employée par Augustin, Mélanchthon, Calvin... Mais la science moderne a des instruments d'investigation et de comparaison infiniment plus riches et nuancés que ceux dont disposaient ces illustres prédécesseurs. La lecture rhétorique s'occupe de structures littéraires, de leurs métaphores et autres tropes ; c'est « l'étude des figures bibliques ». On pensera aux parallélismes littéraires, aux synecdoques et autres moyens stylistiques à usage esthétique ou persuasif *(ad probandum)*. Paul en particulier est un rhétoricien exemplaire. Il emploie volontiers le paradoxe pour démontrer que l'économie divine est réfractaire « à toute emprise conceptuelle ». La « composante communicative et persuasive [des textes] est déterminante » pour leur juste compréhension, conclut le savant catholique de l'Institut biblique de Rome.

Une déconstruction vigoureuse de l'hypothèse documentaire nous vient d'un groupe de critiques conscients du caractère *canonique* du Texte. La dissection des traditions bibliques se faisait manifestement au mépris de ce caractère et, au lieu de rendre le texte ancien plus lisible et plus compréhensible pour le lecteur laïc ou non-spécialiste, elle le dépossédait d'un texte devenu cryptique et ésotérique pour le non-savant. La *lecture canonique*, est illustrée par des maîtres parmi lesquels James Sanders est probablement le plus fameux. On trouvera ici son étude où il rappelle à nouveau que le texte biblique est écrit par la communauté interprétante et pour son usage. C'est elle qui a trié des documents multiples et a retenu les livres présents dans nos Bibles sous leur forme actuelle canonisée. Il n'est donc pas licite de transformer le texte, même « scientifiquement », pour retrouver une prétendue authenticité perdue. J. Sanders retrace l'histoire de la canonisation biblique et montre qu'elle a continué au-delà de sa conclusion officielle. Il était nécessaire d'adapter le texte aux besoins nouveaux de la communauté vivante (par herméneutique). Le canon comme processus continu n'a pas de fin.

LECTURES PSYCHOSOCIALES

Certes, pourtant, qui dit Canon dit aussi fixation, au moins relative. C'est à une réaction plus « interne » que la *lecture féministe* fait écho. Un de ses représentants les plus connus est Danna Nolan Fewell qui étudie ici le texte de Genèse 34. Le *textus receptus*, dit-elle, ne doit pas nous aveugler quant au patriarcalisme prévalant dans l'ancien Israël des deux Testaments. Dans une lecture moderne, il faut rendre leur voix aux femmes bibliques dont le discours est souvent ignoré ou, en tout cas, interprété en mineur. Le texte est adressé non seulement aux hommes mais aux femmes de la communauté interprétante. C'est justice de « lire entre les lignes » et de se demander, par exemple, ce que Sarah a pensé du sacrifice (manqué de peu) de son fils Isaac. Il faut réévaluer dans le livre de Ruth l'attitude de Orpah qui refusa de couper ses racines moabites pour suivre Naomi et devenir une « métèque » en Judah. De même en ce qui concerne Vashti, laquelle, en contraste avec Esther, a refusé de s'exhiber pour gagner les faveurs du roi Ahasuérus (Xerxès I), sorte de Barbe-Bleue antique...

La plaidoirie dite féministe revêt une importance que je juge primordiale. Le plus sûr critère de jugement d'une culture ou civilisation est comment elle traite les femmes. L'enjeu d'une lecture féministe des textes est précisément l'accès à un niveau supérieur – parce que libérateur et généreux – de l'existence individuelle et collective.

Thomas W. Overholt a une carrière distinguée comme spécialiste du corpus prophétique du Premier Testament. Sa contribution ici est d'ordre *anthropologique*. Il concentre dès l'abord son intérêt – et le nôtre – sur les contes répertoriés dans les traditions d'Élie – Élisée (1 R – 2 R). Pour en saisir toute la portée, dit T. W. Overholt, il faut comprendre « le monde mental supposé par ces contes, ainsi que les institutions sociales qui rendent convaincante cette vue du monde. »

Élie et Élisée sont des personnalités puissantes. Ils opèrent des miracles comme les chamans de l'histoire des religions. Il arrive qu'ils soient nourris par des corbeaux (1 R 17,2-7) ou par « un messager de Yhwh » (1 R 19,5-7). Ils peuvent multiplier les aliments d'une veuve ou ressusciter son fils, etc. Nous sommes en plein folklore « chamanique ». Originaires de régions fort diverses, des parallèles nombreux existent, car le chamanisme est extrêmement répandu dans le monde entier et a une origine multimillénaire. La *lecture anthropologique* prend au sérieux ces parallèles et en montre l'importance et l'emploi universel. La Bible est démystifiée et « démythologisée » (comme dirait Bultmann), un processus opérant déjà à l'intérieur de la Bible et que le critique continue à frais nouveaux.

La *lecture socioscientifique* est ici présentée par John H. Elliott de l'université de San Francisco. Magistralement, J. H. Elliott démontre l'importance cruciale de cette critique pour l'interprétation biblique. La Bible est un document reflétant le milieu social avec ses agents, ses structures, ses institutions sociales incorporées dans le drame quotidien. Souvent, les textes bibliques se réfèrent à ces structures comme allant de soi, ce qui rend ces allusions faussement inoffensives. Le critique doit faire passer ces allusions au rang de descriptions car « toute compréhension, imagination, expression et communication est conditionnée socialement et culturellement ». J. H. Elliott procède alors à une analyse intéressante du « mauvais œil » dans l'épître aux Galates, remis dans le contexte du monde méditerranéen en général. Mais, ce qui est clair en ce qui concerne l'épître aux Galates n'est qu'un aperçu d'une méthode qui s'applique à toute la Bible dans ses deux Testaments. Ainsi qu'on le verra dans la catégorie suivante des « lectures politiques », l'effort scientifique en ce sens se poursuit selon des angles complémentaires.

Mais, auparavant, nous tournons notre attention vers un chercheur imaginatif et courageux, Wayne Rollins, sur la *lecture psychologique*. W. Rollins a quasi à lui seul réhabilité la recherche psychologique de la Bible aux États-Unis. Nul mieux que lui ne pouvait apporter cette contribution au volume qui va suivre. Fait curieux, en effet, un sentiment de méfiance mutuelle entre psychologues et biblistes avait grevé l'approche psychologique en science biblique et ce pendant le plus clair du XXe siècle. En un sens, la psychologie fut alors la victime de son propre succès, lequel a conduit à une trompeuse universalisation et à une inévitable trivialisation dans le monde occidental.

Pourtant, comme dit W. Rollins, la Bible est le produit entre autre d'un processus psychologique ou psychique. Des facteurs inconscients autant que d'autres conscients ont contribué à la formation de la communauté créatrice et interprétante. Car l'un des objectifs bibliques est l'analyse de la *psychè* humaine et on connaît l'importance des termes *nephesh* pour le Premier Testament et *psychè* pour le Nouveau Testament dans leurs coordonnées individuelles et collectives. Une importante branche de la théologie chrétienne émanant de ce souci biblique est ce qu'on appelait naguère « la cure d'âme ».

La critique psychologique est moins une méthode qu'une certaine *lecture* des textes. Elle sera évidemment très sensible à la symbolique biblique et à ses images archétypales. On ne peut lire Genèse 2–3 sans être conscient de la représentation symbolique des protagonistes Adam, Ève, le serpent... On se souvient du « Héros aux mille visages » de Joseph Campbell et, plus près de nous, de l'analyse des Noces de Cana par Françoise Dolto et Gérard Séverin *(Le Jésus de la psychanalyse : Une interprétation freudienne de l'Évangile).*

Un champ particulièrement fructueux pour la recherche psychologique est celui des voies par lesquelles la Bible affecte ses lecteurs. Paul Ricœur parle du texte qui désoriente et réoriente. En définitive, l'étudiant(e) de la Bible interprète moins qu'il ou elle n'est interprété(e).

Après l'œuvre de W. Rollins, on peut se demander comment on a pu faire fi pendant si longtemps de cette mine inépuisable qu'est la lecture psychologique de la Bible. Il a fallu pourtant remonter une pente raide, mais la maîtrise de W. Rollins en ce domaine nous a apporté déjà des résultats impressionnants de pénétration psychologique.

LECTURES POLITIQUES

C'est avec tristesse que nous passons au spécialiste suivant, décédé brusquement avant la publication de son article pour le présent volume. C'est typiquement une contribution profonde et agréable à lire, sur le modèle de son auteur argentin, Severino Croatto. Il nous régale ici d'un essai sur une *lecture "libérationniste"* à l'occasion du texte de 1 R 12. La version des événements telle qu'on la trouve dans le texte massorétique est d'origine deutéronomiste. Elle fait l'apologie du roi Salomon. Mais le texte grec « nous offre une version différente des événements » en au moins deux recensions, l'une proche du texte massorétique (1 R 11,26-43; 12,1-33), l'autre, « indépendante » (12,24). Celle-ci est spécialement intéressante en ce qu'elle montre que c'est le Royaume du Nord (Israël) qui est le véritable héritier de la guilde des douze tribus de l'époque de Josué ; cette recension est aussi animée d'une sympathie spéciale pour Jéroboam. Bref, on trouve là un « envers » de l'histoire officielle qu'il est ici possible de récupérer en dépit de la « vision biaisée » de la tradition textuelle.

Le propos plus large de Croatto est une lecture « entre les lignes » des textes. Ceux-ci nous présentent une version officialisée des événements et des idées. Les uns et les autres, cependant, souvent oblitèrent d'autres interprétations anciennes qui n'ont pu résister à l'étouffement opéré par le parti triomphant. Or, dans le monde contemporain et, en particulier, le tiers-monde, il se peut que des non-favorisés puissent se reconnaître plus directement dans les versions marginalisées que dans la version officielle. C'est en quoi la lecture « entre les lignes » est « libérationniste », car elle rend leur voix, non seulement à ceux qui, au niveau du texte, l'avaient perdue, mais aussi aux lecteurs « humiliés et offensés » dans le monde entier.

La séquence logique est respectée par la place qu'occupe l'*analyse idéologique (néomarxiste)* que présente l'exégète canadien David Jobling. Elle consiste, dit ce spécialiste, dans la recherche des traces de « luttes politiques » au niveau des textes, luttes présentes à l'époque de leur composition et lors de leur interprétation, ancienne ou moderne. Comme dans la lecture postcoloniale, par exemple (voir *infra*), il est ici souligné que « la situation sociale et politique de l'interprète détermine son interprétation ». Or, ces *a-priori* conceptuels sont le plus souvent, soit inconscients, soit, plus gravement, camouflés. Dans un cas comme dans l'autre, ils sont susceptibles de créer des malentendus. L'idéologie, en règle générale, se pense naturelle et indéniable ; elle neutralise les différences.

Le marxisme a souligné l'importance décisive des « modes de production ». Ils marquent de leur sceau les différents secteurs de la vie sociale : l'économie, le droit, l'éducation, la religion, les liens familiaux, le travail, l'art, etc., rappelle D. Jobling. Or, l'ancien Israël a vécu dans un régime « tributaire », marqué par une production de la main à la bouche, c'est-à-dire, dans une économie fragile, exigeant une vaste bureaucratie pour son organisation au niveau national (on pense à la Chine communiste). Un autre mode de production fut celui de l'esclavage, d'où une aristocratie persuadée de sa supériorité, ainsi qu'on la trouve en Grèce ou à Rome de l'époque biblique, mais que l'idéalisme biblique neutralise par un ordre social plus égalitaire.

D. Jobling prend à témoin Lc 7,1-10, la guérison de l'esclave d'un centurion romain. La mouvance de Luc est favorable au système romain et envisage la promotion du christianisme au rang de religion d'État dans l'Empire, cela en contraste avec le reste du Nouveau Testament, surtout l'Apocalypse...

Dans une trajectoire parente de la précédente, la *lecture postcoloniale*, représentée ici par un pionnier en la matière, le Cubain-Américain Fernando Segovia met en garde contre une interprétation occidentale et « blanche » devenue, à ses propres yeux, la seule manière scientifique indéniable de lire les textes, excluant par principe d'autres sensibilités, en particulier parmi les immenses populations du tiers-monde. Segovia concentre son analyse sur le fameux Prologue de l'évangile de Jean et montre l'opposition fondamentale de Jésus selon Jean à tout « établissement » (en ce temps-là, romain ou judéen), ce qui ne saurait rester sans impact sur tous les pouvoirs et autorités de notre monde contemporain. Par « établissement », pense Segovia, il faut penser non seulement à la structure politique romaine en Palestine de l'époque du Nouveau Testament, mais à toute organisation religieuse juive qui permettrait de marginaliser la réforme en profondeur de Jésus. D'autres textes des Évangiles illustrent ce point en particulier lors de la condamnation de Jésus par les autorités sacerdotales juives autant que politiques romaines. Cette collusion de tous les pouvoirs en opposition à Jésus est l'image même de l'arrogance colonialiste du monde occidental moderne. L'Évangile est anticolonialiste.

Une variété plus pointue de ce qui précède est la *lecture impérialiste*. Elle est traitée ici par Warren Carter, lui aussi un pionnier en la matière. Cette lecture (du Nouveau Testament) consiste à tenir grand compte du milieu social et politique dans lequel Jésus et ses disciples immédiats ont vécu. La Palestine alors était province romaine et, bien que dans les Évangiles la profonde opposition juive à cette occupation étrangère soit plus sous-entendue qu'exprimée, sa présence s'impose comme arrière-fond du message chrétien originel. « L'empire » [romain] est l'anti-royaume de Dieu, une usurpation que Dieu tolère seulement pour un temps limité. Jésus est la manifestation inchoative du Royaume qui vient et qui est, dans sa personne, déjà venu.

Il est évident que « Rome » est indifféremment réalité politique et métaphorique. Prendre cette évidence en compte est prendre l'incarnation au sérieux.

Une variante importante est la *lecture politique*. Neil Elliott s'est illustré à plusieurs reprises dans ses analyses affinées de l'apôtre Paul. Il montre l'égalitarisme social des Églises pauliniennes (voir Ga 3,28), en opposition à la société largement stratifiée de l'époque. Paul doit être lu dans le contexte sociopolitique de l'Empire romain, avec ses structures oppressives. Paul a dû élaborer une « théologie de l'État » qui ne manque pas de critiquer les autorités établies (voir 1 Co 2,6-8 ; 15,24-25). Rm 13 est infiniment plus nuancé qu'il n'a été prétendu dans le passé. N. Elliott parle d'un *hidden transcript* en filigrane du texte. On ne manquera pas de rapprocher ceci de la critique de Severino Croatto *supra*.

LECTURES « INTERPELLANTES »

La *lecture postmoderne* – illustrée ici par le chapitre sur « Apprendre à ne pas connaître » de A. K. M. Adam – est anti-totalisante, anti-absolue et démystifiante. Elle cherche plus à persuader qu'à prouver. Elle a pour but de « déconstruire » les apparences du texte – bien des méthodes passées en revue ici nous y ont invités – et à l'ouvrir sur des développements ultérieurs, en même temps qu'elle en montre l'endettement, volontaire ou involontaire, envers d'autres discours qui se trouvent ainsi réinterprétés.

Plus radicalement, la lecture postmoderne jette un doute sur le conventionnel « raisonnable » en interprétation. Car, ce qui est « logique » dans un milieu donné ne l'est pas dans un autre et ce qui est plausible à une certaine époque ne l'est plus dans une autre. (C'est la même protestation que nous trouverons chez Daniel Patte, *infra*.) L'exemple textuel adopté par A. K. M. Adam est 1 Co 1 et les affirmations contradictoires de Paul dans ce chapitre.

Le radicalisme de la lecture dite postmoderne est interpellant et, pour tout dire, troublant. C'est là sa force car elle ne permet pas l'indifférence à son sujet. Elle « donne à penser », comme dirait Paul Ricœur. Appliquée à l'étude de la Bible, elle est susceptible de produire des questionnements profonds.

Le Franco-Américain Daniel Patte est bien connu des milieux scientifiques néo-testamentaires. Chercheur infatigable et prolifique, il s'intéresse ici à la *lecture scripturaire* ou *globaliste*. Elle affirme que toutes les méthodes respectant l'intégrité du texte sont valables, individuellement et cumulativement. Le texte est polysémique et doit être envisagé en conséquence. Son message est multiple et résonne différemment grâce à ses qualités internes et aussi selon sa réception pluridimensionnelle par ses lecteurs. Ceux-ci se trouvent dans des situations sociales, politiques, économiques, raciales... extrêmement diverses et ils « entendent » le texte de manières variées. Toute interprétation n'est cependant pas nécessairement légitime. Des critères herméneutiques existent qui doivent être respectés. La lecture globaliste parle de composantes significatives du texte.

D. Patte applique la méthode à l'épître aux Romains (dont il prépare actuellement un commentaire fort attendu). « Faire la "critique scripturaire" d'un texte biblique, c'est prendre en compte sa réception par les croyants qui le lisent comme Écriture et intégrer complètement ces considération à l'étude exégétique. » Patte insiste avec plus de force que beaucoup sur la responsabilité de l'exégète vis-à-vis de la communauté des croyants, au service de laquelle en définitive il ou elle travaille – le parallèle avec la *lecture canonique* de James Sanders est remarquable. Le seul avantage de l'exégète sur le non-spécialiste est d'avoir professionnellement accès à une pluralité de méthodes d'interprétation valables, mais non d'avoir l'exclusivité de la « véritable lecture ».

*

Au terme de cette Introduction, il me reste à adresser aux quatorze collaborateurs de la présente œuvre ainsi que Jeanne Laedlein, ma gratitude profonde pour leur générosité et leur élégance intellectuelle. Les uns et les autres ont rendu la tâche du directeur agréable à tous points de vue. Comme tel, je suis absolument sûr que la qualité parfaite de l'ouvrage sera appréciée de ses lecteurs. Le groupement en un seul volume de ce que j'ai appelé plus haut un tel florilège fait de ce livre quelque chose d'unique et de fort. Et maintenant, *vaya con Dios* !

André LACOCQUE
Directeur

LECTURES LITTÉRAIRES

CRITIQUE LITTÉRAIRE

Rhétorique du Deutéronome et construction de la mémoire collective

Robert Alter

Nous aimerions d'emblée commenter brièvement la méthode qui sous-tend les propositions que nous ferons à propos du Deutéronome. Le style demeure un des aspects les plus négligés dans le traitement académique de la littérature biblique. Au risque de paraître polémique, nous croyons qu'il n'est pas faux de dire que la plupart des spécialistes de la Bible ont une bien faible idée de ce qu'est un style littéraire. Plusieurs parmi eux concéderaient sans doute, au moins par ouï-dire, que des considérations de style peuvent avoir leur pertinence pour Flaubert ou Henry James. Mais, demanderaient-ils, qu'est-ce que le style a à voir avec la Genèse ou Jonas ? Quand le style entre dans l'analyse de la Bible, on y voit généralement un filigrane ou peut-être une empreinte, qui peut être utilisée pour identifier les différentes strates du texte ou pour faire la distinction entre hébreu ancien et tardif. Ce qui veut dire que le style est pensé principalement sous l'angle du vocabulaire et à l'occasion de la grammaire. Mais il est rarement compris comme étant une ressource expressive, comme moyen à travers lequel une vision spécifique des choses est fixée, et qui déploierait, plutôt qu'un ensemble spécifique de mots, des stratégies diverses de syntaxe, de langage figuratif, de rythme, de répétition, d'allusion et bien d'autres[1]. Le style du Deutéronome est suffisamment particulier pour pouvoir être aisément distingué de tout autre livre biblique, l'identification étant facilitée par l'usage répété d'expressions typiques. Mais le style du Deutéronome est, en fait,

1. Deux exceptions notoires au peu de considération accordé à la dimension rhétorique du Deutéronome : Robert Polzin, *Moses and the Deuteronomist* (New York, The Seabury Press, 1981) et Jean-Pierre Sonnet, *The Book* (Leiden, Brill, 1997). Aucun des deux, cependant, ne se préoccupe des questions de style.

beaucoup plus complexe et intéressant que l'insistance d'une série de stéréotypes. Ce que nous allons tenter d'explorer ici est la nature d'une telle complexité et les objectifs politiques et théologiques qu'elle sert.

RHÉTORIQUE ET DEUTÉRONOME

Le livre du Deutéronome, pour une raison très évidente, constitue le développement rhétorique le plus soutenu dans la Bible – et il s'agit d'une rhétorique d'une puissance remarquable. Après tout, il se présente comme le discours d'adieu de Moïse, prononcé au-delà du Jourdain face à la Terre promise, juste avant sa mort, alors que le peuple assemblé devant lui est prêt à traverser le fleuve pour entrer dans le pays. Il comprend une série d'entretiens, de discours ou, selon le mot de certains spécialistes, de sermons. Les deux longs poèmes qui couronnent ces discours ne font pas que suivre une convention biblique pour la conclusion d'un livre : ils marquent le point culminant des efforts rhétoriques de ce livre, et font amplement écho à certains de ses thèmes majeurs et même de ses expressions favorites. Seuls les codes de loi au milieu du livre, des chapitres 12 à 26, ne cadrent pas avec cette entreprise manifestement rhétorique, bien qu'une des fonctions de la rhétorique ambiante est de souligner l'autorité des lois qui y sont promulguées, pour rappeler sans cesse au peuple que leur vie même et leur survie collective sur terre dépend d'une observance scrupuleuse de « cette Loi » *(hattôrah hazzo't).*

Si on essaie toutefois d'imaginer quel a pu être l'auditoire concret pour lequel le Deutéronome a d'abord été conçu, il deviendra vite évident que son impressionnant déploiement de rhétorique sert un autre but. La rhétorique, faut-il se rappeler, est l'utilisation artistique d'un langage d'exposition ou d'argumentation – tropes, allusions littéraires, répétitions, effets phonétiques de toutes sortes, syntaxe expressive et grammaire – dans le but de persuader en influençant, ou, pour dire vrai, en manipulant, les pensées et les sentiments d'un auditoire. La rhétorique du Deutéronome vise à persuader des auditoires de la période tardive du Premier Temple et de l'exil, de la réalité palpable et faisant autorité d'un événement qui n'est jamais arrivé, ou, de toute façon, n'est sûrement pas arrivé tel que représenté dans ce texte – l'assemblée nationale en Transjordanie, qui fut une deuxième alliance après celle du Sinaï. Dans cette seconde alliance, Moïse aurait passé en revue l'ensemble du code législatif, rappelé rapidement l'histoire des errances au désert, et exhorté le peuple à demeurer loyal à Dieu, avec maintes prédictions sur les conséquences sévères qu'entraînerait un manque de loyauté de sa part. Il y a, en fait, deux équivalences que le langage du discours de Moïse cherche à établir : une équivalence entre cette convocation et l'expérience fondatrice du Sinaï, à laquelle il est souvent fait référence comme *yôm haqqahal*, le jour de l'assemblée, dans le but de l'aligner sur cette nouvelle assemblée en Transjordanie ; et une équivalence entre l'expérience de cet auditoire qui était présent physiquement pour recevoir les dernières paroles de Moïse et celle d'un auditoire du VIIe siècle avant notre ère, et de ses éventuels héritiers, à l'écoute du livre du Deutéronome et acquiesçant à son autorité. Les ressources de la rhétorique sont disposées de façon à créer, à travers un texte écrit, la mémoire d'un événement national fondateur, de telle sorte que les Israélites de l'époque contemporaine qui sont à l'écoute du « livre de cette Loi » *(sefer hattôrah hazzeh)* aient le sentiment de revivre eux-mêmes cet événement.

Le rôle des indicateurs stylistiques de localisation et d'orientation temporels et spatiaux – ces mots repères que la linguistique qualifie de « déictiques » – est essentiel à la création de cet effet général. (Bien que la recherche critique considère la section inaugurale du livre jusqu'à 4,44 comme étant une composition postérieure qui fut ajoutée en introduction, il y a des continuités stylistiques significatives avec le reste du livre, et ce sont elles qui nous intéresseront ici.) Le premier discours de Moïse, commençant au chapitre 1, est une récapitulation rapide et hautement sélective des éléments du récit du désert rapporté en Exode et Nombres. Le premier épisode mis en valeur dans cette récapitulation est l'installation d'une bureaucratie judiciaire créée pour aider Moïse à porter le fardeau de l'administration de la justice envers un peuple aussi nombreux. L'omission la plus significative de l'histoire parallèle en Exode 18, est l'intervention du beau-père de Moïse, Jéthro, comme étant celui qui propose de déléguer l'autorité judiciaire. Bien qu'un lecteur méfiant puisse se demander si ce changement reflète un élément de xénophobie dans le Deutéronome (Jéthro, bien sûr, est madianite), la raison plus impérative est qu'on ne doit rien laisser qui puisse atténuer ici la description d'un *leadership* fort de Moïse, fondé sur sa sagesse (une valeur clé pour le Deutéronome) et sur la singularité de son accès direct à Dieu. Moïse conclut son exposé de la création de ce système judiciaire en déclarant : « Tout ce que vous deviez faire, je vous l'ai ordonné à cette époque-là » (1,18), tout de suite après avoir utilisé la même expression à propos des magistrats : « De même, en ce temps-là, ai-je ordonné à vos juges d'entendre vos frères en justice... » (1,16)[2]. L'expression déictique « à cette époque-là », *ba'et hahî'*, anodine en apparence, reflète une stratégie rhétorique importante et récurrente dans le livre. Il n'y a pas de livre biblique plus généreux que le Deutéronome dans son utilisation des pronoms démonstratifs. « À cette époque-là » positionne aussi bien Moïse que son auditoire par rapport à l'injonction légale qu'il prononce : Vous l'avez entendue alors, dit l'expression, ou de toute façon, vos parents, tous morts maintenant, l'ont entendue. La force impérative de cette injonction est exactement la même lorsque je la répète aujourd'hui et elle sera encore la même quand ces paroles de Moïse seront proclamées à leur auditoire du VIIe siècle ou plus tard.

Dans le verset suivant, 1,19, l'expression déictique fonctionne dans un contexte plus strictement narratif, plutôt que légal : « Nous avons quitté l'Horev, traversé l'immense et redoutable désert que vous avez vu, et cheminant vers la montagne des Amorites... » Certes, le discours narratif dans la Bible est connu pour son caractère laconique, et on pourrait vraisemblablement penser qu'il serait plus fidèle au style caractéristique de la Bible de lire ce verset : « Nous avons quitté l'Horev et nous avons traversé le désert, cheminant vers la montagne des Amorites. » Quelle différence y a-t-il entre cette version émondée et celle qu'on trouve concrètement dans le Deutéronome ?

2. Les traductions du texte biblique, dans l'œuvre originale, sont l'œuvre de l'auteur. La traduction utilisée ici est celle de la BNT. (N.D.T.)

Ma formulation plus dépouillée suit une procédure biblique passablement typique, qui est de présenter, dans un récit, tel espace parcouru comme si c'était un espace vide. L'idée est alors d'aller du point A au point B – par exemple, de présenter Abraham et Isaac dans un voyage de trois jours d'Hébron jusqu'au Mont Moriyyah – sans attirer l'attention sur la réalité spatiale qui se trouve en intervalle, parce que cela ne semble pas essentiel pour l'histoire. Le sommaire deutéronomique à ce point-ci des pérégrinations au désert sert un but tout à fait autre. Le pronom démonstratif « ce », rattaché au mot « désert », est déictique d'un point de vue temporel et émotif. Du point de vue temporel, il pointe vers quelque chose qui s'est passé, mais qui est maintenant terminé. Les Israélites ont complété leur longue et difficile trajectoire à travers le désert et se tiennent maintenant devant Moïse, dans la Aravah, juste à l'est de la terre de Canaan. (Comparez avec le déictique temporel répété, « ces quarante ans », *zeh 'arba'îm shanah*, comme dans « durant ces quarante années, tes vêtements ne se sont pas transformés en haillons et ton pied ne s'est pas enflé » [8,4].)

RECOMPOSER LA MÉMOIRE NATIONALE

Sur le plan émotionnel, le désert est un lieu qu'on doit évoquer avec crainte et tremblement, un lieu de mise à l'épreuve de la nation : « l'immense et redoutable désert » *(kol hammidbar hazzeh haggadôl wehannôra' hahû')*, et le « ce » déictique sert à le garder tout près comme souvenir obsédant d'une expérience vraiment tangible qui se serait produite récemment. (La terreur du désert sera mise en avant tout au long du cantique de Moïse, qui parle du désert comme du « strident tohu-bohu des lieux désolés [*tohû yelel yeshimon*] » [32,10].) La brève incise, apparemment gratuite elle aussi, qui est ajoutée à l'expression frappante à propos du désert, est également caractéristique de la stratégie rhétorique du Deutéronome concernant la mémoire nationale. C'est le désert, dit Moïse, *'asher re'îtem*, « que vous avez vu ». L'auditoire de l'assemblée nationale se voit sans cesse rappeler qu'ils ont vu – ou, selon une variante fréquente, que leurs propres yeux ont vu, *'ênêkhem haro'ot* – les événements prodigieux que Moïse passe en revue. Parvenus à un certain point, les membres de l'auditoire historique du livre du Deutéronome sont implicitement conviés à imaginer ce que leurs ancêtres ont vu en réalité, pour le voir par procuration. Le concept midrashique selon lequel toutes les générations futures d'Israël étaient déjà présentes au Sinaï est anticipé, sinon effectivement engendré, par cette stratégie rhétorique du Deutéronome consistant à évoquer le témoignage.

Sous ce rapport précis, il faut noter la présence d'une ambiguïté référentielle délibérée dans l'utilisation de la deuxième personne, au pluriel comme ici, ou au singulier comme souvent ailleurs, dans le discours de Moïse. Puisque, dès le début du premier discours (1,20-45), on nous a rappelé l'épisode des espions – lequel avait eu comme conséquence une sentence de mort pour la génération du désert –, nous savons que tous ceux qui se tiennent devant Moïse maintenant devraient avoir moins de vingt ans, et que peut-être la plupart d'entre eux n'étaient pas nés au moment des événements évoqués dans ce discours. Pourtant, Moïse s'adresse à eux continuellement comme s'ils avaient été des acteurs immédiats ou des observateurs des épisodes qu'il mentionne. Il y a un glissement vers l'identification d'une génération avec l'autre. La plupart des gens à l'écoute des paroles de Moïse ne pouvaient pas, littéralement, avoir vu les choses dont il parle, mais le peuple est conçu comme une entité continue, responsable dans la durée historique à titre d'agent moral collectif. C'est la prémisse qui sous-tend les développements exhortatifs et embellis, répétés sous plusieurs variantes : « Ce n'est pas avec nos pères que Yhwh a scellé cette alliance, mais avec nous, nous tous, bien vivants en ce jour » (5,3). Ainsi Moïse peut-il dire du témoignage : « Vous avez vu » (le choix du passé composé cherche à suggérer l'ambiguïté temporelle du voir), et, en relatant l'action, il peut dire tout simplement, en référence à la route empruntée par Israël à travers le pays des Amorrites à Hormah : « Revenant à de meilleurs sentiments, vous vous êtes alors lamentés à la face de Yhwh, mais Yhwh est demeuré sourd à vos plaintes » (1,45). Pourtant, ce sont les pères, maintenant décédés, et non les membres vivants de l'auditoire, qui se sont lamentés et ont essuyé un refus de la part de Dieu. Implicitement, le prochain lien dans cette chaîne d'identification est la génération qu'on trouvera au crépuscule de la période du Premier Temple, ou immédiatement après, conviée elle aussi à se voir comme vivant les mêmes expériences que les générations du désert, ou de toute façon à voir l'expérience de ses prédécesseurs comme un modèle normatif pour sa propre situation historique.

Le critique littéraire Hugh Kenner a déjà observé à propos du XXe siècle que l'émergence de l'archéologie moderne a lancé notre culture dans une relation au passé nouvelle, immédiate, en raison du résidu matériel du passé, qui n'est plus enfoui dans des médiations littéraires recouvertes d'un vernis en interférence concrète avec le présent. Il est possible de tenir dans ses mains une boucle semblable à celle qui enserrait la robe d'Hélène, ou de voir en vrai les peintures sur les murs des cavernes, œuvres de l'homme primitif[3]. Le Deutéronomiste, selon toute vraisemblance, ne disposait pas d'une telle preuve physique, mais devait s'efforcer de créer un effet d'immédiateté équivalent à travers l'expression littéraire. Le passé fondateur, avec ses prodiges redoutables et ses événements terrifiants, est envisagé comme se répercutant jusque dans le présent, au moins à travers la mémoire et, à l'occasion, à travers des traces matérielles. C'est ainsi qu'on nous parle du géant Og, roi de Bashân, vaincu par les Israélites : « Son lit de fer, qui se trouve dans la capitale des Ammonites, mesurait neuf coudées d'homme en longueur et quatre en largeur ! » (3,11). Quant à savoir si les Ammonites ont réellement conservé une telle relique d'un ancien roi de Transjordanie – le lit aurait eu quelque quatre mètres de long, et un peu moins de deux mètres de large –, cela demeure une question dont on peut débattre, mais l'effet de la question rhétorique : « N'est-il pas [*halo*] dans Rabbah ? » est de donner l'impression qu'un touriste israélite curieux, après un voyage d'une journée à l'est, peut facilement certifier la vérité d'une telle affirmation. Fait intéressant, dans le récit parallèle du livre des Nombres, Og n'est pas identifié comme étant un géant. Dans le Deutéronome, le passé est représenté à la fois comme spectaculaire – au point de défier parfois les limites de l'expérience ordinaire – et vérifiable.

3. Hugh Kenner, *The Pound Era* (Berkeley et Los Angeles, The University of California Press, 1971), p. 42.

CONTRE LES PAÏENS

La mention de Og fait partie d'une relation des conquêtes dans la région de Transjordanie, qui sont menées avec l'application du *herem*, « l'exclusion » ou l'extermination complète de la population locale : « Ainsi que nous avions déjà procédé à l'encontre de Sihôn, roi d'Heshbôn, nous avons exterminé l'ensemble de ces villes, hommes, femmes et enfants compris » (3,6). Les appels répétés à des actes de génocide, dans le récit historique de ce qui a été fait à l'est du Jourdain, comme c'est le cas ici, aussi bien que dans l'ordre concernant ce qui devrait être fait à l'encontre de la population païenne à l'ouest du Jourdain, sont certainement l'aspect le plus troublant du Deutéronome. On peut trouver un certain soulagement à l'absence de toute évidence archéologique pour supporter le fait que le *herem* ait jamais été mis en application. Moshe Weinfeld le qualifie, en fait, de notion « utopique[4] » – une appellation plutôt curieuse mais pas vraiment inappropriée. Une des idées directrices du Deutéronome, conformément aux réformes cultuelles de Josias qu'il vient fixer, est de proposer un idéal d'éradication totale, au sein du peuple israélite, des pratiques païennes et du rapport avec les populations païennes – à une époque, faut-il noter, où il y avait une mixité persistante des populations, des cultes et des croyances. La vue horrifiante du *herem* met en place une rhétorique qui consolide l'idéal de séparation absolue d'avec le monde païen. L'auditoire de la fin de la période du Premier Temple est invité à regarder le spectacle des forces israélites balayant la Transjordanie, plus d'un demi-millénaire auparavant, et anéantissant tout être vivant lié au monde de l'idolâtrie, tout comme leurs compagnons israélites sont priés de le faire maintenant à l'intérieur des limites de leur propre territoire. Ce cas de *herem*, bien que porteur d'un potentiel de destruction morale, est un cas extrême dans le Deutéronome de l'invention d'un souvenir historique par le biais d'une expression orale utilisée comme force de motivation pour l'idéologie nationale[5]. Le langage est sans cesse conçu

4. Moshe Weinfeld, *The Anchor Bible : Deutéronome* 1-11 (New York, Doubleday, 1991), p. 365.

5. Une explication sensée à propos des dangers d'une telle rhétorique d'extermination a été proposée récemment par Claude Rawson, dans *God, Gulliver, and Genocide* (New Haven, Yale University Press, 2001).

comme un puissant roulement de tambour qui permet de marteler un terrible message de ségrégation et d'extermination sans pitié envers tout ce qui relève du monde païen :

> *Veille bien à les exterminer, sans passer avec elles d'alliance ni leur accorder la moindre grâce. De la même façon, tu ne contracteras pas de mariage avec elles, ne donneras pas ta fille à l'un de leurs fils ni ne prendras l'une de leurs filles pour ton fils : ainsi, en effet, éloignerait-on ce fils de moi et l'amènerait-on à rendre un culte à des dieux étrangers. La colère de Yhwh alors bouillonnerait contre vous et, très vite, il te ferait disparaître. Saccager leurs autels, briser leurs stèles, renverser leurs pieux sacrés, jeter aux flammes toutes leurs idoles : tel sera le traitement que vous leur réserverez ! (*7,2-6*).*

Le Moïse deutéronomique exhorte constamment Israël à extirper les fétiches cananéens – car il semble concevoir l'idolâtrie comme fétichisme – parce qu'Israël s'est vu accorder le privilège historique unique de voir « la version originale », en étant témoin de ses propres yeux de la libération miraculeuse de la servitude d'Égypte et de la descente du Dieu de tout l'univers sur le Sinaï, au milieu du feu. Le puissant plaidoyer de Moïse revient sans cesse à ces deux événements qui sont liés :

> *Pose des questions sur les premiers temps où tu n'existais pas, sur le jour où sur terre Dieu a créé l'homme, cherche d'un bout à l'autre du ciel pour savoir si jamais résonna / parole / aussi élevée que celle-ci, si jamais l'on entendit pareille chose. Aucun autre peuple a-t-il jamais survécu après avoir, comme toi, perçu la voix divine s'élevant au cœur du brasier ? Jamais Dieu, par main de fer et bras foudroyant, a-t-il tenté d'élire une nation parmi les nations au moyen de si formidables et grandioses tribulations, signes, prodiges et affrontements ? En ta faveur et sous tes yeux, cela, pourtant, Yhwh votre Dieu l'a accompli en Égypte. Et tout cela, il te l'a manifesté afin que tu saches bien que Yhwh, lui, est le Dieu et qu'en dehors de lui il n'est aucun autre ! Du haut des cieux, il t'a fait entendre sa voix pour te discipliner. Sur la terre, il t'a révélé son feu impressionnant au milieu duquel tu as entendu / ses paroles (*4,32-36*).*

L'exposé de ces événements dans l'Exode cherche aussi à faire réaliser à quel point ils étaient marquants et formateurs pour la nation. Mais l'Exode se sert d'un récit à la troisième personne dans un mode quasi épique, alors que le Deutéronome déploie une interpellation de l'auditeur à la deuxième personne – expressément au singulier ici : chacun et chacune en Israël. C'est donc l'individu que le Deutéronome met au défi avec des questions rhétoriques conçues pour le (ou la) faire sortir de la complaisance, et par l'utilisation fréquente de la signature stylistique de longues phrases sous forme de périodes qui se développent en crescendos. On remarquera que « voir » et « entendre » sont joliment coordonnés dans ce flot rhétorique. Israël a beaucoup vu de ses propres yeux (et les deux occurrences du verbe « montrer » dans ma version anglaise reflètent ici le verbe hébreu au *hifîl*, signifiant littéralement « faire voir »), depuis les prodiges en Égypte jusqu'au feu divin au Sinaï, mais il y a aussi des choses que l'homme ne peut pas supporter de voir, et c'est pourquoi le cœur de la révélation sinaïtique est fait de mots qui doivent être entendus.

LE SINAÏ COMME LIEU DE MÉDIATION

C'est l'événement unique du Sinaï qui est la véritable matrice de la mémoire collective dans le Deutéronome. Les Dix Paroles (ou, plus précisément, déclarations) énoncées dans l'Exode sont évidemment proclamées encore ici, et bien qu'il y ait certaines divergences célèbres dans la formulation entre les deux textes, la réaffirmation de ces dix impératifs fondateurs ne reflète rien de l'impulsion fortement révisionniste si évidente dans la reformulation des lois antérieures ailleurs dans le livre[6]. (On en déduit que le Décalogue était trop fondamental pour qu'on en fasse une révision substantielle.) La transmission par Moïse, au moment de ses adieux, des comman-

6. Un des meilleurs exposés du programme révisionniste de la législation deutéronomique est celle de Bernard M. Levinson, *Deuteronomy and the Hermeneutics of Legal Innovation* (New York et Oxford, Oxford University Press, 1997).

dements de Dieu à Israël est, comme nous l'avons noté au début, conçue comme un second Sinaï. Le texte écrit qui rapporte ses derniers discours est, à son tour, interprété comme véhicule permanent par lequel une expérience proche de celle du Sinaï peut être réactualisée (ce qui prépare le terrain, pourrait-on faire remarquer, à la textualisation généralisée de la culture juive qui se développera dans les siècles postérieurs). Alors que le passé est esquissé dans le discours de Moïse, il y a soudain un bond qui va du sommaire à l'évocation imaginaire lorsque l'histoire se passe au Sinaï. Les origines du peuple à l'époque patriarcale sont presque toujours uniquement expliquées par le fait que Dieu a promis par serment la terre « à vos pères ». Les signes grandioses et les prodiges de l'Exode même sont mentionnés seulement en ces termes, mais il n'y a aucune représentation éclatante des dix plaies ni de la séparation de la mer des Roseaux. L'épiphanie du Sinaï, d'autre part, avec tout ce qu'elle comporte de terrifiant et de merveilleux, est un moment auquel le discours de Moïse se réfère constamment. C'est ainsi que la proclamation du Décalogue au chapitre 5 est introduite :

> *Yeux dans les yeux, du milieu du brasier, Yhwh a parlé avec vous sur la montagne. Puisque, redoutant un tel embrasement, vous n'êtes pas montés sur la montagne, je me suis donc, en ce temps-là, interposé entre Yhwh et vous afin de vous révéler/ la parole/de Yhwh (*5,4-5*).*

Bien que le récit parallèle dans l'Exode parle de tonnerre, d'éclairs et d'une fumée sur toute la montagne, le Deutéronome choisit de mettre en relief la substance plus pure et encore moins accessible du feu divin à partir duquel sont prononcées les paroles de Dieu. En même temps, la question de la séparation du peuple par rapport à la présence divine et du rôle nécessaire de Moïse comme médiateur est repensée. Dans l'Exode, Dieu émet, avant de se manifester, un commandement explicite selon lequel le peuple doit garder sa distance et n'est même pas digne de toucher les abords de la montagne. C'est seulement après le fait redoutable de la révélation que, frappé de stupeur, il implore Moïse d'agir comme son porte-parole, confirmant ainsi la restriction spatiale que Dieu lui a déjà imposée. Dans la version du Deutéronome, on ne fait aucune mention d'un ordre antérieur de Dieu pour que le peuple se tienne à distance. Au contraire, son expérience initiale de la manifestation divine est presque trop proche pour qu'il en éprouve quelque réconfort: « Yeux dans les yeux, du milieu du brasier, Yhwh a parlé avec vous sur la montagne. » Ici, Moïse est obligé de s'interposer alors que le peuple est terrifié par le brasier et craint de monter sur la montagne. Le motif qui le conduit à prendre ses distances est une réponse viscérale, plutôt qu'un interdit divin: leur propres yeux ont vu, ainsi rappellera-t-on aux générations futures, la plénitude de la puissance redoutable de Dieu descendre sur la montagne, et cette vision est tout simplement insupportable. En fait, après l'énonciation du Décalogue, le peuple a peur d'entendre aussi bien que de voir: « Désormais, cependant, pourquoi mourir? Car c'est à la mort que nous irions, et ce grand feu pourrait bien nous engloutir, si nous continuions à entendre la voix de Yhwh notre Dieu » (5,25). De cette manière, l'histoire du Deutéronome exprime à la fois le fait indélébile du témoignage et l'indispensabilité du législateur comme médiateur, et inclut dans cette médiation « ce livre d'instruction » qu'il va laisser en héritage, donnant ainsi à entendre qu'on aura encore besoin d'une médiation d'autorité de la part de ceux qui vont promulguer et exposer le texte qu'il laisse.

L'IMAGE ABSENTE DE DIEU

L'évocation de l'expérience du Sinaï par le biais de la puissance du langage de cette exhortation est brillamment reliée à la polémique deutéronomique contre le culte des images. Moïse s'efforce de rappeler à son auditoire que la révélation dont ils ont bénéficié a été auditive et en aucune manière visuelle (c'est là un contraste additionnel par rapport à l'Exode où, après le don du Décalogue, les anciens d'Israël sont mis à part au sommet de la montagne et « contemplent Dieu » [Ex 24, 11]). Voici comment Moïse évoque ici les instants qui ont précédé la manifestation divine:

> *Vous étiez assemblés debout, au pied de la montagne, qui s'embrasait dans l'obscurité, les nuées et les ténèbres jusqu'au cœur des cieux. Du milieu de ce brasier, venait vers vous/la parole/de Yhwh. Cette voix, certes, vous l'avez entendue, mais cette voix seulement, sans aucune image ! (*4,11-12*).*

C'est un moment de mystère, empreint d'une impénétrable obscurité – « obscurité, nuée, ténèbres » – et d'une splendeur aveuglante. L'œil, qui a vu tant de choses depuis l'Égypte jusqu'à cet instant, ne peut rien voir ; l'oreille seule peut recevoir les commandements que sont les paroles divines. Le vestige permanent de cette voix, est, comme on peut s'y attendre, un texte, le Deutéronome :

> *Telle est l'alliance qu'il vous a révélée et ordonné d'observer, inscrivant ensuite/ces paroles/sur deux tablettes de pierre./ Quant à moi, en ce temps-là, Yhwh me commanda de vous enseigner décrets et jugements que, là-bas, vous observerez, dans le pays dont vous allez prendre possession après votre traversée. Rappelez-vous bien pourtant, votre vie en dépend ! que vous n'avez pas vu la moindre image le jour où, au milieu du brasier, Yhwh vous a parlé sur l'Horev. Et vous vous perdriez en façonnant à votre intention une sculpture ou une image de quelque figure que ce soit, le modèle en soit-il mâle ou femelle, en soit-il tout animal terrestre ou tout oiseau volant dans le ciel, ce modèle en soit-il encore tout ce qui rampe sur le sol ou tout poisson nageant dans les eaux sur la terre. Vous vous perdriez encore si, levant les yeux vers le ciel et contemplant soleil, lune et étoiles, toute la céleste cohorte, tu t'égarais jusqu'à t'aplatir devant eux et à leur rendre culte, alors que Yhwh ton Dieu les a donnés en partage à tous les peuples sous tous les cieux. Mais, vous, Yhwh s'est saisi de vous et vous a fait échapper à l'Égypte, ce creuset de fer en fusion, afin que vous deveniez, comme en ce jour, son héritage (*4,13-20*).*

Nous avons cité le passage dans son entier, car cela nous permet de ressentir le caractère irrésistible de la puissance oratoire du Deutéronome. En fait, le cœur de ce passage est une seule grande phrase qui s'étend, selon la division conventionnelle des versets, depuis le début du verset 13 jusqu'à la fin du verset 20. On trouve peu d'exemples de cette sorte en dehors du Deutéronome concernant de longues phrases conçues pour attirer l'attention de l'auditeur dans un pur paroxysme emphatique. Essayons de suivre les phases de l'effort de persuasion inscrit dans le langage. Dieu écrit le texte des Dix Paroles sur la pierre, puis désigne Moïse, l'intermédiaire qui prend la relève, comme guide et interprète des lois – on peut présumer que la référence n'est pas au Décalogue même, mais au code de lois, ce qui, dans l'Exode, est le livre dit de l'Alliance, et sa contrepartie dans le code de lois du Deutéronome. Le compte rendu narratif de l'expérience du Sinaï dans l'Exode insiste aussi sur le son et la parole, à l'exclusion de toute image visuelle de Dieu et avec la seule exception partielle de la vision post-épiphanique sur la montagne pour les anciens d'Israël. Ici, toutefois, le caractère non imagé de la révélation au Sinaï est pensé comme un thème central. La mémoire fondatrice du peuple d'Israël est en même temps révélation bouleversante de Dieu et mémoire de l'absence de toute image. La mémoire de l'absence est alors garante de l'impératif permanent qui impose d'éviter tout culte des images et de ne jamais confondre la représentation de quelque être vivant dans le monde créé avec la divinité exclusive du Créateur. Le langage de la longue phrase centrale regorge de synonymes emphatiques par rapport aux représentations des divinités – « une sculpture ou une image de quelque figure que ce soit », *pesel temunat kol-samel*, et « le modèle », *tavnit* – et du martèlement insistant de l'anaphore, *tavnit* apparaissant en tête de cinq expressions nominales consécutives. La liste des images à ne pas vénérer fait spécifiquement écho au récit de création. (Les termes utilisés, devrions-nous dire, à titre d'allusion littéraire délibérée, suivent de si près ceux qui figurent dans la version sacerdotale de la création qu'on est fortement induit à supposer que le Deutéronomiste était familier avec cette version ou, à tout le moins, avec l'un de ses ancêtres textuels.) Mâle et femelle, toute bête qui se trouve sur terre, tout oiseau ailé volant dans les cieux, les êtres qui rampent sur le sol et les poissons dans les eaux sous la terre font tous partie de la hiérarchie de la création appelée à l'existence par le Créateur au début de la Genèse et ne doivent pas être vénérés comme s'il avaient un pouvoir autonome comme l'ont les dieux. L'ordre de ne pas lever ses yeux vers le ciel et de ne pas rendre un culte aux corps célestes devait revêtir probablement une certaine urgence à la fin de la période du Premier Temple lorsque, en particulier sous l'influence assyrienne, le culte des divinités astrales s'était répandu dans la population israélite, du moins selon une déduction historique prédominante. Ici aussi, le langage du récit sacerdotal de création a une résonance particulière : les yeux qui ont vu la présence prodigieuse de Dieu dans l'histoire – mais pas son image – devraient fuir la tentation de voir « le ciel, la lune et les étoiles, toute la cohorte des cieux et de se prosterner devant eux », puisque, dans le récit qui fait autorité, toutes ces entités célestes sont ordonnées par Dieu à vivre selon un ordre cosmique, dans un processus qui atteint son sommet lorsque « sont achevés le ciel et la terre / et toute leur suite » (Gn 2,1). La notion particulière selon laquelle le SEIGNEUR a attribué le culte à des divinités de la nature aux autres peuples (peut-être parce qu'Il ne les aurait pas choisis pour jouir du privilège de voir la vraie nature des choses) apparaît encore quelques fois dans le Deutéronome. Ce qui semble plus important pour l'auteur est l'antithèse complémentaire de cette idée – à savoir qu'Israël, en raison de son expérience unique depuis l'Égypte jusqu'au Sinaï, a été doté d'un point de vue privilégié, sans équivalent jusque-là, pour voir que son Dieu sans image est le Dieu de toute chose. Le feu joue un rôle en Égypte comme au Sinaï – en Égypte, de façon métaphorique, où le tourment de la servitude est représenté comme « le creuset de fer », *kûr habbarzel*, et au Sinaï, de façon littérale, où la montagne brûle d'un brasier qui s'élève jusqu'au cœur des cieux et où Dieu parle du milieu du brasier. À travers son histoire, le peuple d'Israël fait l'expérience non pas de l'image de Dieu mais de sa présence incandescente.

Ainsi que devrait le montrer cet exemple développé, la rhétorique magnifiquement orchestrée du Deutéronome – ses imposantes cadences, ses répétitions avec leur pouvoir emphatique, son imagerie éclatante, sa syntaxe expressive, ses allusions littéraires – sert en même temps plusieurs objectifs entremêlés. Elle est un moyen de persuasion à l'intention des auditoires ultérieurs quant à la réalité des événements qu'elle interprète et livre au souvenir. (Elle cherche aussi, bien que ce ne soit pas directement relié à la question de la mémoire, à persuader son auditoire à force tout simplement de répétitions, que Dieu a affirmé depuis le début qu'il n'y aurait qu'un sanctuaire central, « le lieu qu'Il choisit ».) Comme représentation orale de ces événements consignés dans un texte écrit, elle offre aussi un moyen pour la réactualisation, dans l'imaginaire, du passé fondateur. Et, comme toute représentation orale – spécialement toute représentation orale effectuée au moyen d'une rhétorique aussi puissante –, la rhétorique deutéronomiste présente une définition thématique de l'expérience qu'elle rappelle : le Dieu qui a appelé, par sa parole, le monde à l'existence, n'a pas seulement révélé à Israël sa loi éternelle au Sinaï, mais il l'a fait de manière telle qu'elle ne soit liée à aucune image ou représentation. En outre, il a prononcé ses Dix Paroles du milieu du brasier qui a amené le peuple à se replier dans la terreur et à demander un porte-parole et un maître qui serait un médiateur pour eux, tout comme leurs descendants auraient eux-mêmes besoin d'un médiateur autorisé des paroles de Dieu. Finalement, ce qui est rappelé grâce à cette rhétorique particulière n'est pas seulement un événement passé, mais un événement prégnant d'impératif moral et cultuel : après l'épiphanie sans image au Sinaï, Israël ne peut jamais se permettre d'être séduit par de simples images que d'autres estiment être des dieux.

Dans la dernière péroraison de Moïse, les ressources stylistiques sont rassemblées pour renforcer une vision très rigoureuse et sans compromis de la foi monothéiste. Celle-ci est expressément enracinée dans la mémoire historique. En général c'est cette vision qui est devenue normative dans la tradition ultérieure. Il serait difficile de ne pas être en admiration devant cet étalage impressionnant de rhétorique. Mais peut-être devrions-nous aussi rappeler un exemple d'emploi antirhétorique, à savoir la compétition entre Hushai, espion de David à la cour de son fils rebelle Absalom, et Ahitophel, le conseiller royal dont la sagesse fut légendaire pour persuader l'usurpateur Absalom en toute sincérité. Ahitophel propose une certaine action (la poursuite sans délai de David) en un langage tellement pressant et concis, qu'il en est sec. Hushai, qui triomphe grâce à son argumentation artistique, interpelle astucieusement son auditoire royal d'une personne. Il parle beaucoup plus amplement et se révèle comme un rhétoricien magistral, déployant des métaphores choisies stratégiquement et élaborant des circonstances hypothétiques[1]. Évidemment, Hushai fait tout cela pour une bonne cause : il veut créer une situation militaire qui rendra possible le retour victorieux de David sur le trône. Mais on ne devrait pas oublier que cet étalage brillant de rhétorique est un mensonge vertueux.

1. Le paradoxal contraste entre ces deux styles différents a été étudié avec brio par Shimon Bar-Efrat dans *La formation artistique des histoires bibliques* [Hébreu], Tel Aviv, Sifriat Poalim, 1979, p. 32-43.

LECTURE RHÉTORIQUE

Difficultés et enjeux d'une nouvelle approche

Jean-Noël Aletti

L'approche rhétorique est souvent mentionnée parmi les nouveaux instruments du bibliste. S'il est vrai que la dimension rhétorique des textes du Nouveau Testament (désormais écrit NT), et des lettres pauliniennes en particulier, a été depuis longtemps relevée, par Augustin d'Hippone, Melanchthon et Calvin, pour citer quelques-uns des interprètes les plus connus, l'étude systématique de la composante rhétorique des différents livres bibliques est néanmoins récente, tout comme sa diffusion et son audience auprès des exégètes de métier. C'est l'émergence de ce phénomène qu'il importe de saisir, pour en déterminer les raisons, les conséquences et les enjeux.

BRÈVE DESCRIPTION DES QUESTIONS

Quelle rhétorique?

En exégèse biblique tout le monde a aujourd'hui entendu parler de rhétorique, mais ce vocable désigne souvent des réalités fort différentes. Si pendant des siècles la rhétorique fut considérée comme l'art de convaincre et de persuader – définition qui nous vient d'Aristote – et si son étude consista à répertorier dans les textes les preuves fournies (l'*inventio* ou, en grec, l'*heuresis*) et la manière dont elles sont ordonnées (la *dispositio* ou, en grec, la *taxis*), les traités plus récents – dont celui de Fontanier reste le parangon – ont en revanche privilégié les figures (surtout les tropes), autrement dit l'*elocutio* (en grec, *lexis*), au point que la rhétorique fut progressivement assimilée à une technique de l'*ornatus*. Depuis quelques décennies, on revient heureusement à une vision plus globale et fondamentale de la rhétorique comme composante essentielle de la pensée[1].

L'élargissement de la perspective n'équivaut cependant pas à une unification. Certes, les études récentes se ressemblent en ce qu'elles tendent souvent à réduire synecdochiquement – en prenant la partie pour le tout ! – la rhétorique biblique à la composition *(dispositio)* des textes. Mais, même à l'intérieur de cette rhétorique restreinte, deux orientations opposées sont discernables, et il faut d'autant moins les confondre qu'outre-Atlantique elles sont désignées par la même expression, *rhetorical criticism*[2]. Au départ, l'expression désignait la façon dont on mettait en évidence les parallélismes bibliques, surtout présents dans les livres poétiques – type d'approche appelé analyse *structurelle* par la tradition francophone –, mais elle en est venue à s'appliquer aussi aux études couvrant toutes les parties de la rhétorique. Pour les représentants de la première orientation, ce qui prime, on va le voir, c'est la manière de traiter les micro- et macroparallélismes à partir desquels seraient disposés *tous* les textes bibliques[3], alors que pour les tenants de l'autre, qui adoptent les catégories de la rhétorique gréco-romaine, l'intérêt va plutôt vers les modèles de persuasion à l'aide desquels les écrivains sacrés auraient composé leurs œuvres. Il nous faudra situer et comparer ces positions.

L'expansion actuelle et ses raisons

L'approche rhétorique fait désormais partie du paysage exégétique, et l'on peut se demander pourquoi il en est ainsi. On peut *grosso modo* dire que la première période de l'exégèse scientifique fut historicocritique ; les textes furent alors moins étudiés pour eux-mêmes que pour leur rapport aux événements

1. Cela est sans doute dû à l'influence de Chaïm Perelman et Lucie Olbrechts-Tyteca, *Traité de l'argumentation. La nouvelle rhétorique* (PUF, 1958).

2. En une communication qui fit date, « Form Criticism and Beyond », *Journal of Biblical Literature* 88 (1969), pp. 1-18, J. Muilenburg forgea cette expression.

3. On peut assurément parler de pan-parallélisme. Cette façon d'aborder les questions n'est pas nouvelle, puisqu'elle remonte aux XVIIIe-XIXe siècles, comme l'indiqua J. Muilenburg dans l'article cité en note précédente. Ses représentants actuels sont en majorité francophones.

auxquels ils étaient censés renvoyer, également pour ce qu'ils recelaient de traditions antérieures et de couches rédactionnelles, souvent peu harmonisées : de nombreux chercheurs s'épuisent encore à retracer les diverses étapes de cette longue histoire. À cause des limites que comporte cette insistance sur la diachronie des écrits ou, si l'on préfère, sur leur histoire, beaucoup ont préféré, dès le début des années 1970, utiliser d'autres approches, grâce auxquelles il a été possible de montrer que les textes, tels que nous les lisons dans nos bibles, ne sont pas seulement le résultat d'une sédimentation longue et tourmentée, mais sont aussi, en leurs parties, voire, pour certains, en leur totalité, des œuvres littéraires unifiées. Bref, si la dimension littéraire des livres bibliques a commencé à être prise en considération, c'est parce que les exégètes sont allés à la recherche de modèles susceptibles de rendre compte des genres, des règles de composition et des figures. Les exégètes de la première moitié du XXe siècle ne nous ont certes pas attendus pour dresser la liste des genres littéraires, du plus élémentaire au plus vaste[4], mais leur perspective restait historique ; des livres bibliques, il restait à étudier pour elles-mêmes la poésie[5], la manière de raconter[6] et d'argumenter[7]. Ce chantier immense ne fait que commencer pour toutes les approches de type synchronique – poétique, narrative, rhétorique et autres. Ne sera ici traité que le cas de l'approche rhétorique.

4. Pour la Bible hébraïque, le point de référence reste H. Gunkel. On trouvera un relevé des divers genres utilisés par le NT dans l'article encyclopédique de K. Berger, « Hellenistische Gattungen im Neuen Testament », paru dans *Aufstieg und Niedergang der römischen Welt* II.25.2 (Berlin, 1984), pp. 1031-1378 (l'article est suivi d'une bibliographie quasi exhaustive, pp. 1379ss).

5. L'ouvrage phare reste celui de L. Alonso Schökel, *Estudios de poética hebrea* (Barcelona, 1963), qui fut traduit en diverses langues et servit de modèle pour les études futures.

6. La composante narrative des récits bibliques ne devint objet d'étude que plus tard. Relevons les noms de quelques pionniers pour la Bible hébraïque : J.P. Fokkelman, *Narrative Art in Genesis* (Assen-Amsterdam, 1975) ; C. Conroy, *Absalom Absalom! Narrative and Language in* 2 Sam 13-20, (Rome, 1978) ; S. Bar-Efrat, *The Art of Biblical Story* (Tel Aviv, 1979) ; R. Alter, *The Art of Biblical Narrative* (New York, 1981).

7. À ma connaissance, ce sont les études de H.D. Betz, *Der Apostel Paulus und die Sokratische Tradition. Eine exegetische Untersuchung zu seiner « Apologie »* 2 Korinther 10-13 (Tübingen, 1972, et, du même auteur, un article sur la composition de Galates (« The Literary Composition and Function of Paul's Letter to the Galatians », *New Testament Studies* 21 [1975], pp. 353-379), qui ont en quelque sorte déclenché les études subséquentes sur l'application des modèles de composition gréco-hellénistiques et romains aux écrits pauliniens et deutérocanoniques (de l'AT, directement écrits en grec, durant la période hellénistique).

LA RHÉTORIQUE COMME «*DISPOSITIO*»

Puisque c'est sur la *dispositio* des textes bibliques que l'on a le plus discuté ces dernières décennies, commençons par elle. Comme cela a déjà été dit, les positions oscillent entre deux pôles: (1) ceux qui voient dans les parallélismes le principe essentiel voire exclusif d'agencement et ce, quelle que soit l'extension des unités littéraires, et (2) ceux pour qui, avant d'obéir à des contraintes esthétiques, la composition est avant tout déterminée par le genre littéraire. Il faut rejeter les exclusivismes, car un récit ne se déploie pas comme un oracle, et une prière comme une lettre. L'expérience montre en outre que des textes de dates et de genres littéraires différents ne suivent pas un seul modèle.

Les parallélismes

Le principe du parallélisme est obvie dans la *poésie* biblique, formée de stiques qui sont en général regroupés par deux. Du serviteur de Dieu, le prophète déclare:

> *Et lui, il a été blessé à cause de nos crimes,*
> *À cause de nos iniquités il a été châtié (*Is 53,5*).*

L'exemple montre que les mots respectivement parallèles (les substantifs *crimes* et *iniquités*; les verbes *blessé* et *châtié*) ont la forme d'un chiasme: *ab/b'a'*. Et les chaînes de stiques font que les parallélismes peuvent se succéder et se combiner entre eux, de manière chiastique ou alternée. Si ces parallélismes sont manifestes dans les micro-unités, ils le sont beaucoup moins dans les unités plus longues. Seul le phénomène d'accumulation permet de repérer des masses lexicales ou sémantiques. Il est néanmoins vrai que de nombreux passages poétiques sont composés de manière parallèle. Prenons l'exemple des louanges bibliques, principalement articulées autour de deux éléments, l'invitatoire et les raisons de louer. Les verbes de l'invitatoire sont à l'impératif (loue[z], louons, chante[z], chantons, joue[z], bénis[sez], etc.), alors que les raisons sont énoncées en nos langues à l'indicatif (Dieu a sauvé, libéré, fait des merveilles; il guérit, pardonne, exalte les humbles, etc.). Or ces deux éléments, qu'on peut désigner par les lettres *a* et *b* (ou *A* et *B*)[8], sont organisés de différentes façons selon les psaumes : en *ab*, *aba'*, *aBa'*, *ABA'*, *aBB'a'*, *ABB'A'*, *ABA'B'*, *ABA'B'A'*, etc.[9]. Ainsi, dans le Ps 103, l'invitatoire et les raisons sont agencés en *aBB'a'* :

a = v. 1-2	invitatoire	l'orant s'invite lui-même à louer ;
B = v. 3-7	raisons	sept verbes décrivant l'AGIR divin (7 participes hébreux) ;
B' = v. 8-19	raisons	sept comparaisons – en hébreu = *ki* – d'abord négatives, puis positives, et de nouveau négatives, pour décrire l'ÊTRE divin ;
a' = v. 20-21	invitatoire	l'orant invite les messagers divins, les armées célestes et de nouveau lui-même à la louange.

Les textes poétiques ne sont pas les seuls où l'on rencontre ces ordonnancements en *aba*, *ABA'*, etc. On les retrouve jusque dans les récits et les lettres du NT, et pas seulement pour les unités minimales ou phrastiques. Des sections entières des lettres de Paul peuvent être composées en *ABA'*, comme par exemple 1 Co 12-14 :

A = 1 Co 12	réflexion générale sur les charismes
B = 1 Co 13	l'au-delà des charismes : éloge de la charité
A' = 1 Co 14	retour sur deux charismes particuliers, la prophétie et le parler en langues.

8. Les minuscules désignent des éléments courts, et les majuscules, des éléments longs.

9. Ainsi *ab* = invitatoire bref + raisons brèves (Ps 117, si l'on omet l'alléluia final) ; *aba'* = invitatoire bref + raisons brèves + invitatoire bref (Ps 117, si l'on garde l'alléluia final) ; *aBa'* = invitatoire court + série de raisons + invitatoire court (Ps 113) ; etc. Les deux éléments, invitatoire et raisons, sont d'une grande flexibilité, car la série de ceux invités à louer peut s'allonger (moi, les prêtres, les jeunes, les vieux, les hommes, les femmes, Israël, les peuples, le ciel, la terre, les anges, etc.), et il en est de même pour les raisons (autour de deux pôles, création et salut). On aura noté que la première lettre est un *a* (ou un *A*), qui permet immédiatement de déterminer le genre de la prière (ici une louange).

Cela dit, repérer une composition de ce type ne suffit pas, car avec les éléments *aba*, etc., on peut décrire un chandelier, un bateau, traiter de problèmes ecclésiaux, énoncer un oracle ou encore agencer les éléments d'une prière. Et, parce qu'elles sont purement formelles, les dispositions en *ABA* ou *ABAB*, etc., ne donnent pas la clé de lecture sémantique des textes ni ne permettent de dire ce qui les fait progresser. Bref, ces assemblages, souvent utiles pour repérer de grands ensembles sémantiques, ne sauraient constituer une panacée.

Les compositions mixtes

En réalité, dans la plupart des cas, il existe d'autres principes d'organisation, par lesquels se donnent à lire les raisons de la progression et son orientation. Lc 24 constitue un bon exemple de composition multiple.

Il est clair que plusieurs membres de phrase sont répétés tels quels deux ou trois fois en Lc 24 et sont organisés *concentriquement* (en *ABA'*). Cet ordonnancement, qui couvre tout le chapitre, souligne l'inouï du *présent*, qui s'enroule et se déroule autour de l'annonce : « Il [Jésus] est VIVANT » (v. 23), comme le montre le schéma suivant :

A (les femmes) remplies de crainte (v. 5),
[les anges] leur dirent : « pourquoi... ? (v. 5), *il faut*... crucifié et le troisième jour ressusciter » (v. 7)

....

B

a ils s'en allaient... de Jérusalem (v. 13)
...
b femmes... disant avoir vu des anges qui disent qu'il est VIVANT (v. 22-23)
...
a' ils s'en retournèrent à Jérusalem (v. 33)

....

A' (les disciples) remplis de crainte (v. 37),
[Jésus] leur dit : « Pourquoi... ? (v. 38), *il faut*... (v. 44)... ressusciter... le troisième jour » (v. 46)

Mais, par ses répétitions mêmes, la composition concentrique donne au texte une stabilité qui ne dit rien sur la fonction rhétorique du passage. On ne peut en effet nier que ce chapitre soit une conclusion de tout le récit qui a précédé, selon les bonnes règles de la rhétorique d'alors, d'après lesquelles une conclusion doit récapituler[10] l'ensemble d'un discours ou d'un récit. C'est exactement ce que fait le nommé Cléophas en Lc 24,19-20. Le lecteur peut vérifier qu'il s'agit bien d'une récapitulation couvrant en peu de mots le récit antérieur :

— le nom (Jésus) et le lieu d'origine (Nazareth), renvoient à Lc 1–2 ;
— est ensuite mentionné le ministère tel que l'a décrit la première section (Lc 4,14–9,50) où Jésus est reconnu comme *prophète* puissant en œuvres et en paroles (Lc 4,32 ; 4,36 ; 5,17 ; 6,19 ; 7,16 ; 8,26 ; 9,19) ;
— sont enfin repris les événements les plus récents, ceux de la Passion, avec le nom des opposants (grands prêtres et chefs) de Jésus et la mort en croix (voir Lc 23).

Si le modèle concentrique soulignait l'inouï du *présent*, le modèle rhétorique reprend quant à lui *le passé* de tous les événements, sous forme résumée. Il existe encore un troisième modèle de composition en Lc 24, *dramatique* (ou *narratif*) celui-là, grâce auquel le texte fait progressivement se rejoindre deux types d'intrigue : de résolution d'abord (vont-ils tous rencontrer et reconnaître Jésus ressuscité ?), et ensuite de révélation (sur la cohérence de l'itinéraire de Jésus, autrement dit le pourquoi de sa mort ignominieuse). De l'un à l'autre épisode du chapitre, la progression est en effet constante :

— v. 1-12 : Les anges déclarent aux femmes que Jésus est vivant ; mais il reste introuvable ;
— v. 13-33 : Jésus est étrangement présent à *deux* disciples qu'il rejoint sur le chemin, mais il n'est pas encore reconnu ; finalement reconnu, il devient aussitôt invisible ;

10. Récapitulation appelée *anakephalaiôsis*.

— v. 34-53 : Jésus visiblement présent au milieu de *tous*, se fait immédiatement reconnaître et explique à tous la logique paradoxale de son itinéraire ; le récit finit avec son élévation glorieuse dans les cieux.

Lc 24 n'est évidemment ni le premier ni le seul texte biblique à utiliser plusieurs modèles de composition. Mais, lorsqu'il en est ainsi, il importe de voir quel modèle régit les autres et donne la clé de lecture de l'ensemble.

Le cas des lettres pauliniennes

Si depuis presque trois décennies la rhétorique est revenue en force sur le marché des publications bibliques, c'est principalement à cause de la *dispositio* des lettres pauliniennes, dont les composantes sont proches de celles des argumentations grecques anciennes. Tout commença en 1975 avec Galates, comme on l'a déjà dit. L'hypothèse de Betz fut que la composition de la lettre suit celle des manuels de rhétorique gréco-latine. Si cet auteur ne nia jamais l'existence d'un cadre épistolaire, bien marqué par des saluts initial et final, il lui sembla que le corps de la lettre ressemblait fort à une argumentation, et qu'il fallait l'étudier comme telle, car Paul y affirmait une thèse, appelée *propositio* par les anciens (la justification ne peut être obtenue en devenant juif, il est donc inutile de se faire circoncire) et la défendait par une *probatio*, autrement dit par une série de preuves nettement repérables. Pour Betz, la *dispositio* de Galates se présentait donc comme suit :

salut épistolaire initial 1,1-5
- *exorde* 1,6-11
- *narratio* 1,12-2,14 (l'établissement des faits)
- 1,12 thèse, suivie de plusieurs développements (1,13-24 ; 2,1-10 ; 2,11-14)
- *propositio* (ce que Paul va montrer) de la lettre 2,15-21
- *probatio* (preuves fournies pour appuyer et expliquer la *propositio*) 3,1-4,31
- *exhortatio* 5,1-6,18

épilogue et salut épistolaire final 6,11-18

Le schéma proposé apparente effectivement la *dispositio* de Galates à celle des discours anciens. Un coup d'œil au modèle que Quintilien fournit pour décrire la *dispositio* en son *Institution oratoire* montre en effet que les principales composantes sont en gros les mêmes de part et d'autre : exorde, *narratio*, *propositio*, *probatio* et conclusion (ou épilogue). Dans les discours judiciaires, la *narratio* ne faisait pas partie de la probatio, mais elle la préparait en établissant les faits sur lesquels cette dernière pourrait s'appuyer. Sans aucun doute, Ga 1-2 mentionne des événements, et la forme y est bien plus narrative qu'aux chapitres suivants (Ga 3-4), voilà pourquoi Betz vit en Ga 1-2 une *narratio*. Comme le corps de la lettre ressemble à celui des discours judiciaires d'alors, le même auteur en vint à conclure que tel était bien son genre. Car Paul y défend sa manière de faire en Ga 1-2, et le contenu de son Évangile dans les deux chapitres suivants : l'ensemble formé par Ga 1-4 serait ainsi globalement une apologie ; quant aux deux derniers chapitres (Ga 5-6), ils ne feraient que tirer les conséquences pratiques de l'argumentation.

Que cette approche ait convaincu et séduit nombre d'exégètes, c'est peu dire : il devenait désormais possible de suivre dans le détail les argumentations pauliniennes ; la mise en évidence des *propositiones* et des *probationes* permettait de voir ce que Paul voulait montrer et comment il le montrait. Une clé de lecture était donnée, qui pouvait évidemment être appliquée à toutes les lettres du NT. L'onde de choc fut plus ample qu'on aurait pu le croire, car furent alors revisités non seulement les lettres du NT et les anciens traités de rhétorique, mais aussi les écrits juifs de la période néo-testamentaire. Il importait en effet de savoir jusqu'à quel point ils avaient été influencés par l'hellénisme dans leur manière de composer les lettres, les argumentations et les récits.

H. D. Betz eut ainsi des émules. De nombreuses études sur la *dispositio* de Galates et des autres lettres attribuées à Paul virent le jour, l'hypothèse de lecture étant qu'elles pouvaient toutes suivre la *dispositio* des discours persuasifs, telle que la décrivent Aristote et les traités qui se sont plus ou moins inspirés de lui, et dont les plus connus sont l'*Institution oratoire* de Quintilien et la *Rhétorique à Herennius*.

Avant de voir la postérité de ce type d'approche, signalons que le recours à la rhétorique gréco-hellénistique (et à ses prolongements romains) fut rejeté jusque récemment par un certain nombre d'exégètes pour deux raisons majeures : (1) Comment les auteurs du NT, palestiniens d'origine paysanne ou rurale, auraient-ils pu suivre le *curriculum* des études grecques, fait pour les enfants de familles aisées et qui pouvaient pour cela rester dans les écoles et gymnases jusqu'à 18-20 ans ? Ceux dont les parents étaient d'origine modeste devaient travailler jeunes encore. Paul a peut-être commencé à apprendre son métier de fabricant de tentes dès l'adolescence, voilà pourquoi un passage par l'école grecque semble peu probable. (2) Étant juifs, les auteurs du NT auraient plutôt fréquenté les écoles rabbiniques, dont on présumait qu'elles n'avaient aucun contact avec une formation grecque, jugée païenne et donc dangereuse pour la foi juive. Paul lui-même ne dit-il pas en Ac 22,3 avoir été formé aux pieds de Gamaliel ?

Ces objections, et d'autres, ont évidemment obligé exégètes et historiens à approfondir les rapports entre hellénisme et judaïsme dans le monde d'alors, en particulier dans les pays où vécurent Jésus et Paul. Tous aujourd'hui s'accordent à reconnaître que le judaïsme fut hellénisé, dans ses écoles et ses écrits, et ce, même à Jérusalem ! Mais la meilleure réponse vient des lettres pauliniennes : la rhétorique grecque y est trop présente pour qu'on la nie ou l'oublie. Persister dans le refus signifierait qu'on s'interdit de progresser dans l'intelligence du tissu paulinien. Cela dit, les objections ont forcé les tenants de l'approche rhétorique à procéder avec plus de finesse et de souplesse. Car les carences méthodologiques étaient réelles. Les recherches ont progressé, en suivant plusieurs directions :

Il apparut important de mieux distinguer les rhétoriques épistolaire et discursive : une lettre n'est ni un discours ni un traité. La distinction a permis d'éviter de classifier les lettres de l'apôtre en relation aux seuls genres des discours – judiciaire, délibératif et épidictique –, et elle s'est révélée d'autant plus utile que les spécialistes avaient étiqueté différemment une même lettre. Ainsi, on l'a vu, selon Betz le genre de Galates est judiciaire, car Paul y défend sa pratique apostolique et son Évangile, alors que, pour d'autres, il est délibératif – l'apôtre veut aider ses destinataires à *prendre la décision* de ne pas se faire circoncire (voir Ga 5,2) [11] – ou encore épidictique, dans la mesure où, avant de favoriser une quelconque décision, il expose magistralement ce qu'il estime être la vérité, à savoir que la circoncision ne saurait faire partie de l'Évangile[12]. Chercher plutôt à déterminer le genre des lettres pauliniennes en rapport à l'épistolographie (lettre d'amitié, de consolation, de recommandation, etc.) est certainement plus *ad rem* ! Si les études sur le sujet n'arrivent pas encore à des résultats définitifs, elles ont néanmoins soulevé des questions sur l'intégrité actuelle de l'une ou l'autre lettre paulinienne : constatant que les lettres anciennes ont presque toujours un seul thème central, certains en sont venus à se demander si, par exemple, la première aux Corinthiens, qui aborde tant de questions différentes, n'est pas la compilation de plusieurs billets originellement indépendants dont on aurait simplement supprimé le cadre épistolaire. Un résultat est en tout cas sûr : si Paul suit les modèles en vigueur pour les lettres, discours et argumentations de son temps, c'est avec beaucoup de liberté.

Ce qui vient d'être dit du rapport de l'apôtre à l'épistolographie d'alors vaut aussi pour la manière dont il développe ses argumentations. D'une application rigide des *dispositiones* anciennes, on en est venu à prendre en considération son originalité, en reconnaissant que, comme beaucoup d'autres auteurs, il respecte sans servilité les règles en usage. Si la *dispositio* que Betz propose pour Galates ne fait pas trop violence au texte, dans la mesure où Ga 1–2 a plusieurs propriétés des *narrationes*, et Ga 3–4 celles des *probationes*, appliquer tel quel le schéma standard des discours judiciaires pour toutes les autres lettres pauliniennes tient de la camisole de force. C'est pourtant ce qui advint : la *dispositio* mise en évidence par

11. Ainsi, G. A. Kennedy, *New Testament Interpretation Through Rhetorical Criticism* (Chapel Hill, 1984). Le genre délibératif cherche à favoriser une décision, en indiquant ce qui est profitable ou nuisible, utile ou inutile, et, en conséquence, conseillé ou déconseillé.

12. Ainsi, A. Pitta, *Disposizione e messaggio della lettra ai Galati. Analisi retorico-letteraria* (Roma, 1992).

Betz devint plus ou moins une composition standard, d'autant plus qu'elle semble constituer pour Quintilien le modèle par excellence ; chaque lettre de l'apôtre devait ainsi avoir, en plus de son cadre épistolaire, un exorde, une *narratio*, une *propositio*, une *probatio* (en deux étapes : réfutation des arguments adverses ou *confutatio*, et présentation des siens ou *confirmatio*) et un épilogue. Mais, chemin faisant, les spécialistes de rhétorique ont perçu ce qu'avait d'arbitraire une approche pour laquelle chaque lettre était constituée d'une seule argumentation (semblable à celle de Galates). On a en effet peu à peu constaté que de nombreuses unités de moyenne grandeur constituent elles aussi des argumentations dignes de ce nom, puisqu'elles contiennent les deux éléments qu'Aristote considérait déjà comme essentiels pour qu'une argumentation soit telle, la thèse et le déroulement de sa preuve[13]. Ainsi, Rm 1,18–3,20, qui n'est qu'une sous-section de Romains, a les caractéristiques principales d'une argumentation, comme on peut aisément le constater :

propositio (sur la rétribution divine) – Rm 1,18
probatio Rm 1,19–3,18, se déroulant en trois séries de preuves :
- les faits (du passé : injustice humaine et rétribution divine) – Rm 1,19-32
- les principes de la rétribution divine, leurs conséquences à la fin des temps – Rm 2,1-29
- réflexion sur les principes et preuve finale, fondée sur l'autorité des Écritures – Rm 3,1-18

peroratio – 3,19-20.

Ce passage est représentatif de nombreuses sous-sections des lettres pauliniennes, qui forment elles aussi des argumentations, et montrent comment la réflexion de l'apôtre se structure par enchaînement d'argumentations indépendantes ou hiérarchisées selon les cas. L'idée que le corps de chaque lettre était

13. En latin, *propositio* et *probatio*. Voir Aristote, *Rhétorique* 1414a 30-37 : « Eu égard à la disposition, une argumentation a deux parties : il faut en effet dire ce qu'on va montrer et le montrer, en sorte qu'il est impossible d'affirmer sans montrer et de montrer sans dire auparavant ce qu'on va montrer ; car celui qui montre, montre quelque chose, et celui qui annonce, annonce à cause de ce qu'il va montrer. Ces deux parties se nomment respectivement *prothèsis* (présentation de la thèse à montrer) et *pistis* (preuve). »

composé d'une seule argumentation devait donc un jour ou l'autre être révisée, ce qui a eu pour conséquence de faire évoluer la manière dont on a conçu la *dispositio* rhétorique. Voyons comment.

Plus que de chercher à faire cadrer la totalité de chaque lettre paulinienne avec une *dispositio* standard, il est bien plus utile de mettre en évidence les *propositiones* des argumentations : en les individualisant, on se donne la possibilité de saisir ce que Paul veut montrer et comment il le montre. Définir le périmètre des diverses unités rhétoriques est ainsi essentiel à la compréhension de ses argumentations, en leur finalité et leur dynamique. Rm 1,18 est à cet égard représentatif des *propositiones* pauliniennes : le verset est suffisamment clair pour qu'on voie l'orientation de la section, à savoir l'exercice de la justice divine rétributive à l'encontre de toute injustice humaine, mais rien n'y est dit sur le comment de cette rétribution ni sur le nombre de ceux qui en sont ou seront les destinataires. Générique – laissant ainsi place au suspense et à la progressive manifestation de la réponse –, et néanmoins assez précise pour que le lecteur saisisse la thématique amorcée, telle est bien la *propositio* paulinienne.

À ceux qui s'intéressent principalement à la manière dont l'apôtre compose ses lettres, il reste donc à isoler toutes les argumentations, à déterminer la façon dont elles s'enchaînent pour former des sous-sections et sections. Le travail, ayant été au départ fait beaucoup trop rapidement et uniformément, a dû être repris et orienté différemment, mais les études se multiplient avec toujours plus de sens critique et de maîtrise. Certains représentants de l'exégèse classique, essentiellement historicocritique, ironisent encore sur la non-uniformité des résultats dans le domaine de la rhétorique paulinienne, qui est une discipline toute récente. Cette critique est un peu trop facile et oublie que, s'il est un domaine où l'unanimité est loin d'être faite, c'est bien dans le domaine de l'historico-critique. Il n'est pas d'année où ne viennent au jour des théories nouvelles qui remettent totalement en question les précédentes, sur l'histoire de la rédaction, sur l'intégrité rédactionnelle et sur la datation des écrits bibliques, et leurs résultats sont bien plus discordants que ceux relatifs à la *dispositio* des lettres pauliniennes.

Mais, si les spécialistes de rhétorique procèdent aujourd'hui avec plus de souplesse, c'est aussi en partie parce qu'ils ont cessé de considérer les écrits d'Aristote, de Cicéron et de Quintilien comme des manuels que les étudiants et les auteurs anciens auraient suivis. Il s'agit bien plutôt de *traités*, dont la fonction est avant tout taxinomique, théorique et réflexive, sur les tendances mais aussi sur les idéaux des écoles de rhétorique à chacune de leurs époques. Et, si Quintilien présente comme *dispositio* celle des discours judiciaires, c'est parce qu'elle est plus ample que celles des deux autres genres (délibératif et épidictique) et lui permet de passer en revue toutes les composantes qu'une *dispositio* peut avoir. L'erreur a été seulement de prendre la *dispositio* telle qu'elle se trouve chez Quintilien comme la seule existante et, par là même, la seule susceptible de servir de grille de lecture des lettres pauliniennes. L'expérience montre même qu'il n'existe pas deux lettres de l'apôtre dont la composition soit la même. Il est donc plus intéressant et profitable de partir du tissu paulinien pour déterminer la configuration des argumentations, leur enchaînement, leur hiérarchie et leur fonction respective.

RHÉTORIQUE ET PERSUASION

En un premier temps les spécialistes de rhétorique ont donc principalement étudié la *dispositio* des lettres pauliniennes, et l'ont fait avec de plus en plus de finesse. Le principal reproche qu'on peut leur faire est d'en être souvent restés à une attitude purement descriptive, sans s'interroger sur ce que la *dispositio* révèle de progression et construction d'une pensée, sans examiner aussi la pertinence et la solidité des *probationes* pauliniennes, car, si l'apôtre argumente et défend ses positions, le rhétoricien se doit de voir comment ces dernières sont conjoncturelles, déterminées par une culture et un monde donnés, mais aussi pourquoi elles ont traversé les siècles et sont restées valables pour tant de générations de croyants.

La manière de persuader paulinienne

Une fois décrite la *dispositio* de chaque écrit, l'exégète doit aller plus loin et montrer comment Paul procède pour convaincre ses correspondants, en cherchant les constantes, en repérant quelles elles sont, pour ensuite déterminer ce qu'elles indiquent des principes rhétoriques et herméneutiques de l'apôtre.

La première observation qu'on peut faire est qu'en beaucoup de ses argumentations Paul ne traite pas les questions affrontées par les premières communautés au niveau auquel elles se posent. Ainsi, au début de la première aux Corinthiens, il dit avoir entendu parler des litiges existant entre les membres de la communauté à propos des apôtres. Mais au lieu de répondre immédiatement, en disant que les apôtres ne sont que des serviteurs de l'Évangile, il commence par rappeler le renversement des valeurs provoqué par la croix, pour indiquer à ses destinataires qu'ils sont restés attachés aux valeurs du monde et ne sont pas encore entrés dans celles de l'Évangile, en tout opposées aux premières. Bref, *il fait un détour*, au demeurant décisif, car il renvoie à l'événement de la croix, où se sont définitivement inversées les valeurs, et montre également que les questions ecclésiologiques trouvent leur réponse première dans la christologie.

La manière de procéder est la même en 1 Co 12–14. Selon les commentateurs, certains membres de la communauté de Corinthe considéraient la glossolalie comme supérieure à la prophétie – et peut-être aux autres charismes. Paul aurait pu immédiatement intervenir en soulignant que la prophétie lui semblait plus profitable que la glossolalie pour les raisons énoncées longuement en 1 Co 14, où l'ensemble de l'argumentation ne considère que ces deux charismes. Or, au lieu de donner directement son point de vue, au niveau même où, si l'on en croit les commentateurs, la question se posait, l'apôtre commence par rappeler que les charismes sont multiples et diversifiés ; autrement dit, pour en parler il ne faut pas perdre de vue l'ensemble qu'ils forment. Il signale ensuite que cette diversité est complémentaire, comme celle des membres dans un corps – un charisme ne peut donc ignorer ni mépriser les autres, car la diversité est au service de la survie de l'unique corps. Il rappelle aussi qu'il y a une hiérarchie des charismes – les glossolales sont nommés en dernier ! Mais, comme si cet élargissement (1 Co 12) ne suffisait pas, l'apôtre en vient à situer tous les charismes par rapport à l'*agapè*, en déclarant que sans elle ils ne sont rien. Le double détour (1 Co 12 et 1 Co 13) vise ainsi à mettre en perspective le rapport entre la prophétie et la glossolalie, et à montrer qu'on n'en peut vraiment parler qu'*en prenant de la distance*.

Sans procéder tout à fait de la même manière, dans la section de la même lettre qui traite des viandes sacrifiées aux idoles (1 Co 8–10), Paul élève encore une fois le débat. Dans un premier temps, il répond directement au problème soulevé (1 Co 8), en présentant des arguments de différents types, en rappelant surtout l'*agapè*, l'attention à l'autre. Mais cela ne suffit pas : il veut, en se proposant lui-même comme exemple, en 1 Co 9, montrer jusqu'où il faut aller, en refusant les privilèges et en se faisant l'esclave de tous. Ce premier détour est d'ailleurs suivi d'un autre, en 1 Co 10, où l'exemple de l'Israël du désert va lui permettre de mettre en évidence les risques d'idolâtrie qu'il y a à accepter les invitations aux banquets offerts dans les temples locaux. Certains n'hésitent pas à appeler digressions – en latin *egressiones*, en grec *parekbaseis* – tous ces passages où Paul s'écarte du problème concret auquel il est censé apporter une réponse. Si l'on entend le terme *digression* au sens courant, l'appellation ne convient pas, car elle semble vouloir dire que Paul perd alors le fil de son argumentation ; si en revanche on lui laisse son sens technique, elle est correcte, car le procédé a bien pour fonction de répondre aux questions en passant par l'*ailleurs*, en prenant de la distance, en élargissant donc le débat et en portant les lecteurs à un niveau de réflexion plus radical.

Dans les lettres pauliniennes ce passage par l'ailleurs et l'essentiel est plus fréquent qu'on ne le pense, et il permet d'expliquer la progression d'autres *probationes*, comme celle de 1 Co 15, où, selon les commentaires les plus récents, la raison pour laquelle plusieurs membres de l'Église refusaient de croire en une résurrection finale venait de ce qu'ils la concevaient comme une réanimation. Admettons-le sans discuter. Il faut alors reconnaître que l'apôtre ne va pas répondre au problème immédiatement, mais seulement à partir du v. 35. Avant de corriger les représentations des Corinthiens, il commence par reprendre longuement la question de la résurrection elle-même, en recourant à l'argument christologique et en montrant que refuser la résurrection générale des morts signifie tout simplement rejeter l'Évangile. Ce faisant, il veut clairement montrer que la question sur la nature du corps ressuscité (v. 35-49) doit être resituée dans un ensemble plus vaste et fondamental, celui de la foi en la résurrection des morts. Car c'est en ramenant les Corinthiens au cœur de l'Évangile qu'il leur en montre les conséquences pour leur propre avenir, autrement dit pour leur salut. Bref, l'argumentation de 1 Co 15 donne une indication supplémentaire sur les techniques rhétoriques de Paul. Elle confirme en effet la tendance de Paul à différer les réponses immédiates ou à s'en contenter, et elle montre qu'en ses réponses l'apôtre est moins soucieux de rappeler les raisons ou les motivations de ses correspondants, que les conséquences de leurs positions sur les questions qui se posent à eux. Voilà pourquoi il est souvent difficile de reconstituer avec exactitude les situations ou les problèmes affrontés par les chrétiens auxquels Paul s'adresse : élargissant les questions et cherchant toujours à énoncer les relations fondamentales et durables sans lesquelles les questions (et les réponses) perdraient leur pertinence, sa rhétorique est moins contingente que le genre épistolaire ne le donnerait de prime abord à penser.

En bref, l'attention à la nature, à la qualité et à l'agencement des *pisteis* fournies par Paul pour appuyer ses thèses devra être systématiquement poursuivie et élargie aux autres écrits néotestamentaires, faute de quoi l'approche rhétorique en resterait à une conception statique de la *dispositio*, ce qui serait contraire au but qu'elle poursuit.

Une rhétorique inculturée

Ce que la seule présentation de la *dispositio* ne peut également étudier, c'est la manière dont Paul choisit ses arguments (les *pisteis*), surtout en rapport avec la culture et l'origine de ses destinataires. Bref, ce que doit aujourd'hui faire l'approche rhétorique, c'est reprendre le vieux problème de l'arrière-fond du texte paulinien et le traiter *en fonction de sa visée persuasive*. Car, lorsque les commentateurs essaient de mettre en valeur l'arrière-fond culturel et religieux des affirmations pauliniennes, ils procèdent la plupart du temps par exclusive : l'apôtre s'inspirerait du judaïsme *ou* de l'hellénisme. Or, bien des passages des lettres pauliniennes renvoient aux deux mondes, et il ne s'agit pas d'un hasard, bien plutôt d'une volonté d'être compris de tous les croyants, quelle que soit leur origine, comme le montrent les exemples suivants.

Ainsi, en Ga 3–4, le double arrière-fond est indéniable. Bien des lecteurs peuvent en effet se demander comment les croyants de Galatie, pour la plupart d'origine non juive, pouvaient comprendre les techniques juives d'interprétation des Écritures utilisées par l'apôtre, qu'on rencontre plusieurs fois en Ga 3,2-13, et que Paul se devait d'utiliser, car ceux qui contestaient son Évangile le faisaient très probablement en s'appuyant sur les Écritures, en particulier Gn 17, pour montrer la nécessité de la circoncision. Pour leur répondre, l'apôtre ne pouvait se contenter d'en appeler aux faits (Ga 3,1-5) et aux convictions (Ga 2,15-21) ; il lui fallait encore montrer que les Écritures, surtout la Torah, confirmaient son interprétation de la Loi et du rapport entre promesse, foi et justice (la première appelant les deux autres). Le lecteur non juif pouvait-il comprendre comment Paul argumente en Ga 3 et apprécier la valeur de ses arguments ? Plusieurs exégètes notent à ce propos que les rhéteurs grecs et romains raisonnaient sur la nature et le statut des lois (sur leurs ambiguïtés, leurs possibles contradictions et les moyens de dépasser ces dernières, en renvoyant par exemple à la volonté du législateur, qui ne saurait se contredire). On ne peut en effet nier que Ga 3 pouvait être compris par une personne ayant une connaissance moyenne du droit romain d'alors : l'applicabilité, la spécificité et la finalité d'une ou de diverses lois étaient souvent discutées. Ce qu'il pouvait en comprendre est simple, même si la progression n'est pas toujours évidente : Paul affirme contre toute attente qu'un système législatif, qui prétend pourtant promouvoir plus que les autres la justice, a été en réalité, par l'intention même du législateur, fait pour provoquer et multiplier les transgressions, que ses sujets sont exposés à la malédiction, et que cela même était dans l'intention du législateur ! Une telle gageure ne pouvait pas ne pas intriguer quiconque était un tant soit peu au fait des questions juridiques.

Ga 3–4 n'est pas le seul passage à montrer que Paul choisit ses preuves pour que leur portée et leur pertinence puissent être saisies par les deux groupes, juif et non juif, qui composaient les communautés fondées par lui. J'ai montré ailleurs que les *topoi* de l'argumentation de Rm 7,7-25 renvoyaient aussi à un double arrière-fond, biblique / juif et grec[14]. Ces deux exemples, Rm 7,7-25 et Ga 3–4, invitent à élargir l'enquête et à vérifier si, ailleurs chez Paul, le choix des *topoi*, des exemples et plus généralement des *pisteis*, a la même fonction communicative. Pareille enquête corrigerait la manière unilatérale et exclusive avec laquelle on présente habituellement l'arrière-fond des lettres de l'apôtre.

Pour convaincre ses lecteurs, Paul ne fournit pas seulement des preuves et des *topoi* qui les renvoient à leurs cultures respectives. Pour que ses lettres puissent intéresser les membres d'autres Églises et avoir ainsi une audience plus universelle – ce qui porte à son acmé la visée communicative –, il supprime ou rend flou tout ce qui décrit trop directement la situation concrète de la communauté à laquelle il s'adresse, en particulier tout ce qui pourrait aider le lecteur à reconnaître les positions concrètes d'un groupe ou d'un individu. Il ne retient que ce qu'il y a d'emblématique en chaque situation, pour que sa réflexion soit applicable à d'autres communautés. Cette technique limite elle aussi notablement la contingence des réponses que l'apôtre donne à chaque Église et confirme la

14. J.-N. Aletti, « Rm 7,7-25 encore une fois : enjeux et propositions », *New Testament Studies* 48 (2002), pp. 358-376.

visée universelle de la rhétorique paulinienne. Malheureusement, ce type d'étude – celui du choix des arguments à visée inculturée et néanmoins universelle – reste encore inchoatif.

Rhétorique et critique

L'agencement des preuves devrait lui aussi faire l'objet d'une étude systématique, car il permet d'entrevoir la logique profonde d'une argumentation. Qu'une preuve scripturaire figure au début ou à la fin d'un développement n'est en rien dû au hasard. Ainsi, que les deux argumentations qui se suivent en Rm 1-4, à savoir Rm 1,18–3,20 et 3,21–4,25, se terminent l'une et l'autre par un recours à l'Écriture (Rm 3,10-18 et 4,1-25) invite à s'interroger sur les raisons qui ont conduit l'Apôtre à placer à cet endroit-là, et pas avant, l'une et l'autre preuve. Bref, tous les types de *pisteis* doivent nous interroger : quand et à quelle fin l'Apôtre recourt-il à la preuve d'autorité, en particulier scripturaire ? Quand fournit-il des exemples ? etc.

Quant à l'examen critique des *pisteis* fournies par les lettres (pauliniennes et autres), il reste malheureusement trop inchoatif. Il ne suffit pas de justifier le choix et la place des arguments respectifs (faits et exemples, principes et autorités), encore faut-il peser leur pertinence, autrement dit *passer du descriptif au critique*. Prenons, en effet, les exemples grâce auxquels Paul explique aux Corinthiens ce qu'est un corps ressuscité (1 Co 15,35-41). Il veut leur montrer que le corps ressuscité est tout autre que l'actuel, qui périt, et, pour illustrer cette idée, il prend deux exemples, celui du grain et de la plante, et celui des corps terrestres et célestes. Après qu'on a mis le grain en terre, ce qui advient (la plante) est tout autre. Ainsi en est-il de notre corps actuel, qui comme le grain doit mourir pour devenir totalement différent. Quant à la deuxième image, elle sert à montrer que la gloire de notre corps ressuscité sera analogue à celle des astres et en tout différente de celle des corps terrestres. Mais pour quelle raison Paul passe-t-il de la première série à la deuxième ? C'est que, si la première série *souligne la discontinuité temporelle*, elle ne peut suffire ; bien qu'étant différente du grain, la plante dépérit en effet elle aussi. Paul devait donc fournir un exemple de corps dont la gloire est éternelle.

Mais, à son tour, la deuxième série soulève une difficulté énorme, car on n'a jamais vu un corps terrestre devenir céleste. Si les deux séries d'exemples illustrent donc bien la différence existant entre le corps mortel et le corps ressuscité, elles ne fournissent pas de preuve d'existence (notre corps mortel sera totalement transformé en gloire), et il revient précisément aux v. 44b-49 de la fournir : le passage d'un corps à l'autre existe, la preuve en est donnée par le Christ ! Mais, même compris correctement, les exemples fournis par Paul ne peuvent plus être utilisés tels quels aujourd'hui où l'on sait qu'il y a *continuité* – et non discontinuité – entre le grain et la plante, entre la terre et les astres du ciel ! L'approche rhétorique ne peut donc se contenter de décrire les preuves, elle doit aussi relever ce qu'elles ont d'incomplet et qui n'entame pourtant pas la solidité de leur visée.

Sans l'approche rhétorique, certains arguments peuvent aussi être mal compris. Ainsi en est-il de Rm 7,7-25, où la lecture traditionnelle, surtout depuis Augustin et, après lui, Luther, a pensé que Paul décrit le chrétien, *simul justus et peccator*. Mais, si l'on suit la rhétorique et prête attention à l'arrière-fond du passage, cette interprétation ne peut être suivie : il ne peut s'agir du chrétien, seulement de celles et ceux qui ne le sont pas[15]. Beaucoup de chrétiens pensent pourtant se voir décrits en Rm 7,7-25, tant ils se sentent encore prisonniers de leurs passions, incapables d'aimer, même de faire le bien. Quelle interprétation faut-il alors choisir ? Celle de l'approche rhétorique, ou ce que l'expérience nous montre des chrétiens dans l'histoire ? Si les contraintes du texte favorisent l'approche rhétorique, ne faut-il pas en conséquence se demander si, en voyant le chrétien mort au péché et vivant pour Dieu, Paul n'est pas tout simplement naïf ? Bref, l'approche rhétorique ne peut se contenter de présenter ce qui est dit en Rm 7 : il lui faut aussi voir pourquoi cela a été dit et si aujourd'hui, où les conditions d'entrée dans l'Église ne sont plus les mêmes qu'alors, il serait possible d'argumenter comme l'apôtre le fait.

15. Voir S. Romanello, *Una legge buona ma impotente. Analisi retorico-letteraria di Rom 7,7-25 nel suo contesto*, Bologna (Dehoniane, 2000), et J.-N. Aletti, « Rm 7,7-25 encore une fois : enjeux et propositions », *New Testament Studies* 48 (2002), pp. 358-376.

Un autre type de preuve, fréquent s'il en est dans les lettres pauliniennes, à savoir la preuve par les Écritures, devrait aussi être pris en charge par l'approche rhétorique, dans la mesure où les argumentations les plus décisives, en particulier celles de Rm 4,1-10 et Ga 3,6-14, semblent s'appuyer sur une interprétation des Écritures qui paraît aujourd'hui rapide et arbitraire[16]. Bref, la rhétorique critique devrait s'étendre à toutes les argumentations de Paul et des autres auteurs du NT, pour déterminer ce qui, dans les preuves fournies, est contingent, déterminé par les connaissances, la culture et la situation de l'Église à une époque, et ce qui reste valable, toujours pertinent.

Une approche en voie d'extension

Si ce sont les lettres pauliniennes qui ont d'abord intéressé les spécialistes de rhétorique classique, on peut constater que le champ s'est étendu à tous les écrits néo-testamentaires, et que les différents genres littéraires – passages sapientiels, apocalyptiques, etc.[17] – sont aujourd'hui visités. La Bible hébraïque et la Septante commencent elles aussi à être étudiées rhétoriquement, car les discours ou les lettres ne sont pas les seuls à avoir une fonction persuasive : les règles et techniques de persuasion couvrent tous les genres.

Les grilles de lecture se sont aussi enrichies, complexifiées, au point que l'approche rhétorique offre l'image d'une discipline en pleine révolution et expansion. Cela dit, l'utilisation de la rhétorique classique n'a pas fondamentalement changé le point de vue de l'exégète, qui cherche toujours dans le monde contemporain d'un auteur biblique les modèles littéraires, culturels, sociaux et religieux susceptibles de lui fournir les clés

16. Comme premiers essais d'analyse, voir par ex. M. Rastoin, *Tout à tous. La double culture de Paul dans l'argumentation de Galates 3,6–4,7* (Rome, 2004) ; J.-N. Aletti, « Romains 4 et Genèse 17. Quelle énigme et quelle solution ? », *Biblica* 84 (2003), pp. 305-326.

17. La remarque s'applique aussi aux codes législatifs du Pentateuque, dont la composante persuasive a été trop négligée par l'exégèse historicocritique. Pour le Nouveau Testament, voir par exemple l'ouvrage collectif dont D.F. Watson est l'éditeur, *The Intertexture of Apocalyptic Discourse in the New Testament* (SBL Symposium Series 14 – Atlanta, 2002). Signalons un autre pionner de l'application des *dispositiones* anciennes aux évangiles, B. Standaert, *L'Évangile selon Marc : Composition et genre littéraire* (Nijmegen, Stichting Studentenpers, 1978), selon qui Mc suivrait la composition des tragédies anciennes. Les critiques à son endroit seraient en gros les mêmes que celles signalées plus haut pour les modèles discursifs.

de lecture pertinentes. S'il y a nouveauté, c'est donc dans les modèles anciens exhumés – la *dispositio* des discours et des lettres grecques, hellénistiques et romaines –, mais pas dans la finalité du travail exégétique et la façon de le mener. La situation est ainsi paradoxale, puisque, si l'approche rhétorique des textes néo-testamentaires est nouvelle sur le marché, elle ne l'est pas dans ses principes : elle garde la même orientation que ses sœurs historicocritiques, pour qui connaître un auteur signifie mettre en évidence les modèles de pensée et d'écriture en vigueur à son époque et l'ayant influencé.

En plus des clés de lecture qu'elle fournit, l'approche rhétorique permet de contrebalancer ce que le *reader response criticism* pourrait avoir de subjectif, car, en mettant en évidence les règles de persuasion qui sous-tendent les textes, elle décrit la manière dont ces derniers *construisent leurs lecteurs.* Le bénéfice d'une telle approche ne saurait donc être considéré comme mineur !

LA RHÉTORIQUE COMME « *ELOCUTIO* »

J'ai déjà montré ailleurs qu'il ne faut pas séparer l'étude de l'*inventio* (comme ensemble et articulation de preuves) et celle de l'*elocutio* (comme ensemble de figures)[18]. À dire vrai, l'étude des figures bibliques ne date pas d'aujourd'hui[19]. Mais sans doute n'ont-elles pas été jusqu'à présent traitées par une approche rhétorique qui en détermine la fonction et surtout les enjeux. Car telle est bien la question posée au discours théologique : peut-il se passer des figures, ou ces dernières lui sont-elles essentielles ? Un exemple bref, 1 Co 3,18-23, montre en tout cas qu'elles ont dans le discours paulinien une importance unique. Ce passage est la conclusion (la *peroratio*) de la section qui va de 1 Co 1,10 à 3,23. Que ces versets soient une *peroratio*,

18. J.-N. Aletti, « Paul et la rhétorique. État de la question et propositions », in J. Schlosser, (éd.), *Paul de Tarse* (Congrès de l'ACFEB, Strasbourg, 1995 ; Le Cerf, Paris, 1996), pp. 27-50.

19. Le pionnier en la matière semble avoir été E.W. Bullinger, *Figures of Speech used in the Bible* (Eyre & Spottiswoode, London - E. & J. B. ; Young & Co, New York, 1898 ; 21e édition en 1997, Eerdmans, Grand Rapids, MI). Bien plus tard, en langue française, A. Brunot, *Le génie littéraire de saint Paul* (Cerf, Paris, 1955).

tout l'indique : la reprise inversée de l'*exordium*, au v. 22a, ainsi que de la *probatio*, sous forme de paradoxe (v. 18) et de sommaire *(anakaphalaiôsis)*, aux 18-19a, le déroulé majestueux des vv. 21-23, où l'on ne rencontre pas moins de cinq figures : le mérisme (vie / mort ; présent / futur) [20], l'anaphore ou *repetitio* (huit fois la particule *eite*), l'anadiplôse *(hymôn-hymeis ; Christou-Christos)* qui est en même temps polyptote, enfin le climax, puisque la série tend vers Dieu : « Tout est à vous, mais vous êtes au Christ, et le Christ est à Dieu. » Or, en cette conclusion, les figures ne sont pas ornementales mais fonctionnelles. Le paradoxe du v. 18 indique bien en effet que, loin d'avoir voulu dissoudre une énigme, la *probatio* entière a eu pour fonction de la mettre en relief : « devenir fou, afin d'être sage » ! Et, pour signifier que le paradoxe, où se renversent les valeurs, est indépassable, Paul utilise une autre figure, l'exagération *(auxèsis)*, dont le mérisme, la répétition et le climax sont les porteurs. Si, pour lui, la réalité chrétienne ne peut être exprimée que paradoxalement, on voit aussitôt pourquoi les figures lui sont nécessaires, et sa théologie éminemment rhétorique.

La figure paulinienne la plus significative semble bien être le paradoxe, car elle influe sur les autres figures et couvre tous les secteurs de son discours (théologie, christologie, sotériologie, ecclésiologie, etc.). Dieu a confondu la sagesse du monde par la folie de la croix (1 Co 1,21-22) ; il a livré son Fils (Rm 8,32), formule qui allie paradoxe et exagération. On dira sans doute que Dieu n'a pu faire cela, et que l'exégèse doit montrer la cohérence ou le bien-fondé de la pensée de l'Apôtre. Mais Paul connaît la *correctio*, et n'hésite pas à l'utiliser quand il le veut. Or, il ne le fait jamais pour ces énoncés abrupts et scandaleux ! Car les énoncés par lesquels Paul exprime le mystère de la croix sont plus forts les uns que les autres : celui qui n'avait pas connu le péché, Dieu l'a fait *péché* pour nous, afin que nous devenions justice de Dieu (2 Co 5,21). Et le geste divin est identiquement celui du Fils de Dieu, qui a aimé l'humanité au point de se livrer pour elle (Ga 1,4 ; 2,20), de

20. Le mérisme est une figure qui associe des pôles (jour/nuit ; hier/demain ; nord/sud ; enfants et vieillards, hommes et femmes, etc.) pour exprimer une totalité (louer jour et nuit, c'est louer *toujours*).

devenir *malédiction*, afin qu'en lui la bénédiction d'Abraham s'étende à tous (Ga 3,13-14), ou qui, de riche qu'il était, s'est fait pauvre à cause de nous, afin de nous enrichir de sa pauvreté (2 Co 8,9). Comment celui qui s'est dépossédé de tout peut-il enrichir, et celui qui est devenu malédiction donner la bénédiction ? Paul ne le dit pas : paradoxe oblige !

L'événement salvifique paradoxal détermine aussi la situation paradoxale des baptisés. Plusieurs passages indiquent sans équivoque le lien existant entre l'itinéraire du Christ et celui des baptisés (1 Co 1,26-31 ; Rm 6 ; Ph 3,2-11), en des formules qui ne sont pas moins paradoxales. Désormais, les baptisés sont morts, et leur vie est cachée avec le Christ en Dieu (Col 3,3), libérés du péché, ils sont devenus esclaves de la justice (Rm 6,18) ; et, s'ils ne doivent pas devenir esclaves des hommes (1 Co 7,23), il leur faut devenir esclaves les uns des autres (Ga 5,13). De la même façon, Paul, libre à l'égard de tous, s'est fait l'esclave de tous, pour en gagner le plus grand nombre (1 Co 9,19). Il va même jusqu'à faire l'éloge de sa faiblesse (2 Co 11,30), parce qu'en elle la force de Dieu peut opérer (2 Co 12,10). Sur ce point, les affirmations de Paul rejoignent celles de Jésus : qui s'abaissera sera élevé, que le plus grand soit au service de tous, etc. Mais, pour formuler de tels renversements, l'Apôtre ne voit que la rhétorique de l'excès *(auxèsis)*, surtout à propos des privilèges les plus beaux, religieux, ceux de l'israélite qu'il reste (Rm 11,1), devenus balayure, ordure, par amour du Christ (Ph 3,8).

L'événement de la mort du Fils en croix et la vie des baptisés sont eux-mêmes pris dans une logique plus vaste, celle de la rédemption, que l'épître aux Romains formule de manière encore plus paradoxale, car elle semble faire de Dieu l'agent premier de nos refus (voir Rm 5,20 ; 11,32). Non que Paul oublie les résistances humaines, mais il les voit ordonnées et reprises par une sagesse divine insondable, alors même qu'elle se laisse reconnaître (Rm 11,33-36).

En refusant de pondérer ou d'atténuer pareilles affirmations, Paul indique évidemment que les voies de Dieu résistent à toute emprise conceptuelle, car concept et discours dominent le réel et le digèrent. La rhétorique paradoxale paulinienne est une rhétorique de l'humilité. La mort du Christ en croix change le jeu des règles rhétoriques, et par là détermine le message lui-même : en elle s'indiquent de manière définitive les choix pauvres de Dieu. Paul ne peut donc proclamer la mort de Jésus en croix que comme subversion suprême et définitive des valeurs mondaines, et son langage épouse les voies folles de Dieu. Avec et au-delà même de son langage paradoxal, notons aussi comment il va jusqu'à subvertir les conventions de la rhétorique, en faisant précisément l'éloge *(encomium)* de ce que d'ordinaire on méprise et rabaisse, à savoir les humiliations, les manques, les insuccès, la fragilité (2 Co 11,1-12,10). Tel est d'ailleurs le paradoxe de l'*encomium* inversé de 2 Co 11 : au moment même où il fait l'éloge de la faiblesse, son discours n'a jamais été aussi fort, ni aussi maître des techniques rhétoriques ! Rhétorique se moquant de la rhétorique ? On a eu raison de parler ici d'une ironie qui subvertit l'*encomium*, au sens où l'*auxèsis* y est au service de l'abaissement... L'excès est celui-là même de la kénose. Paradoxe et *auxèsis* deviennent ainsi essentiels pour exprimer le mystère de l'excès, de la démesure divine en Christ. La théologie est alors devenue rhétorique et la rhétorique, théologie, et c'est ce rapport que l'approche rhétorique doit aussi et surtout mettre en valeur.

Si les figures ne sont pas seulement un ornement, mais font partie des moyens de persuasion utilisés par Paul, leur intérêt vient aussi de ce qu'elles permettent de se prononcer sur un problème des plus discutés aujourd'hui, celui d'un centre de la théologie paulinienne, que certains voient dans la doctrine de la justification par la foi seule, d'autres dans la *theologia crucis* ou encore dans l'apocalyptique. Or, les paradoxes qui viennent d'être mentionnés sont homologues, et rendent tels les différents champs du discours paulinien : plus que parler d'un centre de la théologie paulinienne, opposé à une série périphérique, il est donc plus indiqué de voir l'ensemble de sa réflexion comme une construction où les différents étages (la sotériologie, l'ecclésiologie, etc.) ont leur structure déterminée par celle du rez-de-chaussée. Somme toute, l'étude rhétorique des paradoxes théologiques et plus généralement des figures pauliniennes est non seulement pertinente, mais exégétiquement nécessaire et décisive.

CONCLUSION : RHÉTORIQUE ET HERMÉNEUTIQUE

La présentation de l'approche rhétorique qui vient d'être faite a surtout parlé des lettres pauliniennes, et ce n'est pas un hasard, puisque ce sont elles qui ont permis à cette approche de s'appliquer aux écrits bibliques. Il faut seulement souhaiter qu'elle n'en reste pas aux lettres pauliniennes ni au seul corpus néo-testamentaire.

L'approche rhétorique ne prétend aucunement être la seule à rendre compte des textes, et c'est sans doute la raison principale pour laquelle elle ne peut être le seul instrument d'analyse de l'exégèse biblique. Il est néanmoins souhaitable qu'elle soit généralisée, au sens où, les textes bibliques s'adressant à des croyants qu'ils ont pour but d'instruire et de guider vers Dieu et vers la vie, leur composante communicative et persuasive est déterminante et doit être prise en considération. Généralisée, cette approche doit l'être encore dans son objet, qui ne se limite pas à la seule *dispositio* des textes ou à la seule *elocutio* (aux seules figures) ou encore aux seules techniques de persuasion, car ces trois parties de la rhétorique sont complémentaires, et c'est dans leur conjonction que s'indique le rapport existant entre message et vérité.

Il serait enfin anormal que l'approche rhétorique ne fasse pas porter sa critique sur ses propres présupposés et procédures : qu'elle devienne une discipline scientifique, on en verra un signe non équivoque dans le fait qu'elle commence à s'interroger sur ses méthodes, ses limites et ses rapports aux autres disciplines exégétiques[21]. Et, si telle est son évolution, on ne peut que lui souhaiter longue vie, pour le plus grand profit du lecteur des Écritures.

21. Voir par exemple la réflexion effectuée sous la direction K. P. Donfried et J. Beutler dans le cadre de la SNTS (Société des études sur le NT) et récemment publiée sous le titre suivant : *The Thessalonians Debate. Methodological Discord or Methodological Synthesis?* (Eerdmans, Grand Rapids, MI, 2000).

LECTURE CANONIQUE

Histoire, canon et débuts du christianisme

James A. Sanders

Dans l'introduction à *Torah and Canon* (1972), nous avons suggéré que le champ de la critique biblique est engagé dans la « critique canoniste », pour examiner les origines, le développement et l'histoire de la formation des canons du christianisme primitif et du judaïsme rabbinique, ainsi que de leurs fonctions dans les communautés croyantes de l'Antiquité. L'idée était de procéder à cet examen dans la période qui suit celle des derniers auteurs, éditeurs et rédacteurs individuels dans l'histoire de la formation de la littérature biblique, pour voir comment les canons ont pris naissance[1]. La principale raison pour un tel examen a été la découverte, dans les manuscrits du désert de Judée, d'un certain nombre de documents de Qumrân qui remettaient en question les concepts de canon et de « canonisation » du Tanak, ou Premier Testament chrétien, et la compréhension qu'on en avait à l'époque[2]. Le type de fluidité textuelle manifeste dans les manuscrits bibliques de la période prémassorétique, avant la chute de Jérusalem aux mains de Rome en 70 de notre ère et la « Grande Rupture » dans

1. Fortress Press (Minneapolis, 1972). Traduit par P. Mailhé : *Identité de la Bible : Torah & Canon* (Paris, Le Cerf, 1975).

2. Voilà qui est bien différent des intérêts de Brevard Childs qui, à la même époque, inaugurait un domaine d'étude centré sur l'interprétation de l'Écriture dans son contexte canonique pour les Églises d'aujourd'hui, en particulier celles de la tradition réformée, pour contrebalancer l'interprétation de l'Écriture dans ces divers contextes historiques, objet des introductions et des commentaires critiques des deux derniers siècles. Pour un essai de grande qualité qui retrace le développement de ces deux intérêts, voir Dominique Barthélemy, « La critique canonique », dans *Revue de l'Institut catholique de Paris*, 36 (oct.-déc. 1990), pp. 191-220. Pour une revue critique récente de l'état actuel des études de la Bible comme canon, voir Stephen B. Chapman, *The Law and the Prophets* (Mohr Siebeck, 2000). Pour l'histoire complète du comment de la naissance et du développement de la critique canonique telle que je la comprends, voir Sanders, « The Modern History of the Qumran Psalms Scroll and Canonical Criticism », *Emanuel : Studies in Hebrew Bible, Septuagint and Dead Sea Scrolls in Honor of Emanuel Tov*, édité par Shalom Paul, *et al.* (Leiden, Brill, 2003), pp. 394-411.

l'histoire de la transmission du texte, était en continuité avec le type de fluidité orale-textuelle manifeste à l'intérieur du Tanak et de la littérature juive ancienne en général (apocryphes, pseudépigraphes, Qumrân) quand les traditions plus anciennes étaient citées ou quand on leur faisait écho dans des compositions postérieures[3]. La fluidité des textes écrits était certainement plus restreinte que celle, antérieure, des traditions orales, mais l'art de faire appel aux traditions communautaires et de les adapter pour valider les efforts visant à aborder des problèmes toujours nouveaux, était essentiellement le même que dans les périodes plus anciennes d'élaboration de la tradition dans l'histoire de la formation du texte.

Ces observations ont contribué à mettre l'accent sur l'aspect fonctionnel du canon dans les communautés anciennes et à y voir un élément du processus canonique[4]. Il devenait clair aussi que la pratique des éditeurs et des rédacteurs bibliques anciens qui ajoutaient du matériel nouveau (les prétendus « passages secondaires ») aux sources anciennes qui formaient une partie de l'histoire de la formation du texte biblique, faisait concrètement partie d'un processus permanent de resignification et de réapplication d'un matériel plus ancien à des problèmes nouveaux, dans la formation d'un canon définitif. La pratique était également manifeste dans une littérature qui

3. L'œuvre de Shemaryahu Talmon sur l'histoire du texte du Tanak a eu une grande influence sur ma pensée, en grande partie en raison de la grande résonance de son travail sur la critique textuelle avec le mien. Voir Shemaryahu Talmon, « The Textual Study of the Bible – a New Outlook », F. M. Cross and Sh. Talmon, (eds.), *Qumran and the History of the Biblical Text,* (Cambridge MA, Harvard University Press, 1975), pp. 321-400 ; et plus récemment Sh. Talmon, « The Crystallization of the "Canon of Hebrew Scriptures" » in the Light of Biblical Scrolls from Qumran », in E. Tov and E.D. Herbert (eds.), *The Bible as a Book : the Hebrew Bible and the Judaean Desert Discoveries* (London, Oak Knoll Books, 2002), pp. 5-20. Ce fut Talmon qui m'invita à évaluer le travail du Hebrew University Bible Project au 9e congrès des World Jewish Studies à Jérusalem en 1997 (voir Sanders, « The Hebrew University Bible and Biblia Hebraica Quinta », dans *JBL*, 118/3 [1999], pp. 518-526).

4. Le midrash comparatif a été développé comme outil pour examiner le processus canonique dans des cas spécifiques où les différents transmetteurs et les différentes communautés appliquaient le même passage à leurs situations postérieures de manière tout à fait différente, avec parfois des effets opposés. L'outil développé était le triangle herméneutique (citation du passage ; situation politique lorsque applicable ; et herméneutique du transmetteur), utilisé pour discerner les différences herméneutiques quand il y en avait. Voir l'ouvrage de Mary Colloway, *Sing, O Barren One : A Study in Comparative Midrash* (SBL Dissertation Series, 91, Atlanta, Scholars Press, 1986), spécialement pp. 1-12 ; James Sanders, « Intertextuality and Canon », dans *On the Way to Nineveh*, édité par Stephen Cook et Sarah Winter (ASOR Books, vol. 4, Atlanta, Scholars Press, 1999), pp. 316-333 ; voir aussi l'explication récente du midrash comparatif par Kenneth Stenstrup dans *Biblical Theology Bulletin* 33/4, pp. 158-167.

n'a finalement été admise dans aucun canon dont nous ayons présentement connaissance, mais le modèle du processus offrait une nouvelle manière de considérer comment une certaine littérature, continuellement adaptée et mise à jour, était suffisamment répétée et récitée pour en venir à faire partie d'une littérature communautaire commune, laquelle allait devenir enfin un canon juif ou chrétien. Et cela se serait produit après la Grande Rupture, à la fin du Ier siècle de notre ère. Des communautés plus anciennes dans le judaïsme ancien avaient, selon toute apparence, des blocs de littérature faisant autorité qui fonctionnaient canoniquement pour eux, mais qui ont été soit absorbés soit mis à l'écart dans le processus de consolidation et de resserrement des rangs, qui a marqué le passage de la grande diversité des formes de judaïsme avant la Grande Rupture, à la survie de deux d'entre eux seulement : la forme chrétienne et la forme rabbinique.

Relativement tôt dans l'histoire du judaïsme rabbinique, émergeait une Bible hébraïque tripartite, le TaNaK (Torah, Nevi'îm, Ketuvîm = Pentateuque, Prophètes, Écrits), qui était semblable au double Testament – avec quelques différences toutefois – des Bibles grecques en usage à la même époque dans les communautés chrétiennes à travers le monde gréco-romain. La date exacte est difficile à déterminer, mais, grâce à la redécouverte des manuscrits du désert de Judée à partir du milieu du XXe siècle, le processus qui a mené à la stabilisation du canon juif tripartite en un certain nombre de livres dans un certain ordre est maintenant plus clair[5].

Avant que l'étude des Manuscrits ne commence à avoir un effet sur la compréhension de l'histoire de la transmission du Tanak, l'assentiment général depuis le début jusqu'au dernier quart du XXe siècle, résultant du travail des XVIIIe et XIXe siècles, était que la Torah avait été « canonisée » autour de 400 avant

5. James VanderKam, « Questions of Canon Viewed Through the Dead Sea Scrolls », dans Lee McDonald and James A. Sanders (eds)., *The Canon Debate : the Origins and Formation of the Bible* (Peabody, MA, Hendrickson Publishers, 2002), pp. 234-251 ; voir aussi l'étude approfondie de L. McDonald dans *The Formation of the Christian Biblical Canon*, éd. revue et augmentée (Peabody, MA, Hendrickson Publishers, 1995).

notre ère environ, les Prophètes autour de 200 avant notre ère et que les Écrits avaient été canonisés par une assemblée rabbinique tenue dans la ville côtière palestinienne de Yavneh (Jamnia) vers le fin du Ier siècle de notre ère. Ce point de vue résultait des perspectives émanant aux XVIIIe et XIXe siècles des méthodes critiques naissantes pour l'étude de l'histoire de la formation de la Bible en Occident[6]. Cette histoire, qu'on voit débuter avec des documents anciens ou avec des traditions orales, devait aboutir à une fin, mais on espère que cette histoire expliquera pourquoi cette littérature et non une autre a été incluse dans « le canon », appellation qui ne peut s'appliquer qu'au produit final.

Le mot canon, appliqué à l'Écriture, était un terme chrétien issu de décisions prises plus tard par des institutions ecclésiales officielles ; ce n'était pas un concept juif. Néanmoins, en raison du changement technologique introduit au cours de la plus haute Antiquité par l'invention et l'usage du codex pour la lecture et l'étude, en remplacement du rouleau, la question s'est posée de la nécessité de savoir quels livres devaient être inclus sous la couverture du codex, et dans quel ordre[7]. Le désir de comprendre l'histoire de la formation de la Bible, depuis ses débuts jusqu'à son achèvement, impliquait que les spécialistes devaient limiter le concept de canon au stade final de cette histoire, et l'assemblée de Yavneh paraissait fournir le terminus recherché. Le concept de canon fut donc limité à la clôture de ce que la critique comprend comme l'histoire de la formation de « la Bible »[8].

6. Johann Salomo Semler avait déjà tenté au XVIIIe siècle de limiter le concept de canon à sa clôture ; voir Hornig Gottfried, *Die Anfänge der historisch-kritischen Theologie : Johann Salomo Semlers Schriftverständnis und seine Stellung zu Luther* (Göttingen, Vandenhoeck & Ruprecht, 1961). Au XIXe siècle, Heinrich Graetz, Frants Buhl, H.E. Ryle et Karl Budde semblaient tous d'accord pour dire que le canon juif s'était clos durant l'assemblée rabbinique de Yavneh ; voir cependant la précieuse critique de ce point de vue dans Jack P. Lewis, « Jamnia revisited », dans *The Canon Debate*, pp. 146-162.

7. Voir Robert A. Kraft, « The Codex and Canon Consciousness », dans *The Canon Debate*, pp. 229-233.

8. Position prise par Eugene Ulrich dans « The Notion and Definition of Canon », dans *The Canon Debate*, pp. 21-35. Comparer la position de l'auteur de ces lignes dans « The Issue of Closure in the Canonical Process », dans *The Canon Debate*, pp. 252-263. Plusieurs présupposés avaient été adoptés par les spécialistes protestants impliqués, mais ils n'ont été remis en question que récemment.

Le mot canon a toutefois deux sens différents : structure et fonction[9]. En effet, si le mot canon se réfère en vérité à un corpus littéraire réduit et de structure stable, il se réfère aussi à la fonction d'une littérature très particulière dans les communautés qui ont trouvé (ou trouvent) leur identité et leur esprit en elle[10]. Chez les chrétiens, il y a plusieurs canons de l'Écriture, avec des contenus différents, allant des 81 livres du canon orthodoxe éthiopien aux 66 livres du canon protestant[11]. Ainsi, les communautés chrétiennes peuvent ne pas être d'accord sur le contenu exact d'un canon chrétien, mais toutes, sans exception, s'accordent sur le fait que leur canon est et a toujours été pertinent pour leur histoire présente et pour leur vie. À l'exception de la recherche occidentale peut-être, la pertinence d'un canon a toujours été une caractéristique plus importante que sa stabilité, bien que les deux sens du canon aient toujours été, en pratique, inclus dans le terme. Ce fut précisément cette caractéristique de la pertinence durable, pour diverses communautés, d'une littérature (adaptabilité / stabilité / / répétition / récitation) qui a d'abord déclenché le processus canonique[12]. Sans le phénomène de la répétition / récitation, sans le choix d'une histoire ou d'un chant pour sa relecture dans une situation ultérieure totalement différente, il n'y aurait pas de canon. C'est d'abord la première *relecture* ou répétition dans la communauté qui aurait déclenché le processus.

Le mot canon dérive de mots qui, dans le monde ancien, signifiaient bâton, tige, ou une mesure quelconque, et on

9. James A. Sanders, « Adaptable for Life : the Nature and Function of Canon », dans Frank Cross et al. (eds.), *Magnalia Dei : The Mighty Acts of God. Essays on the Bible and Archaeology in Memory of G.E. Wright* (New York, Doubleday, 1976), pp. 531-560 ; Gerald T. Sheppard, « Canon », dans Mircea Eliade (ed.), *The Encyclopedia of Religion* (New York, Macmillan, 1987), vol. 3, pp. 62-69 ; Sanders, « Canon. Hebrew Bible », dans D. N. Freedman (ed.), *Anchor Bible Dictionary* (New York, Doubleday, 1992), vol. 1, pp. 837-852.

10. James A. Sanders, *Canon and Community : A Guide to Canonical Criticism*, Philadelphia, Fortress Press, 1984.

11. Voir Roger Beckwith, *The Old Testament Canon of the New Testament Church* (Grand Rapids, Eerdmans, 1985), pp. 478-505 ; mais voir le point de vue contraire de Lee M. McDonald, *The Formation of the Christian Biblical Canon*, éd. revue et augmentée (Peabody MA, 1995), pp. 225-227.

12. James A. Sanders, « Canonical Criticism : An Introduction », dans Jean-Daniel Kaestli et Otto Wermelinger (eds.), *Le Canon de l'Ancien Testament : sa formation et son histoire* (Genève, Labor et Fides, 1984), pp. 341-362 ; et Sanders, « The issue of Closure », dans *The Canon Debate*.

s'attendrait à ce qu'un canon maintienne une structure stable (comme la mesure standardisé d'un mètre) en tout temps pour pouvoir fonctionner d'une manière fiable quand on s'en sert comme mesure, comme la mesure royale (voir « le poids du roi » en 2 S 14,26) dans les cultures anciennes, l'accent étant mis sur l'instrument de mesure[13]. Mais les mots se réfèrent également à son application ou fonction dans une communauté, ce qui renvoie loin en amont le processus canonique. Le mot canon, lorsqu'il est employé en référence à l'Écriture d'une communauté, se réfère autant à la manière dont il est utilisé qu'à son contenu et à son ordre. Les deux significations sont valides.

LA FORMATION DU CANON JUIF

L'histoire de la formation du canon juif est plus complexe du fait que plusieurs canons ont émané du processus avant sa clôture, et pas seulement du Tanak. Les manuscrits du désert de Judée n'offrent aucun indice de clôture[14]. Les canons chrétiens avec leurs deux Testaments – à l'exception du canon protestant[15] – présentent un contenu plus large dans le Premier Testament que celui du Tanak. Même les bibles protestantes incluent souvent, entre les deux Testaments, des livres que Luther appelait apocryphes, tandis que le Tanak, une fois cristallisé, n'a jamais eu une telle littérature deutérocanonique[16]. Le judaïsme rabbinique n'a pas cherché à mettre la Mishnah en appendice au Tanak, ni à l'inclure dans le même codex ou le

13. Bruce M. Metzger, *The Canon of the New Testament* (Oxford, Clarendon Press, 1987), pp.289-293 ; Eugene Ulrich, « The Notion and Definition of Canon » ; George A. Kennedy, « The Origin of the Concept of a Canon and Its Application to the Greek and Latin Classics », Jan Gorak (ed.), *Canon and Culture : Reflections on the Current Debate* (Garland, New York, 2001), pp. 105-116.

14. Voir Craig A. Evans, « The Scripture of Jesus and His Earliest Followers », pp. 185-195 ; et Sanders, « The Issue of Closure », pp. 252-263 – les deux dans *The Canon Debate*.

15. Le Premier Testament chrétien, pour les protestants, a les mêmes livres que le canon juif, mais dans un ordre différent, tandis que les autres canons chrétiens incluent des livres additionnels. Voir la discussion de l'effet du concept d'*hebraica veritas* chez Jérôme, et de son acceptation par Luther, dans James A. Sanders, « Hermeneutics of Text Criticism », dans *Textus* 18 (1995), pp. 1-26.

16. Jacob Neusner désigne, à juste titre, la littérature juive rabbinique ancienne reçue comme canonique, Mishnah, Tosefta, les Talmuds, les Responsa, et les grands commentaires, comme le canon du judaïsme tel que constitué à la fin de la Basse Antiquité ; voir, par exemple, « The Mishnah in Philosophical Context and out of Canonical Bounds, dans *JBL* 112/2 (1993) pp. 291-304. Mais il n'y a aucune preuve d'un effort rabbinique pour les inclure avec le Tanak dans le même codex.

même livre imprimé; seuls les commentaires étaient joints au texte du Tanak, mais avec un type d'écriture différent. La prophétie ou révélation avait pris fin.

Alors que le Tanak est tripartite, le Premier Testament chrétien est de structure quadripartite[17]. Et, alors que les premières références au Canon juif en formation mentionnent presque invariablement la Torah et les Prophètes dans cet ordre, les premiers codices grecs et autres manuscrits où on peut discerner un ordre placent les Prophètes en dernier dans le Premier Testament chrétien. Les deux différences majeures entre les structures du Tanak et le Premier Testament chrétien sont: *a)* l'accent des chrétiens sur l'histoire ou l'intrigue commençant en Genèse et se poursuivant jusque tard dans l'histoire juive ancienne; et *b)* le fait de placer le corpus prophétique en dernier. La structure de l'un et l'autre fournissait l'herméneutique avec laquelle chaque communauté lisait le contenu de son canon, même là où il était identique[18].

Comme l'enseignait Abraham Heschel, la Torah est composée de halachah et de haggadah[19]. Alors que les Juifs voient la Torah / Pentateuque principalement comme le don de la Loi par Dieu à Israël enchâssé dans une narration, les chrétiens la voient comme une histoire qui commence en Genèse avec, assurément, des lois qui y sont incorporées, mais qui culmine dans l'histoire du Second Testament chrétien (Nouveau Testament) d'un Dieu à l'œuvre dans le Christ et dans l'Église primitive. Les premiers Testaments chrétiens ont, par conséquent, tous les livres qui

17. La correspondance entre Jérôme et Augustin à la fin du IVe siècle montre clairement la résistance du second au principe de la *hebraica veritas* de Jérôme au profit d'une insistance sur la forme quadripartite du Premier Testament chrétien. Par respect pour son ami, Augustin suggérait une double inspiration et du (proto-)TM et de la LXX (*Civitas Dei* 18,42-44). Le Talmud (*Baba Bathra* 14b-15b), première affirmation vraiment claire du Canon juif tripartite et de son contenu, a probablement été écrit pour contrer le Premier Testament chrétien quadripartite. Voir la discussion de Jack N. Lightstone, « The Rabbi's Bible : Canon of the Hebrew Bible and the early Rabbinic Guild », dans *The Canon Debate*, pp. 163-184.

18. James A. Sanders, « Spinning the Bible », *Bible Review* (14 : 3), 1998, pp. 22-29, 44-45 ; et *ibid.*, « Intertextuality and Canon » ; S. Cook and S. Winter (eds.), *On the Way to Nineveh : Studies in Honor of George M. Landes* (Atlanta, Scholars Press, 1999), pp. 316-333.

19. Abraham Heschel, « A Time for Renewal », dans *Midstream* 18 : 5 (1972), pp. 46-51 ; voir James A. Sanders, « Torah and Christ » et « Torah and Paul », dans *From Sacred Story to Sacred Text* (Philadelphia, Fortress Press, 1987), pp. 41-60 et 107-123, qui se fondent largement sur la sagesse de Heschel.

poursuivent cette histoire, tels Esther, Chroniques et Esdras / Néhémie, dans une intrigue au-delà des livres des Rois, de telle sorte que, avec les livres des Maccabées, de Judith, de Tobit et d'autres dans les canons catholique et orthodoxe, l'histoire s'est poursuivie assez loin dans l'histoire des chrétiens pour y adjoindre les Évangiles et les Actes comme point théologique culminant – une affirmation claire que les chrétiens n'étaient pas d'accord avec la croyance rabbinique grandissante que la prophétie ou révélation avait pris fin à la période perse. Dans le canon juif, l'histoire trouve son sommet à la fin de 2 Rois, au tout début du VIe siècle avant notre ère lors de l'exil à Babylone. Suivent les quinze livres des grands et des petits prophètes pour expliquer les utilisations de l'adversité utilisée par l'unique Dieu de tous, et ainsi pourquoi le désastre s'est produit – à la fois sa raison et sa finalité. La plupart d'entre eux ont d'ailleurs ajouté des annotations dans le but de les aligner avec cette histoire[20]. Le Premier Testament chrétien place toutefois les Prophètes en dernière position, après l'histoire, en raison de la croyance chrétienne universelle de l'époque selon laquelle les Prophètes avaient prédit le Christ. La structure d'un canon indiquait l'herméneutique selon laquelle la communauté devait le lire.

Il y a plusieurs références, dans le judaïsme ancien, qui indiquent les débuts du canon juif tripartite, à partir de la Torah et des Prophètes. Mais il n'y a pas vraiment de référence claire à la troisième section, les Ketuvîm, que tardivement dans l'histoire ancienne du judaïsme rabbinique[21]. Il y a toutefois des références juives anciennes (prérabbiniques) aux « autres écrits » ou aux « Psaumes et autres écrits » après la mention de la Torah et des Prophètes[22]. Et, même après cinquante ans d'étude des manuscrits de la mer Morte, on débat toujours pour savoir à quoi se réfèrent des expressions aussi vagues[23]. L'étude fouillée

20. Gene M. Tucker, « Prophetic Superscriptions and the Growth of a Canon », dans G. W. Coats and B. O. Long, eds., *Canon and Authority: Essays in Old Testament Religion and Theology* (Philadelphia, Fortress Press, 1977), pp. 56-70.

21. Voir Julio Trebolle-Barrera, « Origins of a Tri-Partite Cld Testament Canon », dans *The Canon Debate*, pp. 128-145.

22. Voir les références anciennes, avec une discussion minutieuse, dans Lee McDonald, *The Formation...*, *op. cit.*, pp. 34-54.

23. Voir James A. Sanders, « The Issue of Closure ».

de Jack Lewis de toutes les références à une assemblée de rabbins à Jamnia a, à toutes fins utiles, mis fin à l'idée qu'on s'en était faite d'assemblée de canonisation[24]. Alors que quelques spécialistes interprètent cela comme signifiant que les Ketuvîm étaient clos avant Jamnia, plusieurs le comprennent maintenant comme signifiant que les Ketuvîm n'ont été fixés que plus tard[25]. Mais nous ne savons toujours pas ce qui s'est passé exactement.

Un des principes du judaïsme rabbinique qui le séparaient d'autres formes de judaïsme (comme celles de Qumrân, celles qui ont produit les apocryphes et les pseudépigraphes, et le christianisme) était la croyance rabbinique que la prophétie ou la révélation / intervention divine dans l'histoire avait pris fin à la période perse. Pourtant, il n'est pas clair du tout si un tel principe était pleinement opérant dans le rabbinisme naissant avant la révolte de Bar Kochba contre Rome dans le deuxième quart du IIe siècle de notre ère[26]. Il semble fort probable que le principe n'ait eu d'emprise sérieuse qu'après la débâcle de la révolte de Bar Kochba, dont les prétentions messianiques ont été soutenues par le vénérable et très respecté Rabbi Akiba. Akiba croyait que Bar Kochba était le Messie de Dieu et que Dieu allait intervenir sur la base des efforts du Messie pour vaincre l'occupation romaine très oppressive. Mais le leader rabbinique qui, historiquement, s'est trompé de façon si tragique, est devenu un modèle hautement vénéré à travers les siècles du repentir et de la restauration de tous les Juifs en tous lieux. Il s'est apparemment repenti pour l'erreur

24. Jack P. Lewis, « What Do We Mean by Jabneh ? », dans *JBR* 32 (1964), pp. 125-132, et, plus récemment, son « Jamnia Revisited », dans *The Canon Debate*, pp. 146-162.

25. Parmi ceux qui le comprennent au sens où le Tanak était déjà clos avant Jamnia, on trouve : Sid Z. Leiman, *The Canonization of Hebrew Scripture* (Hamden CT, Archon Books, 1976) ; Roger T. Beckwith, *The Old Testament Canon of the New Testament Church* (Grand Rapids, Eerdmans, 1985) ; Philip R. Davies, *Scribes and Schools : the Canonization of the Hebrew Scriptures* (Louisville, Westminster John Knox Press, 1998) ; et Andrew E. Steinmann, *The Oracles of God : the Old Testament Canon* (St. Louis, Concordia Academic Press, 1999). Voir les contributions à *The Canon Debate* pour le nombre grandissant de ceux qui datent la clôture du Tanak au IIe siècle de notre ère ou plus tard.

26. Comme l'a démontré Lou Silberman dans son ouvrage, la pensée apocalyptique au sens d'une intervention divine dramatique dans l'histoire a persisté de manière souterraine, pour refaire surface à l'occasion dans le judaïsme naissant et classique. Pour une revue critique de son ouvrage, voir Sanders, « Identity, Apocalyptic, and Dialogue, », dans William G. Dever and J. Edward Wright (eds.), *The Echoes of Many Texts : Reflections on Jewish and Christian Traditions. Essays in Honor of Lou H. Silberman* (Atlanta, Scholars Press, 1997), pp. 159-170.

de son soutien à Bar Kochba et fut réhabilité, mieux, élevé au respect le plus sublime, dans l'histoire rabbinique. Désormais l'attente du Messie de Dieu n'allait plus être celle d'une intervention divine dans l'histoire, mais plutôt le signal de sa fin.

Dans la révolte antérieure au siècle précédent, de 66 à 73 de notre ère, Rome avait détruit le Temple et interdit aux Juifs de résider dans ce qui restait de Jérusalem ; ce qui explique pourquoi les rabbins se sont réunis plutôt sur la côte méditerranéenne à Yavneh (Jamnia) près de Jaffa, pour examiner la responsabilité de Dieu dans ce qui leur était arrivé lors de cet horrible désastre. Mais, plutôt qu'un « concile de canonisation », ce fut sans aucun doute un concile dans lequel fut posée la question troublante : Où Dieu était-il pour laisser une telle chose leur arriver ? Ils ont plutôt débattu la question d'un holocauste, et la question est devenue encore plus troublante après la débâcle plus grave au siècle suivant.

Ces deux événements ont laissé une empreinte plus durable que tout autre événement avant ou après, sur le judaïsme rabbinique tel qu'il a survécu. Il apparaît que deux décisions majeures ont été prises[27]. La première était d'affirmer la croyance que Dieu devait avoir déserté l'histoire courante bien avant ces événements, et la seconde était de façonner ce qui avait survécu du judaïsme rabbinique en mettant en place des communautés qui se mettent à l'école de la Torah comme façon de penser et de vivre. Ils allaient demeurer fidèles et obéissants à la Torah jusqu'à ce que Dieu choisisse d'envoyer son Messie, au temps propice voulu par Dieu – qui serait alors la fin de l'histoire et le commencement du monde à venir, et non l'intervention ou la révélation dans l'histoire en cours[28]. En

27. Elles ont été façonnées par les tragédies du Ier et du IIe siècles de notre ère et ont soutenu le judaïsme à travers des siècles d'oppression, incluant l'holocauste du XXe siècle. Elles s'appuient sur les principes plus anciens enseignés par la Torah et les Prophètes ; voir James A. Sanders, *Suffering as Divine Discipline in the Old Testament and Post-Biblical Judaism* (Rochester NY, Colgate Rochester Divinity School bulletin 28, special edition, 1955).

28. La création de l'État d'Israël en 1948 a déclenché un débat considérable à l'intérieur du judaïsme quant à savoir si une ère messianique (sinon le Messie) avait été introduite (par Dieu) ; le débat s'est intensifié entre la guerre victorieuse des Six Jours en 1967 (voir les prises de position dans Abraham Heschel, *Israel : An Echo of Eternity* [1967]) et la défaite initiale au Sinaï durant la guerre du Yom Kippour en 1973, après laquelle il s'est apaisé.

revanche, la révélation divine permanente est au cœur de l'histoire qui sous-tend la Torah aussi bien que les Prophètes, et qui à Qumrân trouve son prolongement dans l'histoire contemporaine, tout comme pour les chrétiens qui la trouvent dans l'œuvre de Dieu racontée dans les Évangiles et dans les Actes.

Si Dieu a déserté l'histoire, pour devenir de plus en plus transcendant après l'époque d'Esdras et de Néhémie, alors le judaïsme rabbinique survivant devait en quelque sorte en faire autant. Par conséquent, après la débâcle des révoltes contre Rome, le judaïsme rabbinique allait exister dans des communautés dispersées à travers tout l'Empire romain, mais soudées très étroitement. L'accent mis sur l'obéissance plutôt que sur la foi, entre autres, impliquait le tracé d'une limite en grande partie autour des Juifs ethniques et leurs efforts pour observer le sabbat et autres pratiques. Ceux qui n'agissaient pas ainsi auraient alors été assimilés à la culture dominante et perdu leur identité juive. Ce fut là l'origine du ghetto tel que nous le connaissons, un « lieu sûr » où les Juifs rabbiniques pouvaient être eux-mêmes, disciples de la Torah, un lieu où le calendrier et l'horloge étaient ceux du Temple, comme s'il existait toujours. Le développement de la halachah pouvait se faire, tout comme l'Écriture s'était faite dans le processus canonique antérieur, pour relier les révélations antérieures de Dieu aux circonstances et aux besoins toujours changeants. Les communautés juives se trouvaient dans le monde gréco-romain, mais sans en faire partie. Elles résistaient autant que possible à l'hellénisation profonde à laquelle le christianisme, l'autre survivant du judaïsme ancien, avait succombé avec un abandon apparent (en dépit des efforts des chrétiens « judaïsants »), grâce à la croyance juive ancienne en une révélation divine continue, vivante et dynamique. C'est, pour une bonne part, en raison de ces accents très différents que les deux judaïsmes survivants furent, à la fin du IIe siècle de notre ère, deux religions tout à fait distinctes.

Les Juifs ont poursuivi, sur une échelle réduite, les débats avec les chrétiens au sujet de la signification de passages cruciaux de l'Écriture, mais ont résisté délibérément, dans ces rapports, à toute hellénisation supplémentaire. Un trait important du

LECTURES LITTÉRAIRES

judaïsme rabbinique, influencé par des discussions comme celles de Yavneh et après la deuxième Révolte, fut la tolérance de la diversité au sein des communautés juives quant à la façon dont devait s'exprimer l'obéissance à la Torah, la halachah[29]. Le judaïsme rabbinique a donc adopté des interprétations halachiques et haggadiques diverses et même contradictoires de la Torah, comme on peut le voir clairement dans la Mishnah et le Talmud, tandis que le christianisme a eu besoin du développement des hérésies, réformes et dénominations pour tenir de tels dialogues.

« La Torah est le judaïsme et le judaïsme est la Torah, et à moins de comprendre cette équation, on ne peut pas comprendre le judaïsme[30]. » La Torah, en ce sens large, inclut non seulement la Torah ou Pentateuque, mais aussi tout le courant de la tradition représenté par l'effort du judaïsme rabbinique pour demeurer obéissant et loyal au don fait au Sinaï[31]. Et, tout comme l'Écriture elle-même est remplie de voix et de conceptions diverses de la volonté de Dieu pour toute circonstance, ainsi la Mishnah, le Talmud et les Responsa comprennent plusieurs voix et différentes visions de la signification de la Torah pour toute situation donnée[32]. De même que l'Écriture est une littérature dialogique, ainsi le judaïsme est-il une *bet ha-midrash* – maison d'étude – dialogique de la Torah. Ce qui a

29. Shaye Cohen, « The Significance of Yavneh : Pharisees, Rabbis, and the End of Jewish Sectarianism », dans *HUCA* 55 (1984) pp. 27-53. L'argument de Cohen est que le rabbinisme a décidé à Yavneh de permettre la diversité et le débat intense à la vaste enseigne de sa Torah, sans avoir besoin, à la différence du christianisme, des hérésies, des réformes et des dénominations pour tenir un débat vigoureux. Une observation similaire a été formulée à la conclusion du symposium tenu à l'université de Heidelberg en 1995 sur « Abweichung in der Kirche » : le rôle de l'hérésie dans le christianisme a été d'assurer un dialogue et un débat qui faisaient défaut autrement. Les accusations d'hérésie dans une génération inspirent parfois une apologie dans une génération ultérieure. Noter la récente apologie chez les catholiques romains au sujet de Galilée et de son holocauste personnel.

30. Une information souvent reprise par mon maître vénéré, Samuel Sandmel.

31. Voir James A. Sanders, *Torah and Canon* (Philadelphia, Fortress Press, 1972), p. 53, au sujet de la réponse offerte dans la Torah telle que façonnée lors de l'Exil : «… ce fut lorsque nous sûmes que notre véritable identité, la Torah par excellence, ne comprenait la conquête ni de Canaan (Josué) ni celle de Jérusalem (David), mais que le Sinaï, que nous n'avons jamais possédé, était ce que nous n'allions jamais perdre ».

32. *Baba Metzia* 59a, b souligne dramatiquement l'affirmation de Dt 30,11-14 selon laquelle la Torah divine n'est pas au ciel mais qu'elle a été donnée par Dieu à son peuple Israël pour qu'il l'adapte et la développe selon les besoins toujours changeants du peuple. Voir James A. Sanders, « The Integrity of Biblical Pluralism », dans Jason P. Rosenblatt and Josephy C. Sitterson Jr. (eds.), *Not in Heaven* (Bloomington, Indiana University Press, 1991), pp. 154-169.

sans doute facilité une telle diversité à la même enseigne était la croyance ferme parmi les Juifs au temps de la naissance du judaïsme rabbinique en un Dieu unique pour tous. Les vestiges de polythéisme qui restaient et restent encore attachés à certaines couches et strates de l'Écriture étaient écartés par la force de la tendance monothéisante du processus canonique qui a produit la Bible elle-même[33].

L'étude des Manuscrits a permis d'éclairer le processus canonique de plusieurs façons. Au moment de la fondation de la communauté de Qumrân au milieu du IIe siècle avant notre ère, il est clair que les deux premières sections de la Bible juive tripartite étaient bien établies, mais que la troisième (Ketuvîm) ne l'était pas. Des travaux sur le Psautier à Qumrân, aussi bien que sur le Rouleau du Temple et autres rouleaux, ont montré que celui des Ketuvîm était un « travail en cours » *(work in progress)*[34]. De la même manière, une étude de l'éventail complet de la littérature et de l'histoire juives primitives a montré que le processus canonique fut « remarquablement multiforme » dans les différentes communautés juives dispersées lors de la période perse et hellénistique ancienne[35].

L'étude donc du processus qui a produit la Torah et les Prophètes atteste la présence d'un modèle communautaire de réactivation des traditions anciennes précieuses pour les temps de crise (le travail des compilateurs et rédacteurs présumés dans ce processus) et la survie de ces traditions qui ont continué à donner vie et identité aux communautés juives qui ont survécu. Ce processus était principalement un processus de monothéisation, puisque c'était le « message ferme » affirmant que Dieu était le Dieu d'Israël et tout autant de ses voisins et ennemis,

33. Une étude récente affirmait que la croyance en un Dieu unique et celle au sujet de l'Église, véritable successeur de l'Israël ancien, étaient les deux (principes) universels à l'intérieur de la diversité du christianisme primitif. Voir Peter Balla, « Ancient Lists of Christian Scriptures and the Surviving New Testament Manuscripts : Two Perspectives », dans *The Canon Debate*, pp. 372-385.

34. Voir l'étude pénétrante de Peter Flint, *The Dead Sea Psalms Scrolls & the Book of Psalms* (Leiden, Brill, 1997) ; et la plupart des articles pertinents dans *The Canon Debate*.

35. Voir l'étude incisive de David Carr, « Canonization in the Context of Community : an Outline of the Formation of the Tanakh and the Christian Bible », dans Richard Weis and David Carr, eds., *A Gift of God in Due Season : Essays on Scripture and Community in Honor of James A. Sanders* (Sheffield, The Academic Press, 1996), pp. 22-64.

juge et sauveur de l'un et des autres. C'est lui qui avait donné vie à ces traditions aussi bien qu'à ceux qui trouvaient la vie en elles[36]. Les messages qui revendiquent Yhwh comme leur dieu tribal, obligé pour sa propre réputation cosmique de garantir les dons, fournis antérieurement, de la terre et des institutions, avait maintenant un goût amer dans la bouche des otages, prisonniers, exilés et réfugiés juifs. Ce qui leur a donné la force de survivre avec leur identité juive ou judéenne, ce furent les traditions prophétiques de la Torah et des Prophètes qui mettaient l'accent sur le Dieu unique pour tous comme étant leur propre juge et sauveur, qui les jugeait impitoyablement et sauvait ainsi Israël dans un dessein précis. L'étude de la vraie et de la fausse prophétie montre que le seul critère sûr de distinction entre elles était l'affirmation, dans le message prophétique, que Dieu était le créateur de tous les peuples en même temps que le sauveur d'Israël et, ultimement, le sauveur du monde[37].

L'œuvre cruciale de Michael Fishbane sur les citations et commentaires des traditions bibliques préexiliques dans la littérature biblique exilique et postexilique illustre en partie le processus[38]. Mais celui-ci avait débuté bien avant. La critique littéraire générale suppose que toute littérature se construit à partir de la littérature antérieure. On peut voir l'illustration de pareille intertextualité à travers toute la littérature biblique, y compris la plus ancienne. Un des aspects les plus fascinants de l'étude critique de la Bible est de voir comment les auteurs bibliques ont utilisé et adapté les traditions et la littérature du Proche-Orient ancien. Ils ont souvent donné une signification nouvelle à ce qu'ils utilisaient, par exemple les récits babyloniens de création et de déluge, et l'ont adapté à leurs propres fins, tout à fait différentes. Si l'adaptation signifiait quelque chose dans un contexte de re-signification, et si elle était répétée plus tard dans des circonstances différentes parce qu'elle

36. Voir la discussion de l'herméneutique biblique dans Sanders, *Canon and Community*, pp. 46-60.

37. James A. Sanders, « Hermeneutics of True and False Prophecy », dans George W. Coats and Burke O. Long, eds., *Canon and Authority*, pp. 21-41 ; et Sanders, « The Exile and Canon Formation », dans James M. Scott (ed.), *Exile : Old Testament, Jewish, and Christian Conceptions* (Leiden, Brill, 1997), pp. 37-61.

38. Michael Fishbane, *Biblical Interpretation in Ancient Israel* (Oxford, Clarendon Press, 1985).

voulait aussi dire quelque chose pour elles aussi, elle était ainsi mise sur une voie d'accréditation dans le processus canonique. Les lectures critiques de l'Écriture ont montré que le processus incluait le travail éditorial d'adaptation des traditions israélites anciennes à des situations postérieures, et que souvent le travail d'édition laissait des « fractures » dans le texte qui nous fournissent des fenêtres aujourd'hui pour observer le processus en cours[39]. Les historiens et les éditeurs anciens qui ont fait ce travail montraient souvent un respect tel de leurs sources qu'ils laissaient ces fractures tout à fait apparentes, plutôt que de les biffer ou de les atténuer. Malgré certains cas de coupe éditoriale dans l'Antiquité, les sutures sont là pour quiconque veut bien les voir[40].

LA LITTÉRATURE PROPHÉTIQUE

Un des champs d'étude du processus canonique est celui qui consiste à voir comment la littérature prophétique a utilisé et adapté des traditions primitives pour marquer des points dans des situations postérieures[41]. Le prophète du VIIIe siècle, Isaïe, par exemple, a plus d'une fois réfléchi sur les traditions davidiques antérieures et les a adaptées à la situation contemporaine de la menace assyrienne du Royaume de Juda au sud, et de sa capitale, Jérusalem, où il vivait. Une référence pathétique en ce sens se trouve en Is 28,21. Isaïe, à l'instar d'Amos, d'Osée et de Michée avant lui, aurait repris une tradition primitive utilisée par les « faux » prophètes, ou par ceux qui prétendaient que Dieu protégerait Israël à leur époque tout comme il

39. David M. Carr, *Reading the Fractures of Genesis : Historical and Literary Approaches* (Louisville, Westminster John Knox, 1996).

40. Pour une appréciation pénétrante du respect que les transmetteurs du texte biblique montraient à l'égard de leurs sources anciennes, et pour voir comment un chercheur de premier plan dans un autre domaine perçoit ce processus, voir Donald Harman Akenson, *Surpassing Wonder : the Invention of the Bible and the Talmuds* (New York, Harcourt Brace & Company, 1998) ; pour une évaluation de sa perception par l'auteur, voir Sanders, « The Issue of Closure », art. cité.

41. Voir Sanders, *Torah and Canon*, pp. 54-90 ; Richard M. Weis, *A Definition of the Genre Massa'in the Hebrew Bible*, Communication donnée à Claremont Graduate University, 1986 ; et Sanders, « The Scrolls and the Canonical Process », dans Peter Flint and James VanderKam, eds., *The Dead Sea Scrolls After Fifty Years...*, vol. 2, pp. 1-23. Pour une utilisation vraiment efficace de l'outil de l'intertexualité à deux niveaux, voir Yohan Pyeon, *You Have Not Spoken What is Right About Me : Intertextuality and the Book of Job* (New York, Peter Lang, 2003).

s'était montré bienveillant pour l'Israël ancien. Mais les vrais prophètes allaient, pour ainsi dire, traiter cette tradition de façon subversive ou la renverser complètement, pour démontrer que la lecture de la même tradition en un mode monothéisant supportait le point de vue selon lequel Dieu, loin d'être obligé de protéger Israël comme une divinité purement nationale, avait choisi, dans leurs situations respectives du VIIIe au VIe siècle, de juger Israël pour le discipliner / transformer / sauver en vue de desseins divins plus larges. Grâce à une exégèse déductive, on peut souvent voir que les prophètes purement nationalistes ou « faux » avaient utilisé la tradition primitive pour prétendre que Dieu allait délivrer son peuple de l'ennemi – la même tradition, précisément, que le « vrai » prophète appliquait à sa situation pour affirmer son message de jugement / salut mais avec une herméneutique totalement différente. Dieu devenait véritablement l'Unique[42].

En Is 28,21, le prophète est d'accord avec les nationalistes pour dire que Dieu va de fait surgir pour faire la guerre sainte, de la même manière qu'il l'avait faite plus de deux siècles auparavant pour sauver David sur le mont Peratsim et dans la vallée de Gabaon (2 S 5,17-20 // 1 Ch 14,12-13), mais cette fois pour être à la tête des troupes ennemies qui font leur entrée à Jérusalem pour la juger :

comme au mont Peratsim Yhwh se dressera
oui comme au val de Gabaon il se démènera
pour faire ce qu'il doit faire
son étrange affaire
pour se décharger de ce qui le charge.

Le Dieu d'Israël serait à la tête des armées qui attaquent son propre peuple – une affaire bien bizarre et étrange, en effet ! Comme Jérémie le dira plus tard, Nabuchodonosor, l'ennemi d'Israël, fut le serviteur de Dieu accomplissant le jugement contre l'idolâtrie de son peuple envers le pays et le Temple

42. Voir la thèse progressiste d'Albert J. Soggin dans *Israel in the Biblical Period...* (New York, T. & T. Clark, 2001), ch. 4.

(Jr 25,9 ; 27,6 ; 43,10). Dieu, le Dieu unique pour tous, se servait de l'adversité d'un peuple étranger ennemi pour juger / sauver son propre peuple[43].

Quand la situation fut inversée, quand Israël, un siècle et demi plus tard, fut effectivement défait et se trouva impuissant dans des camps de prisonniers de guerre en Babylonie, un autre Isaïe s'est levé pour proclamer que, dans la défaite de Babylone aux mains des Perses en 540 avant notre ère, Dieu se servait de la politique étrangère perse envers les peuples conquis pour effectuer la remise en liberté des Juifs, pour leur retour d'exil chez eux, à Jérusalem (Is 45). Cet Isaïe proclamait que Cyrus le Perse était le messie ou le consacré de Dieu par l'onction, son roi, pour faire advenir le salut du reste d'Israël, ceux qui avaient préservé leur identité juive tout au long de l'expérience de l'exil (et même ceux qui ne l'avaient pas préservée ? Voir Is 55,6-9). Ce même Isaïe soulignait aussi que le Dieu qui avait jugé son peuple auparavant était maintenant le Dieu qui le sauvait (Is 42,24-25). Il n'y avait qu'un seul Dieu pour tous, qui accomplissait le jugement et la rédemption – en réalité, il accomplissait la rédemption par le biais des jugements –, rédemption exprimée à travers les métaphores de l'instruction, de la discipline, de la réforme et de la transformation du peuple à l'instar de ce que le potier fait avec son argile, et des opérations chirurgicales faites sur le peuple par Dieu, médecin suprême (Os 6,1 ; Jr 30,12-13 ; Ez 36,26-27 ; Is 51,7). Dieu devenait vraiment l'Unique[44].

Quand les différents messages prophétiques furent revus et répétés lors de l'Exil, c'est le « ferme message » qui a parlé au peuple, et non les messages populaires superficiels prêchés plus tôt par les prophètes nationalistes. Ce fut, hors de tout doute, durant l'Exil – alors que le reste d'Israël était impuissant – qu'a eu lieu cette revue particulièrement vive des

43. Voir Sanders, « Hermeneutics of True and False Prophecy », 1990, pp. 191-220.

44. Ainsi qu'on peut le voir dans le respect d'Alexandre le Grand pour toutes les cultures et la fusion qu'il en fait, de même que son respect pour des dieux qui lui sont tout à fait étrangers mais qu'il considérait comme siens, il y a eu un développement croissant du monothéisme dans le monde gréco-romain ; voir Polymnia Athanassiadi and Michael Frede, *Pagean Monotheism in Late Antiquity* (Oxford, Clarendon Press, 1999).

traditions anciennes préexiliques, israélites, judéennes et prophétiques ; le travail éditorial d'assemblage de ce qui avait encore un sens dans les chants anciens et les histoires anciennes pour en venir à ce que nous appelons la Torah et les Prophètes a été finalement accompli durant l'Exil à Babylone, puis au début de l'hégémonie perse sur l'ensemble de la région pour les deux siècles qui ont suivi.

Mais le processus de répétition et d'adaptation des traditions préexiliques effectué dans les camps en Babylonie et sous la domination perse n'avait rien de neuf. Ce processus avait déjà fait partie des réflexions qui font vivre Israël et lui confèrent son identité. L'identité corporative d'un peuple réside dans les histoires qu'il raconte et les chants qu'il reprend de génération en génération, et plus ces histoires sont pertinentes et impérieuses, plus l'identité corporative est unificatrice et efficace. On a pu voir ce processus, très naturel, dans l'adaptation et le sens nouveau donné à l'« Hymne à la Joie » de Beethoven pour la célébration de la chute du mur de Berlin comme « Hymne à la Liberté ». La renaissance, durant l'Exil, de Juda / Israël comme judaïsme est dû au processus d'une revue sélective et d'une adaptation éditoriale d'histoires anciennes qui ont gardé les Juifs en vie, et leur ont donné une raison d'être. Puis, beaucoup plus tard, après le désastre des deux révoltes contre Rome et après que la croyance en la fin de la prophétie ou de la révélation se fut bien installée, les Ketuvîm ont pris forme pour répondre aux besoins des communautés juives rabbiniques qui ont survécu, de vivre à part pour étudier la Torah, support permanent de leur croyance en l'Écriture comme étant le « Livre de Vie » *(Sefer Hayyim)* du judaïsme. La relecture, en situation d'extrême pauvreté, de traditions vivifiantes, en avait fait la démonstration. Les canons étaient en train de prendre forme.

Tout texte contient des contraintes dans sa construction même, qui permettent de contrer la subversion complète du texte. Si le texte plus ancien qui est cité ou auquel on fait écho a été tellement modifié qu'il ne puisse pas être reconnu par la communauté pour laquelle l'adaptation et la réécriture sont conçues, le point de référence s'est perdu et l'autorité recherchée dans sa production a disparu[45]. Pour que le processus canonique soit efficace, adaptabilité et stabilité doivent s'équilibrer. La stabilisation et la clôture du processus de formation d'un canon se sont produites en raison de facteurs historiques et culturels qui les réclamaient[46]. Mais manifestement le processus ne s'est pas engagé sur une voie unique. La diversité au sein du judaïsme primitif aide à comprendre les indices en faveur d'un processus canonique à voies multiples. Les principaux facteurs ont été, sans aucun doute, la double destruction de la ville et du temple, au VIe siècle avant notre ère et au Ier siècle de notre ère, puis le désastre de la Révolte de Bar Kochba au IIe siècle de notre ère, avec le coup cataclysmique porté à la réflexion sur la révélation au sein du judaïsme rabbinique survivant. Les programmes royaux, les décisions des scribes ou les conciles ecclésiaux ne pouvaient que refléter les vrais besoins de la communauté, et pas simplement ceux que leurs leaders croyaient être, sinon ils ne survivaient pas[47].

Le processus canonique s'est poursuivi même après sa clôture[48]. Quand ce qui est fluide devient figé, ainsi que le montre le midrash comparatif, la question de l'herméneutique appliquée au texte ainsi fixé pour le rendre de nouveau fluide et adaptable ressurgit[49]. Quand le transmetteur ne peut plus paraphraser ou gloser ou modifier ou éditer le texte lui-même, les besoins de la communauté exigent que le texte établi continue d'être rouvert et rendu intelligible et utile pour la vie courante de la communauté. Ce que les tout premiers transmetteurs de la Bible, prophètes, psalmistes, historiens ou éditeurs ont fait pour leurs communautés n'était en rien différent de ce que les transmetteurs ultérieurs et contemporains ont fait et font dans toute communauté, afin de rendre intelligible

45. James A. Sanders, « Stability and Fluidity in Text and Canon », dans Gerald Norton and Steven Pisano (eds)., *Traditions of the Text : Studies Offered to Dominique Barthélemy in Celebration of his 70th Birthday* (Göttingen, Vandenhoeck & Ruprecht, 1991), pp. 203-217.

46. Voir l'argumentation convaincante de Shemaryahu Talmon dans « The Crystallisation... », art. cité, pp. 6-20 (spécialement pp. 14-15).

47. N'en déplaise à Philip R. Davies, *Scribes and Schools*.

48. Voir Sanders, « The Issue of Closure... », art. cité.

49. Voir plus haut, note 4.

un texte (canoniquement) stable en des termes culturels toujours changeants et contemporains. En réalité, le processus de la recherche scientifique des significations « originales » au cours des siècles depuis les Lumières a sa propre histoire de dépendance des facteurs culturels contemporains et des besoins de la communauté scientifique moderne. La signification dite « originale » d'un texte est une construction scientifique moderne qui doit être en dialogue avec le *Nachleben* de ce texte dans les communautés toujours vivantes qui l'ont valorisé et adapté continuellement. L'intention « originale » du premier proclamateur ou écrivain d'un texte que la recherche courante peut discerner, n'a jamais été et ne saurait être la seule signification qu'un texte a eue. Les lectures critiques des textes fournissent les nécessaires protections contre un abus de l'Écriture ; les Lumières ont été un « don de Dieu au bon moment ». C'est pourquoi les « fondamentalistes », qui supposent que l'Écriture, au moment où ils la lisent, parle directement au présent, ont en horreur la recherche critique. Les protections nécessaires contre une subversion postérieure d'un texte résident dans le dialogue entre les recherches continuelles des significations des textes à tous les stades du processus canonique, depuis l'origine du texte jusqu'à ses lectures les plus récentes.

Aussi longtemps qu'un canon fonctionne comme la source permanente d'identité et d'éthique (foi et obéissance) d'une communauté croyante, le processus canonique, commencé aux sources mêmes de la formation du canon, se poursuivra. Ce processus était aussi, en réalité, un processus de monothéisation qui procurait au judaïsme naissant le fondement de son existence : le Dieu qui avait jugé Israël et Juda était le même Dieu qui, tel le potier, allait les remodeler pour en faire le judaïsme. Ce processus de monothéisation allait se poursuivre sur un chemin accidenté, avec des départs et des arrêts, depuis le judaïsme primitif jusqu'au christianisme et au judaïsme rabbinique. Au cœur de celui-ci, il y a toujours eu une adhésion à l'unique Dieu de tous, et ce qui soudait toutes les branches du christianisme était leur croyance au monothéisme, tel qu'attesté par les multiples efforts déployés pour comprendre la Trinité comme expression de la croyance en Dieu un et unique, de même que le rejet décisif du canon privilégié par Marcion.

UNE RELECTURE DU PROPHÈTE ISAÏE
Luc 4,16-30

Il s'est rendu à Nazareth, où il avait grandi. Selon son habitude, le jour du sabbat il va à la synagogue et se lève pour la lecture. On lui remet le livre du prophète Isaïe. Il déroule le livre ; il trouve le passage où il est écrit :

« Un souffle du Seigneur est sur moi ;
par lui j'ai été distingué pour annoncer une bonne nouvelle aux pauvres.
Mandé par lui, je déclare aux prisonniers leur relaxe,
Aux aveugles qu'ils verront à nouveau,
Aux opprimés qu'ils seront pardonnés.
Je viens déclarer publiquement une année en faveur du Seigneur. »

Il ferme le rouleau. Il le rend au desservant. Il s'assied. Dans la synagogue, tous les yeux sont fixés sur lui. Il commence : « Aujourd'hui, vous l'entendez, cette écriture est réalisée. »

Quelle différence l'étude canoniste de la Bible peut-elle faire ? Une telle méthode signifie qu'un étudiant averti peut aller au-delà des derniers éditeurs et rédacteurs dans l'histoire de la formation du texte et discerner les significations d'un passage, sans être limité par les opinions de la recherche actuelle sur ce que Luc, par exemple, voulait dire. Nous allons conclure avec un exemple frappant, une re-lecture, à l'aide du triangle herméneutique, du sermon à Nazareth tel que rapporté en Lc 4,16-30[50]. Le triangle se concentre sur : les textes qui sont cités ou auxquels il est fait allusion dans le passage étudié ; le contexte historique visé ; et l'herméneutique selon laquelle l'écrivain a relu les passages cités pour les appliquer à la situation nouvelle.

50. Voir Sanders, « From Isaiah 61 to Luke 4 », in Craig Evans et James Sanders, *Luke and Scripture*, Minneapolis : Fortress Press, 1993, pp. 46-69.

La version lucanienne de ce sermon est très différente de celle qu'on trouve en Matthieu. Alors que ce dernier le situe vers la fin du ministère galiléen (Mt 13,53-58), Luc le place tout au début du ministère d'enseignement. Tout de suite après la tentation au désert, Jésus se rend à la synagogue de son village natal, le jour du sabbat. La version lucanienne démontre une connaissance remarquable du service synagogal du judaïsme primitif. Jésus se voit offrir une *'aliyah*, ou invitation à lire la section Haftarah pour la semaine. La section en question était Is 61, et le passage lucanien rapporte ce que Jésus en extrait pour livrer son sermon (Is 61,1-2a). Les études récentes ont montré que le poème d'Is 61,1-11 faisait partie de la section Haftarah hebdomadaire, pour chaque année où Gn 35 était la lecture correspondante de la Torah. Gn 35 rapporte la mort de Rachel à la naissance de Benjamin (35,18), ce qui rendait Is 61 approprié comme poème de consolation pour Jacob au sujet de la mort de sa femme.

Jésus n'a prêché que sur les premières lignes d'Is 61. La citation que Luc fait du poème est intéressante en elle-même pour la façon dont Jésus l'a appliquée à la situation de la foule alors présente à Nazareth. Le texte fournit une traduction grecque de Is 61,1-2a. Une ligne de Is 61 en a été omise et une autre ajoutée. La ligne ajoutée est prise d'Is 58,6. Jésus a employé la technique midrashique, typique du judaïsme primitif, de l'addition d'une ligne à partir d'un mot commun à Is 58 et Is 61. Or ce mot est un mot clé qui reflète la législation sur le Jubilé en Dt 15 et Lv 25. La technique était appelée *gezera shavah*, et elle permettait au midrashiste ou au prédicateur d'unir deux versets de passages fort différents mais reliés par un seul mot se trouvant dans les deux.

La citation prend fin avec l'expression de 61,2a : « annoncer une année heureuse pour Yhwh ». L'interruption de la citation avec cette ligne, combinée à l'insertion de la *gezera shavah*, indique clairement que Jésus comprend Is 61 comme proclamation d'une année jubilaire. Des travaux de recherche antérieurs sur Is 61 l'avaient déjà identifié comme poème sur le Jubilé. Le Jubilé est un concept ancien assez répandu dans le Proche-Orient ancien, tout à l'avantage d'un roi qui se voyait forcé de restreindre le pouvoir d'une forte oligarchie de créditeurs, « propriétaires » d'un nombre si élevé d'esclaves-débiteurs et de biens si abondants, générés par des dettes usuraires élevées, que le pouvoir du monarque en était diminué. Le roi pouvait alors proclamer, à sa discrétion, une année de libération et de grâce des esclaves et des dettes, de telle sorte qu'il pouvait lever une armée, si nécessaire, et collecter des taxes sur la propriété, etc. Lorsque le concept s'est développé et s'est retrouvé dans la Bible, le « renouveau » économique ou Jubilé est devenu affaire de calendrier. En Dt 15, le jubilé doit avoir lieu tous les sept ans (un sabbat d'années), alors qu'en Lv 25 il doit se tenir tous les cinquante ans (un sabbat de sabbats d'années, plus une). Dans les deux cas, la proclamation du Jubilé libérait tous les esclaves hébreux (ou juifs), remettait toutes les dettes, et accordait la reddition de toute propriété à la famille ou à la tribu d'origine. Dans le judaïsme primitif, le concept de Jubilé fut soustrait au calendrier, eschatologisé, et vu comme prérogative de Dieu, qui pouvait le proclamer quand il le voulait, et non le roi (Jr 34,8ss.), et sans aucune restriction de calendrier. Or tel était le cas au temps de Jésus.

Les études récentes ont montré qu'Is 61 était un des passages de l'Écriture les plus populaires dans l'abondante littérature du judaïsme primitif; en fait, il est cité dans six documents au moins à Qumrân et s'avérait un passage crucial pour les Juifs au temps de Jésus – ceux qui possédaient la bibliothèque de ce que nous appelons les manuscrits de la mer Morte. On peut facilement comprendre pourquoi il aurait été si populaire pour les Juifs sous occupation et répression romaines. La communauté réunie dans la synagogue de Nazareth avait besoin d'espérance; elle avait besoin d'un message de libération qui était, selon ce qu'elle comprenait, l'objet de Is 61. C'est pour cette raison que les gens dans la synagogue furent étonnés et impressionnés quand Jésus déclara, après avoir terminé sa lecture du passage : « Aujourd'hui, vous l'entendez, cette écriture est réalisée » (4,21). Il n'y a donc pas à être surpris qu'ils aient dit du bien de lui à ce moment-là et qu'ils se soient étonnés « de la faveur divine qui s'exprimait par sa bouche ». Ils présumaient qu'il allait interpréter ce passage dans le sens d'une « faveur divine » à leur égard. Il allait donc, selon toute apparence, prêcher le genre de sermon dont ils avaient besoin, pour annoncer qu'ils seraient libérés de l'oppression causée par l'occupation romaine.

Ils étaient intrigués car Jésus était un enfant du village. En Matthieu, où Jésus reprochait à l'assemblée son incrédulité, le texte dit que les gens contestaient l'autorité de Jésus parce qu'ils le connaissaient trop bien ; tandis qu'en Luc le sens est qu'ils étaient sceptiques parce qu'habituellement les prophètes faisaient des reproches au peuple, comme le fait Jésus, précisément, dans le passage de Matthieu. En Luc, Jésus dit : « Aucun prophète n'est bien accueilli dans sa ville natale », utilisant une autre *gezera shavah* avec le mot « bien accueilli ». Pourquoi un prophète n'était-il pas bien accueilli dans sa ville natale ? Parce que tous les prophètes d'Israël étaient issus du milieu du peuple (Dt 18,15) et que le message du vrai prophète en était un de reproche, rarement de consolation (Jr 28,8-9). Le mot « bien accueilli » (en grec, *dektos* : « acceptable ») était le dernier mot du passage cité de Is 61,2a. Ce qui a sûrement dû attirer l'attention des lecteurs de Luc. Le mot « acceptable » était central dans le concept eschatologisé du Jubilé. Dieu allait proclamer le Jubilé au moment où il le voudrait, quand cela serait « acceptable » à ses yeux (et non à ceux du roi, ou selon le calendrier).

Tout était donc en place pour le sermon de Jésus. L'assemblée était impatiente d'entendre un message de libération de l'oppression romaine. Dieu, le seul pouvoir en mesure de déposer Rome, allait le faire ! Si Jésus s'était rassis à ce moment-là, il aurait été très populaire. Mais, par définition, les prophètes de l'Israël ancien n'étaient pas populaires ; ils proclamaient des messages de jugement / rédemption, alors que le peuple voulait tout simplement la paix (voir, par exemple, Jr 8,11).

Jésus a donc prêché sur le passage d'Isaïe en l'expliquant à partir de deux passages des livres prophétiques, 1 R 17 et 2 R 5. Dans le premier, nous voyons Élie poursuivi par le gouvernement israélite sous l'autorité d'Achab et de Jézabel, et menacé de mort. Il y a une famine dans le pays et Dieu envoie Élie dans l'oued de Kerit, où il commande à des corbeaux de nourrir Élie. Finalement, la sécheresse a eu raison de l'oued, si bien que Dieu envoie Élie à Sidon, à l'extérieur du pays, où il importune une veuve qui, avec son fils, attend la mort en raison de la famine. Elle le nourrit et prend soin de lui.

Si on lit en portant attention non pas à la sécheresse ni aux corbeaux, ni même à la veuve, mais plutôt aux actions de Dieu pour venir en aide à Élie, on réalise que personne en Israël n'a aidé cet « homme de Dieu », si bien que sa survie a dépendu des corbeaux et d'une veuve non israélite, étrangère et païenne. La question n'était pas de savoir si des corbeaux peuvent nourrir un homme. Elle était plutôt de constater que personne en Israël n'avait aidé cet « homme de Dieu ». Dieu est le Dieu de tous, et ce sont des corbeaux et des étrangers qui ont fait ce que l'Israël de Dieu n'avait pas fait.

Eh bien ! ce n'était pas ce que les gens dans la synagogue pensaient avoir besoin d'entendre – la bonté des étrangers et les péchés de l'Israël ancien ! Ils avaient besoin d'une libération de l'oppression romaine. Et, comme si ce n'était pas assez, Jésus cite aussi le cas de la guérison de Naaman, de la Syrie, ennemi numéro un d'Israël (2 R 5). Les gens, donc, qui étaient avides d'une parole de consolation à leur endroit, ont plutôt appris que, loin d'être limité à un groupe restreint, Dieu était un Dieu international ! Ils ont eu la même réaction au message monothéiste de Jésus que leurs pairs avaient eue à l'égard des prophètes, quand ces derniers proclamaient que Dieu utilisait leurs ennemis comme instruments de jugement pour son propre peuple (Is 28,21 *et passim* ; Jr 21 *et passim*). Le passage est une affirmation puissante du processus de monothéisation que la Bible décrit, mais non ce que l'assemblée de Nazareth pensait qu'elle avait besoin d'entendre.

Sous le coup de la déception et de la fureur, ils ont emmené Jésus sur le flanc de la colline sur laquelle la ville était bâtie pour le jeter en bas. Ils voulaient ainsi briser les os de Jésus pour pouvoir ensuite le lapider pour blasphème ! L'accusation de blasphème contre les prophètes, comme dans le cas de

Jérémie (Jr 38) et d'autres, était lancée lorsque le prophète suggérait que Dieu ne pouvait pas se réduire aux dimensions de leur doctrine et de leur théologie nationaliste, et qu'il était beaucoup plus grand qu'ils ne pensaient. L'assemblée, qui s'était d'abord étonnée de la faveur divine qu'ils estimaient être le message du passage lu, s'est transformée en une foule prête à le lyncher après sa prédication. Le dernier verset de la péricope dit que Jésus est passé au milieu d'eux indemne. Les gens qui aujourd'hui s'identifient à tort à Jésus pensent du mal des gens réunis à Nazareth, au lieu de s'identifier au bon peuple des gens assidus au service de la synagogue, et choqués d'entendre que Dieu n'était pas « leur Dieu » à eux uniquement. Ces gens réalisaient que le message de Jésus était que Dieu est le Dieu des étrangers (Romains ?) aussi bien que des Juifs. Il n'est donc pas étonnant qu'ils aient cherché à faire mourir le messager, porteur du message dérangeant d'un Dieu plus grand qu'on ne pense.

Luc avait-il en vue une lecture comme celle que nous venons de faire ? J'ai étudié Luc / Actes durant près de cinquante ans, et je répondrai : Oui. Mais, même si on ne peut établir ce fait comme une intention de la part de Luc, ou de la part du dernier rédacteur de Luc, la lecture demeure tout à fait authentique, puisqu'on lit le passage en suivant pleinement les balises mêmes du texte et les allusions au Premier Testament qu'il renferme. Si les deux Testaments sont canoniques – et l'Église a toujours affirmé qu'ils l'étaient –, alors le lecteur a besoin d'entendre le dialogue entre eux quand le Second cite ou fait allusion au Premier. La lecture qui en résulte du récit du sermon à Nazareth cadre avec la tendance monothéisante générale de la Bible, qui a soutenu Israël durant l'Exil et à d'autres périodes cruciales de son histoire. L'intention de Luc, qui place le sermon à Nazareth au début du ministère de Jésus, acquiert une signification plus grande avec une telle lecture en dialogue, et la tendance monothéisante qu'il met en lumière allait devenir le fondement même du message évangélique de l'incarnation du Dieu unique pour tous par opposition au polythéisme et au fatalisme gréco-romains. Le processus de monothéisation inauguré par la Bible n'est toutefois pas encore achevé. Les communautés d'aujourd'hui éprouvent le même choc que celle de Nazareth lorsqu'elles entendent dire que Dieu n'est ni chrétien, ni juif, ni musulman : Dieu est Dieu.

BIBLIOGRAPHIE

ATHANASSIADI Polymnia and FREDE Michael, 1999, *Pagan Monotheism in Late Antiquity,* Oxford, Clarendon Press.

BARTHÉLEMY Jean-Dominique, 1990, « La Critique canonique, » *Revue de l'Institut catholique de Paris 36* (oct.-déc.), pp. 191-220.

BARTON John, 1997, *Holy Writings, Sacred Texts: the Canon in Early Christianity,* Louisville, Westminster John Knox.

BECKWITH Roger, 1985, *The Old Testament Canon of the New Testament Church,* Grand Rapids, Eerdmans.

CALLOWAY Mary, 1986, *Sing, O Barren One: A Study in Comparative Midrash,* SBL Dissertation Series 91, Atlanta, Scholars Press.

CARR David, 1996, « Canonization in the Context of Community: an Outline of the Formation of the Tanakh and the Christian Bible », Richard Weis and David Carr (eds.), *A Gift of God in Due Season: Essays on Scripture and Community in Honor of James A. Sanders,* Sheffield, The Academic Press, pp. 22-64.

CROSS Frank M., 1998, *From Epic to Canon. History and Literature in Ancient Israel,* Baltimore, The Johns Hopkins Press.

CHAPMAN Stephen B., 2000, *The Law and the Prophets,* Tübingen, Mohr Siebeck.

FLINT Peter, 1997, *The Dead Sea Scrolls and the Book of Psalms,* Leiden, Brill.

VAN DER KOOIJ Arie et VAN DER TOORN K., eds., 1998, *Canonization and Decanonization. Papers Presented to the International Conference of the Leiden Institute for the Study of Religions Held at Leiden 9-10 January 1997,* Leiden, Brill.

LEIMAN Sid Z., 1976, *The Canonization of Hebrew Scripture,* Hamden CT, Archon Books.

LEWIS Jack P., 1964, « What Do We Mean by Jabneh ? », *Journal of Bible and Religion* 32, pp. 125-132.

McDONALD Lee M., 1995, *The Formation of the Christian Biblical Canon,* éd. revue et augmentée, Peabody MA, Hendrickson.

McDONALD Lee M. and SANDERS James A., eds., 2002, *The Canon Debate : the Origins and Formation of the Bible,* Peabody, Hendrickson.

PYEON Yohan, 2003, *You Have Not Spoken What is Right About Me : Intertextuality and the Book of Job,* New York, Peter Lang.

SANDERS James A., 1972, *Torah and Canon,* Philadelphia, Fortress Press ; Eugene (OR), Wipf and Stock, 2000.

LECTURES LITTÉRAIRES

1976, « Adaptable for Life : the Nature and Function of Canon », *Magnalia dei : the Mighty Acts of God. Essays on the Bible and Archaeology in Memory of G. E. Wright*, New York, Doubleday, pp. 531-560.

1984, *Canon and Community*, Phildadelphia, Fortress Press ; Eugene (OR), Wipf and Stock, 2000.

1987, *From Sacred Story to Sacred Text*, Phildadelphia, Fortress Press ; Eugene (OR), Wipf and Stock, 2000.

1992, « Canon, Hebrew Bible », David Noel Freedman (ed.), *Anchor Bible Dictionary*, New York, Doubleday, vol. 1, pp. 837-852.

1999, « Intertextuality and Canon », S. Cook and S. Winter (eds.), *On the Way to Nineveh: Studies in Honor George M. Landes*, Atlanta, Scholars Press, pp. 316-333.

1999, « The Scrolls and the Canonical Process », Peter Flint and James VanderKam (eds.), *The Dead Sea Scrolls after Fifty Years: a Comprehensive Assessment*, Leiden, Brill, vol. 2, pp. 1-23.

2003, « The Modern History of the Qumran Psalms Scroll and Canonical Criticism », *Emanuel : Studies in Hebrew Bible, Septuagint and Dead Seas Scrolls in Honor of Emanuel Tov*, ed. by Shalom Paul et al., Leiden, Brill, pp. 394-411.

SAEBO Magne, 1998, *On the Way to Canon : Creative Tradition History in the Old Testament*, Sheffield, Sheffield Academic Press.

SCHNIEDEWIND William, 1995, *Word of God in Transition : From Prophet to Exegete in the Second Temple Period*, Sheffield, Sheffield Academic Press.

SHEPPARD Gerald T., 1987, « Canon », Mircea Eliade (ed.), *The Encyclopedia of Religion*, New York, Macmillan, vol. 3, pp. 62-69.

SOGGIN Albert J., 2001, *Israel in the Biblical Period : Institutions, Festivals, Ceremonies, Rituals*, translator John Bowden, New York, T & T Clark.

STENSTRUP Kenneth, 2003, « Comparative Midrash », *Biblical Theology Bulletin 33/4*, pp. 158-167.

SUNDBERG Albert C. Jr., 1964, *The Old Testament of the Early Church*, Cambridge, Harvard University Press.

TALMON Shemaryahu, 1975, « The Textual Study of the Bible – a New Outlook », F. M. Cross and Sh. Talmon, eds., *Qumran and the History of the Biblical Text*, Cambridge, MA, Harvard University Press, pp. 321-400.

2002, « The Crystallization of the “Canon of Hebrew Scriptures” in the Light of Biblical Scrolls from Qumran », *in* E. Tov et E. D. Herbert, eds., *The Bible as a Book : the Hebrew Bible and the Judaean Desert Discoveries*, London, Oak Knoll Books, pp.5-20.

ULRICH Eugene, 1999, *The Dead Sea Scrolls and the Origins of the Bible*, Grand Rapids, Eerdmans.

VANDERKAM James, 2002, « Questions of Canon Viewed Through the Dead Sea Scrolls », Lee McDonald et James A. Sanders (eds.), *The Canon Debate : the Origins and Formation of the Bible*, Peabody (MA), Hendrickson Publishers, pp. 234-251.

LECTURES PSYCHOSOCIALES

LECTURE FÉMINISTE

Viol, lecture et représentation en Genèse 34

Danna Nolan Fewell

Dina, fille de Léa et de Jacob, sortit pour voir les filles du pays.
Sichem, fils d'Hamor le Hiwwite, notable du pays, la vit. Il la prit et
la força [way'anneah] *à coucher avec lui.*
Mais il s'attacha [wattidbaq nafshah] *à Dina, fille de Jacob.*
*Il aimait la jeune fille et s'efforça de gagner son cœur (*Gn 34,1-3*).*

Ce texte est l'un des plus troublants qui soient sur les plans émotif et éthique, pour des lectrices féministes. Non seulement le narrateur nous décrit un probable scénario de viol, mais il confine son personnage féminin principal dans un rôle muet. Une fois que Dina décide de sortir de chez elle, le récit est lancé. Dina devient alors l'objet de l'action, un objet du désir pour Sichem, un symbole de déshonneur pour sa famille et, finalement, un prétexte pour ses frères d'assassiner Sichem et les siens. Le point de vue de Dina n'est jamais dévoilé ; ni le narrateur ni la majorité des personnages masculins n'ont un intérêt quelconque pour ses sentiments, ses opinions ou ses désirs.

LECTURE FÉMINISTE ET SUBJECTIVITÉ FÉMININE

C'est ce silence autant que la violence elle-même qui a incité les lectures féministes à en découdre avec le texte de Gn 34. Elles se sont présentées armées d'un arsenal d'idées communes aux préoccupations féministes : élaboration de l'image des femmes dans une littérature d'auteurs masculins et une culture de domination masculine, violence liée au sexe, récupération des voix et des expériences des femmes (dans les textes de la littérature et dans la vie réelle), nécessité éthique d'une lecture d'un point de vue féminin. Elles ont tenté de comprendre la situation personnelle et sociale de Dina, de démasquer l'androcentrisme du texte (aussi bien que d'un bon nombre de ses interprètes[1]) et de faire retentir un vibrant appel en faveur d'une prise de conscience sociale actuelle de la violence entre les sexes. Un de leurs objectifs principaux a été de produire une « lecture qui prendrait le parti de Dina[2] », de redonner une voix à une femme qui a été maltraitée et réduite au silence du point de vue littéraire sinon physique.

Redonner une voix à Dina est toutefois une tâche exigeante, et il n'y a pas lieu de s'étonner que les interprètes aient souvent eu recours à un midrash très imaginatif[3]. Trouver les traces de la subjectivité de Dina demande une forte capacité de déduction. D'abord, elle « sort » pour visiter les « filles du pays », ce qui suggère un lien qui va au-delà de la société restreinte que constitue sa famille immédiate. Quelques spécialistes ont analysé ce détail comme impliquant qu'elle avait des mœurs dissolues et cherchait les ennuis[4]. D'autres ont suggéré que, étant la fille (plutôt que le fils) de l'épouse disgraciée (plutôt que la favorite) et n'étant même pas comptée parmi les enfants de Jacob (voir Gn 33,22), Dina pouvait très bien être à la recherche de relations plus enrichissantes que celles que pouvait procurer sa famille, et peut-être d'un sens de la dignité[5].

D'autres traces de la subjectivité de Dina se trouvent d'abord dans la remarque selon laquelle, après leur relation sexuelle, Sichem « s'efforça de gagner son cœur » et, ensuite, dans

1. Voir Rashkow 1990, pp. 97-117 et Graetz 1993 (les références complètes des ouvrages cités sont données dans la bibliographie en fin d'article).

2. Selon l'expression de Scholtz (1998a, p. 151), qui semble malheureusement ne l'appliquer qu'à sa lecture, la seule à être « juste ».

3. Voir Graetz 1985, de même que sa revue générale (1993) du midrash rabbinique sur cette histoire ; Sheres ; et le roman récent d'Anita Diamant.

4. Voir Sarna, p. 233 et sa discussion de l'interprétation de Frymer-Kensky 2002, pp. 180-181.

5. Fewell et Gunn 1993, pp. 80-81.

l'annonce qu'elle ne retourna pas à la maison paternelle, mais s'en fut à la maison de Sichem. L'expression « s'efforça de gagner son cœur » est une expression « perlocutoire », c'est-à-dire « un discours qui produit des effets sur les sentiments, pensées, ou actions de ses auditeurs »[6]. Une telle formulation donne l'impression que Dina a répondu par l'affirmative à ses avances. Quelqu'un pourrait dès lors considérer que son séjour dans la maison de Sichem est l'expression de son désir. Une telle interprétation toutefois ne s'impose pas. On pourrait aussi dire que l'expression « s'efforça de gagner son cœur » indique un acte de manipulation émotive. Sa présence dans la maison de Sichem pourrait tout aussi bien indiquer le degré de coercition qu'elle aurait subie, au point même d'avoir été enlevée de force[7]. Selon cette ligne d'interprétation, Dina demeure celle qui subit l'action et nous n'aurions découvert que peu de chose à son sujet, si ce n'est sa vulnérabilité émotive.

Bien entendu, la tâche visant à faire ressortir la subjectivité de Dina doit s'appuyer fortement sur l'analyse de la rencontre de Dina avec Sichem. Ici aussi, un certain nombre de questions viennent compliquer le processus interprétatif. Premièrement, on a une série de verbes qui suggèrent une agression (« vit », « prit », « coucha avec[8] », « déshonora ») suivie d'un enchaînement extraordinaire, suggérant tout à fait le contraire (« mais il s'attacha à Dina », « il aimait la jeune fille », il « s'efforça de gagner son cœur »). On a cherché à expliquer l'incongruité de cette séquence de différentes manières. Certains lecteurs ont invoqué une sorte de conversion personnelle de la part de Sichem, en comparant et en opposant sa conduite et son état émotif avec celui du violeur Amnon, dont il est dit d'abord qu'il aime sa sœur Tamar, puis qu'il la hait après l'avoir violée (2 S 13). À la différence d'Amnon, Sichem a fait au moins preuve

6. Voir la discussion de Fewell et Gunn 1993, p. 190, note 3, d'après l'œuvre de J. L Austin.

7. Voir la lecture de Sarna, p. 235 et de Sternberg, p. 456.

8. Selon le grec et une vocalisation corrigée, on peut lire *ittah* plutôt que le *otah* du texte massorétique. Alors que certains spécialistes optent pour cette dernière lecture et mettent l'accent sur une compréhension plus crue et plus violente (« la força à coucher »), une telle traduction nécessiterait non seulement une forme *hifil* du verbe, mais elle ignore de toute évidence la perception des frères en 34,7, selon laquelle la faute a été de « *coucher avec* la fille de Jacob ».

d'une transformation de nature positive et a pris des mesures pour s'occuper de Dina plutôt que de la chasser (2 S 13,15-19). Mais, là encore, d'aucuns ont vu dans ce changement soudain d'attitude une réaction typique des personnes qui commettent un abus sexuel puis éprouvent du remords (bien que cet argument serait plus approprié dans le cas d'agresseurs qui vivent avec leurs victimes, ou sont parmi leurs proches, plutôt que dans le cas d'agressions sur des étrangères). Une autre réponse à cette question a été d'atténuer les incongruités en proposant de traduire des verbes de façon cohérente avec les comportements et les émotions de Sichem. Ainsi, par exemple, l'amour de Sichem *(wayye'ehavi)* devient de la « convoitise », son attachement à Dina *(wattidbaq nafshah)* devient « il demeura auprès d'elle », et l'effort pour gagner son cœur se transforme en un « effort pour la calmer »[9]. D'autres ont soutenu que ce renversement émotif n'est pas crédible et en ont conclu soit qu'il n'y a pas là le profil d'un violeur (et par conséquent, que l'acte n'était pas un viol)[10], soit que cette description du violeur est une construction patriarcale naïve et devrait être tenue pour suspecte[11].

Cela nous amène à reconsidérer la présentation générale du personnage de Sichem. Il semble que le narrateur israélite s'est efforcé de dresser un portrait de Sichem un tant soit peu sympathique, alors qu'il aurait pu, et avec beaucoup plus de facilité, le représenter, sans ambiguïté, comme un criminel indifférent par rapport à son action autant qu'à sa victime. En revanche, Sichem fait preuve de vulnérabilité par rapport à Dina et d'affection envers elle. Il est prêt à payer la dot qu'il faudra pour en faire son épouse. Il offre à la famille de Dina le type de compensation (voir Ex 22,16-17 ; Dt 22,28-29) qui s'avère conforme aux codes de lois israélites (ce qui, en soi, révèle la limite des options disponibles pour une femme dans la société ancienne,

9. Scholtz 1998a, pp. 168-171.

10. Bechtel, communication à la SBL (Society of Biblical Literature) en 2002.

11. Fewell et Gunn 1993, pp. 80-85.

12. En traitant de ce texte en 1991, Fewell et Gunn, inspirées par l'œuvre de Carol Gilligan, ont conclu que, en dépit de son geste antérieur d'agression contre elle, Sichem offrait à Dina la seule forme de compensation qu'il connaissait et, dans ces circonstances, la meilleure façon de gérer sa vie.

qui n'est plus vierge)[12]. De plus, il s'expose lui-même au danger ainsi que toute sa communauté, pour apaiser les frères de Dina et prendre Dina pour femme. Malgré tous les reproches qu'on pourrait faire au texte (sur son ignorance du personnage de Dina et sur le manque d'informations concernant Sichem), et, bien que nous puissions condamner ce dernier pour son action envers Dina, ou ridiculiser la naïveté exagérée de son empressement à négocier avec les frères de Dina, nous nous trouvons toujours devant un personnage qui, par son humanité même, nous oblige à établir des liens avec lui. La densité du personnage contraste fortement avec les frères de Dina, qui sont traités collectivement, sans personnalité individuelle, avec Jacob, qui « se tient tranquille » et parle très peu dans l'histoire, et avec Dina, qui passe la majeure partie de l'histoire complètement effacée de la scène.

CRIME ET CHÂTIMENT

La suite de l'histoire pose également un problème pour la compréhension du personnage de Sichem et de la nature exacte de son comportement envers Dina. En apprenant la situation de Dina, ses frères sont en colère. Lorsqu'ils sont contactés par Sichem et par son père pour une offre de mariage, ils répondent de façon trompeuse, et avec une violence cachée. Ils piègent les hommes de Sichem et les forcent à se circoncire et ensuite Simon et Lévi, deux frères légitimes de Dina, prennent d'assaut la ville et tuent tous les blessés. La ville, incluant les femmes et les « petits enfants », est ensuite pillée par tous les fils de Jacob. Comment expliquer l'ampleur de l'affront fait à Jacob et ses fils et les représailles qui s'ensuivent ? La réponse à cette question varie selon que le lecteur ressent le besoin de défendre les ancêtres israélites, ou adhère au code d'honneur implicite au monde social du récit, ou bien encore désire fortement voir ici une histoire dans laquelle justice soit rendue.

Certaines lectrices féministes ont débattu de l'affront et la violence en soutenant de façon non équivoque que Sichem a violé Dina et que Siméon et Lévi ont été les instruments de la justice. Le parti pris a été d'accentuer la brutalité du viol dans le texte (et du viol en général) pour justifier la violence des frères contre la ville de Sichem, ou inversement, de minimiser la vengeance des frères de façon à la faire apparaître comme une réaction plus mesurée et plus juste au viol. Ochshorn et Scholtz ont toutes deux eu recours à cette logique pour plaider, admirablement et avec passion, pour la reconnaissance du sort et de l'intégrité des victimes de viol. Toutefois, de telles démarches interprétatives ont, ironiquement, suivi les traces de plusieurs commentateurs masculins qui, faisant peu de cas du sort de Dina ou des préoccupations féministes en général, ont présenté des arguments semblables en se fondant sur l'offense commise par Sichem contre le code d'honneur de la famille de Jacob. La lecture de Meir Sternberg (1985) est encore plus remarquable car il insiste sur le fait que Gn 34, en dépit de l'effet de sympathie « en dents de scie » provoqué chez les lecteurs, porte sans aucun doute les lecteurs à se rallier à Siméon et Lévi qui vengent l'honneur familial[13].

D'autres ont voulu voir dans le texte une description ironique de la relation entre l'honneur mâle et la violence[14]. Ainsi donc, le récit révèle un monde déformé et en perte d'équilibre. L'expérience d'une femme devient ici une affaire d'honneur entre hommes. À l'acte singulier d'un viol, on répond par le meurtre et le viol d'une communauté entière. L'offre de compensation est interprétée comme la rémunération d'une prostituée. C'est là précisément que le silence de Dina devient l'ultime ironie, puisque son expérience, ses options et son avenir sont décidés et déterminés par des hommes. Alors, bien qu'à première vue on puisse avoir à faire avec une histoire de crime et châtiment[15], on trouve de façon sous-jacente la présentation d'un monde dirigé par des hommes, où la question de justice et de sécurité pour les femmes n'a plus de sens.

13. Mais il n'est pas le seul. On pourra aussi noter l'euphémisme de la description que von Rad donne de Siméon et Lévi, ces « frères qui purifient l'honneur de leur sœur violée au prix d'une action moralement ambiguë » (p. 335).

14. Fewell et Gunn 1991 et 1993, pp. 80-85.

15. Westermann (p. 536) qualifie cette histoire de récit de crime et châtiment.

COMPORTEMENT IGNOBLE

Alors que les interprétations discutées jusqu'ici étaient de type littéraire, d'autres types d'analyse féministe, faisant usage d'outils de recherche littéraires aussi bien que philologiques, anthropologiques et sociologiques, ont compliqué davantage la lecture de Gn 34. Tikva Frymer-Kensky (1989; 2002) et Lyn Bechtel (1994) ont exploré le sens de *'innah*, le mot dont on croit souvent qu'il désigne un viol. Leur argumentation concernant l'utilisation du mot, sa position syntaxique, et son absence en d'autres textes traitant de comportement sexuel illicite et de violence sexuelle, a soulevé des doutes quant à savoir si le viol est réellement un enjeu en Gn 34. Le mot, qui signifie fondamentalement « abaisser », « humilier », ou « déshonorer », apparaît habituellement dans des contextes où l'activité sexuelle n'est pas impliquée (par exemple Gn 15,13; 16,6.9; 31,50; Ex 1,11-13; Dt 8,2, etc.). Quand il est question d'activité sexuelle, l'utilisation de *'innah* renvoie manifestement à une conduite sexuelle illicite (voir Dt 22,23-24), à savoir le cas d'un homme ayant des relations sexuelles avec quelqu'un qui lui est socialement interdit sur le plan sexuel. Que l'activité soit accomplie selon un consensus mutuel ou non est fondamentalement sans importance. Le fait que *'innah* apparaît après le verbe indiquant le rapport sexuel renvoie à la perception d'un déshonneur pour la femme du fait qu'un homme « a couché avec » elle. Dans la législation où il est clairement question de viol, par exemple Dt 22,25-27, le mot *'innah* n'est pas du tout employé. En revanche, dans les contextes où *'innah* est employé et contribue clairement à la description d'une violence (par exemple 2 S 13,14), le mot apparaît avant le verbe « coucher avec » et est amplifié par un mot faisant référence à la force (par exemple, *hazaq*, « maîtriser »). Frymer-Kensky explique la logique de cette différence grammaticale :

> Il y a une raison pour cette variation dans l'ordre des mots. Lors d'un viol, l'abus commence au moment même où le violeur recourt à la force, bien avant la pénétration. Dans d'autres types de rencontres sexuelles illicites, la relation sexuelle proprement dite peut ne pas être abusive. Elle peut être douce et romantique. Mais le *fait* que cet homme ait une

LECTURES PSYCHOSOCIALES

> relation sexuelle avec elle [Dina] la déshonore, et pour cette raison, le mot *'innah* vient après les mots « coucher avec » (2002, p. 183)[16].

Selon cette logique, la syntaxe de Gn 34 suggère que Dina est « déshonorée » du fait qu'un homme a « couché avec elle ».

En outre, des modèles et des théories anthropologiques et sociologiques ont influencé la façon dont Bechtel et Frymer-Kensky ont compris les structures et les dynamiques des groupes représentés dans les textes et viennent éclairer davantage des lectures différentes qui permettent de comprendre le « déshonneur » de Dina. L'histoire est racontée dans le contexte d'une culture patriarcale pointilleuse par rapport à la conduite sexuelle des femmes et régie par de puissants codes d'honneur et de honte. Les hommes doivent pouvoir contrôler l'activité sexuelle des femmes dans leur maison, sinon la maison encourt honte et déshonneur. Le contrôle de la sexualité de Dina par les hommes de sa famille est peut-être ici le premier enjeu. Ce qui en ressort est le compte rendu d'une rencontre sexuelle entre Dina et Sichem qui n'a tout simplement pas été sanctionnée par les hommes de la famille de Dina. C'est ainsi, en effet, que le narrateur relate la source de l'agitation des frères : « Leur colère fut terrible. Commettre l'ignoble en Israël, en couchant avec la fille de Jacob ! Cela ne se fait pas ! » (Gn 34,7.)

Il est plus facile de comprendre l'amour de Sichem pour Dina, le retour de celle-ci avec lui dans sa maison et l'entêtement de Sichem à vouloir l'épouser dans le contexte d'une rencontre sexuelle « illicite » que dans celui d'un viol. Non seulement une telle compréhension atténue l'embarras implicite qu'il y a, au plan de l'éthique, à vouloir réconcilier le caractère acceptable du mariage avec celui, inexcusable, du viol. Elle permet aussi de redonner à Dina une certaine subjectivité. Plutôt que d'être une victime passive, un objet sur lequel on agit sans cesse, elle peut au contraire être vue comme un

16. Pour une discussion plus complète et la classification des occurrences, voir Frymer-Kensky 1989, note 9.

agent actif qui résiste fortement aux préjugés ethnocentriques et androcentriques et aux codes d'honneur de sa famille. Cette lecture fait pencher encore davantage la balance, sur le plan éthique, en faveur de Sichem. Comment Dina est-elle en mesure, étant donné les contraintes du monde social de cette histoire, de gérer sa vie ? Sichem au moins lui propose une option pour un avenir honorable, alors que son destin aux mains de ses frères demeure douteux.

REPRÉSENTATION ET FIABILITÉ

À supposer toutefois que ces arguments et ces interprétations ne soient pas convaincants, et même si l'histoire pouvait être comprise comme un récit non équivoque de viol, il demeure plusieurs ambiguïtés qui laissent le texte en suspens et appellent une réflexion plus poussée de la théorie féministe. Une question troublante, soulevée mais non complètement résolue par Fewell et Gunn (1993), est celle de la fiabilité du narrateur. De nombreux lecteurs de la Bible, et même des lectrices féministes, lisent encore le texte littéralement et le traitent selon ses propres prémisses. Ils adhèrent ainsi à l'idée d'un narrateur biblique qui serait toujours fiable, et raconterait, selon les mots de Sternberg, « la vérité [si]non toute la vérité[17] ». Pourtant, de nombreux historiens, narratologues et critiques idéologiques[18] ont démontré le caractère problématique de cette idée. Plusieurs lectrices féministes considèrent l'attitude androcentrique de la Bible avec un scepticisme encore plus grand. On peut ainsi, dans le cas de Gn 34, remettre en question la fiabilité d'un narrateur qui construit un personnage violant puis tombant amoureux de sa victime, et qui trace le portrait d'une victime qui consent à être courtisée dans la maison de son agresseur. Bien qu'on puisse excuser les contraintes sociales et législatives d'une culture patriarcale ancienne, il y a toutefois lieu de souligner les dangers d'un texte (normatif sur le plan religieux) qui voit le viol « comme

17. Voir Sternberg 1985, pp. 260-263.

18. Voir Gunn 1990 ; Gunn et Fewell 1993, pp. 53-56.

une simple extension du désir ou comme une brèche au code d'honneur mâle», ou qui voit dans le mariage du violeur avec sa victime une compensation appropriée[19].

Par ailleurs, nous ne pouvons attendre d'un narrateur andro-centrique de l'Antiquité, imbu des notions strictes d'honneur et de honte familiaux, qu'il veuille ou même qu'il soit en mesure de distinguer entre des relations sexuelles illicites (c'est-à-dire sans l'aval de la famille) et un viol. Dina est peut-être, pour notre narrateur, «déshonorée» (d'où son emploi du verbe *'innah*), par toute rencontre sexuelle qui n'est pas avalisée par la famille, qu'elle y a ait été forcée ou non. Comment pouvons-nous alors être sûrs que le narrateur relate une violation physique concrète, ou simplement une violation des lois familiales? Et si le crime lui-même est remis en question, que dire du châtiment?

On peut également distinguer dans le récit mené par le narrateur des éléments ethnocentriques que Randy Bailey (1994) a identifiés, tableaux à l'appui, dans les histoires de Lot et ses filles (Gn 19,30-38) et de la mystérieuse rencontre entre Cham et Noé (Gn 9,20-29). La Bible semble être en tout point capable, aussi bien que nous, d'employer des insultes sexuelles ethniques. Le narrateur israélite caricature peut-être les Sichémites hiwwites comme l'avait fait Abraham pour les Égyptiens (Gn 12) et les Philistins (Gn 20). Les hommes étrangers semblent toujours éprouver du désir pour les femmes israélites, et ne semblent pas pouvoir y résister. On ne peut tout simplement pas faire confiance aux hommes hiwwites, pas plus qu'aux Égyptiens et aux Philistins. Ils prennent (et violent) toutes les femmes à volonté. Bien plus, leur obsession à vouloir prendre les femmes qu'ils désirent entraîne dans un piège toute la population mâle au point que celle-ci s'automutile pour ensuite tomber victime du glaive de deux assassins. Comment les Hiwwites peuvent-ils être à ce point lascifs, arrogants et stupides[20]?

19. Fewell et Gunn 1993, p. 85.

20. Voir Vawter: «Nous ne nous attendons pas à trouver dans des histoires de ce type un réalisme clinique. Nous devrions plutôt y chercher des thèmes qui pourraient séduire un humour au premier degré et provoquer les rires d'auditoires plutôt modestes pour lesquels elles ont été conçues, auditoires qui redoublaient de contentement à la pensée des "incirconcis"» (p. 359).

Pour compliquer les choses encore davantage : qu'advient-il si les « Hiwwites » ne sont pas du tout des Hiwwites mais, comme le soutient Yairah Amit (2000), un nom codé pour un autre groupe d'une autre époque, comme les Samaritains au temps d'Esdras et Néhémie ? Un tel contexte social et un tel référent expliqueraient certainement le langage (plutôt tardif[21]) de « souillure » *(timme')*, utilisé dans cette histoire (Gn 34,5.13.27). La perception des hommes de la famille de Dina ainsi que leur colère portent non pas sur le fait que Sichem a violé Dina, *mais qu'il l'a « souillée »*. Ils sont préoccupés par la souillure cultuelle, plutôt que par le mal physique infligé à leur sœur. Cela pourrait, en outre, élucider l'expression anachronique « [il a commis] l'ignoble *en Israël* », que plusieurs spécialistes ont relevée. Nous pouvons commencer à soupçonner ici que la circoncision est davantage qu'une simple ruse dans l'intrigue de l'histoire : c'est le signe d'une délimitation communautaire très réelle dans un autre lieu et à une autre époque. À quelle autre époque dans l'histoire d'Israël trouve-t-on une telle préoccupation au sujet du mélange avec « le peuple du pays » ? À quelle autre époque trouve-t-on un tel mépris pour le peuple de cette région particulière autour de Sichem ? À quelle autre époque trouve-t-on une telle inquiétude au sujet de la pureté de la « semence sainte » ?

La question est celle-ci : lorsque nous demandons qui a créé le contexte de cette histoire et pourquoi, la préoccupation féministe qui prend au sérieux la victime s'attèle à un défi encore plus grand. « Se ranger du côté de Dina » est peut-être un impératif moral[22], mais non un procédé exégétique simple, surtout si celui qui raconte l'histoire a utilisé Dina dans un autre but.

CE QUI FAIT PROBLÈME À PROPOS DU VIOL

Ceci nous amène à réfléchir sur une autre difficulté du même genre dans ce récit et d'autres : la question majeure de

21. Le mot apparaît principalement dans les sources sacerdotales et chez Ézéchiel.
22. Voir l'œuvre polémique de Scholtz, 1998a, 1998b.

la représentation du viol dans un texte écrit. Comme l'a soutenu Mieke Bal, « le viol présente un certain nombre d'enjeux sémiotiques cruciaux… tels la difficulté de raconter une expérience ; le refus d'écouter les survivants ; l'utilisation sémiotique du viol pour des objectifs différents, et la sémiotique du viol même, son statut de langage corporel, d'acte discursif d'agression, de tentative de destruction qui l'assimile à un meurtre » (1990, p. 137). Le viol, soutient Bal, ne peut être visualisé parce que, premièrement, le « viol rend la victime invisible » aussi bien, littéralement, du fait que le violeur « la recouvre », que métaphoriquement, du fait que « le viol détruit son image de soi [et sa] subjectivité » (1990, p. 142). Deuxièmement, le viol ne peut être visualisé parce qu'il s'agit, physiquement et psychologiquement, d'une expérience « intérieure ». « Dans ce sens, écrit Bal, le viol ne peut être, par définition, qu'imaginé ; il ne peut exister que comme expérience et comme mémoire » (p. 142).

C'est ce qui se produit, jusqu'à un certain point, en Gn 34. Bien que nous ne sachions pas si Dina a été, de fait, violée ou non, on a le sentiment que toute son expérience a été comme ensevelie. D'abord, Sichem est le sujet de tous les verbes qui racontent leur contact physique et de toute émotion « intérieure » qui en découle ultérieurement. Nous sommes forcés de l'imaginer, d'établir des liens avec lui, d'éprouver de la sympathie pour lui plutôt que pour elle. De plus, c'est le narrateur masculin et les frères qui définissent l'expérience de Dina à sa place, comme une « souillure » et comme une « chose ignoble en Israël ». Et là encore, ce sont les hommes qui sont sujets de tous les verbes. Nous sommes témoins de leurs négociations, de leur tromperie, de leurs désirs et de leurs violations. Les expériences de Dina et des femmes et enfants de Sichem ne peuvent qu'être imaginées.

Le problème toutefois ne s'arrête pas à la représentation textuelle du viol : il existe aussi un problème dans l'élaboration d'une théorie du viol. À parler de viol en général et en théorie, on risque de réduire tous les viols à « une seule et même chose ». Tous les viols ne se ressemblent pas ; des expériences humaines nous l'apprennent. Les viols diffèrent en intensité, en brutalité, et en effet destructeur. Les motivations sont aussi différentes que le sont ceux qui les commettent. Les victimes sont des femmes, des hommes, des enfants, des personnes âgées ou d'âge moyen. Les circonstances peuvent être publiques, privées, incestueuses, maritales. Il est ironique de penser que dans certaines discussions[23] les arguments les plus passionnés sur le viol de Dina ignorent complètement les problèmes éthiques inhérents à l'enlèvement et au pillage subséquents des femmes et des enfants sichémites. Les critiques, dans ces cas-là, se sont tellement affairés à aligner le viol de Dina avec les manchettes des quotidiens, c'est-à-dire à « assimiler » son viol aux autres viols dont ils ont connaissance, qu'ils refusent de voir à quel point les viols, dans le texte, sont en fait multiples, variés et diversement destructeurs. Il semble que ces lecteurs, si scandalisés soient-ils par la notion de viol, ont été piégés par le code d'honneur du texte, alors que certains événements sont des offenses sexuelles et que d'autres sont de pures mesures de représailles servant à régler des enjeux mâles.

Par conséquent, on voit bien à partir du texte et du travail critique fait sur Gn 34 que la représentation et l'analyse du viol en littérature sont une affaire compliquée. Il faut, pour représenter l'expérience du viol dans un récit de viol, une part substantielle de médiation et de transfert, même quand l'histoire est racontée par la victime elle-même[24]. À plus forte raison, on imagine à quel point on a affaire avec la médiation lorsque quelqu'un d'autre raconte l'histoire, surtout quelqu'un dont le souci principal n'est pas la douleur des corps violés ou la perte de l'image de soi et de la subjectivité, mais la formation de l'identité culturelle. Dans ce cas, selon les mots d'Eve Kosofsky Sedgwick, « le viol et sa signification circulent précisément dans des directions opposées » (1985, p. 10). Par conséquent, l'enjeu n'est pas simplement que le silence au sujet du viol peut être brisé ou que, dans le cas spécifique de Gn 34,

23. Voir en particulier Sternberg, Sarna et Scholtz.

24. On peut discuter pour savoir si le viol est à distinguer de toute autre forme de torture. Si Scarry (1985) a raison d'affirmer qu'il y a une séparation intrinsèque entre douleur et langage, il en résulte que toute tentative de transformer la douleur en mots (texte) implique une certaine part de transfert.

Dina peut, grâce à l'analyse critique, recouvrer une voix, mais il faut aussi reconnaître que, avec sa représentation dans un texte, le viol (s'il en est effectivement question dans le texte) a été repensé comme élément d'un récit culturel plus large à propos de l'identité communautaire[25]. Pour ce qui concerne la Bible, les récits de viols semblent toujours au service d'une œuvre culturelle plus large, qui utilise la déviance et la violence sexuelles pour construire l'identité de la communauté et pour gérer les menaces et traumatismes perçus par la communauté[26].

Tout cela veut-il dire que les récits bibliques de viols ne portent pas vraiment sur le viol et que nous sommes autorisés à les lire simplement comme métaphores de constructions et de processus culturels plus larges ? Non. Dans les cas de Jg 19 et de 2 S 13, deux autres histoires bibliques de viols bien connues, le narrateur présente une description tellement physique de la violence sexuelle, que nous pouvons difficilement imaginer qu'ils sont de pures métaphores pour la fragmentation d'Israël ou la division de la maison royale. Francis Landy commente ainsi ces textes : « La tension entre l'impulsion du récit pour créer des individus et la symbolique dont ils sont les victimes en font des figures qui résistent à la lecture métaphorique » (1993, p. 233). Ou, selon les mots d'Emmanuel Lévinas, « le monde de la Bible n'est pas un monde de figures, mais de visages, tout à fait actuels et en lien avec nous » (1990, p. 140). Par-delà la femme anonyme et sans voix de Jg 19 et par-delà Tamar, la protestataire (2 S 13), le narrateur – quel que soit son schéma narratif plus large – dépeint des visages qui nous par-

25. Pour un ouvrage dans cette même ligne dans le domaine de la littérature américaine, voir Sielke 2002.

26. C'est ce type de reconsidération du viol que présente Alice Keefe (1993) dans sa lecture intertextuelle éclairante de Gn 34, Jg 19 et 2 S 13. Voir aussi le travail plus élaboré de Claudia Camp (2000) sur Gn 34, qui fait intervenir les enjeux de pureté cultuelle et de contrôle sacerdotal et non seulement d'identité ethnique. Frymer-Kensky (2002) discute de la tension entre les personnages individuels et les schémas narratifs plus larges comme phénomène commun du récit biblique : « Les portraits incomplets servent en fait le but des narrateurs, dont le souci est la destinée du peuple d'Israël, et qui choisissent et modèlent leurs histoires à partir de raisons politiques. L'intrigue et le personnage sont entièrement subordonnés à des préoccupations plus larges » (p. 333). Elle poursuit : « Les auteurs bibliques nous parlent d'individus, femmes et hommes, précisément au moment où leurs histoires éclairent la structure sociale, les événements politiques, et les modèles culturels du jour. Pour ces auteurs, leurs personnages... [sont] autant des archétypes que des individus, et les intrigues particulières de leurs histoires sont à la fois propres à leurs vies et paradigmes pour tous les événements du même genre qui pourraient avoir eu lieu dans l'histoire d'Israël » (p. 334).

lent, qui nous appellent à « réfléchir, à nous consulter, et à nous prononcer » (Jg 19,30) au nom des victimes d'abus, à l'intérieur du monde du récit aussi bien que dans le nôtre[27]. Néanmoins, aussi pathétiques et intenses que soient ces visages et ces voix particulières, ils effectuent une œuvre culturelle beaucoup plus large, entrant en lien avec nous comme individus et porteurs d'un sens puissant à l'intérieur de l'histoire plus large d'une communauté.

TROUVER UN ESPACE POUR LE SENS

Dina prend un visage, elle aussi, qui nous interpelle, mais nous ne le voyons que brièvement, et son visage aussi bien que son expérience demeurent impossibles à déchiffrer. Répondre de façon responsable à Dina ne consiste pas seulement à lui donner une voix – comme si, en dépit de nos meilleures intentions féministes, nous pouvions lui donner une voix autre que la nôtre. Cette réponse responsable implique aussi d'honorer son caractère évanescent et d'appréhender le mieux possible les problèmes à l'œuvre dans son monde et dans l'effort même du texte pour donner un sens à Israël et à l'Autre. En effet, Dina a été utilisée, comme personne dans sa propre histoire et comme construction littéraire, en tant que catalyseur d'un traitement narratif des questions plus larges de violence et d'altérité.

L'histoire tente peut-être, comme le soutient Sternberg, d'offrir une vision de justice, d'honneur, de principes et de valorisation de l'endogamie. Mais, de façon tout aussi vraisemblable, l'histoire exprime peut-être les craintes et / ou les fantasmes d'une communauté vulnérable, qui s'efforce

27. Voir Frymer-Kensky : « Le viol de Tamar et l'attaque sanglante de la concubine anonyme continuent de nous interpeller. Ils font partie de l'Écriture, cette littérature que la tradition nous convie à lire et à relire. Le résultat est que le traitement d'une fille sans nom à Gibéa et ses répercussions violentes peuvent révéler le lien entre la violence sexuelle et la guerre d'une manière qui échappe aux millions de crimes en Bosnie et au Rwanda. Parce que l'histoire des Juges demande encore à être relue, elle peut montrer que le viol est la pointe émergente de la violence dans la société, un révélateur des ressentiments entretenus et d'une rage accumulée. Elle peut démontrer que, lorsque l'acte est traité comme une aberration individuelle occasionnelle ou comme une manifestation extrême du désir sexuel, alors la violence et la rage qui ont alimenté l'acte vont continuer de croître et vont résulter en davantage de viols, de meurtres, de bombardements, de révolution et de terreur. » (2002, p. 351).

désespérément de consolider les frontières de son identité[28]. Ou peut-être l'histoire est-elle une autocritique qui attaque et condamne les tendances de la communauté à la violence et à l'exclusion[29]. Quelle que soit sa nature, l'histoire n'est pas simple. Elle ne fournit aucune réponse au lecteur ni une « composition à toute épreuve »[30] sur laquelle nous puissions fonder nos jugements éthiques. Elle crée plutôt pour nous un espace clos, ambigu, où le massacre est monnaie courante, un espace d'honneur mâle blessé, de femmes violées et dépossédées, et d'enfants à l'avenir incertain. Selon toute vraisemblance, aucune procédure exégétique, féministe ou autre, ne pourra remettre en ordre ce terrain narratif. Néanmoins, la lecture féministe insiste pour que nous entrions dans cet espace les yeux ouverts devant ces détails et les oreilles attentives pour entendre des voix qui ont été réduites au silence. Alors seulement nous pouvons nous approcher pour considérer et pour aborder, de façon critique et autocritique à la fois, non seulement le problème du viol et la question de la justice, mais aussi les questions d'autonomie sociale et sexuelle, d'ethnocentrisme, de survie d'un groupe, de constructions culturelles de l'honneur et de la honte, de politiques de représentation, et de toutes les sortes de violence qui cherchent à contrôler, à réduire au silence, et à effacer l'Autre.

28. Il semble qu'on trouve un crescendo de tels craintes et fantasmes dans les versions postbibliques de cette histoire. Voir Collins (1980), Pummer (1982), et le survol pratique de Frymer-Kensky (2002, pp. 341-342).

29. Voir Brett (2000), qui situe le public de la Genèse à la période perse : « Les subtilités du récit ont séduit ceux, parmi les lecteurs, qui souhaitent justifier l'ethnocentrisme, même si cela conduit à des excès de violence. Les éditeurs, d'autre part, ont laissé un certain nombre de pistes qui orientent vers une interprétation alternative, c'est-à-dire qui honorent l'ouverture d'esprit de Dina, de Jacob et de Hamor, et non la quête violente de pureté chez Siméon et Lévi. La perspective dominante qui légitime l'ethnocentrisme a été ébranlée en douceur. »

30. L'expression est de Sternberg (voir 1985, pp. 48-56 et 230-235).

BIBLIOGRAPHIE

AMIT Yairah, 2000, « The Hidden Polemic over Those "Who dwell in Samaria" », *Hidden Polemics in Biblical Narrative*, Trad. Jonathan Chipman, Leiden, Brill, pp. 189-220.

BAILEY Randall C., 1994, « They're Nothing But Incestuous Bastards : The Polemical Use of Sex and Sexuality in Hebrew Canon Narratives », *Reading from This Place : Social Location and Biblical Interpretation*, Fernando Segovia et Mary Ann Tolbert, eds, Philadelphia, Fortress.

BAL Mieke, 1990, « Visual Poetics : Reading with the Other Art », *Theory between the Disciplines: Authority/Vision/Politics*, Martin Kreiswirth and Mark A. Cheetham, eds., Ann Arbor, University of Michigan, pp. 135-150.

BECHTEL Lyn M., 1994, « What if Dinah is not Raped ? (Genesis 34) », *JSOT* 62, pp. 19-36.

2002, Présentation du Comité sur « How and Why We Read : The Case of Genesis 34 », Feminist Hermeneutics of the Bible Section. The Society of Biblical Literature, Toronto, Canada.

BRETT Mark G., 2000, *Genesis : Procreation and the Politics of Identity*, London/New York, Routledge.

CAMP Claudia, 2000, *Wise, Strange and Holy : The Strange Woman and the Making of the Bible*, Sheffield, Sheffield Academic Press.

COLLINS John, 1980, « The Epic of Theodotus and the Hellenism of the Hasmoneans », *HTR* 73, pp. 91-104.

DIAMANT Anita, 1997, *The Red Tent*, New York, Picador USA.

FEWELL Danna Nolan et GUNN David M., 1991, « Tipping the Balance : Sternberg's Reader and the Rape of Dinah ». *JBL* 110, pp. 193-211.

1993, *Gender, Power, and Promise : The Subject of the Bible's First Story*, Nashville, Abingdon.

FRYMER-KENSKY Tikva, 1989, « Law and Philosophy : The Case of Sex in the Bible », *Semeia* 45, pp. 141-149.

2002, *Reading the Women of the Bible: A New Interpretation of their Stories*, New York, Schocken.

GRAETZ Naomi, 1985, « A Daughter in Israel is Raped », *Male and Female S/He Created them: Aggadot on the Bible*, Beersheba, Shichpul Press, Ben Gurion University, pp. 74-78.

1993, « Dinah the Daughter », *A Feminist Companion to Genesis*, Athalya Brenner, ed., Sheffield Academic Press, pp. 306-317.

GUNN David M., 1990, « Reading Right : Reliable and Omniscient Narrator, Omniscient God, and Foolproof Composition in the Hebrew Bible », *The Bible in Three Dimensions*, David J. A. Clines, Stephen E. Fowl, and Stanley E. Porter, eds., *JSOTS* 87, Sheffield Academic Press, pp. 53-64.

GUNN David M. et FEWELL Danna Nolan, 1993, *Narrative in the Hebrew Bible*, Oxford University Press.

KEEFE Alice A., 1993, « Rapes of Women/Wars of Men », *Semeia* 61, pp. 79-98.

KOSOFSKY SEDGWICK Eve, 1985, *Between Men : English Literature and Male Homosocial Desire*, New York, Columbia University.

LANDY Francis, 1993, « On Metaphor, Play and Nonsense », *Semeia* 61, pp. 219-237.

LÉVINAS Emmanuel, 1990, *Difficult Freedom : Essays on Judaism,* Trad. Seán Hand, Baltimore, Johns Hopkins University.

OCHSHORN Judith, 1981, *The Female Experience and the Nature of the Divine*, Bloomington, Indiana University Press.

PUMMER Reinhard, 1982, « Genesis 34 in Jewish Writings of the Hellenistic and Roman Periods », *HTR* 75/2, pp. 177-188.

RAD Gerhard von, 1972, *Genesis: A Commentary*, Philadelphia, Westminster Press.

RASHKOW Ilona N., 1990, *Upon the Dark Places: Anti-Semitism and Sexism in English Renaissance Biblical Translation*, Sheffield, Almond.

SARNA Nahum M., 1989, *The JPS Torah Commentary : Genesis,* Philadelphia, Jewish Publication Society.

SCARRY Elaine, 1985, *The Body in Pain : The Making and Unmaking of the World,* New York, Oxford University.

SCHOLTZ Suzanne, 1998a, « Through Whose Eyes ? A "Right" Reading of Genesis 34 », *Genesis: A Feminist Companion to the Bible (Second Series)*, Athalya Brenner, ed., Sheffield Academic Press, pp. 150-71.

–, 1998b, « Was It Really Rape in Genesis 34 ? Biblical Scholarship as a Reflection of Cultural Assumptions », *Escaping Eden : New Feminist Perspectives on the Bible,* WASHINGTON Harold C., LOCHRIE GRAHAM Susan and THIMMES Pamela, eds., Sheffield Academic Press, pp. 182-198.

SHERES Ita, 1990, *Dinah's Rebellion: A Biblical Parable for our Time*, New York, Crossroad.

SIELKE Sabine, 2002, *Reading Rape : The Rhetoric of Sexual Violence in American Literature and Culture, 1790-1990*, Princeton/Oxford, Princeton University Press.

STERNBERG Meir, 1985, *The Poetics of Biblical Narrative: Ideological Literature and the Drama of Reading*, Bloomington, Indiana University Press, pp. 445-475.

VAWTER Bruce, 1977, *On Genesis: A New Reading,* Garden City, NY, Doubleday.

WESTERMANN Claus, 1985, *Genesis 12 – 36: A Commentary,* trad. angl. John J. Scullion, Minneapolis, Augsburg.

LECTURE CULTURELLE ET ANTHROPOLOGIQUE

Élie et Élisée, guérisseurs et hommes de Dieu

Thomas W. Overholt

LECTURES PSYCHOSOCIALES

La compréhension, par le lecteur, d'une œuvre littéraire quelle qu'elle soit, ancienne ou moderne, ne pourra qu'être rehaussée par son aptitude à la voir à l'intérieur d'un contexte historique et social[1]. C'est particulièrement vrai des histoires d'Élie et d'Élisée dans les livres des Rois, puisqu'il y a tellement de choses en elles qui ne semblent pas correspondre au monde tel que nous l'expérimentons. L'histoire d'Élie et de la Shounamite (2 R 4,8-37), par exemple, suppose un monde dans lequel de saints hommes guérissent l'infertilité en prononçant une parole et ressuscitent les morts par un contact physique qui tient lieu de rite. Comment devons-nous interpréter une histoire comme celle-là, dont les racines plongent dans une culture différente, et qui semble si étrange pour des gens de notre propre culture ?

Il se trouve que les anthropologues font face au même problème d'interprétation lorsqu'ils tentent de savoir de quelle manière des peuples d'autres temps et cultures pensent, éprouvent des sentiments et exercent leur imagination. Bien que les données qui les intriguent proviennent la plupart du temps de cultures contemporaines et de textes plus récents, nous proposons que les ressources de l'anthropologie culturelle peuvent nous aider à mieux comprendre les histoires, étranges en apparence, racontées au sujet d'Élie et d'Élisée.

Ce que nous devons comprendre, c'est le type de milieu intellectuel que ces histoires présupposent et le type d'institutions sociales qui rendent possible qu'une telle vision du monde

1. L'essai qui suit est une version condensée de la première moitié du chapitre 2, « Interpreting Elijah and Elisha », de mon livre *Cultural Anthropology and the Old Testament*. J'invite ceux qui seraient intéressés à une argumentation détaillée et à une discussion plus complète à consulter cet ouvrage.

puisse être convaincante. Lorsque nous faisons appel au concours de l'anthropologie pour interpréter les textes, notre but n'est pas de montrer que les coutumes israélites sont « simplement comme » celles d'autres sociétés, distantes dans le temps et l'espace. Bien plutôt, nous nous tournons vers des exemples ethnographiques et une théorie anthropologique pour qu'ils nous aident à cartographier la situation sociale et religieuse reflétée dans ces textes particuliers.

Il faut prendre garde qu'un tel projet ne vienne atténuer les traits caractéristiques des cultures qui font l'objet de la comparaison. Certes, certaines expériences (entre autres, crises existentielles, maladie, et sentiment occasionnel d'être confronté à des forces à la fois mystérieuses et hors de leur contrôle) sont communes à des êtres humains de toute société, et on peut supposer que chaque culture a trouvé des façons de les appréhender. Si les cultures en question sont caractérisées par une croyance en des puissances surnaturelles qui sont à la fois capables et désireuses d'influer sur les affaires courantes des êtres humains, il est raisonnable de penser que les solutions qu'elles imaginent ont des traits communs. Dans ce cas, il est possible que l'information en provenance de cultures plus proches de nous dans le temps, et à propos desquelles davantage de données concrètes sont disponibles, puisse nous aider à comprendre des aspects énigmatiques du texte ancien.

Élie a-t-il vraiment ressuscité des morts un jeune garçon ? Le but de l'utilisation de l'anthropologie comme auxiliaire de l'interprétation de textes de l'Ancien Testament n'est pas de plaider la précision historique de tels récits. Ce que l'on cherche dans les textes et que l'on tente de comprendre, ce sont des modèles fondamentaux de conduite, comme la consultation d'un prophète en cas de maladie. L'objectif n'est pas d'établir la « réalité » dans un sens positiviste – ceci ou cela est arrivé de fait – mais bien de suggérer une réalité sociale plus large, faisant partie d'un contexte dans lequel les textes furent produits et qui continue de se refléter dans les textes, en dépit de leur histoire littéraire subséquente. La réalité sociale présupposée par ces histoires sera vraisemblablement plus complexe qu'il n'apparaît en surface.

Parmi les choses qui font obstacle à notre compréhension de ces histoires, il faut compter de sérieuses lacunes, énormes parfois, dans notre connaissance de la société qui a produit la Bible hébraïque. Néanmoins, des éclairages venus de l'anthropologie peuvent nous permettre de tirer occasionnellement des conclusions qui, à tout le moins, comblent provisoirement certaines de ces lacunes. Pour ce qui concerne Élie et Élisée, des études anthropologiques expérimentales peuvent suggérer un contexte dans lequel interpréter quelques-uns des traits des histoires qui les concernent, tandis qu'une théorie anthropologique peut nous aider à comprendre la dynamique de la société dans laquelle ils ont œuvré. Faute d'espace, le développement qui suit ne portera que sur le premier de ces thèmes[2].

2. Pour une discussion de la dynamique sociale reflétée dans les récits, voir Overholt (1996, pp. 45-55).

ÉLIE ET ÉLISÉE, HOMMES DE POUVOIR

2 R 4,8-37 ; 1 R 17,8-16

Un jour Élisée passe par Shounem. Là une grande dame le retient à sa table. Et chaque fois qu'il revient il fait désormais le détour par chez elle pour manger. Elle dit à son mari :
« Tu vois l'homme de Dieu qui passe toujours chez nous ? C'est un saint, je le sais. Si nous lui construisions une petite chambre à l'étage pour y installer un lit, une table, une chaise et une lampe ? » [...]
Un jour il vient là et se retire dans la chambre haute pour y coucher.
« Fais venir cette Shounamite », ordonne-t-il à Guéhazi, son serviteur. [...]
« À la même saison l'an prochain, affirme-t-il, tu tiendras dans tes bras un fils. » [...]
La femme conçoit. Elle enfante un fils à cette saison l'année suivante, comme Élisée lui avait prédit. L'enfant grandit. Un jour il va voir son père, qui est avec les moissonneurs.
« Ma tête ! Ma tête ! »
[...] À midi, l'enfant est mort. Elle va le coucher sur le lit de l'homme de Dieu.
[...] À l'intérieur de la maison Élisée voit le garçon mort, couché sur son lit. Il ferme la porte derrière eux et prie Yhwh. Ensuite il monte sur le lit, se couche sur l'enfant, place sa bouche sur sa bouche, ses yeux sur ses yeux, ses mains sur ses mains et s'étend sur lui. Le corps de l'enfant se réchauffe. Élisée recommence, il fait des allées et venues dans la maison, puis il remonte et s'étend sur l'enfant : celui-ci éternue sept fois et ouvre les yeux. (2 R 4,8-37.)

Une parole de Yhwh vient à lui :
« Lève-toi, va à Sarepta, qui appartient à Sidon. C'est là que tu habiteras. Pour la nourriture, j'ai ordonné à une veuve de s'en charger. »
[...] Or après cela, le fils de la veuve qui possède la maison tombe malade. Le mal s'aggrave. L'enfant rend le souffle. Alors la femme dit à Élie :

> *« Qu'avons-nous en commun, homme de Dieu ? Tu es rentré chez moi pour me rappeler ma faute et faire mourir mon fils ?*
> *–Donne-moi ton fils », répond-il.*
> *L'ayant pris des bras de la femme, il le monte dans la chambre haute où il habite, le couche sur son lit, puis il appelle Yhwh :*
> *« Yhwh, mon Dieu, veux-tu aussi du mal à la veuve chez qui j'habite pour faire ainsi mourir son fils ? »*
> *Il s'allonge trois fois sur l'enfant en appelant Yhwh :*
> *« Yhwh, mon Dieu, que revienne, je t'en prie, le souffle de cet enfant à l'intérieur de lui. »*
> *Yhwh écoute la voix d'Élie : le souffle revient à l'enfant, il vit. Élie le prend, le fait descendre de la chambre haute dans la maison et le rend à sa mère.*
> *« Vois, dit Élie. Ton fils est vivant.*
> *–Maintenant, dit la femme, je sais que tu es un homme de Dieu et que la parole de Yhwh dans ta bouche est vérité. »* (1 R 17,8-16.)

L'histoire au sujet d'Élisée et de la Shounamite (2 R 4,8-37) a son parallèle en 1 R 17,8-16, qui raconte comment Élie a ressuscité le fils d'une veuve. Les deux histoires font partie d'un groupe de récits sur des prophètes, principalement Élie et Élisée, qui ont été incorporés par l'historien deutéronomiste dans la narration de l'histoire des rois israélites depuis Omri jusqu'à Yéhou (qu'on trouve en 1 R 16,21–2 R 10,36). Ces récits commencent abruptement en 1 R 17,1 et coulent presque sans interruption jusqu'à 2 R 8,15. Trois histoires détachées du reste, l'onction de Yéhou (2 R 9,1-13), et des événements relatifs à la mort d'Élisée (13,14-19.20-21), viennent conclure le cycle. Un des traits frappants de ces histoires est qu'elles renferment presque tous les récits de « miracles » de la Bible hébraïque.

La nature composite de ce cycle narratif est largement reconnue, mais l'étude historicocritique conventionnelle n'a pas abouti à un consensus concernant l'histoire de cette collection. Si l'on met de côté ces questions et si on lit l'ensemble des histoires d'Élie et d'Élisée d'un point de vue éclairé par l'anthropologie, on constate qu'elles sont dominées par des

LECTURES PSYCHOSOCIALES

récits d'alimentation et de guérison – la résurrection étant, après tout, la guérison ultime. Lorsque le cycle commence, Élie, en fuite loin d'Achab, est nourri par les corbeaux (17,2-7) et ensuite par une veuve, à qui il procure plus tard de la nourriture grâce à une multiplication miraculeuse de sa maigre provision de farine et d'huile (17,8-16). Après l'épreuve du Carmel, il s'enfuit à l'Horev, où il est de nouveau nourri, cette fois par un « messager de Yhwh » (19,5-7). Pour sa part, Élisée procure de l'eau aux habitants de Jéricho (2 R 2,19-22) et aux armées des trois rois (3,9-20), pour ensuite nourrir une veuve (4,1-7), un groupe de prophètes (4,38-41), et un groupe de cent personnes (4,42-44).

Pour ce qui est des guérisons, peu après le début du cycle, nous rencontrons l'histoire de la résurrection, par Élie, du fils de la veuve (17,17-24). Élisée accomplit un exploit semblable, et guérit à son tour l'officier syrien, Naaman, de sa lèpre. De plus, vers la fin de la collection, on trouve une histoire qui rappelle explicitement la résurrection, par Élisée, du fils de la Shounamite (8,1-6), et, comme si ce n'était pas suffisant, le tout dernier épisode raconte une autre résurrection, cette fois par le simple contact d'un cadavre avec les ossements du défunt Élisée (13,20-21) ! Décidément, ces prophètes sont dépeints comme des personnages puissants !

NOURRITURE ET FOLKLORE

Les récits d'alimentation présentent des traits folkloriques. Ces histoires au sujet d'Élie dans l'oued de Kerith (1 R 17,2-7) et à l'Horev (1 R 19,3-18), comme celles à propos de Hagar en Gn 16,1-14 et 21,14-19, présentent une structure d'« épisodes d'épiphanie traditionnels ». Elles commencent avec l'émission d'un ordre (Élie est en danger et Yhwh l'envoie se cacher dans l'oued de Kerith [17,2-5] ; Élie, en fuite et découragé, supplie Yhwh de lui retirer la vie [19,5b.7]), se poursuivent avec une apparition salvifique (les corbeaux, 17,6a ; un « messager de Yhwh », 19,5b.7), et culminent dans l'attribution d'un secours (les corbeaux apportent de la nourriture, 17,6ab ; le « messager » apporte du pain et de l'eau, 19,6.8a).

Trois autres récits – la multiplication par Élie de la farine et de l'huile de la veuve, puis, de la part d'Élisée, la multiplication de l'huile de la veuve et l'alimentation de cent personnes à partir de vingt pains et d'un peu de céréales – sont des exemples d'un motif folklorique largement attesté, « l'approvisionnement inépuisable en nourriture ». Dans les histoires amérindiennes, ce motif apparaît comme un épisode au sein d'un récit plus long. Habituellement, un voyageur vient à la tombée du jour dans une hutte où une vieille dame le nourrit à partir d'une toute petite bouilloire dans laquelle elle fait bouillir, par exemple, un seul grain de riz. Tout au long des préparatifs, le voyageur doute que sa faim sera satisfaite, puis mange du produit de la bouilloire jusqu'à ce qu'il soit rassasié, sans pouvoir toutefois consommer tout son contenu. Certains de ces récits comprennent à la fois un épisode d'« approvisionnement inépuisable en nourriture » et un épisode de résurrection[3].

La nature miraculeuse des événements de ces histoires suffit pour mettre en garde l'interprète. Qu'apprenons-nous de telles histoires ? Susan Niditch émet l'avertissement suivant : lorsque nous avons affaire à des histoires qui correspondent à des types folkloriques, « nous devrions être extrêmement prudents quant à l'induction d'un fait historique à partir de l'histoire racontée » (1987, pp. 2-3). De façon alternative, on pourrait considérer de tels récits comme « exprimant en langage symbolique ce que l'on croit être vrai au sujet de Dieu » (Rogerson 1978, pp. 84).

Si nous ne sommes pas à la recherche d'un contenu historique, la présence de ces histoires construites sur un modèle qui inclut des histoires de résurrection, suggère à vrai dire d'autres questions : Quel est l'horizon conceptuel de telles histoires ? Dans quelles circonstances sociales ou culturelles les idées qu'elles renferment pourraient-elles être crédibles ? L'étrangeté même de ces histoires devrait nous alerter à la présence d'un monde social/intellectuel quelque peu différent de celui

3. Par exemple, l'histoire ojibwa appelée « Vêtu-en-costume-de-dinde » (Jones, 1919, pp. 195-207) et l'histoire de Zuni, « Upo'yona marie la fille du prêtre du village » (Benedict, 1935, vol. 2, pp. 153-158).

que nous avons l'habitude d'envisager. Les récits de guérison/résurrection nous offrent un aperçu sur ce monde.

Je mentionne en passant seulement que la résurrection est un thème très courant dans le folklore mondial. Les histoires d'« Orphée », dans lesquelles un être humain vivant est à la poursuite de l'âme d'un être aimé jusque dans le monde des morts et essaie de la ramener au lieu des vivants, sont un exemple parmi d'autres. Åke Hultkrantz a émis l'opinion que ces récits, largement attestés chez les autochtones d'Amérique du Nord et ailleurs, et « étonnamment semblables partout », « reflètent, au fond, une séance chamanique dont le but aurait été de ramener à la vie une personne malade, inconsciente et perçue comme "morte" » (1957, pp. 34, 240).

GUÉRISON ET RÉSURRECTION

La Bible hébraïque a relativement peu à dire au sujet des causes et de la guérison de la maladie. Yhwh, dit-on parfois, inflige la maladie à des individus (Nb 12,13) ou guérit les maladies d'une personne (2 R 20,5.8; Gn 20,17; Ps 103,3; 30,2; 41,4; 107,20). La plupart du temps, toutefois, le langage médical relié à son activité est métaphorique, et se réfère à la maladie et à la guérison de la nation (par exemple: Ex 15,26; Os 5,13; 7,1; 11,3; Lm 2,13; Is 57,18-19; Jr 3,22; 30,17). Les références aux médecins sont rares (Jr 8,22; 2 Ch 16,12), et on ne trouve aucune information sur leurs méthodes. Les prêtres étaient impliqués dans le diagnostic de la « lèpre » et déclaraient, sur la base d'un examen, qu'une personne était pure ou impure (Lv 13). Ils pratiquaient aussi des rites pour effectuer la réincorporation d'un lépreux rituellement pur à l'intérieur de la communauté (Lv 14), mais les prêtres semblent n'avoir eu aucune fonction curative.

Les descriptions les plus explicites de guérisons se trouvent dans des récits sur les prophètes. 2 R 20,1-11 ne fait pas mention de la cause de la maladie d'Ézéchias, mais nous dit qu'il a prié Yhwh, lequel a décidé de le guérir. Isaïe a relayé l'information au roi, puis effectué une action thérapeutique, en faisant bouillir une grappe de figues pour que le roi puisse se rétablir. L'histoire au sujet de Naaman le lépreux va plus loin, et suppose que « le prophète » est reconnu comme guériseur (2 R 5,3), en plus de représenter Élisée comme quelqu'un qui accueille cette opportunité d'opérer une guérison pour que Naaman sache « qu'il y a un prophète en Israël » (v. 8). Contrairement à l'attente de Naaman, pour qui le processus devait impliquer une rencontre face à face avec le guérisseur, qui invoquerait son Dieu et agiterait la main au-dessus de la partie infectée (v. 11), Élisée lui enjoint, par l'intermédiaire d'un messager, de se laver sept fois dans le Jourdain (v. 10). Plus loin dans le même récit, nous apprenons que le prophète peut causer la maladie aussi bien que la guérison (vv. 26-27). Ces deux histoires relient les prophètes à la guérison et les représentent comme ayant recours à des actions thérapeutiques spécifiques.

Les récits de résurrection nous donnent des détails supplémentaires au sujet de la guérison, qui présentent une caractérisation distincte de l'activité d'Élie et d'Élisée. En premier lieu, ils se concentrent sur l'engagement intime de l'« homme de Dieu » dans la vie quotidienne des individus. Un citoyen offre le gîte à un saint homme errant (1 R 17,19 ; 2 R 4,8-10), lequel offre en retour des faveurs particulières à son hôte (2 R 4,11-14 ; voir 1 R 17,10-16). Dans le cas d'Élisée, il promet une grossesse et la naissance d'un enfant (2 R 4,15-17). La Shounamite consulte Élisée au moment d'une crise familiale, bien que, étrangement, elle fasse tout au plus allusion à sa motivation et ne révèle pas le but particulier de sa visite (2 R 4,25-30). Dans les deux cas, les hôtes profèrent une accusation personnelle contre le saint homme (1 R 17,18 ; 2 R 4,28).

En outre, ces histoires (par exemple 2 R 5,3) représentent Élie et Élisée comme guérisseurs. Dans chaque cas, le saint homme lui-même utilise un mode d'opération thérapeutique, dont le processus comprend une invocation à Dieu, et il effectue une guérison (1 R 17,21-22 ; 2 R 4,33-35). La guérison est présentée comme une résurrection (1 R 17,23 ; 2 R 4,35). Élisée utilise même un procédé de procuration, avec son serviteur et son bâton (2 R 4,29.31). Au cours de leur activité de guérison, les deux hommes adressent leurs propres accusations à Yhwh (1 R 17,20 ; 2 R 4,27). Après la guérison, les gens demeurent stupéfaits devant leur pouvoir. Dans l'histoire d'Élie, on trouve une confession de foi explicite (1 R 17,24) ; dans l'autre histoire, la réaction de la femme est de tomber aux pieds d'Élisée : elle « se prosterne contre terre » (2 R 4,37). Enfin, nous pouvons noter qu'Élisée semble avoir été impliqué dans des rituels communautaires réguliers (2 R 4,23 : « néoménie », « shabbath »).

Le langage des récits d'Élie et d'Élisée reflète fortement trois présupposés qui sont compatibles avec l'idéologie deutéronomiste tellement dominante dans les livres historiques de la Bible hébraïque. Premièrement, Yhwh est maître de la nature et de l'histoire (il envoie la pluie : 1 R 18,21, et la famine : 2 R 8,1 ; il choisit les rois : 2 R 9,3). Deuxièmement, quand un désastre sévit, on l'interprète comme châtiment d'une conduite humaine fautive (sécheresse : 1 R 18,17-18 ; maladie : 2 R 1,3-4). Troisièmement, les prophètes sont les porte-parole de Yhwh, qui interpellent les rois et annoncent ses desseins (1 R 18,1 ; 19,15-18 ; 2 R 1,16 ; 3,16-19 ; 7,1). Le langage de cette série de présupposés pourra, à certains égards, nous paraître « naturel », en tant qu'il reflète ce que nous en sommes venus à considérer comme des éléments importants du yahwisme préexilique.

Par ailleurs, la caractérisation d'Élie et d'Élisée dans les histoires de résurrection se trouve en tension avec l'idéologie deutéronomiste sur quatre points importants. Bien plus, ces tensions proviennent du fait que ces histoires contiennent implicitement une autre idéologie, complètement différente et associée à la vision du monde du chamanisme.

Le chamanisme est un modèle de croyances et d'activités très répandu et très ancien. Ce n'est pas une religion distincte, mais un « segment semi-indépendant d'une religion ethnique » (Hultkrantz, 1978, p. 29). Le système de croyances ou l'idéologie qui sous-tend le chamanisme comporte plusieurs éléments importants. Un de ces éléments est la croyance en un monde surnaturel et les moyens de communiquer avec lui. Parmi les autres éléments, mentionnons que les chamans sont des intermédiaires entre des membres de leurs sociétés et les êtres surnaturels, qu'ils reçoivent leur inspiration de leurs « esprits protecteurs ou auxiliaires » et qu'ils ont des

« expériences extatiques ». Dans leur rôle d'intermédiaires, les chamans ont une variété de fonctions – guérison, divination, charme d'animaux sauvages, et autres choses semblables – mais il ne sont pas, en général, chargés du culte (pp. 30-48).

La première tension, et la plus évidente, entre ces histoires et l'idéologie deutéronomiste surgit du besoin de justifier l'idée même de la résurrection comme possibilité réelle. Ce sont là, pour la Bible hébraïque, les seules histoires de morts ramenés à la vie. Alors qu'on n'y trouve aucune réticence à attribuer à Yhwh des actes de puissance dans le monde de l'expérience humaine, la résurrection n'était pas, selon toute apparence, considérée comme faisant partie de son répertoire. Par conséquent, les récits nous laissent dans le noir à propos de ce qu'Élie et Élisée pensaient qu'ils accomplissaient dans le rituel lui-même. Apparemment, ils nourrissaient quelque espoir de raviver leurs patients, mais comment comprenaient-ils, eux et ceux qui avaient fait appel à eux, ce qu'ils espéraient voir arriver ?

Pour aborder ce problème, commençons par observer que, bien que les deux histoires dans les Livres des Rois diffèrent en longueur et sur certains détails, elles présentent des similitudes remarquables quant à la structure et au contenu. Les récits font voir un modèle défini, comprenant les éléments suivants :

1. introduction (1 R 17,8-16 ; ce récit rapportant les circonstances de la venue du prophète à Sarepta pour habiter dans la maison d'une veuve fournit l'introduction à l'histoire d'Élisée : 2 R 4,8-17) ;
2. mention de la maladie (1 R 17,17 ; 2 R 4,20) ;
3. demande d'aide au prophète (1 R 17,18-19a ; 2 R 4,21-28) ;
4. application par le prophète d'un rituel de guérison (1 R 17,19-21 ; 2 R 4,29-35) ;
5. mention de la réussite du rituel (1 R 17,22-23 ; 2 R 4,36) ;
6. réaction à la guérison (1 R 17,24 ; 2 R 4,37).

De plus, les rituels de guérison eux-mêmes sont identiques quant à la structure : le patient était étendu sur un lit dans la chambre du prophète (1 R 17,19 ; 2 R 4,21) ; une fois seul avec le cadavre, le prophète a crié (prié) vers Yhwh (1 R 17,20 ; 2 R 4,33), il est ensuite monté sur le lit et s'est lui-même étendu sur le corps (trois fois pour Élie, deux pour Élisée : 1 R 17,21 ; 2 R 4,34-35).

Fait remarquable, ce modèle d'activité rituelle présente des parallèles étroits avec des comptes rendus ethnographiques de guérison chamanique parmi les populations tribales. Dans un de ces comptes rendus, un chaman ojibwa du Nord est convoqué pour guérir une fille malade, mais celle-ci meurt peu après son arrivée. Aussitôt le chaman « attache un morceau de fil rouge autour du poignet de la fille, étend son corps et se couche à ses côtés. Il demeure étendu, immobile, puis, après un instant, commence à peine à se mouvoir. La fille commence aussi à se mouvoir quelque peu... [il] bouge un peu plus. La fille en fait autant. Finalement... [il] il se lève et se met en position assise et, en même temps, la fille » fait de même (Hallowell, 1967, pp. 154-155).

Dans ce dernier cas, nous avons une explication indigène de la dynamique de résurrection. Du point de vue des Ojibwas, le médecin a suivi l'âme de la fille jusqu'au pays des morts, l'a saisie, et l'a ramenée avant que son séjour là-bas ne devienne permanent. Le fil rouge attaché autour du poignet de la patiente devait lui permettre d'identifier plus facilement l'âme recherchée. A.I. Hallowell nous assure que, selon « la théorie de la nature des choses » des Ojibwas du Nord, de telles prouesses sont possibles, bien que seuls les médecins les plus puissants puissent les accomplir (1967, p. 154).

Un autre parallèle des récits d'Élie et d'Élisée provient de la Sibérie du Sud-Est. Dans ce cas précis, le patient était un jeune garçon et, bien qu'il ne fût pas mort, le rituel de guérison ressemble au modèle que j'ai évoqué. Pour l'occasion, le chaman s'est assis sur le côté du lit en « exécutant un chant plaintif et monotone », qui mettait d'abord en évidence à quel point le jeune garçon lui-même et sa famille étaient pauvres et sans défense, pour ensuite exalter le pouvoir de son esprit protecteur (« Tous les esprits tremblent devant mon maître... Sûrement, il va nous aider »). Accompagné de tambours, il dansa autour du feu, se tint ensuite près du lit du garçon et chanta une invocation, dans laquelle il se disait confiant de voir l'esprit venir en aide à « ces pauvres gens ». De nouveau, il dansa autour du feu, pour bondir ensuite devant la porte d'entrée, où il chanta une invocation à son esprit protecteur. Soudain, le chaman frémit, arrêta de chanter, et avec un changement de voix qui annonçait la venue de l'esprit, cria : « Je suis là ; je suis venu pour aider ces pauvres gens. Je vais examiner l'enfant. » « Dans un état extatique », il s'approcha du lit du garçon et « se blottit sur lui », jusqu'à ce que leurs visages se touchent presque. Il courut ensuite autour de la chambre, battant son tambour et criant : « Je vole... Je vais t'attraper. » De temps en temps, il parlait avec des voix différentes, vraisemblablement pour représenter un dialogue entre les esprits, et il s'écria finalement : « Je le tiens ; je le tiens ! », en refermant ses mains « comme s'il y tenait quelque chose ». À ce stade, les parents se ruèrent vers le lit et les recouvrirent tous deux avec la couverture. « Quelques minutes après », le chaman se dressa et recommença à danser et à chanter. Quant il fut complètement exténué, les parents le posèrent sur un lit en face de celui du garçon, et il s'endormit.

Parlant plus tard avec le chercheur Ivan Lopatin, le chaman « expliqua que le garçon était malade parce que son âme avait été dérobée par un esprit ». La course et les sauts autour de la chambre représentaient l'échappée « au royaume de l'esprit », où il trouva l'esprit fautif, reprit possession de l'âme du garçon et la ramena « sous la forme d'un moineau ». Lopatin reconnut ne pas avoir vu ce moineau, mais son interprète et les parents du garçon lui « assurèrent » qu'ils l'avaient vu « tout à fait distinctement ». Le chaman ajouta « que, alors qu'il était étendu à côté du garçon, il avait restitué l'âme au corps » (Lopatin 1946-1949). Ce ne sont pas là des exemples isolés, soit de l'idée que les morts peuvent être ramenés à la vie, soit de la forme particulière que peut prendre l'acte thérapeutique, soit encore de la compréhension selon laquelle la cause de la maladie était la perte de l'âme.

Alors que le récit au sujet d'Élisée n'explique pas clairement le retour du garçon à la vie, et se contente de dire que son corps s'est réchauffé, qu'il a éternué puis ouvert les yeux (2 R 4,34-35), l'histoire d'Élie relie la résurrection au retour de la *nephesh* (« âme » ou « souffle ») : le prophète invoqua Yhwh pour qu'il laisse la *nephesh* du garçon retourner « au plus intime de lui-même » ; Yhwh entendit, la *nephesh* revint, et le garçon reprit vie (1 R 17,21-22). La similitude des activités physiques, de même que les explications indigènes de la réanimation et de la guérison que nous venons tout juste d'examiner, suggèrent que les récits d'Élie (et par déduction d'Élisée) aient pu présupposer une théorie de la perte de l'âme pour la maladie et la mort.

L'idée semble aller à l'encontre d'un consensus chez les spécialistes de la Bible voulant que la conception de la *nephesh* dans l'Ancien Testament soit, de façon très marquée, différente de la conception dualiste qu'on rencontre dans la philosophie grecque et le gnosticisme. Mais les choses ne paraissent pas si simples. Le mot *nephesh* a plusieurs connotations, soit physiques (gosier, cou, respiration, corps, sang), soit émotives (faim, soif, douleur, désir, consentement), ou encore des connotations associées à la « vie » dans l'abstrait et même celle « cadavre » (Nb 19,11-13). Il est particulièrement important de noter que la *nephesh* peut être distinguée de la « chair » (*basar* : Dt 12,23 ; Is 10,18) et qu'elle quitte la personne qui meurt (Gn 35,18 ; on trouve la même idée, mais cette fois avec le mot *ruah*, « esprit », qui apparaît en Ps 104,29 ; 146,4 ; Jb 34,14-15 ; Qo 12,7). On dit de la *nephesh* qu'elle s'écoule lorsque quelqu'un est malade (Jb 30,16) ou meurt de faim (Lm 2,12). Le recouvrement d'une maladie peut être décrit comme Yhwh qui fait remonter la *nephesh* du Shéol (le monde souterrain ; Ps 30,2-3).

De plus, la Bible hébraïque contient une preuve très nette du fait qu'il y eut des Israélites qui croyaient que quelque chose d'un individu pouvait survivre à la mort d'un corps physique. On trouve, par exemple, des références à des offrandes tombales (Dt 26,14 ; Si 30,18), et à des devins qui se servaient de « fantômes » et d'« esprits familiers » (Lv 19,31 ; 20,6.27 ; Dt 18,11 ; Is 8,19 ; 19,3). La consultation de Saül à Ein-Dor auprès d'« une femme *maîtresse* d'un esprit » (*'eshet ba'alat 'ôv* : 1 S 28,7 – BNT : « une femme qui consulte les morts ») est particulièrement frappante, puisque celle-ci s'est adonnée à la divination par l'entremise du « spectre » d'une figure historique, Samuel. Certains pensaient que les esprits séparés des corps (*repha'îm*, « ombres ») résidaient au Shéol (Jb 26,5 ; Is 14,9-10 ; voir Ez 32,21).

Alors que les chercheurs ont été attentifs à la différence apparente entre les conceptions hébraïque et hellénistique du corps et de l'âme, ils n'ont en général pas réussi à être suffisamment attentifs à l'arrière-plan folklorique de la culture israélite ancienne. L'exemple évoqué suggère qu'au moins quelques personnes dans la société où les récits d'Élie et d'Élisée ont été produits auraient été disposées à croire que la maladie et la mort étaient le résultat de la perte de l'âme et que la guérison de ces conditions impliquait la récupération de l'âme errante et sa réinsertion dans le corps.

La deuxième et la troisième tension entre ces histoires et l'idéologie deutéronomiste forment une paire qu'on peut traiter conjointement : d'un côté, les gens tiennent les prophètes pour responsables de la mort des garçons ; de l'autre, les prophètes renvoient le blâme à Yhwh. Ainsi, la mère s'en prend à Élie en l'accusant d'avoir causé la mort de son fils (1 R 17,18), tandis qu'Élisée est accusé de « tromperie » (2 R 4,28 ; voir v. 16). Il y a d'autres textes, bien sûr, où les prophètes sont traités d'adversaires, mais dans ce cas la dispute réside dans des sphères politiques (Jr 26,7-11) ou théologico-politiques (Jr 28,1-11 ; 29,4-8). Les accusations par les mères sont, en revanche, de nature très personnelle. En réaction, la question rhétorique d'Élie a l'effet d'une accusation explicite envers Yhwh d'avoir tué le garçon (1 R 17,20), et le commentaire d'Élisée à Guéhazi (« elle est dans une détresse amère ; Yhwh me l'a dissimulé, il ne m'a rien dit » – 2 R 4,27) renvoie à un sentiment semblable. À tout le moins, Élisée accuse Yhwh de le priver d'une information vitale.

Parmi les caractéristiques relativement diverses et fluides du phénomène religieux connu sous le nom de chamanisme, on trouve le pouvoir présumé des chamans « de contrôler les esprits, habituellement en les incarnant », et d'« entrer dans une envolée mystique et autres "expériences extra-corporelles" »

(Lewis 1986, p. 88). Les chamans étaient reconnus comme des individus puissants, dont le rôle était de maintenir le bien-être de la communauté locale. La façon de concevoir la défense par le chaman de la communauté diffère, bien sûr, d'un groupe à l'autre. Chez les Evenks de Sibérie, la tâche du chaman consiste à poster les esprits protecteurs autour du périmètre du territoire clanique pour tenir à l'écart les esprits hostiles qui pourraient entrer et créer la confusion, aussi bien qu'à guérir ceux qui seraient tombés victimes d'une attaque de leur part (voir Overholt 1986, pp. 158-165). Quand le désastre sévit, des gens peuvent blâmer le chaman, qui, à son tour, peut accuser son esprit domestique. Chez les Korekores du Zimbabwe, la littérature fait référence à des saints hommes que la tradition qualifie de médiums des esprits, invoquent les esprits protecteurs de leur entourage respectif pour qu'ils « apportent la pluie et fassent pousser les récoltes » (Garbett, 1969, p. 120). On peut très bien voir ici un parallèle à l'implication d'Élisée dans les célébrations de la nouvelle lune et du sabbat, auxquelles fait référence le mari de la Shounamite (2 R 4,23), surtout si elles étaient destinées à la fertilité de la terre. De plus, les médiums des esprits korekores aident à maintenir la stabilité politique en réglant des querelles au sujet de la succession du chef (1966, pp. 152-155). Ce qui fait penser à l'implication d'Élie et d'Élisée dans la détermination de la succession au trône israélite (voir 1 R 19,16 ; 2 R 9,1-13).

On notera que les récits de résurrection représentent Élie et Élisée comme des figures familières, reconnues pour leur capacité de produire des actes de puissance. Dans le cas d'Élie, les circonstances limitent l'étendue de cette reconnaissance. Alors qu'il fuit le roi israélite et se cache dans un territoire contrôlé par Sidon, sa renommée est toutefois bien ancrée dans l'esprit de la femme chez qui il avait trouvé refuge, parce qu'il avait multiplié sa maigre provision d'huile et de farine (1 R 17,8-16). Dans le cas d'Élisée, le récit suggère qu'il faisait des tournées régulières et remplissait des fonctions spécifiques au nom du peuple (2 R 4,8-10.23). Bien que ces histoires ne revendiquent pas spécifiquement pour Élie et Élisée un contrôle de la divinité qui effectuait les résurrections (l'acceptation de l'idéologie deutéronomiste des récits rend une telle idée impensable), la « maîtrise » par le devin d'Ein-Dor du spectre de Samuel suggère qu'il y ait pu se trouver des gens pour qui il existait une explication « naturelle » d'un tel pouvoir. Et si leurs disciples croyaient que ces prophètes avaient de tels pouvoirs, il devenait normal de faire porter le blâme de l'infortune sur leur manque de diligence, leur duplicité, ou quelque chose du genre.

Il n'est pas inhabituel pour les membres d'un groupe d'avoir une attitude ambivalente à l'endroit de leur chaman. La crainte des chamans, par exemple, faisait partie de la culture indienne Washo, et jadis les chamans soupçonnés d'avoir utilisé la sorcellerie pour tuer quelqu'un pouvaient être tués à leur tour (Siskin, 1983, pp. 144-146). Les chamans sont des figures ambiguës, puisqu'ils peuvent contribuer aussi bien au bénéfice qu'à l'infortune des autres. Élisée s'est révélé en quelque sorte un sorcier dangereux en envoyant la maladie sur son serviteur Guéhazi (2 R 5,26-27). Et que dire de la brève et bizarre histoire à propos du fait qu'il aurait causé la mort de quarante-deux « petits garçons » (2 R 2,23-25) ? C'est possible que 2 R 1,2-8 reflète une crainte semblable d'Élie chez Achazyah. Ce qui pourrait aussi aider à expliquer la suggestion de la veuve qu'Élie était responsable de la mort de son fils (1 R 17–18) et l'animosité de la Shounamite dans sa recherche pour obtenir l'aide d'Élisée (2 R 4,28.30).

Ainsi la vision chamanique du monde fournit-elle un contexte dont les termes permettent de comprendre les accusations dirigées contre Élie et Élisée, aussi bien que les plaintes de ces deux « hommes de Dieu » dirigées contre Yhwh. À vrai dire, les tensions entre ces récits et l'idéologie deutéronomiste sont grandes. La vision chamanique du monde présuppose l'existence de nombreux esprits puissants, qui peuvent éventuellement être contraints au service par des êtres humains puissants. Une telle vision est ensevelie sous l'idéologie des récits de résurrection en Rois. Mais il est bon de se rappeler que dans les récits de 1 R 17,2–2 R 13, Yhwh n'est pas le seul esprit habitant dans son propre ciel (1 R 22,19-23), et que sa suprématie n'est pas assurée, mais demeure objet de dispute (1 R 18,21; 2 R 1,2-4).

Le quatrième point de tension est implicite dans les trois premiers. Les récits de résurrection présupposent que les prophètes sont en mesure d'aider dans les cas de maladie grave (voir aussi 2 R 5,3), et qu'on peut les appeler à l'aide pour des problèmes essentiellement personnels plutôt que pour ceux de la nation. Il en est ainsi pour les chamans, qui sont principalement des guérisseurs, médecins et protecteurs des groupes du lieu où ils résident. Ce sont les professionnels vers qui on se tourne lorsque quelqu'un est malade.

La guérison est partout l'occupation principale du chaman, ou une des principales. Les études anthropologiques des peuples traditionnels partout dans le monde regorgent d'exemples de cérémonies comme celles mentionnées plus haut, et qui ont comme objet la guérison d'un individu et souvent, du même coup, la protection et le bien-être de la communauté élargie. Ces récits présentent un monde conceptuel avec lequel, de façon générale, les récits d'Élie et d'Élisée sont familiers. Il y a donc un sous-texte dans les récits d'Élie et d'Élisée qui révèle une compréhension des relations entre les humains et la divinité qui diverge des représentations plus familières de Yhwh et de son peuple. La présence de ce sous-texte se trahit par les quatre points sur lesquels les récits de résurrection par Élie et Élisée se trouvent en tension avec la reconstruction de la réalité par l'histoire deutéronomiste. Ces tensions suggèrent qu'il y a, à l'état implicite, dans ces histoires, un code – une série de règles au sujet des modes d'action des prophètes israélites, du moins pour certaines circonstances – associé à la vision chamanique du monde. Si nous ne reconnaissons pas cet aspect de l'état d'esprit de l'auteur (ou des auteurs), une dimension importante de la signification du texte va nous échapper, de même que des indices de l'expérience de vie qui l'a fait naître.

Cette interprétation des histoires de résurrection pose une question historique, puisqu'elle suggère que les récits d'Élie et d'Élisée, tels que nous les avons, reflètent simultanément deux idéologies quelque peu différentes. Dans l'ensemble, la vision chamanique du monde est plus ancienne de quelques millénaires que la vision yahwiste. Toutefois, puisque le développement des sociétés n'est pas caractérisé par une évolution nette des formes anciennes (et plus « primitives ») vers des formes plus récentes, nous pouvons accepter la suggestion des récits voulant que les deux visions aient été opérantes en Israël au temps d'Achab. Ainsi le modèle chamanique discernable dans les récits d'Élie et d'Élisée n'est-il pas le reliquat d'un chamanisme sibérien « pur » et exotique, dans ses derniers soubresauts en Israël et sur le point de disparaître à la faveur du triomphe croissant d'une forme religieuse supérieure, le monothéisme. Il est plutôt un modèle fortement influencé par le yahwisme, dont il fait intégralement partie[4].

« MIRACLES » ET CROYANCE

Plusieurs épisodes dans les récits d'Élie et d'Élisée se réfèrent à des événements inhabituels, à des actes de puissance qui, parce qu'ils s'écartent de ce qu'on attend des capacités humaines, pourraient être désignés comme étant des « miracles ». C'est ainsi que, en plus de causer (2 R 5,26-27) et de guérir (les résurrections) la maladie, ces « hommes de Dieu » multiplient les maigres provisions de nourriture (1 R 17,3-6 ; 2 R 4,1-7.42-44), font descendre le feu du ciel (1 R 18,36-38 ; 2 R 1,9-12), séparent les eaux du Jourdain (2 R 2,8.14), purifient la nourriture empoisonnée (2 R 2,21 ; 4,40-41), commandent aux animaux (2 R 2,24), font flotter le fer (2 R 6,6), et, dans un premier temps, affligent puis guérissent de la cécité une armée entière (2 R 6,15-20). Dans ce dernier trait, on trouve un autre lien possible avec le monde conceptuel du chamanisme.

Il n'est pas nécessaire de présupposer un noyau historique derrière chacun de ces récits. De telles histoires peuvent toutefois révéler quelque chose des motifs des gens qui les ont racontées, et il est possible de présenter des conclusions générales à propos de la fonction sociale des miracles dans le contexte du chamanisme : ils servent à légitimer et à rehausser

4. Pour une vue plus nuancée sur la nature des « vestiges », voir Lewis 1986, pp. 94-107.

l'autorité des personnes dont il est question. L'histoire de l'épreuve d'Élie avec les prophètes de Baal sur le mont Carmel illustre cela de façon explicite. Après avoir préparé son offrande, Élie pria : « Yhwh [...] que l'on reconnaisse aujourd'hui que tu es, toi, Dieu en Israël, et que je suis, moi, ton serviteur et que c'est par ta parole que j'ai fait tout cela » (1 R 18,36). Quand le feu descendit du ciel et consuma l'offrande, « voyant cela, tout le peuple tomba face contre terre et dit : " Yhwh est le Dieu ! Yhwh est le Dieu ! " » (1 R 18,39.) La même motivation semble se trouver derrière le message d'Élisée au roi d'Israël, alors que celui-ci était désemparé de voir Naaman venir chercher auprès de lui la guérison : « Pourquoi as-tu déchiré tes vêtements ? Que Naaman vienne à moi, il saura qu'il y a un prophète en Israël ! » (2 R 5,8.)

De tels actes de puissance, auxquels on se réfère parfois dans la littérature anthropologique comme à des « trucs », font souvent partie des performances chamaniques. On dit de certains chamans indiens paiutes qu'ils ont marché sur des charbons ardents, introduit dans leur bouche ces charbons ou un couteau brûlant ou encore une gerbe de roseaux en flammes, et démontré leur invulnérabilité devant les balles des fusils (Park, 1938, pp. 57-60 ; Whiting, 1950, p. 40). La libération de ses liens à la manière de Houdini faisait partie du répertoire des cérémonies chamaniques sibériennes et youwipis des Indiens des Plaines. Dans ces dernières, le chaman était enveloppé dans un édredon et ligoté avec des cordes, puis on éteignait les lumières. Le tout était suivi d'indications visuelles et auditives de la présence des esprits (objets volants effleurant les participants, étincelles, bourrades et autres choses du genre), et, quand les lumières s'allumaient, le chaman se trouvait là, assis, avec l'édredon plié avec soin et la corde enroulée comme une balle (voir Mikhailovskii, 1895, p. 137 ; Overholt, 1986, pp. 77-86).

Dans la cérémonie de « la tente qui tremble » en usage chez les Indiens des Woodlands du Nord, le chaman avait coutume d'entrer dans une structure cylindrique construite pour l'occasion, et de convoquer les esprits qui allaient être consultés par les gens au sujet de problèmes tels que la localisation d'objet perdus ou volés. On disait de certains de ces chamans (la littérature s'y réfère souvent comme à des « magiciens ») qu'ils étaient en mesure de faire des choses impressionnantes, comme faire émerger de la tente des objets perdus. Selon Hallowell, qui a étudié la version des Ojibwas du Nord de cette cérémonie, ces trucs « rehaussent leur réputation personnelle et supportent probablement la théorie indigène de l'ensorcellement des esprits d'autres "magiciens", incapables de reproduire les mêmes choses, bien qu'ils aient aussi leur propre répertoire ». Il poursuit en disant que « le respect, sinon la stupeur, que la démonstration de pouvoirs uniques soulève, fournit une motivation suffisante pour un individu avide de prestige. C'est peut-être le plus grand type de reconnaissance que la société ait à offrir. Mais cette reconnaissance ne peut être gagnée et maintenue que par des démonstrations concrètes d'un pouvoir magique dans une compétition avec d'autres » (1942, pp. 71, 72 ; voir pp. 68-72).

Les histoires d'Élie et d'Élisée incorporent un ensemble de réactions analogues à leurs actes de puissance. La veuve dont Élie a ranimé le fils dit : « Maintenant, je sais que tu es un homme de Dieu et que la parole de Yhwh dans ta bouche est vérité » (1 R 17,24). L'officier militaire, qui faisait face comme ses prédécesseurs à l'immolation, reconnut le pouvoir d'Élie et supplia d'être épargné (2 R 1,13-14). Les fils des prophètes, après avoir été témoins de la séparation des eaux du Jourdain par Élisée, sont censés s'être exclamés : « Le souffle d'Élie s'est posé sur Élisée ! » (2 R 2,15), et la Shounamite, dont le fils avait été rendu à la vie, « tombe à ses pieds, se prosterne contre terre » (2 R 4,37). Naaman, guéri de sa lèpre, reconnaît le pouvoir de Yhwh et, implicitement, celui d'Élisée (2 R 5,15-19). Nous avons, par ailleurs, déjà attiré l'attention sur la réaction du peuple sur le mont Carmel.

Il est significatif que presque toutes les actions miraculeuses attribuées aux prophètes se trouvent dans les récits d'Élie et d'Élisée : elles trouvent leur correspondant dans le monde conceptuel du chamanisme.

CONNAISSANCE À DISTANCE

Nous sommes habitués à associer prophétie et prédiction, alors que la Bible comprend cette dernière comme étant basée sur la connaissance, par le prophète, du dessein de Dieu. On peut trouver de telles prédictions dans les récits d'Élie et d'Élisée. En fait, le cycle débute avec l'une d'entre elles : « Sur la vie de Yhwh, Dieu d'Israël, dont je suis le serviteur, je jure qu'il n'y aura ces années-ci ni rosée ni pluie sans que je l'aie dit » (1 R 17,1 ; entre autres exemples : 1 R 21,19 et 2 R 3,16-19).

Dans plusieurs épisodes, toutefois, on dit d'Élisée qu'il a une sorte de connaissance hors de l'ordinaire et d'une autre nature, au sujet de choses qui se produisent ailleurs au même moment. Dans l'histoire de la guérison de Naaman, Élisée refusa d'être payé, mais son serviteur, Guéhazi, agit secrètement de façon à s'enrichir. Bien qu'absent, Élisée sut ce que Guéhazi avait fait et le confronta : « Mon cœur était là quand un homme a quitté son char pour aller à ta rencontre. Est-ce le moment de prendre de l'argent et des vêtements, des oliveraies et des vignes, du petit et du gros bétail, des serviteurs et des servantes ? » (2 R 5,26 ; l'hébreu a : « mon cœur n'était-il pas là… ? ») On dit aussi d'Élisée qu'il avait eu connaissance des plans de bataille du roi d'Aram (2 R 6,8-12) et qu'il avait su « avant que n'entre le messager » que le roi d'Israël lui avait dépêché un émissaire pour l'emmener en prison (6,32).

On raconte aussi des chamans qu'ils savent des choses qui se produisent au loin ou sont par ailleurs cachées de la perception humaine ordinaire. Hallowell nous dit que le « magicien » ojibwa de la tente qui tremble « est un spécialiste de l'invocation. La fonction la plus caractéristique qu'il exerce, avec l'aide de ses esprits auxiliaires, est la voyance ou la clairvoyance. » Avec l'aide des esprits auxiliaires qu'il invoque, le magicien peut être mis au courant d'événements ou de personnes très éloignés ou trouver des « objets perdus ou volés », aussi bien que prédire l'avenir, diagnostiquer la cause d'une maladie, enlever des âmes et trouver du gibier (1942, pp. 12, 53-72). Hallowell lui-même a participé à une cérémonie au cours de laquelle trois éléments d'information fournis par les esprits au sujet de la condition de personnes absentes s'avérèrent par la suite (pp. 46-47). Il cite également le compte rendu d'une cérémonie de magie du XVIIIe siècle, tenue à Sault-Sainte-Marie et dont le marchand Alexander Henry fut témoin. Les Ojibwas de l'endroit hésitaient à se joindre à une conférence à laquelle ils avaient été invités par sir William Johnson, parce qu'ils craignaient un piège. Un magicien parcourut toute la distance jusqu'à Fort Niagara et Montréal et, après « un quart d'heure écoulé dans le silence », il s'en retourna et « livra un long discours, dont l'essentiel était que l'affaire était sûre et que l'assistance serait nombreuse. Le groupe décida d'y aller » (1942, pp. 65-66). Ces récits faisaient état de deux sources pour la connaissance particulière du chaman : les esprits auxiliaires, qui cherchent et rapportent l'information désirée, et l'âme même du chaman, qui voyage au loin pour l'obtenir.

De telles idées sont très répandues. Une fois de plus, un élément particulier dans les récits d'Élie et d'Élisée peut être interprété dans le contexte du monde conceptuel du chamanisme.

ÉQUIPEMENT ET ASSISTANTS

Un trait propre à l'histoire d'Élisée est l'action par procuration mettant en scène Guéhazi et le bâton d'Élisée (2 R 4,29-31). Le narrateur n'indique pas clairement la motivation d'Élisée, mais on a peut-être un indice de ce qui se passe dans des récits de chamans qui avaient des bâtons comme équipement et les utilisaient pour les guérisons. Lowie parle d'un chaman paiute, Coffie Charlie, qui traita un garçon « qui avait été abandonné par le médecin blanc ». Il utilisa un « bâton d'environ 1 mètre 20 », décoré de façon spéciale, qu'il « mit à la tête du patient ». Coffie Charlie « entra en transes, puis le garçon fut placé sur lui, de sorte que le creux de leur estomac soit réuni ». Le chaman « agita sa crécelle ; au début, le son parut lointain, mais il se fit graduellement de plus en plus proche. Le garçon ne reconnut pas aussitôt sa mère, mais le fit un peu plus tard. Il se remit » (Lowie, 1924, p. 294). Les bâtons faisaient aussi partie de l'équipement des chamans sibériens (Shirokogoroff,

1935, p. 290) et des médiums spirituels zimbabwéens (Garbett, 1969, p. 116). L'urgence de la course de Guéhazi (v. 29) peut s'expliquer par l'idée que la résurrection ne peut être réussie si le patient a été « mort » depuis trop longtemps.

Si le bâton est un cas unique dans ces histoires, la figure de Guéhazi, elle, ne l'est pas. Élie avait un « serviteur » (« jeune homme », *na'ar*: 1 R 18,4; 19,3), avant l'onction d'Élisée, qui sera lui-même qualifié, en une occasion, de « serviteur » d'Élie (1 R 19,21). Élisée pourrait avoir eu plusieurs « serviteurs ». Guéhazi est mentionné par son nom (2 R 4,12.25; 5,20; 8,4), et il y a plusieurs figures anonymes (2 R 5,22; 6,15.17; voir 4,43, où un terme différent est utilisé), incluant « le jeune homme, le serviteur du prophète » (2 R 9,4: conjecture. L'hébreu se lit: « le jeune homme, le jeune homme prophète ») qui fut envoyé pour oindre Yéhou. Les histoires indiquent que de telles personnes se voient parfois confier des tâches par leur « maître ».

Voilà donc un autre trait commun avec le chamanisme. Les chamans paiutes avaient parfois des assistants qui les aidaient au cours des cérémonies de guérison (Whiting, 1950, pp. 41-42; Park, 1938, p. 54), et la même chose vaut des chamans Tungus en Sibérie (Anisimov, 1963, dans Overholt, 1986, pp. 153-154). La nécessité d'avoir un assistant est particulièrement indiquée dans ces cas-là, puisque certaines tâches doivent être exécutées alors que le chaman est en état de transe.

CONCLUSION

Dans la discussion des récits d'Élie et d'Élisée, j'ai essayé d'éviter l'erreur de porter attention à des éléments spécifiques de l'histoire et de les interpréter comme étant des faits historiques, normatifs, d'un comportement social. Je me suis plutôt arrêté à des modèles de comportement, des types d'activité qui peuvent être discernés dans ces histoires, et j'ai voulu suggérer que le monde conceptuel associé au chamanisme offre une analogie utile pour les interpréter. Pour appuyer l'utilité pratique de cette intuition, je présente en conclusion une étude de cas.

En 1992 parut dans la revue *Bible Translator*, un essai intitulé « Elijah and Elisha : Sorcerers or Witch Doctors ? » – « Élie et Élisée : sorciers ou magiciens ? » Dans cet essai, Ernst Wendland faisait remarquer que, conjointement à d'autres problèmes auxquels sont confrontés les traducteurs de la Bible, il existe des difficultés « dues à certaines différences cruciales quant à la vision du monde, en particulier en ce qui a trait au système de base des présupposés et des valeurs qui régissent la pensée et le comportement humains ». Il ajoutait que, « considérés du point de vue traditionnel des Tongas de la Zambie du Sud », certains éléments des récits concernant Élie et Élisée semblent les représenter comme des guérisseurs locaux *(mung'anga)* et d'autres comme « un "sorcier" ou un "magicien" *(mulozi)* typiques ». Bien que tout le monde ne fasse pas nécessairement un tel lien, « il y a au moins la possibilité (et dans certains cas la forte probabilité) qu'une partie significative du public lecteur ou auditeur ressentira une certaine difficulté à comprendre correctement ce qui se passe dans le récit original » (1992, p. 214).

Wendland identifiait à l'intérieur des histoires d'Élie et d'Élisée plusieurs éléments qui auraient suggéré à des personnes de culture Tonga traditionnelle que ces prophètes étaient des « sorciers ». Il conclut en observant que, tandis que « des chrétiens bien informés, spécialement ceux qui sont capables de prendre des distances par rapport à leur propre contexte social et culturel durant la lecture ou l'audition des Écritures », pourraient bien n'avoir que peu de difficultés avec ces passages, « des lecteurs plus démunis » en auraient. « Selon ce point de vue plus indigène, les croyances religieuses des anciens Hébreux ne semblent pas si différentes des leurs » (1992, p. 223). D'un certain point de vue, peut-être ne l'étaient-elles pas.

BIBLIOGRAPHIE

BENEDICT Ruth, 1935, *Zuni Mythology*, vol. 2., New York, Columbia University Press.

GARBETT Kingsley G., 1966, « Religious Aspects of Political Succession among the Valley Korekore », in *The Zambesian Past*, Eric Stokes and Richard Brown eds., pp. 137-170, Manchester, Manchester University Press.

–, 1969, « Spirit Mediums as Mediators in Valley Korekore Society », in *Spirit Mediumship and Society in Africa*, John Beattie and John Middleton, eds., pp. 104-127, London, Routledge and Kegan Paul.

HALLOWELL A. I., 1942, *The Role of Conjuring in Saulteaux Society*, Philadelphia, University of Pennsylvania Press.

–, 1967, *Culture and Experience*, New York, Schocken.

HULTKRANTZ Åke, 1957, *The North American Indian Orpheus Tradition: A Contribution to Comparative Religion*, Stockholm, The Ethnographical Museum of Sweden.

–, 1978, « Ecological and Phenomenological Aspects of Shamanism », in *Shamanism in Siberia*, V. Dioszegi and M. Hoppal eds., pp.27-58, Budapest, Akademiai Kiado.

JONES William, 1919, *Ojibwa Texts*, Part 2, Leiden and New York, American Ethnological Society.

LEWIS I. M., 1986, *Religion in Context : Cults and Charisma*, Cambridge, Cambridge University Press.

LOPATIN Ivan A., 1946-1949, « A Shamanistic Performance for a Sick Boy », *Anthropos* 4, pp. 153-174.

LOWIE R. H., 1924, « Notes on Shoshonean Ethnography », *Anthropological Papers of the American Museum of Natural History* 20 (3), pp. 183-314.

MIKHAILOVSKII V. M., 1895, « Shamanism in Siberia and European Russia », *Journal of the Royal Anthropological Institute of Great Britain and Ireland 24*, pp. 62-100, 126-158.

NIDITCH Susan, 1987, *Underdogs and Tricksters: A Prelude to Biblical Folklore*, San Francisco, Harper and Row.

OVERHOLT Thomas W., 1986, *Prophecy in Cross-Cultural Perspective*, Atlanta, Scholars Press.

–, 1989, *Channels of Prophecy : The Social Dynamics of Prophetic Activity*, Minneapolis, Fortress Press.

PARK Willard Z., 1938, *Shamanism in Western North America: A Study in Cultural Relationships*, Evanston, Northwestern University Press.

ROGERSON John W., 1978, *Anthropology and the Old Testament*, Atlanta, John Knox Press.

SHIROKOGOROFF S. M., 1935, *Psychomental Complex of the Tungus*, London, Kegan Paul, Trench, Trubner.

SISKIN Edgar E., 1983, *Washo Shamans and Peyotists : Religious Conflict in an American Indian Tribe*, Salt Lake City, University of Utah Press.

WENDLAND Ernst R., 1992, « Elijah and Elisha : Sorcerers or Witch Doctors ? », *Bible Translator* 43, pp. 213-223.

WHITING Beatrice Blyth, 1950, *Paiute Sorcery*, New York, Viking Fund.

LECTURE SOCIOSCIENTIFIQUE

Illustration par l'accusation du Mauvais Œil en Galatie

John H. Elliott

«La critique socioscientifique (CSS) de la Bible est cette partie de l'exégèse qui analyse les dimensions sociales et culturelles du texte et de son contexte environnemental par l'utilisation des perspectives, de la théorie, des modèles et de la recherche des sciences sociales. En tant que composante de la méthode historicocritique d'exégèse, la critique socioscientifique examine les textes bibliques comme configurations significatives du langage destinées à la communication entre les auteurs et leurs publics. Dans ce processus, elle étudie non seulement (1) les aspects sociaux de la forme et du contenu des textes mais aussi les facteurs de conditionnement et les conséquences visées du processus de communication; (2) la corrélation des dimensions linguistiques, littéraires, théologiques (idéologiques) et sociales des textes; et (3) la manière dont cette communication textuelle a été à la fois le reflet d'un contexte social et culturel spécifique et une réaction à ce contexte – c'est-à-dire comment elle a été conçue pour servir de véhicule efficace d'interaction sociale et d'instrument aux retombées sociales, aussi bien que littéraires et théologiques» (Elliott, 1993, p. 7). La CSS est une sous-discipline de l'exégèse et non un paradigme méthodologique nouveau ou indépendant. Elle est complémentaire d'autres sous-disciplines de la méthode historicocritique (critique textuelle, littéraire, rhétorique et autres critiques apparentées), en ce qu'elle applique une analyse socioscientifique minutieuse à des textes et à leurs contextes géographique, historique, économique, social, politique et culturel («religieux» inclus). Les questions qu'elle aborde relativement à ce double objet de l'analyse (textes et contextes) et ses outils d'analyse sont ceux des sciences sociales, en particulier de la sociologie et de l'anthropologie culturelle.

La critique socioscientifique est une opération nécessaire, indispensable, de l'exégèse, et ce pour plusieurs raisons. En général, chacun des écrits de la Bible décrit des événements de nature sociale (impliquant deux agents ou davantage), des relations sociales, des structures et des institutions sociales, des rôles exercés et des statuts détenus dans l'arène sociale, des scénarios qui se jouent dans les drames sociaux de la vie quotidienne. De plus, chacun des écrits bibliques est plus qu'une simple composition littéraire : c'est aussi un produit social et rhétorique doté de visées sociales, et non seulement littéraires et théologiques. Chacun de ces écrits est conçu pour servir de moyen de communication et d'interaction sociales, et pour déclencher une action sociale de la part de son public cible. Pour autant que les textes bibliques soient à la fois des archives et des produits de cette socialité, l'exégèse doit avoir une dimension socioscientifique.

Les textes bibliques, comme tous les textes, fixent, codifient et présupposent des éléments des systèmes sociaux et culturels dans lesquels ils sont produits, de telle sorte que le genre, le contenu, la structure et la signification de ces textes sont déterminés socialement et culturellement. Une partie de cette information sociale et culturelle est énoncée explicitement dans le texte (par exemple en Luc-Actes) ; une bonne partie, sinon la majeure partie, est présumée connue de ses lecteurs et donc laissée sans explication (comme, par exemple, en Marc ou en Philémon). Par conséquent, pour confirmer le sens de ces textes, il faut avoir une vaste connaissance des systèmes sociaux et culturels qu'ils présupposent – comment ces systèmes ont été constitués et comment ils fonctionnent, comment ils ont donné forme aux perspectives, valeurs, intérêts et visées des auteurs, et comment les textes, d'autre part, peuvent représenter des positions contre-culturelles. Au-delà des détails culturels et sociaux identifiés par l'analyse exégétique ou historique, les sciences sociales sont essentielles pour l'exploration et l'explication des relations et des modèles de socialité, de la structure et des composantes des systèmes sociaux, de la dynamique des relations sociales, des valeurs culturelles essentielles, des attitudes typiques et des perspectives, ainsi que des scénarios de comportement socioculturels dominants.

Étant donné ce que l'on sait maintenant du mode de création par les lecteurs (de toute période historique) de scénarios de lecture mentaux pour comprendre les textes, une tâche importante de l'interprétation consiste à fournir *des scénarios de lecture adéquats* qui soient culturellement appropriés pour ces textes qui sont l'objet de l'étude. La critique socioscientifique attire l'attention sur ces scénarios de lecture, propose des scénarios dont les détails sont cohérents avec le monde culturel et social antique, et critique ceux qui seraient pourvus de détails étrangers au temps et à l'espace culturels du texte.

Alors que les descriptions des « *realia* sociales » par de prétendus « historiens sociaux » présentent un intérêt pour tous les interprètes et les lecteurs de la Bible, ce dont on a encore besoin et que la CSS cherche à procurer, c'est une méthode et un jeu de modèles pour comprendre les *relations* entre les phénomènes sociaux, comment ils sont *reliés* et comment ils *fonctionnent*. L'interprétation se doit de progresser au-delà de la « description sociale » jusqu'à l'analyse et à l'explication socioscientifiques. Les critiques socioscientifiques sont différents des « historiens sociaux » en ce qu'ils récusent l'existence d'une « perception immaculée » chez les spécialistes, qui serait affranchie de toute théorie ou valeur, et qu'ils mettent l'accent sur l'explication de toute théorie et de tous les modèles conceptuels utilisés pour l'interprétation. C'est seulement une fois que sont reconnues et soumises à examen les hypothèses et les théories utilisées par les interprètes qu'elles peuvent être éprouvées pour leur « accord » avec les données, et évaluées quant à leur pouvoir d'interprétation. La CSS est nécessaire pour que l'exégèse puisse passer des « intuitions » lumineuses de certains génies à une analyse dont la théorie puisse être vérifiée puis réappliquée, affinée ou rejetée – par tous les exégètes sans distinction.

L'intérêt des historiens et des exégètes a tendance à se concentrer sur ce qui est exceptionnel ou unique au sujet de personnes, groupes ou événements (au sujet de Jésus ou de Paul, ou du mode d'interaction chrétienne, ou encore des contours de la communauté Q, ou au sujet de la naissance de Jésus). L'inhabituel ou le singulier ne peut toutefois devenir apparent qu'une fois identifiées, au préalable, les habitudes et les récurrences du comportement et de l'interaction sociale.

Les exégètes ont eu tendance, lorsqu'ils prennent en compte l'information sociale contenue dans les textes bibliques, à limiter leur attention aux idées et au domaine des concepts et de la pensée théologiques. Ce dont on a besoin, c'est d'une méthode qui prenne en considération la relation entre les croyances et les comportements, la relation entre les croyances (et la culture en général) et leur *Mutterboden* économique et social, la relation entre les idées et les intérêts de groupe, ainsi que le lien entre les intérêts, les idées et l'idéologie. La CSS cherche à aborder ces questions au niveau du texte aussi bien que du contexte social (où le choc des groupes rivaux avec les intérêts, les idées et l'idéologie concurrents apparaît dans une perspective dramatique – comme dans le cas de la faction de Jésus et les Pharisiens rivaux ou le mouvement christo-paulinien et le groupe autour de Jacques).

La nécessité de la critique sociale, finalement, est provoquée par le fait que toute compréhension, imagination, expression et communication sont socialement et culturellement conditionnées. Il faut une méthode pour identifier et analyser les conditions qui ont un effet déterminant sur la perception, la compréhension, l'imagination, la socialité et une communication qui a du sens, puisque cela appartient autant aux circonstances des communications originales qu'à celles de l'audition/lecture de ces communications en d'autres temps et lieux.

ÉMERGENCE ET DÉVELOPPEMENT DE LA CRITIQUE SOCIOSCIENTIFIQUE

L'exégèse du dernier tiers du XXe siècle a été marquée par une conscience accrue de la nécessité d'une analyse et d'une articulation plus affinées des contextes sociaux et culturels des textes et des traditions – auxquels les historicocritiques se réfèrent comme *Sitz im Leben*. Depuis les années 1970, le nombre des exégètes qui font un usage délibéré de la théorie socioscientifique pour l'explication des textes bibliques et des relations sociales qui y sont décrites, est apparu en pleine croissance. Parmi les ouvrages exemplaires typiques et influents de cette période initiale, on compte ceux de Wayne Meeks sur la perspective sectaire de l'évangile de Jean (1972) et son traitement ultérieur de la mission paulinienne comme phénomène urbain (1983) ; de Gerd Theissen sur la dynamique sociale autour du mouvement de Jésus en Palestine et au-delà (1973 et après) ; de Fernando Belo sur le système des dettes en arrière-plan de l'évangile de Marc (1974) ; l'exposé de John Gager sur l'Apocalypse de Jean (1975) ; ma propre analyse de 1 Pierre comme produit d'un groupe sectaire à l'intérieur d'Israël, centrée sur l'aliénation sociale et la solidarité collective (1981 / 1990) ; le portrait par Bruce Malina des perceptions, valeurs et stratégies sociales caractéristiques de la Méditerranée ancienne (1981 et après). Ces efforts innovateurs, bien que divers et différents quant à leur centre d'intérêt, à la recherche socioscientifique utilisée et à leurs méthodologies, ont établi un fondement sur lequel un courant exégétique sans cesse grandissant a ensuite construit et offert, en accord avec les orientations socioscientifiques, un raffinement critique et méthodologique. On trouvera une liste de la bibliographie pertinente, trop abondante pour être présentée ici, dans mon exposé de 1993 sur la méthode, *What is Social-Scientific Criticism ?* On trouvera là toutes les études pertinentes jusqu'à 1992 (pp. 138-174), de même qu'une description plus complète de la méthode (pp. 9-17, 36-86), quelques-uns de ses pionniers et de ses principaux praticiens (pp. 17-35), des évaluations critiques de la méthode (pp. 87-100) ; ses réalisations et ses contributions (pp. 101-106). L'ouvrage est complété par des appendices (pp. 107-126), comprenant un inventaire des données de l'analyse selon la CSS et une liste de plus de soixante-dix modèles interprétatifs employés par les spécialistes, un glossaire des termes scientifiques techniques (pp. 127-135), ainsi que la bibliographie. C'est encore le traitement le plus complet jusqu'à maintenant. Ma liste personnelle (non publiée) des publications pertinentes depuis 1992 comprend 328 titres ; voir aussi les bibliographies chez Blasi et autres (2002, pp. 643-703 et 707-751).

CARACTÉRISTIQUES DE LA CRITIQUE SOCIOSCIENTIFIQUE

Les critiques socioscientifiques présupposent que toute connaissance est conditionnée socialement et faite selon une perspective particulière. Une exégèse qui serait sans présupposés *sociaux* est aussi impensable qu'une exégèse sans présupposés *théologiques*. Par conséquent, la conviction de ces critiques est que l'interprétation biblique doit impliquer une clarification du *lieu social* des interprètes eux-mêmes aussi bien que des textes et des auteurs étudiés. Les critiques socioscientifiques trouvent, par ailleurs, nécessaire et utile de distinguer entre les points de vue *«émique»* et *«étique»*. Cette opposition, empruntée aux ethnologues, distingue l'information et les explications fournies par des informateurs indigènes en vertu de leurs cadres d'expérience, de connaissance et de rationalisations *(émique)*, de la perspective analytique et des catégories du chercheur contemporain *(étique)*. Pour l'exégèse, le premier s'applique aux textes bibliques et à toutes les sources anciennes; le second, aux lecteurs et aux spécialistes contemporains. Cette distinction permet à l'exégète de demeurer conscient des fossés qui séparent le spécialiste moderne du monde et des productions littéraires des cultures anciennes examinées. En retour, cela pousse l'interprète à considérer les «structures de plausibilité» qui ont accrédité des croyances et des concepts qui ont frappé les modernes comme «non scientifiques» ou «superstitieux» ou tout simplement bizarres. La distinction aide aussi à minimiser les lectures et les évaluations anachroniques et ethnocentriques de textes anciens. Elle sert aussi à contenir une application intempestive des textes bibliques à des enjeux éthiques modernes et à critiquer une attribution inappropriée de perspectives et de valeurs modernes (comme la liberté et l'égalité universelles) aux sociétés anciennes résolument inégalitaires[1], incluant le mouvement Jésus.

Partant de la conviction qu'il n'existe pas de «perception immaculée», les critiques socioscientifiques signalent, habituel-

1. Pour une critique de ce genre, voir Elliott 2002, 2003.

lement dès l'abord, les hypothèses et les modèles conceptuels qui façonnent leur examen des textes et des contextes sociaux. La méthode procède à partir d'hypothèses, d'une théorie et de modèles pour la collecte des données, leur analyse et, enfin, leur interprétation et leur explication. Les « données », techniquement parlant, sont des résultats d'*hypothèses* au sujet de la nature et de la relation des phénomènes; les données ne sont pas les phénomènes mêmes, à l'état pur. Dans la CSS, les hypothèses à propos de la nature et de la relation de phénomènes sociaux spécifiques sont établies grâce à des modèles conceptuels. Ces modèles sont des représentations simplifiées, abstraites, des traits dominants de phénomènes sociaux comparables. Ils fonctionnent comme lentilles analytiques et comme cartes cognitives à travers lesquelles nous voyons, filtrons et organisons en modèles significatifs la matière première qui s'offre à nos sens. Nous utilisons des modèles sociologiques pour détecter et relier ce qu'on pourrait appeler des « pointillés sociaux » sur les paysages textuels et culturels, et pour évaluer leur signification et leur impact sociaux. Dans l'examen de textes anciens et de leurs contextes sociaux, les modèles conceptuels, reconnus ou non, sont opérants dans toute description du « comment étaient les choses », « comment les choses étaient reliées » et « comment elles fonctionnaient ». La question n'est pas: « Qui utilise des modèles et qui n'en utilise pas ? », mais: « Qui les rend explicites et qui ne le fait pas ? » Les hypothèses et les modèles inexpliqués de ceux qui revendiquent une sorte d'« objectivité » résultent en intuitions qui ne peuvent être vérifiées quant à leur accord avec les données ni évaluées quant à leur pouvoir d'explication[2].

Les critiques socioscientifiques diffèrent fondamentalement à cet égard des prétendus « historiens sociaux », qui revendiquent une « objectivité » méthodologique, évitent théorie et modèles comme étant des stratagèmes sans originalité, et par conséquent laissent à l'état implicite, et pour autant hors de portée de toute évaluation ou vérification, leurs propres modèles conceptuels et les scénarios sociaux qu'ils présupposent.

2. Pour une discussion plus complète des modèles, voir Elliott, 1986, pp. 1-33; 1993, pp. 40-48.

LECTURES PSYCHOSOCIALES

Là où, par contre, les hypothèses, modèles et scénarios ont été rendus explicites, ils ont eu également l'avantage de pouvoir être vérifiés, affinés ou abandonnés selon leur accord ou leur désaccord avec les données disponibles. Dans ce cas, un progrès authentique aura été réalisé pour la compréhension.

Les critiques socioscientifiques cherchent à rendre manifestes les aménagements sociaux, les valeurs culturelles et les normes qui demeuraient latentes et sans énoncé explicite dans les textes anciens, pour rendre la pensée du texte ou les processus de la vie quotidienne plus compréhensibles. Ils considèrent que la « religion », dans le monde antique, tout comme l'économie, n'était pas une institution indépendante, autonome, comme dans les sociétés modernes, mais qu'elle était, comme l'économie, ancrée dans chacune des deux institutions majeures de la *polis* et de l'*oikos*, la cité et la maison. C'est pourquoi ils parlent, tout comme les textes qu'ils étudient, très peu de « religion » comme telle, mais plutôt de religion politique ou domestique, une religion façonnée par les structures, les valeurs et les normes diversifiées de la vie politique, d'une part, ou de la vie domestique, d'autre part.

La comparaison des cultures bibliques avec d'autres sociétés traditionnelles d'avant la période des Lumières, révèle des similitudes et des périodicités structurelles et comportementales, aussi bien que des différences régionales et historiques. La connaissance des similitudes et des particularités est essentielle pour déterminer les modèles de croyance et de comportement qu'on trouve dans les communautés bibliques et leurs écrits. Eilberg-Schwartz (1990, p. 238) a noté avec raison : « Tels des détectives, les interprètes des cultures historiques sont d'autant mieux équipés pour déchiffrer les empreintes culturelles qu'ils sont davantage exposés à différents types de cas. »

La variété, la portée, et la complexité des questions sociales ou culturelles expliquent la diversité des modèles conceptuels, et les variations quant à leur envergure (d'un macro- à un microniveau, en passant par un niveau intermédiaire) et quant à leur degré d'abstraction. Certains spécialistes se sont concentrés sur des thèmes larges, englobants, nécessitant des modèles suffisamment abstraits et conçus pour des comparaisons interculturelles telles l'économie morale des paysans, les études sur les perceptions culturelles (par exemple, le « bien limité »), les valeurs (par exemple, l'honneur et la honte, la générosité), les concepts d'identité de groupe et de personnalité dyadique, les rôles selon le sexe, les relations de parenté physique ou imaginaire, les perceptions de la maladie et les méthodes correspondantes de guérison, et les stratégies sociales (stratégies de mariage comparées ; création d'alliances patron-client) typiques de l'ensemble de l'ancienne région autour de la Méditerranée. Une analyse intermédiaire a étudié des institutions économiques ou sociales particulières (la pureté du Temple de Jérusalem et le système de dettes ; l'industrie galiléenne de la pêche), le mouvement Jésus en croissance, en tant que faction d'abord et ensuite comme secte en Israël, et des régions spécifiques du monde méditerranéen, comme la Palestine sous occupation romaine, ou les questions de stratification à Corinthe et dans la correspondance corinthienne ; Jésus et ses adversaires dans des joutes de défi-réplique (étiquetées « histoires de conflit » par la critique des formes) ; les conflits initié / étranger en Galatie ou en Asie Mineure ; ou des événements de transformation de la conscience, tel qu'expérimenté par Jésus ou Paul ou le visionnaire de Patmos. On trouvera une liste des types de modèles qui se sont avérés utiles, sur le plan heuristique, pour ces trois niveaux d'analyse dans Elliott 1993, pp. 64-66, 124-126. Les questions qui précèdent portent sur de larges structures sociales et des modèles culturels de pensée et de comportement formant le contexte des écrits bibliques, dont certains éléments sont encodés dans les textes eux-mêmes. Les *écrits bibliques* forment un deuxième centre d'intérêt pour la CSS, ainsi que leurs situations sociales et les stratégies visant à en faire des moyens efficaces de communication et d'interaction sociale. De telles recherches exégétiques, axées sur le texte, incluent, entre autres, les monographies suivantes : J. Neyrey sur Matthieu ; F. Belo et J. Wilde sur l'évangile de Marc ; P. Esler, H. Moxnes et D. Gowler sur l'évangile de Luc ; S. Guijarro Oporto, B. Malina et R. Rohrbaugh sur les synoptiques ; J. Neyrey, A. Blasi, Destro et Pesce, et Malina-Rohrbaugh sur l'évangile de Jean ; J. Kloppenberg sur Q ; P. Esler sur Galates et Romains ; G. Theissen et D. Gorden sur la correspondance corinthienne; N. Peterson sur Philémon; J. H. Elliott et B. Campbell sur 1 Pierre; J. Gager, B. Malina et B. Malina-J. Pilch sur l'Apocalypse de Jean. Une variété quant à la théorie et aux modèles analytiques a été utilisée ici pour clarifier les caractéristiques de la situation rhétorique et du contexte vital concret de ces écrits, et les facteurs qui ont façonné leur réaction (conflit initié-étranger; questions de formation sociale, d'identité, de cohésion et de frontières; perspectives sectaires et stratégies; valeurs culturelles cruciales; théologies/idéologies liées à des intérêts spécifiques). Ainsi donc, les textes aussi bien que la culture en général, et l'interrelation des deux, ont tous été soumis à un examen socioscientifique approfondi. Puisque les critiques socioscientifiques reconnaissent une variété de perspectives, d'expériences et de lieux sociaux comme éléments constitutifs de leurs choix d'objets à analyser et d'hypothèses utilisées, plusieurs de leurs études sont le résultat de recherche en équipe et de publication en collaboration: on en trouve un exemple dans les publications du *Context Group*[3].

DIVIDENDES POUR L'INTERPRÉTATION

Les « dividendes » générés par l'intégration de la CSS dans la trousse d'outils de la méthode historicocritique ont été impressionnants. Outre le fait qu'on a accordé une attention, souhaitée depuis longtemps, aux contextes social et culturel des écrits bibliques, étudiés jusque-là surtout pour leur seul contenu théologique et conceptuel, l'identification et la description détaillée des institutions sociales présumées par les textes, mais rarement décrites en totalité (parenté physique et fictive; patronage et clientélisme; modes divers d'échanges économiques et sociaux, etc.), représentent un gain additionnel. Les valeurs culturelles qui ont influencé les scénarios de comportement décrits ou exigés par les textes bibliques émergent également sous un jour plus éclatant.

3. Pour une bibliographie des publications antérieures à 1993, voir Elliott 1993, pp. 139-174; pour les publications subséquentes, voir le site Web du *Context Group*.

Les critiques socioscientifiques ont montré comment la conscience des *systèmes de croyances* typiques de l'ancienne région méditerranéenne (telle la croyance aux démons et aux esprits causant la maladie et la pratique qui s'ensuit de l'exorcisme comme moyen crédible de guérison, en même temps que les ramifications sociales de cette croyance) va permettre à l'interprète de détecter dans les textes la présence et l'impact de ces croyances alors que seule la pointe de l'« iceberg » de la croyance peut être perçue. Ou, pour déplacer la métaphore, la familiarité avec ces jeux de croyances permettra à l'exégète non seulement de repérer les « pointillés » révélateurs dans un texte, mais aussi de les relier et de produire une explication cohérente de leur relation et de leur signification.

Les critiques socioscientifiques ont aussi démontré l'importance de prendre en considération et de déterminer les intérêts de groupe qui donnent naissance à chacun des écrits bibliques et ensuite l'interrelation des intérêts, de la théologie et de l'idéologie des groupes, et la relation des systèmes de croyance et des modèles de comportement.

Grâce à une sensibilité aux différents « lieux sociaux et culturels » qui séparent les lecteurs et les spécialistes modernes des auteurs anciens et de leurs communautés, la CSS supporte une lecture des écrits bibliques comme reflets et produits de la pensée, des attitudes et des valeurs anciennes plutôt que modernes. En clarifiant la théorie, les prémisses et les scénarios que chaque interprète apporte à la lecture des documents anciens, la CSS aide les lecteurs modernes à réduire les distorsions d'une lecture anachronique et ethnocentrique de la Bible. Elle aide à réduire la mauvaise utilisation des Écritures comme une massue ou comme un glaive moral dans les débats éthiques contemporains, en montrant que certaines perceptions et prémisses sur lesquelles les standards moraux anciens et les lois reposaient ne sont plus partagées, avec comme conséquence que les règles bibliques elles-mêmes sont dépourvues de fondement conceptuel crédible et, par conséquent, ne sont plus jugées pertinentes pour la vie contemporaine.

Les dividendes d'une analyse socioscientifique des textes bibliques anciens consistent donc en une compréhension plus complète de la communication de sens des textes bibliques dans leurs contextes originaux, une compréhension plus complète des caractéristiques et des contraintes de la vie sociale et de l'interaction dans l'Antiquité, ainsi que de l'interrelation inséparable des modèles de croyance et des modèles de comportement, l'interconnexion des intérêts et de l'idéologie. Comme telle, la CSS a projeté davantage de lumière sur l'expérience vécue et concrète et sur les soucis pratiques et les intérêts des communautés bibliques anciennes. En même temps, elle provoque les efforts modernes pour relier la Bible à des aspects de la vie moderne et, tout autant, pour traiter des mêmes questions d'interrelation des modèles modernes de croyance et de comportement, d'intérêts et d'idéologie, dans toute tentative d'utilisation de la Bible comme source d'inspiration et d'orientation morale pour la vie d'aujourd'hui.

Un quart de siècle plus tard, le débat concernant la CSS se poursuit alors que la méthode elle-même gagne en raffinement. La somme de recherches qui revendiquent à juste titre l'étiquette de CSS et les appréciations positives, incluant celles des sociologues[4], témoigne éloquemment d'une réception enthousiaste non seulement chez les exégètes mais aussi parmi le clergé et les lecteurs en général.

J'ai déjà décrit ailleurs un des deux points d'intérêt de la critique socioscientifique, à savoir l'analyse qui part d'un texte et détermine sa situation sociale et sa stratégie (Elliott, 1981/1990; 1993, pp. 70-86). Alors, pour illustrer le deuxième, je vais partir, dans cet essai, d'un trait dominant de la culture autour de la Méditerranée – la croyance au pouvoir maléfique du Mauvais Œil – et démontrer la présence de ce système de croyances en Galates, comment les caractéristiques de cette croyance et de cette pratique sont reliées, et comment cette croyance apparaît dans la dynamique sociale impliquant Paul et ses adversaires Galates.

4. Pour des évaluations critiques, voir la discussion dans Elliott, 1993, pp. 87-100. Pour l'évaluation des sociologues, voir Coleman, 1999, Verdoodt, 2001.

L'ACCUSATION DU MAUVAIS ŒIL EN GALATES
Ga 4,12-15

Devenez comme moi, car moi je suis devenu comme vous, frères, je vous prie. Vous ne m'avez fait nulle injustice. Pourtant, vous le savez, ce fut une maladie de la chair qui fut cause que je vous apportai l'Annonce au tout début – et malgré l'épreuve que vous était ma chair, vous n'avez manifesté ni mépris ni dégoût ; vous m'avez accueilli comme un messager de Dieu, comme le Christ Jésus. Où donc est l'expression de votre bonheur ? Car je vous rends ce témoignage : vous arrachant les yeux, si vous l'aviez pu, vous me les auriez donnés.

Notre attention va maintenant se concentrer sur la mention du Mauvais Œil par Paul dans sa lettre aux Galates, sa signification, sa fonction rhétorique et ses ramifications sociales. Les traducteurs modernes de la Bible ont rendu inintelligibles les références au Mauvais Œil dans les langues originales et les commentateurs contemporains n'ont en général pas su reconnaître les nombreuses références bibliques à cette croyance ancienne très répandue, et encore moins en expliquer le sens et les implications sociales. Le texte de Galates ne fait pas exception. Une présentation sommaire des traits saillants de la croyance et de la pratique du Mauvais Œil (CPMO), telles qu'identifiées par les spécialistes des études classiques, les historiens et les anthropologues, fournira les contours d'un modèle théorique qui permettra de retracer les références manifestes et latentes au Mauvais Œil en Galates, et d'expliquer leurs ramifications sociales. Cette approche socioscientifique vise ainsi à élucider les relations sociales et une dynamique sociale qui ont été ignorées ou n'ont pas été perçues par l'exégèse jusqu'ici.

Pourquoi Paul, dans sa lettre aux Galates, a-t-il dit que, lors de sa première visite aux Galates, ils n'ont « manifesté aucun dégoût » (*exeptysate*, Ga 4,14a) ? Pourquoi la plupart des traductions modernes de la Bible traduisent-elles ce verbe non pas par « manifester du dégoût », mais plutôt par « mépriser »

(KJV, RSV) ou « montrer du mépris » (BJ, NEB) ? Qu'est-ce qui aurait pu motiver l'étrange prétention de Paul à propos des Galates : « vous arrachant les yeux, si vous l'aviez pu, vous me les auriez donnés » (4,15) ? Pourquoi tout ce souci, dans la lettre, à propos de l'envie, surtout que Paul décrit ses lecteurs comme des « enfants » (4,19 ; voir aussi 3,23-4,7) ? Quels liens ces éléments ont-ils avec la référence explicite de Paul à la blessure du Mauvais Œil en Ga 3,1 ? Pourquoi *ebaskanen*, une forme du verbe grec standard pour « blesser avec un Mauvais Œil », n'est-il pas traduit ainsi dans les versions et les commentaires modernes de la Bible (alors qu'il l'a été jadis) ? Quel système de croyances et de pratiques connexes le verbe représentait-il pour Paul et l'auditoire qu'il visait ? À quelle forme d'interaction sociale ces phénomènes pourraient-ils renvoyer ? Quelle est la dynamique sociale qui ressort quand toutes ces questions sont examinées et mises en relation ?

CROYANCE ET PRATIQUE DU MAUVAIS ŒIL

Pour répondre à ces questions (posées par une approche socioscientifique de ce texte), une information de base au sujet de la CPMO s'impose[5].

La croyance au Mauvais Œil implique la notion selon laquelle l'œil de certaines personnes est si puissant qu'un simple regard pourrait blesser, détruire ou tuer toute personne, tout animal ou toute chose que ce regard frapperait. La pratique du Mauvais Œil implique des stratégies et des dispositifs pour repousser, détourner ou surmonter l'effet néfaste du Mauvais Œil. La croyance en l'existence et au pouvoir destructeur du Mauvais Œil était largement répandue dans le Proche-Orient ancien et la région autour de la Méditerranée, de concert avec la croyance aux divinités et aux démons. Dans le monde antique, on attribuait à l'action maléfique du démon du Mauvais Œil, ou aux humains ayant le Mauvais Œil, des maladies, des blessures, la perte d'enfants et autres membres de la famille,

5. Pour l'abondante littérature sur le sujet, voir Maloney, 1976 ; Elliott, 1988, 1990, 1991, 1992, 1994 ; Dundes, 1992 ; Rakoczy, 1996.

la mort du bétail, le déclenchement de guerres, de conflits sociaux et d'autres désastres, dont les causes demeuraient autrement imprévisibles et inexplicables.

La croyance, attestée dans des incantations sumériennes pouvant remonter jusqu'à 3000 avant l'ère commune, s'est répandue depuis la Mésopotamie, son point d'origine présumé, jusqu'en Inde puis vers l'ouest à travers la région autour de la Méditerranée, au nord vers l'Europe et, finalement, des mondes « anciens » aux mondes « nouveaux ». Bien qu'elle ne soit pas un phénomène universel, on a pu retrouver cette croyance en soixante-six sociétés sur cent quatre-vingt-six à travers le monde (Roberts, dans Maloney, 1976, pp. 229-234) et elle semble aujourd'hui connue à l'échelle du globe. La peur du Mauvais Œil était très répandue dans les cultures mésopotamienne, égyptienne, grecque et romaine (Elliott, 1991 ; Rakoczy, 1996) et l'Ancien et le Nouveau Testament comptent de nombreuses références au Mauvais Œil (Elliott, 1988, 1990, 1992, 1994). Dans ce dernier cas, la mention du Mauvais Œil se trouve en lien avec la pénurie et la famine, les repas, les rencontres sociales, le comportement moral, la source du mal, l'avarice, la cupidité, et surtout l'envie ; voir Dt 15,9 ; 28,54.56 ; Pr 23,6 ; 28,22 ; Si 14,3.6.8.9.10 ; 18,18 ; 31,13 ; 37,11 ; Sg 4,12 ; Tb 4,7.16. L'Épître à Jérémie (70) mentionne une amulette *(probaskanion)* utilisée pour protéger un champ de concombres du regard foudroyant d'un Mauvais Œil jaloux. « Songe au mal qu'est le mauvais œil/il n'a rien été fait de pire » (Si 31,13), déplore le sage. Dans le NT, en plus de Ga 3,1, trois déclarations sur le Mauvais Œil sont attribuées à Jésus. L'une d'elles oppose le Mauvais Œil et l'œil sain (Mt 6,22-23 / Lc 11,33-34) ; une autre implique une accusation implicite de Mauvais Œil (Mt 20,15) et enfin une troisième relie le Mauvais Œil au cœur (Mc 7,22). On a cru voir des références implicites au Mauvais Œil dans des passages se référant à l'envie, la haine, la cupidité ou la convoitise de l'œil ou du cœur (Gn 4,5 ; 30,1 ; 37,11 ; Ex 20,17 ; 1 S 2,32 ; 18,8-9 ; Ps 73,3 ; Pr 23,1 ; Jr 22,17) ou à des amulettes tutélaires (Jg 8,21.26 ; Is 3,20) habituellement utilisées contre le Mauvais Œil. Les traductions des textes sur le Mauvais Œil dans les versions modernes de la Bible donnent la fausse impression que la Bible ne contient absolument aucune mention de cette croyance universellement répandue. La CPMO, pourtant documentée et amplement étudiée par les historiens, les archéologues, les spécialistes des études classiques, les ophtalmologistes et les anthropologues, est rarement examinée ou même mentionnée par les spécialistes de la Bible.

L'expression hébraïque pour le Mauvais Œil est *ra' 'ayin, 'ayin hara'*. Le champ sémantique, ample en grec, implique des termes de la racine *bask-*, avec en tête *baskainô* (blesser avec le Mauvais Œil), *baskanos* (quelqu'un qui possède / jette un Mauvais Œil), *baskanon* (un dispositif protecteur pour repousser le Mauvais Œil, en particulier l'image d'un phallus et des testicules), et *baskania* (le phénomène du Mauvais Œil). Des expressions additionnelles incluent *ophtalmos ponêros [phtoneros]* (Mauvais Œil [jaloux]). Les expressions équivalentes en latin sont *oculus malus* ou *oculus malignus / invidus / nequam / obliquus*. On trouve même plus fréquemment une série de termes latins qui sont une simple latinisation des mots de la famille grecque de *bask*, ce qui donne *fascino* pour *baskainô*, *fascinator* pour *baskanos*, *fascinum* pour *baskanon*, et *fascinatio* pour *baskania*. « Fasciner » devient alors, en pratique, « blesser avec le Mauvais Œil ». En outre, le latin rend explicite l'association conventionnelle entre le Mauvais Œil et l'envie. Le mot pour « envie », *invidia*, est un composé de *in + videre*, signifiant littéralement « voir par-dessus »). Ainsi l'envie / *invidia* implique la notion de « regard porté sur » quelque chose ou quelqu'un avec le désir de lui faire du tort ou de le détruire.

Certaines conditions écologiques, économiques et sociales ont procuré à la CPMO le foyer et les structures qui l'ont rendu crédible[6]. La CPMO a prospéré dans des communautés aux dimensions réduites, marquées par la confrontation directe avec la compétition autour de ressources raréfiées, la disparité économique, la stratification sociale, les soucis relatifs aux frontières, et où une autorité centrale pour la résolution de conflits est soit absente, soit inappliquée ou inefficace. L'image du

6. Voir en particulier Maloney, 1976, pp. 223-278 ; 287-328.

« bien limité », si typique de telles communautés paysannes « agonistiques » (Malina, 2001, pp. 81-107) – à savoir, la présomption que l'approvisionnement en biens était limité et difficile, de telle sorte que le profit de l'un ne pouvait se faire qu'au détriment de l'autre – était cohérente avec ce type de compétition et alimentait des sentiments d'envie vis-à-vis de rivaux prospères. L'« agression oculaire », qui est typique, elle aussi, de la culture autour de la Méditerranée, avec son tabou sur le regard furieux ou fixe, explique en partie qu'on puisse lier l'intention mauvaise et malicieuse à l'œil en particulier. Si on ajoute à cela que l'œil était considéré comme lié directement au cœur, siège de la pensée et des humeurs, l'œil était vu comme un canal et un reflet du cœur et des humeurs, saines ou mauvaises. Les mauvaises pensées du cœur, et en particulier l'envie et la malice, se manifestaient et se projetaient à travers le Mauvais Œil. Jusqu'aux années 1500, l'œil a été vu comme un organe actif plutôt que passif et on considérait qu'il émettait ou lançait des rayons ou des émanations qui étaient chargées positivement ou négativement des bonnes ou mauvaises humeurs en provenance du cœur. Les « Propos de table » de Plutarque (*Quaest. conv.*, 680C-683B) fournissent une discussion *émique* aussi éclairante que rare de cette théorie oculaire ancienne et de la façon dont le Mauvais Œil frappe ses victimes.

Les maîtres ou les projeteurs du Mauvais Œil (*jettatori* en italien), croit-on, ont d'étranges révélations et des bizarreries oculaires, qui varient de l'aveuglement d'un œil ou des deux yeux au dysfonctionnement oculaire (strabisme, œil hagard, œil avec double pupille), orbites enfoncées, ou même jonction d'arcades sourcilières épaisses. Les personnes défigurées, difformes et socialement déviantes étaient également soupçonnées d'avoir et de jeter le Mauvais Œil, de même que les épileptiques, tous les étrangers, et quiconque pouvait avoir des raisons, à cause de privations ressenties, d'envier le bien-être, le succès et la bonne fortune des autres.

Quant aux victimes du Mauvais Œil, les humains, les animaux, des familles entières et même des objets inanimés, étaient tous considérés comme vulnérables à une attaque. Les enfants, surtout les bébés (et les mères qui les allaitaient), étaient particulièrement à risque parce qu'ils étaient à la fois essentiels à la famille et plus vulnérables. Les idées transmises par Pline l'Ancien (*Histoire naturelle* 7.2.16-18) concernant certains peuples exotiques de son temps illustrent plusieurs de ces caractéristiques :

> Isogone et Nymphodore racontent qu'il y a, dans une même région d'Afrique, des familles qui peuvent blesser avec le Mauvais Œil [*effascinantium*], et dont les louanges hypocrites peuvent causer le dessèchement de prés ou d'arbres, et la mort d'enfants. Isogone ajoute qu'il y a de telles gens chez les Triballes et les Illyriens, qui causent des blessures avec le Mauvais Œil [*effascinent*] et tuent ceux qu'ils regardent de manière prolongée, surtout avec un regard furieux [*iratis oculis*] et que leur Mauvais Œil [*malum*] est davantage ressenti par les adultes ; et le plus remarquable de tout, c'est qu'ils ont deux pupilles dans chaque œil.

Pour repousser le Mauvais Œil, un vaste arsenal d'amulettes, de gestes, de dispositifs et d'expressions pouvait être utilisé. Les amulettes étaient portées, exposées à l'extérieur des maisons ou à l'intérieur des boutiques, ou érigées sur les routes. Les gestes protecteurs de la main incluaient la *mano fica* (le poing avec le pouce inséré entre le premier et le deuxième doigt) ou le *digitus infamis* (le majeur pointé – le « doigt d'honneur » nord-américain ou l'« oiseau »). Ajoutés à cela, il y avait les sortilèges, les incantations, et les mots qui subjuguent. Un stratagème fréquent consistait à *cracher trois fois* en présence de quelqu'un qui a le Mauvais Œil, une mesure souvent utilisée pour la protection des bébés et des enfants (Théocrite 6.39 ; 20.11 ; Pline, *Histoire naturelle* 28.39). Ce facteur du crachat protecteur mérite une attention particulière puisqu'il apparaît en Galates, en lien avec les yeux, des victimes enfants, l'envie et une référence explicite à la blessure par un Mauvais Œil.

Puisque la peur des personnes ayant le Mauvais Œil était aussi constante, l'accusation de possession et de projection d'un Mauvais Œil avait des conséquences désastreuses pour les personnes accusées (et leurs familles et associés), leur position et leurs relations sociales. Utilisées dans des groupes réduits, dans un face à face où l'autorité centrale était absente ou inefficace et où les disputes étaient réglées à la cour de l'opinion publique, les accusations de Mauvais Œil auxquelles on donnait crédit et qui étaient passibles de châtiment, exposaient l'accusé à la peur (et souvent à l'aversion des voisins), la honte publique, la perte de crédibilité et de statut, la mise à l'écart ou l'ostracisme. Quiconque était accusé de la sorte devait rejeter ou défaire la preuve à charge, ou en souffrir les conséquences honteuses et destructrices. Ce facteur est, lui aussi, très pertinent pour la dynamique sociale qui se trouve implicitement dans la lettre de Paul aux Galates.

ACCUSATIONS DE MAUVAIS ŒIL EN GALATIE

Si on lit Galates à la lumière de ce profil de la croyance et de la pratique du Mauvais Œil, le conflit dont la lettre parle prend une nouvelle dimension sociale fascinante. Conjointement à des affirmations théologiques sur l'observance de la Torah, la commensalité, la circoncision, le calendrier, la foi en Jésus Christ, la faveur divine et le salut comme justification, on trouve une querelle sociale où les deux parties en conflit ont recours à des accusations de Mauvais Œil destinées à discréditer et à désarmer leur rival[7]. La CPMO appartenait à la tradition connue de Jésus et de Paul, et est demeurée une composante de la culture juive et de la culture chrétienne tout au long de la plus haute Antiquité et au-delà. Elle a prospéré dans toutes les régions de l'activité de Paul, la Galatie en particulier. En réalité, comme Graydon Snyder (2002) l'a montré récemment, la CPMO prospérait chez les Celtes anciens et modernes. Ce sont très vraisemblablement les *Galatai*/Gaulois/Celtes d'Asie Mineure qui, dans leurs migrations vers l'Ouest, ont contribué à étendre la CPMO à la Galice en Espagne puis, vers le nord, aux peuples gaéliques d'Irlande et d'Écosse, où la peur du Mauvais Œil et les stratégies pour le contrer ont survécu jusqu'à l'époque moderne. Le Mauvais

7. Sur la situation et la stratégie des Galates en général, voir la très belle étude de P. Esler, menée selon des perspectives socioscientifiques (1998).

Œil, en d'autres mots, était profondément familier pour Paul et ses hôtes galates.

La question rhétorique de Ga 3,1 est la première indication explicite que le Mauvais Œil est un enjeu pour Paul et les Galates. Paul pose la question rhétorique: « Ô Galates insensés, qui vous a meurtris avec le Mauvais Œil [*tis hymas abskanen*], vous sous les yeux desquels a été exposé, décrit Jésus Christ crucifié. » Le verbe *baskainô* est le terme grec standard pour « jeter un mauvais œil », « blesser avec un mauvais œil » (BDAG[8] 171), un fait régulièrement négligé ou pratiquement brouillé par tous les commentateurs contemporains et la plupart des versions modernes de la Bible. Des traductions telles que « qui vous a ensorcelés ? » (Luther, KJV, RSV, NRSV, NEB[9]) ou « qui a posé/jeté un sort sur/au-dessus de vous ? » (NAB, NJB[10]) ne transmettent pas aux lecteurs modernes le facteur du Mauvais Œil connoté par le mot *baskainô* et ses paronymes *(baskanos, baskania, baskanon, probaskanon)*. Il en résulte que les lecteurs modernes de la Bible sont privés d'apprendre que Paul se réfère ici au Mauvais Œil que l'on redoute. La traduction de J.B. Lightfoot (1892), « qui vous a fascinés », reflète la terminologie du Mauvais Œil et fait écho à la traduction de Jérôme *(quis vos fascinavit)*. Mais Lightfoot n'a pas réussi à explorer le lien entre Ga 3,1 et d'autres traces de la croyance au Mauvais Œil dans la lettre. On peut en dire autant des commentateurs contemporains, qui ne semblent pas du tout familiers avec le langage de la CPMO[11].

En revanche, une analyse selon la CSS qui étudie Galates avec un modèle bâti selon les caractéristiques les plus notoires de la CPMO, ne fait pas que détecter plusieurs traces supplémentaires de la croyance. Elle « relie ces pointillés », éclairant du

8. BDAG : Bauer-Danker-Arndt-Gingrich-Wilbur (eds.), *A Greek-English Lexicon of the New Testament...*, Chicago, Univ. of Chicago Press, 2000.

9. RSV : Revised Standard Version ; NRSV : New Revised Standard Version ; NEB : New English Bible ; NAB : New American Bible.

10. NJB : New Jerusalem Bible (Nouvelle Bible de Jérusalem).

11. Snyder (2002, p. 27) est une rare et rafraîchissante exception. Il traduit Ga 3,1 : « Celtes insensés que vous êtes ! Qui vous a jeté le mauvais œil ? »

même coup une dimension sociale importante du conflit galate et de la stratégie sociale et rhétorique de Paul. En plus du verbe *baskainô* (Ga 3,1), les points suivants font aussi partie du système de croyances au Mauvais Œil en Galates :

• Les multiples références de Paul aux « yeux » *(ophtalmoi)*, sans qu'il soit fait mention d'un regard fuyant (une tactique courante contre le Mauvais Œil). Sous leurs yeux, insiste-t-il, il a décrit publiquement Jésus Christ crucifié (3,1b), sans aucune référence toutefois à un détournement des yeux de leur part. Lors de leur première rencontre, rappelle-t-il, ils étaient prêts à s'arracher les yeux et à les lui donner (4,15).

• Lorsque les Galates ont rencontré Paul pour la première fois, rappelle-t-il encore, il n'ont pas été rebutés par sa condition physique (4,13-14) et n'ont pas, non plus, « craché » en sa présence (*ouk exeptysate*, 4,14) – deux réactions qu'on pouvait attendre de personnes craignant les étrangers et les personnes affectées d'un handicap physique, suspectées d'avoir et de pouvoir jeter le Mauvais Œil. Au contraire, ils l'ont accueilli non comme porteur du Mal, mais « comme un messager de Dieu, comme le Christ Jésus » (4,14b).

• Ainsi que l'ont déjà noté des commentateurs anciens, la référence de Paul aux Galates comme « petits enfants » (*tekna*, 4,19 ; voir 3,23-4,7) est significative, étant donné que les enfants étaient vus comme particulièrement vulnérables à une attaque du Mauvais Œil.

• L'accent répété ici sur l'*envie (zêlousis, zêlouté, zêlousthai*, 4,17.18) et ailleurs dans la lettre (*zêlos*, 5,20 ; *phthonos*, 5,21 ; *phthonein*, 5,26) est tout aussi remarquable, puisque l'envie est la disposition malveillante qui est très souvent associée au Mauvais Œil[12]. Un Mauvais Œil entraîne ce sentiment de privation. Esler (1998, pp. 227-230) est l'un des rares commentateurs récents à être conscient de ce lien entre l'envie et le Mauvais Œil.

12. L'envie est le déplaisir ressenti devant les succès et la bonne fortune de ses rivaux, accompagné du souhait qu'ils en soient privés (voir Aristote, *Rhétorique* 1387b-1388a). La jalousie, d'autre part, est la peur de perdre ce qu'on possède déjà. C'est de la première et non de la seconde que Paul parle en Galates.

• Tous ces facteurs associés à la CPMO, pris globalement, et ajoutés à l'invocation par Paul d'une malédiction contre ses adversaires (*anathema*, 1,8.9) et à sa censure de la « sorcellerie » (*pharmakeia*, 5,20), révèlent le monde culturel et conceptuel de l'Apôtre, qui est celui de quelqu'un chez qui la croyance et l'accusation de Mauvais Œil se trouvent tout à fait à leur place.

Lorsqu'on regarde cet ensemble de données à la lumière de notre modèle du Mauvais Œil, on est en mesure de proposer le scénario probable qui suit. La référence explicite de Paul au Mauvais Œil dans sa lettre (Ga 3,1) indique qu'il s'agissait d'un enjeu d'importance particulière dans ses relations avec les Galates. Plus spécifiquement, les détails inclus dans la description de sa rencontre initiale avec les Galates constituent une partie de la défense que Paul prépare contre une accusation voulant qu'il soit un étranger ayant un Mauvais Œil et ayant l'intention de blesser les Galates et de compromettre leur bien-être collectif. En plus de défier son Évangile avec ses implications sociales nouvelles, ses adversaires cherchaient à l'affaiblir personnellement en lui accolant l'étiquette de possesseur exécrable du Mauvais Œil.

Il se peut aussi que la « douleur physique », dont il a d'abord concédé qu'elle était une « épreuve » pour les Galates (4,13-14), de même que les « marques » *(stigmata)* sur son corps (6,17), qu'il mentionne curieusement et abruptement tout à la fin de la lettre (6,17), aient été des traits physiques auxquels ses adversaires renvoyaient comme à une preuve éloquente pour soutenir l'accusation de Mauvais Œil. C'est vraisemblable du moment qu'on se rappelle que l'infirmité ou la difformité, la cécité ou l'épilepsie – toutes soupçonnées à un moment ou l'autre d'être la nature de la maladie de Paul – étaient pour les Anciens une preuve concrète que quelqu'un était possesseur du Mauvais Œil. Selon une tradition du NT, Saül / Paul a été frappé de cécité temporaire (Ac 9,1-9), dont est peut-être résultée une détérioration permanente de l'œil. Le fait que les Galates étaient prêts à s'arracher leurs propres yeux pour les donner à Paul (4,15) pourrait sans doute être relié à une espèce quelconque d'incapacité oculaire chez Paul, qu'ils espéraient pouvoir vaincre. La première description qu'on ait de

Paul, *Actes de Paul et Thècle* (2,3), mentionne un autre trait oculaire remarquable de Paul – le fait que ses sourcils étaient soudés ensemble, une autre caractéristique des gens qui ont le Mauvais Œil, et un détail supplémentaire reliant Paul au Mauvais Œil. Ce que ces références à différents traits de l'apparence physique de Paul ont en commun est qu'ils sont reliés à des éléments qu'on associe au Mauvais Œil. Se pourrait-il qu'ils représentent aussi des souvenirs de Paul qui aurait été accusé jadis de jeter un Mauvais Œil ?

Quelle que soit la réponse donnée à cette question énigmatique, il paraît clair que, en Galates, Paul prépare une défense contre l'accusation voulant qu'il ait le Mauvais Œil et cherche à provoquer la ruine des Galates. Cette accusation dommageable ne pouvait pas rester sans réplique. S'il n'apportait pas la preuve contraire, Paul (et ses associés) serait exposé à la disgrâce publique, déshonoré et craint comme un danger pour la santé et le bien-être de la communauté galate. Sa crédibilité serait minée et sa proclamation rejetée comme trompeuse et au service de ses propres intérêts. Pour empêcher donc que l'ensemble de sa mission et de son message ne soit discrédité et rejeté, Paul se devait de répondre à cette accusation grave et d'en démontrer la fausseté.

La réponse de Paul est double. Premièrement, il réfute l'allégation, en rappelant aux Galates les relations cordiales qui ont prévalu lors de leur première rencontre. Leur accueil sans réserve (bien qu'il fût étranger et affecté d'une maladie physique évidente et de marques évidentes sur son corps), le fait qu'ils n'aient pas détourné leurs yeux de lui et n'aient pas craché en sa présence, leur disposition, en fait, à lui donner leurs propres yeux, leur accolade digne d'un messager de Dieu – tous ces détails montrent que les Galates ne l'ont, à aucun moment, regardé comme un envoûteur envieux et désireux de leur faire du mal. Cette manœuvre défensive est accompagnée d'une attaque offensive. Inversant la donne, Paul réplique à l'attaque du Mauvais Œil de ses adversaires par une accusation, de son cru, de Mauvais Œil : « Ce n'est pas moi, suggère-t-il dans la question rhétorique de 3,1, qui vous fait du mal avec un Mauvais Œil ; ce sont mes accusateurs mêmes. » Ce sont eux qui vous font du mal avec leur malice et leur envie (4,17). Ce sont eux qui prennent avantage sur vous comme enfants dans la foi (4,19). Ce sont eux qui envient votre liberté et vous exploitent pour leurs propres intérêts personnels et vous excluent de la maison de la foi (4,17; 6,12-13). C'est leur sorcellerie et leur envie à eux qui engendrent l'envie et la dissension à l'intérieur de la communauté (5,19-21.26), par opposition à mon Évangile de liberté et d'amour dans l'Esprit (5,1–6,16). Ce sont eux, avec leurs préoccupations au sujet de l'apparence physique, de la circoncision, des stigmates corporels, qui s'avèrent esclaves de la chair plutôt qu'enfants de l'Esprit (5,2-26; 6,11-15.17). Ce sont eux, avec leur faux évangile, qui sont maudits.

CONCLUSION

Notre étude d'un système de croyances puissant dans le monde de Paul, et de la présence et du rôle de ce système en *Galates* a démontré que le conflit dans lequel Paul et ses adversaires sont impliqués comprenait non seulement un débat théologique au sujet de la grâce divine, de Jésus Messie, de l'observance de la Torah, de la liberté, de la vie animée par l'Esprit de Dieu, mais aussi une querelle au sujet de questions plus prosaïques, telles que la possession du Mauvais Œil, ou encore de savoir qui a le plus à cœur les intérêts des Galates. Dans cette bataille pour « les esprits et les cœurs » des Galates, les adversaires de Paul l'ont mis en cause devant l'opinion publique et ont cherché à le discréditer comme étranger affecté du Mauvais Œil et désireux de causer un tort grave à ses hôtes galates. Paul s'est défendu contre cette accusation et l'a retournée contre ses accusateurs, prétendant que c'était *eux,* et non pas lui, qui exploitaient et offensaient les Galates vulnérables avec leur Mauvais Œil maléfique.

Du point de vue méthodologique, ce « sondage textuel » en Galates a montré comment le modèle d'un système particulier de croyances ainsi que les pratiques et les implications sociales qui y sont associées peuvent être utilisés comme outil heuristique pour examiner la configuration sociale des textes littéraires. Des éléments de la CPMO attestés dans la littérature, les inscriptions, les artefacts matériels de la région de la Méditerranée ancienne, ont été rassemblés pour bâtir une esquisse de cette croyance et des pratiques connexes. À partir de cette synthèse, un modèle heuristique a été construit et a servi à : 1) *alerter* les lecteurs de Galates à l'importance de la CPMO dans la Méditerranée ancienne, y compris le monde de Paul et des Galates ; 2) *identifier* les références, explicites ou tacites, à la CPMO en Galates ; 3) *montrer le lien significatif* de toutes ces références et, pour ainsi dire, « relier les pointillés » ; 4) *identifier et expliquer la dynamique sociale* à laquelle ces références au Mauvais Œil renvoient dans cette lettre ; et 5) *montrer la cohérence* de cette dynamique avec un ensemble plus large de caractéristiques de cet écrit, de son contexte et de sa stratégie sociorhétorique. Le problème avec la plupart des traductions et commentaires modernes est que leurs auteurs, selon toute apparence, ignorent ce système de croyances universellement répandu. En conséquence, les lecteurs du grand public n'en sont pas informés et les experts en exégèse ne savent pas relier et expliquer les pointillés.

Les « dividendes » de la CSS pour la compréhension de Galates sont une meilleure intelligence du système de croyances au Mauvais Œil et de sa présence en Galates, une meilleure appréciation du comment et du pourquoi de la traduction de certains termes *(baskainô, ekptyô)*, une appréciation des liens, qu'on n'avait pas su voir jusqu'ici, entre différents phénomènes, une perception plus claire de la dynamique sociale d'accusation et de contre-accusation dans laquelle Paul et ses adversaires sont engagés, et une meilleure appréciation des buts et de la stratégie de cette lettre aussi bien au plan conceptuel / théologique que social.

BIBLIOGRAPHIE

(Pour une information bibliographique sur les études de CSS antérieures à 1992, voir Elliott 1993, pp. 138-174)

BELO Fernando (1974), *A Materialist Reading of the Gospell of Mark*, Maryknoll, NY, Orbis Books, 1981.

BLASI Anthony J., DUHAIME Jean et TURCOTTE Paul-André, eds., 2002, *Handbook of Early Christianity. Social Science Approaches*, Walnut Creek, CA, AltaMira Press.

COLEMAN John A., « The Bible and Sociology. 1998 Paul Hanly Furfey Lecture », *Sociology of Religion* 60/2 (1999), pp. 125-148.

EILBERG-SCHWARTZ Howard, 1990, *The Savage in Judaism. An Anthropology of Israelite Religion and Ancient Judaism*, Bloomington, Indiana University Press.

ELLIOTT John H., 1990 (1re éd., 1981), *A Home for the Homeless. A Social-Scientific Criticism of I Peter, Its Situation and Strategy, with a New Introduction*, Minneapolis, Fortress Press.

–, 1986, « Social-Scientific Criticism of the New Testament and Its Social World : More on Method and Models », in John H. Elliott, ed., *Social-Scientific Criticism of the New Testament and Its Social World*, Semeia 35, Decatur, GA, Scholars Press, pp. 1-33.

« The Fear of the Leer. The Evil Eye From the Bible to Li'l Abner », *Forum* 4/4 (1988), pp. 42-71.

« Paul, Galatians, and the Evil Eye », *Currents* in *Theology and Mission* 17 (1990), pp. 262-273.

« The Evil Eye in the First Testament : The Ecology and Culture of a Pervasive Belief », in *The Bible and the Politics of Exegesis. Essays in Honor of Norman K. Gottwald on His Sixty-Fifth Birthday*, David Jobling *et al.* eds., Cleveland, OH, Pilgrim Press, 1991, pp. 147-159.

« Matthew 20:1-15 : A Parable of Invidious Comparison and Evil Eye Accusation », *Biblical Theology Bulletin* 22/2 (1992), pp. 52-65.

« The Evil Eye and the Sermon on the Mount. Contours of a Pervasive Belief in Social Scientific Perspective », *Biblical Interpretation* 2/1 (1994), pp. 51-84.

–, 1993, *What is Social-Scientific Criticism?* Guides to Biblical Scholarship, New Testament Series. Minneapolis, Fortress ; published in Britain as *Social-Scientific Criticism of the New Testament. An Introduction*, London, SPCK, 1995.

–, 2000, « 1 Peter. A New Translation with Introduction and Commentary », *Anchor Bible* 37b, New York, Doubleday (Random House), 2000.

« Jesus Was Not an Egalitarian. A Critique of an Anachronistic and Idealist Theory », *Biblical Theology Bulletin* 32/2 (2002), pp.75-91.

« The Jesus Movement Was Not Egalitarian But Family-Oriented », *Biblical Interpretation* 11/2 (2003), pp. 173-210.

ESLER Philip F., *Galatians*, New Testament Readings, London/New York, Routledge, 1998.

GABER John G., *Kingdom and Community : The Social World of Early Christianity*, Englewood Cliffs, Prentice Hall, 1975.

LIGHTFOOT J. B., 1982, *Dissertations on the Apostolic Age*, London/New York, MacMillan and Co.

MALINA Bruce J., 2001, *The New Testament World. Insights from Cultural Anthropology*, 3e éd., Atlanta, John Knox Press.

MALONEY Clarence, ed., 1976, *The Evil Eye*. New York, Columbia University Press.

MEEKS Wayne, *The First Urban Christians: The Social World of the Apostle Paul*, New Haven, Yale University Press, 1983.

RAKOCZY Thomas, 1996, *Böser Blick, Macht des Auges und Neid der Götter. Eine Untersuchung zur Kraft des Blickes in der griechischen Literatur*, Classica Monacensia 13, Tübingen, Gunter Narr.

SNYDER Graydon, 2002, *Irish Jesus, Roman Jesus. The Formation of Early Irish Christianity*, Harrisburg, PA, Trinity Press International.

VERDOODT Albert, « L'étude de la Bible d'après l'exégète-sociologue J. H. Elliott », *Recherches Sociologiques* 32/1 (2001), pp. 143-150.

LECTURE PSYCHOLOGIQUE

L'expérience de la foi chez Paul

Wayne G. Rollins

> Tout ce qui a trait à la religion, tout ce qu'elle est et qu'elle affirme, touche l'âme humaine de si près que la psychologie ne peut surtout pas se permettre de l'ignorer.
>
> C. G. Jung (1953-1978, vol. 11, p. 172)

> Nous n'avons pas encore réussi à saisir quelles forces historiques ont donné naissance au christianisme primitif et l'ont influencé. Mais, en marge et au sein de cette histoire objective, il y a une histoire subjective... Quiconque pense que cette religion peut être expliquée historiquement et objectivement sans aucune considération psychologique se trompe autant que celui qui prétend que tout, au sujet de cette religion, peut être dit selon cette seule perspective.
>
> Gerd Theissen (1987, p. 398)

La critique psychologique est une sous-discipline des études bibliques qui est réapparue dans le dernier tiers du xxe siècle. Son objectif est de fournir un éclairage psychologique et psychanalytique à l'intelligence de la Bible, à ses origines, à son contenu, à son interprétation et à sa portée.

Le présent essai entend se concentrer sur quatre aspects de la critique psychologique : histoire, théorie, méthode et programme. La première partie offrira un survol de l'histoire des relations entre les spécialistes de la Bible et les philosophes sur la nature de la *psychè*, depuis l'Église primitive jusqu'à aujourd'hui. La deuxième partie, portant sur la théorie, explicitera les présupposés et les objectifs de la critique psychologique biblique. La troisième partie offrira une discussion de la méthode *versus* les méthodes. Enfin, la quatrième partie décrira les neuf domaines de recherche de la critique psychologique avec, à l'appui, des exemples d'études de cas.

HISTOIRE DES ÉTUDES PSYCHOLOGIQUES

Étant donné que les relations entre les psychologues et les spécialistes de la Bible pour la majeure partie du XXe siècle ont été dominées par la méfiance, il importe d'examiner ces relations dans un contexte historique plus large.

Lorsque j'ai commencé ma recherche sur l'histoire de la psychologie et des études bibliques au début des années 1970, j'ai abordé la question avec deux présupposés, largement soutenus par les psychologues aussi bien que par les spécialistes de la Bible. Le premier de ces présupposés était que la psychologie est enfant de la modernité, et qu'elle avait fait son apparition dans la seconde moitié du XIXe siècle avec l'œuvre de Freud, Jung et Wundt ; le deuxième est que, depuis ses débuts, la psychologie était fondamentalement en rupture avec la religion et la recherche biblique. Je devais vite découvrir que trois « faits » venaient remettre en question ces deux présupposés.

Le premier « fait » fut l'ouvrage de Franz Delitzsch, *Système de psychologie biblique (System der Biblischen Psychologie)*. La date de publication de la première édition était 1855, soit un an avant la naissance de Sigmund Freud, vingt ans avant celle de Carl Jung et vingt-quatre ans avant la naissance de la psychologie moderne dans les laboratoires de Wilhelm Wundt à Leipzig, en 1870. Delitzsch était un hébraïsant, philologue et exégète de l'université de Leipzig très respecté.

Le livre de Delitzsch s'ouvrait sur un énoncé étonnant : « La psychologie biblique n'est pas une science qui date d'hier. Elle est une des sciences les plus anciennes de l'Église [...] L'Église ancienne possédait une littérature psychologique qui impose le respect autant pour son étendue que pour sa densité » (Delitzsch, pp. 3, 5). Cet énoncé était suivi d'une revue complète de la théologie occidentale, de Tertullien à Augustin, Grégoire le Grand, Thomas d'Aquin, la Réforme et jusqu'au XIXe siècle, et démontrait que, tout au long de ces dix-neuf siècles, les théologiens chrétiens avaient débattu avec la philosophie gréco-romaine au sujet de la nature de la *psychè*.

Le deuxième « fait » était relié au premier, à savoir que les historiens de la philosophie soutenaient la position de Delitzsch en tout point. Ils confirmaient que la « psychologie scientifique » remonte aussi loin que le IVe siècle avant notre ère, et en retraçaient l'origine en Occident dans le traitement classique de la *psychè* humaine par Aristote dans son *Peri Psyches* (en français : *De l'âme*; en latin : *De Anima*). Aristote est le créateur de la « première psychologie systématique ». Il a « établi les grandes lignes selon lesquelles la relation entre les différentes manifestations de l'âme et de l'esprit a été conçue » durant deux millénaires (Peters and Mace, pp. 1, 4; Hunt, p. 27).

La démonstration était étonnante. La recherche d'Aristote, combinée à celle de Platon, Pythagore, Anaxagore, Empédocle, les Stoïciens, Plotin, Hippocrate et Galien, entre autres, a produit un modèle psychologique détaillé du moi. Ils ont identifié les éléments et les propriétés de la *psychè* en relation au corps *(soma)*, et ont établi une distinction entre les éléments de la raison *(nous)*, de l'esprit / volonté *(thymos)* et du désir *(epithymia)*. Ils ont établi la liste des différentes fonctions psychiques : émotion, mémoire, apprentissage, sensation, perception, socialisation, imagination et personnalité. Ils ont catalogué les quatre passions, les cinq sens et les quatre humeurs. Ils ont étudié l'épistémologie et la relation du stimulus à la sensation. Ils ont parlé des rêves comme expression du désir supprimé. Ils ont offert une taxinomie de la maladie psychologique, allant de la manie et de la dépression post-partum à la mélancolie, la phobie, la paranoïa et l'hystérie, et affirmé que « la maladie mentale était un problème médical basé sur une dysfonction organique du cerveau pour lequel le meilleur traitement était celui de remèdes oraux » (Solomon, 2001, p. 15). Au IIe siècle de notre ère, Galien a proposé une cure pour maladies psychiques impliquant un auto-examen et un *counseling,* avant-goût de la « thérapie verbale » de Freud (Rollins, 1999, pp. 9-12).

Le troisième « fait » était lié à l'origine du terme « psychologie ». J'avais supposé qu'il avait été forgé au XIXe siècle, à l'époque où sont apparus les mots « biologie » (1802) et « sociologie » (1840). Mais l'historien de la psychologie F. H. Lapointe nous signale que le mot « psychologie » est né en 1524, trois siècles plus tôt (Lapointe, pp. 640-646). Il est apparu en premier dans un écrit de Marco Marulic, un Croate peu connu, et dont on sait peu de chose par ailleurs. Le mot « psychologie » a toutefois fait ses débuts dans les cercles académiques en 1530. Ironiquement, c'est un spécialiste de la Bible, Philipp Melanchton, un protégé de Martin Luther, qui l'y a introduit. Dans son *Commentarius de Anima* (commentaire d'une version latine du *Peri Psyches* d'Aristote), Melanchton a introduit le terme *psychologia* pour différencier l'étude de la *psychè* humaine de la catégorie plus large de l'étude du *pneuma* (esprit), un terme qui englobait l'esprit divin, démoniaque et angélique aussi bien qu'humain (Rollins, 1999, pp. 4-5).

Au milieu du XIXe siècle, le mot « psychologie » était courant en Allemagne et en France, en Italie *(psicologia)*, en Scandinavie *(psykologi, psychologi)* et en Angleterre *(psychology)*, et les psychologues, philosophes, scientifiques et spécialistes de la Bible travaillaient de concert, sans problème. En 1901, la psychologie était décrite en termes iréniques comme « la maison intermédiaire entre la biologie avec toute la gamme des sciences objectives d'un côté, et les sciences morales et la philosophie de l'autre » (Baldwin, 1901, p. x).

Dès 1920, toutefois, une certaine tension avait commencé à se développer entre les deux camps, en raison de changements internes intervenus de chaque côté. Du côté de la psychologie, le mépris de la psychologie behavioriste pour la *psychè*, l'âme, l'esprit et la conscience, a mené à l'exclusion des articles sur la religion dans les revues de psychologie. Du côté biblique, l'ouvrage d'Albert Schweitzer, *L'étude psychiatrique de Jésus : Exposé et critique* (1913), a déclenché une épidémie de négativisme sur les traitements réductionnistes de la « vie de Jésus », laquelle a alimenté un antipsychologisme qui devait durer cinq décennies (Rollins, 1999, pp. 62-65).

Au début des années 1960, toutefois, le malaise entre ces deux camps a commencé à s'estomper, pour trois raisons. La première fut l'apparition de nouvelles écoles de la théorie et de la méthode psychologiques – par exemple, la psychologie

LECTURES PSYCHOSOCIALES

humaniste, la psychologie cognitive, la théorie de l'apprentissage, la psychologie du développement –, qui toutes remettaient en question l'approche réductionniste, matérialiste et positiviste de la psychologie behavioriste.

La deuxième raison à l'intérieur des études bibliques fut l'émergence de nouveaux types de critique biblique, qui venaient miner la souveraineté des études historicolittéraires. En 1977, John Dominic Crossan prévoyait que « l'étude de la Bible ne sera plus exercée désormais sous l'hégémonie exclusive » d'une ou deux disciplines, mais plutôt « à travers une multitude de disciplines en interaction mutuelle comme critique de terrain » (Crossan 1977, p. 41). Ces nouvelles approches allaient inclure les critiques socioscientifique, rhétorique, idéologique, canonique, contextuelle, féministe, structurale, déconstructionniste, psychologique, et autres – chacune posant au sujet de la Bible de nouvelles questions que la critique historique traditionnelle ne pouvait ni poser ni résoudre, faute d'instruments appropriés.

La troisième raison fut la « psychologisation » générale de la culture occidentale. La majorité des gens, depuis les commentateurs télé, les romanciers, les théologiens, et jusqu'aux chauffeurs de taxi, s'est mise à parler avec un accent psychologique, se référant de façon convenue à des « motifs inconscients », des « désirs réprimés », des « complexes », des « névroses » et des « lapsus freudiens ». Héritage en grande partie de Freud et de Jung, le nouveau langage exprime une conscience populaire en évolution sur la nature du moi.

Un article de F. C. Grant, spécialiste reconnu du Nouveau Testament et des études classiques, fut l'un des premiers signes du changement naissant chez les spécialistes de la Bible. Il fut publié dans un *Festschrift* pour son ami de Yale, Erwin R. Goodenough, qui avait développé régulièrement une approche psychanalytique pour l'interprétation des textes juifs et chrétiens. L'article avait pour titre « Étude psychologique de la Bible ». Grant écrivait :

> Le Dr Goodenough a signalé la valeur et l'importance, voire la nécessité, de l'interprétation psychologique de la Bible. Il s'agit là d'un nouveau type de critique biblique. Les disciplines plus anciennes sont toutes nécessaires et importantes [...] mais la critique psychologique ouvre une scène entièrement nouvelle et vaste, de grande portée [...] Au-delà de l'interprétation historique et exégétique de la Bible, il existe un champ entièrement nouveau, celui de la psychologie des profondeurs et de la psychanalyse (Grant, pp. 112-113).

Bien que l'essai de Grant fût à peine remarqué à l'époque, il marquait un changement et une évolution qui commençait à se faire sentir sur le plan international.

Dans les quatre années qui suivirent, des voix se firent entendre en Allemagne et en France, aussi bien qu'aux États-Unis : Helmut Harsch (1968), Antoine Vergote (1971), Richard Rubenstein (1972) et Yorick Spiegel (1972).

Au cours des trois décennies qui ont suivi, des douzaines de livres et d'essais ont paru. L'année 1983 a vu la première édition en allemand de l'ouvrage de Gerd Theissen, *Aspects psychologiques de la théologie paulinienne*, qui reflétait un choix de textes pauliniens à travers trois modèles psychologiques : psychologie analytique, théorie d'apprentissage et psychologie cognitive. En 1991, la Society of Biblical Literature, ce haut lieu de la recherche biblique internationale, a approuvé une proposition visant à mettre en place une cellule de recherche sur la psychologie et les études bibliques. En 1995, Martin Leiner a rédigé une dissertation doctorale sous la supervision de Gerd Theissen à Heidelberg, sur *Psychologie und Exegese : Grundfragen einer textpsychologischen Exegese des Neuen Testaments*. Des articles d'encyclopédies et de dictionnaires commencent également à paraître. Le plus ancien est peut-être celui d'Antoine Vergote, « Psychanalyse et interprétation biblique » (1973-1975). Mon livre *Soul and Psyche : The Bible in Psychological Perspective* (1999) présentait une histoire du domaine, son programme, et une bibliographie exhaustive. En 2001 paraissait à son tour le livre de D. Andrew Kille, *Psychological Biblical Criticism*, qui comparait les approches psychologiques freudienne, jungienne et de l'école de la psychologie « du développement », aux mythes de Gn 3.

L'insertion d'une section sur les « approches psychologiques et psychanalytiques » dans le rapport de la Commission biblique pontificale en 1993 sur « L'interprétation de la Bible dans l'Église », qui recensait une quinzaine d'approches pour les études bibliques, a été une indication majeure de l'acceptation de la critique psychologique dans les couloirs de la recherche biblique. Joseph Fitzmeyer, l'un des auteurs, faisait le commentaire suivant :

> *Les analyses psychologiques et psychanalytiques de l'expérience humaine ont prouvé leur valeur dans le domaine de la religion et permettent de détecter les aspects multidimensionnels du message biblique. En particulier, cette approche a eu une valeur inestimable dans l'explication analytique des symboles, des rituels cultuels et des interdits légaux de la Bible ainsi que des marques bibliques. Bien sûr, faut-il le répéter, aucune exégèse psychologique ou psychanalytique ne peut remplacer la méthode d'orientation proprement historicocritique. Mais on ne saurait sous-estimer l'aide qu'une telle approche peut apporter à cette méthode* (Fitzmyer, 1994, pp. 51-52).

BASES THÉORIQUES

Avant toute définition formelle de la critique psychologique biblique, diverses esquisses préliminaires avaient déjà bien exprimé le pourquoi de ses fondements et de ses objectifs théoriques. L'une d'elles a paru dans un essai éditorial d'introduction dans *The New Literary Criticism and the Hebrew Bible* (1993). J. Cheryl Exum et David Clines proposaient une esquisse empirique de la critique psychanalytique. Ils écrivaient :

> Une critique psychanalytique peut centrer son étude sur les auteurs des textes, les textes eux-mêmes, ou les lecteurs des textes [...] Nous pouvons dévoiler la psychologie des personnages et leurs relations à l'intérieur des textes, et demander ce que ces textes reflètent, du point de vue psychologique, sur la condition humaine en général. Ou nous pouvons nous centrer sur les lecteurs empiriques et examiner les effets non cognitifs

que la lecture de ces textes peut produire sur eux, et construire des modèles théoriques de la nature du processus de lecture (1993, p. 18).

Une deuxième esquisse du domaine nous est venue de J. Harold Ellens, éditeur fondateur du *Journal of Psychology and Christianity* :

> ... en plus de tous les autres [...] paradigmes critiques qui sont appliqués de façon légitime au texte de l'Écriture, il nous faut assurément appliquer ceux qui permettent de comprendre comment les êtres humains fonctionnent, ce qu'ils cherchent à dire, pourquoi ils disent ce qu'ils disent et de manière dont ils le disent, et ce que les messages veulent dire, lorsqu'ils sont vus à travers des paradigmes psychologiques standardisés et appliqués dans un contexte précis. La psychologie est une lentille de plus à travers laquelle il est possible de voir n'importe quel texte et de comprendre certaines de ses dimensions et la façon dont il reflète les documents humains vivants en amont, et qu'on ne pourrait pas comprendre si on n'employait pas cette lentille (1997, p. 207).

Une troisième description, sans doute la plus succincte, est venue d'Antoine Vergote, qui a proposé que le but de la critique psychologique est de « connaître l'univers mental des traditions bibliques » (1973-1975, col. 259).

On trouve dans toutes ces descriptions deux prémisses implicites. La première est que la Bible est vue comme quelque chose qui a été produit, non seulement par un processus historique, littéraire et socioanthropologique, mais aussi par un processus psychologique ou psychique. Ce qui veut dire que des facteurs inconscients aussi bien que conscients sont à l'œuvre chez les auteurs bibliques et leurs communautés, dans les textes qu'ils ont produits, chez les lecteurs et les interprètes de ces textes et dans leurs communautés, et dans l'histoire des significations produites par la Bible.

Une deuxième prémisse, moins évidente mais tout aussi importante, est que la Bible est un livre qui s'intéresse particulièrement à la *psychè* humaine. Un de ses objectifs régulateurs est d'identifier, de décrire et d'analyser l'origine, la nature, les habitudes et la destinée de la *psychè* humaine *(nephesh / neshamah, psyche, soul, Seele, âme)* et de prescrire des mesures pour son développement.

Ces prémisses m'ont amené à la définition suivante du champ (de recherche) :

> L'objectif caractéristique d'une approche selon la critique psychologique est d'examiner le texte biblique et l'histoire de sa transmission et de son interprétation (incluant la dynamique de son point d'origine, de sa composition, ses genres et ses modes d'expression, son organisation et sa structure, sa transmission par les copistes, sa traduction, sa lecture, son interprétation, sa transposition en des formes artistiques familières ou étrangères, et l'histoire de son impact personnel et culturel) comme expression vivante de la nature, de la structure, des processus et des habitudes de la psychè humaine, tant dans ses manifestations individuelles que collectives, passées que présentes.
> Un second objectif est d'étudier la compréhension implicite et explicite de la psychè / âme dans la Bible. Ce qui inclut l'articulation des concepts bibliques de maladie et de santé de l'âme, aussi bien que des prescriptions bibliques pour le soin ou la guérison des âmes (Rollins, 1999, pp. 92-94).

La critique psychologique biblique soutient que, tout comme les facteurs historiques et culturels ont joué un rôle important dans la production de la Bible et dans son interprétation, les facteurs psychiques peuvent être de la plus haute importance. Ils peuvent avoir déterminé de façon singulière ce qui est rapporté dans la Bible, pourquoi on s'en est souvenu, comment on l'a exprimé, à qui et dans quel but cela a été dit, comment cela est lu et interprété. Ils sont susceptibles d'expliquer pourquoi l'imagination, la conscience et la volonté humaines sont si profondément touchées par les histoires, mythes, légendes, récits historiques, lois, prophéties, paraboles, épîtres et apocalypses de la Bible – pour le meilleur et pour le pire. Le but théorique de la critique psychologique biblique est de retracer le rôle de la *psychè* dans la vie de la Bible et, à l'inverse, le rôle de la Bible dans la *psychè*.

MÉTHODE DES ÉTUDES PSYCHOLOGIQUES

Dans son essai sur « Psychology and the Bible: Three Worlds of the Text », D. Andrew Kille traite de la question de méthode. « Est-il possible de parler de la critique psychologique biblique comme d'une méthode ? » Il répond : « Aucune méthode individuelle ne peut servir à traiter des différents mondes du texte ; aucune approche individuelle ne peut épuiser les ressources des perspectives psychologiques » (Kille, 2002, p. 132).

La raison pour cette diversité de méthodes est double : premièrement, la diversité des écoles psychologiques et, deuxièmement, celle des approches psychologiques de la Bible. Vers la fin du XXe siècle, l'American Psychological Association a dressé une liste de cinquante-huit branches de psychologie, allant de la psychologie physiologique, la psychobiologie et à la psychométrie, à la psychologie behavioriste, sociale et cognitive, à la psychologie pastorale, à la théorie de l'apprentissage, et la psychanalyse (Hunt, 1993, p. 310). On peut trouver une diversité analogue dans les différentes approches psychologiques des textes bibliques, qui ne représentent pas moins de quinze approches différentes : freudienne et jungienne, théorie d'apprentissage, psychologie cognitive et du développement, psychothérapie existentielle, théorie des relations aux objets, théorie psychanalytique lacanienne postfreudienne, psychologie du moi, psychologie individuelle d'Adler et psychologie existentielle (Rollins, 1999, pp. 81-84).

Il en résulte ceci :

> Il n'est pas possible de parler d'*une* [unique] méthode pour la critique psychologique biblique. Nous sommes plutôt confrontés à un assortiment d'outils, d'approches et de perspectives qui peuvent offrir des chemins pour pénétrer à l'intérieur des textes bibliques. Chaque théorie psychologique apportera ses propres présupposés, son cadre et sa perspective pour la tâche d'interprétation. C'est seulement lorsque ces outils sont choisis et appliqués de façon appropriée, en lien avec d'autres outils dont nous disposons, incluant les outils historiques, sociologiques et littéraires, que la critique psychologique est la plus féconde (Kille, 2001, p. 37).

La critique psychologique « n'est pas tant une méthode (ni même un amalgame de méthodes) qu'une *manière de lire* » (Kille, 2002, p. 132), et elle partage ce trait avec la plupart des autres disciplines critiques qui ont surgi depuis 1970 (par exemple : féministe, culturelle, matérialiste, idéologique, déconstructionniste, critique à l'heure du lecteur et critique de l'auditoire).

PROGRAMME DE RECHERCHE

On peut décrire le programme de la critique psychologique biblique en fonction de neuf secteurs de recherche. Pour fournir un portrait complet du domaine, nous allons proposer une esquisse de ces neuf secteurs avec, à l'appui, des échantillons d'études de cas pour chacun. Les neuf secteurs s'énoncent comme suit :

1. l'inconscient ;
2. les symboles bibliques et images archétypales ;
3. la psychodynamique des récits et des histoires bibliques ;
4. les personnalités bibliques ;
5. les phénomènes religieux bibliques ;
6. la psychologie biblique ;
7. comment les textes affectent les lecteurs ;
8. comment les lecteurs affectent les textes ;
9. l'histoire des effets pathogènes et thérapeutiques de la Bible *(Wirkungsgeschichte)*.

1. *L'inconscient*

Un des présupposés de l'exégèse psychocritique est que tous les textes, y compris la Bible, émergent des profondeurs aussi bien inconscientes que conscientes de l'auteur, de sa communauté, de sa culture et de son espèce.

Au moins trois types de facteurs inconscients justifient une recherche psychologique. Le premier est *l'inconscient personnel* de l'auteur et du lecteur, leurs situations personnelles et sociales, leurs types psychologiques et leurs histoires psychologiques personnelles. John Dominic Crossan nous rappelle que « l'inspiration divine passe nécessairement à travers un cœur humain et un esprit mortel, à travers des préjugés personnels et des interprétations communautaires, à travers la peur, l'aversion et la haine, aussi bien que la foi, l'espérance et la charité» (1996, pp. 2-4). Bien qu'ils ne soient pas faciles à discerner, ces facteurs empiètent sur les significations exprimées par l'auteur biblique et détectées par le lecteur de la Bible, et font parfois irruption dans le texte.

Le deuxième type est celui de *l'inconscient historique*, c'est-à-dire les reliquats d'une conscience préchrétienne ou préisraélite qui pourraient subsister inconsciemment dans les textes sacrés chrétiens ou hébreux. Jung écrit: «Tout a une histoire, tout "connaît une croissance" et le christianisme, qui est censé être apparu soudainement comme une révélation unique depuis le ciel, est incontestablement, lui aussi, le produit d'une histoire [...] C'est exactement comme si on avait construit une cathédrale sur un temple païen sans plus savoir qu'il est toujours là, en dessous» (Jung, 1953, p. 84). Bien que l'effort d'archéologie psychologique des rituels bibliques fait par Freud dans *Totem et Tabou* ait été rejeté par les ethnologues et les historiens de la religion, son ouvrage renvoie à l'exploration des racines psychoculturelles des rituels et du mystère du pouvoir et de l'autorité irrésistibles avec lesquels elles émergent dans les religions et les cultures (Rollins, 1999, p. 41).

Le troisième type est *l'inconscient collectif*, que Jung décrit comme «une sphère de la mythologie inconsciente [ayant un impact sur des situations de vie typiques] dont les images primordiales forment l'héritage commun de l'humanité». Bien que l'inconscient collectif, comme le reconnaît Jung, «va toujours échapper à nos efforts de compréhension», ses traces peuvent être détectées dans les images qui sont reprises transculturellement sous des apparences différentes dans des symboles, des récits de rêves, des histoires, des mythes, des récits épiques, des apocalypses, et des histoires de figures héroïques» (Jung, 1953-1978, vol. 15, pp. 125, 135).

L'essai de Carl Jung «Approaching the Unconscious» (1964) fournit une excellente introduction au concept de l'inconscient, tandis que Gerd Theissen présente une étude de cas sur l'«inconscient» dans sa section sur «Les secrets du cœur: Le dévoilement des motifs inconscients à travers la théologie paulinienne », dans *Aspects psychologiques de la théologie paulinienne* (1987, pp. 57-114).

2. *Les symboles bibliques et images archétypales*

Les symboles, les mythes, les apocalypses, les histoires et les légendes ont toujours intéressé les critiques psychologiques, et ce pour deux raisons : leur riche contenu d'inconscient et leur influence puissante sur la *psychè* humaine. Ces deux dimensions ont été mises en lumière par le travail psychanalytique de Freud et de Jung sur le symbolisme des rêves, sur le travail artistique des patients, et en définitive sur le rôle du symbole dans les arts, la culture et la religion. Freud et Jung ont argumenté avec conviction en faveur du « processus de symbolisation » comme « fonction naturelle et spontanée de la *psychè* » (Bregman, p. 1249). Ils soutenaient que les symboles fonctionnent comme langage inné de la *psychè*, émergeant spontanément des réactions de la *psychè* sous forme de rêves, de visions, de poésie, de mythe, de peinture, de sculpture ou même d'états hallucinatoires, avec des significations qui s'avèrent inédites, surprenantes, étonnantes ou inspirantes pour la conscience.

Les symboles sont indispensables en raison de leur capacité d'orienter vers des réalités qui ne sont que partiellement visibles dans les mystères qui s'offrent à notre perception. Jung note : « Parce qu'il y a une foule innombrable de choses au-delà du domaine de la compréhension humaine, nous utilisons constamment des termes symboliques pour représenter des concepts que nous ne pouvons définir ni comprendre pleinement » (Jung, 1964, p. 21).

Les symboles sont polyvalents plutôt qu'univoques. L'ensemble de leurs sens provient non seulement du mystère complexe de la chose symbolisée, mais aussi de l'éventail des valeurs que l'image peut évoquer pour différents esprits. On peut prendre l'exemple du symbole de la « croix » qui a des connotations différentes selon les individus – un Romain du Ier siècle, un chrétien du IIe siècle, un saint médiéval, un croisé du Moyen Âge, un exorciste, un membre du Ku Klux Klan.

Une catégorie de symboles qui mérite une attention particulière est celle de *l'image archétypale* que Jung a découverte comme faisant partie d'« une sphère de la mythologie inconsciente dont les images primordiales constituent l'héritage commun de l'humanité », et prenant son origine dans ce qu'il appelait l'« inconscient collectif » ou « objectif ». Suite à l'étude des images de rêves, des mythes, de l'art religieux et des dessins de ses patients, Jung concluait que l'inconscient consiste non seulement en un contenu originalement conscient et qui aurait été ensuite perdu (comme le pense Freud), mais aussi

> en une couche plus profonde au caractère universel semblable à celui des motifs mythologiques qui sont typiques de l'imagination humaine en général. Ces motifs sont davantage *découverts* qu'*inventés*. Ils sont des formes typiques qui apparaissent spontanément à travers le monde entier, indépendamment de la tradition, dans des mythes, des histoires féeriques, des fantasmes, des rêves, des visions et des systèmes d'aberration mentale chez les déments. Au terme d'une recherche plus poussée, ils se révèlent être des attitudes, des modes d'action, des processus de pensée et des impulsions typiques de l'espèce humaine. Le terme que j'ai choisi pour cela, à savoir « archétype », coïncide par conséquent avec le concept biologique de « modèle de comportement ». Ce n'est, en aucun cas, une question d'idées reçues, mais bien d'impulsions et de formes reçues et instinctives qui peuvent être observées chez toutes les créatures vivantes (Jung, 1953-1978, vol. 3, p. 565).

Joseph Campbell a défini ces images archétypales comme « une distribution de caractères communs qui ont joué à travers tous les temps, par le biais des rêves et des mythes de l'ensemble de l'humanité, dans des situations, des confrontations et sous des habits toujours changeants » jusqu'à aujourd'hui, alors que « la plus récente incarnation d'Œdipe et la romance toujours vivante de la Belle et la Bête, se tiennent cet après-midi au coin de la 42e Rue et de la 5e Avenue, attendant le changement du feu de circulation » (Campbell, 1971, p. 4).

Un exemple de premier plan de figure archétypale est celui de l'image du héros, élaborée par Joseph Campbell dans *Hero With a Thousand Faces*, que Campbell retrace sous différentes apparences depuis l'Assyrie, la Babylonie, la Grèce et Rome, jusqu'au Cambodge, à l'Indonésie, au Honduras et à l'Argentine, aussi bien que dans la Bible. D'autres images archétypales qui se trouvent dans la Bible incluent le jardin primordial, l'enfant divin, le vieux sage (homme ou femme), le fourbe satanique, la montagne sacrée, l'arbre de vie, l'âge d'or à venir, le roi divin, la reine méchante, l'image du cosmos, les thèmes archétypaux du bien *versus* le mal, de l'esclavage et de la liberté, et de la mort et de la résurrection. Walter Wink, dans son essai sur la lutte de Jacob avec Dieu, observe que de telles images classiques apparaissent

> si fréquemment dans des traditions mythiques dispersées que nous avons raison de [les] considérer [...] comme une composante standard du développement spirituel. Le large éventail même de telles histoires [...] prouve que nous avons à faire avec quelque chose de fondamental pour l'itinéraire spirituel lui-même, et non avec de simples légendes étiologiques inventées pour expliquer l'origine des choses (Wink, 1978, p. 142).

On pourra trouver des études de cas de symboles et d'images archétypales dans l'étude de Patrick Henry sur l'eau, le pain et le vin (1979), dans celle de Michael Willett Newheart sur le « symbolisme johannique » (1995) et, chez Wink, dans le traitement incisif de l'image archétypale du « fils de l'homme » dans le judaïsme, le christianisme primitif, l'enseignement de Jésus et le gnosticisme dans *The Human Being: Jesus and the Enigma of the Son of the Man* (2002).

3. *La psychodynamique des récits et des histoires bibliques*
Les récits et les personnages bibliques intéressent la critique psychologique car ils fournissent des modèles typiques de comportement humain et psychique. C'est le cas par exemple des stratégies de défense utilisées par la *psychè* humaine. On trouve des exemples de déni (Adam et Ève dans le jardin), d'intellectualisation (le Pilate johannique en conversation avec Jésus), de projection (l'acclamation par Pierre de Jésus comme Messie victorieux), et de rationalisation (Ève reportant la responsabilité au serpent), côtoyant des modèles de compulsion obsessive (la persécution de la Voie au début de la carrière de Paul), et la mitigation d'une dissonance cognitive (la création de scénarios apocalyptiques pour résoudre le problème du mal). On pourra trouver des exemples de cette

approche dans le traitement de l'histoire des Noces de Cana chez Françoise Dolto et Gérard Séverin : *L'Évangile au risque de la psychanalyse* (1977) et dans l'analyse séduisante du cycle narratif de Jacob par D. Andrew Kille (1995).

4. *Les personnalités bibliques*
La recherche psychologique sur les personnalités bibliques peut prendre trois directions différentes. L'une d'elles est l'*analyse de caractère* dans l'élaboration des figures bibliques, telles que Saül, Jacob, le roi Hérode, ou Paul ; une deuxième est l'analyse *du rôle que les personnalités bibliques ont été amenées à jouer comme modèles ou exemples pour les lecteurs*, comme Moïse l'a été pour Freud, et la figure du Christ pour Jung. La troisième approche, enfin, est *psychanalytique*. Bien qu'au sens le plus strict la psychanalyse des figures bibliques soit exclue de la recherche en raison de l'absence du patient, un certain nombre d'études récentes ont suggéré que des observations psychanalytiques utilisées par des analystes expérimentés peuvent fournir un éclairage décisif sur les auteurs bibliques et leurs personnages, comme on le voit par exemple dans les ouvrages de John Sanford, *King Saul, The Tragic Hero : A Study of Individuation* (1985) et de David Halperin, *Seeking Ezekiel, Text and Psychology* ; dans l'essai de Jung sur « Christ, A Symbol of the Self» (1953-1978, vol. 9, 2e partie) et dans les deux portraits psychologiques récents de Jésus, par John Miller, *Jesus at Thirty : A Psychological and Historical Portrait* (1997) et Donald Capps, *Jesus : A Psychological Biography* (2000).

5. *Les phénomènes religieux bibliques*
Un des domaines les plus riches pour le commentaire psychologique est le vaste champ des phénomènes religieux décrits par la Bible, ou auxquels celle-ci fait allusion. Dans la tradition du classique de William James, *The Varieties of Religious Experience*, la recherche psychologique se concentre sur trois domaines : *l'expérience religieuse, la pratique religieuse* et *l'expérience paranormale*. L'*expérience religieuse* inclut les phénomènes de l'inspiration prophétique, du messianisme et du martyre, de même que la conversion, la glossolalie, les visions et les rêves. La *pratique religieuse* inclut les rites cultuels du lavement des pieds, de l'eucharistie, des offrandes consumées et de

la purification. L'*expérience paranormale* inclut la possession démoniaque et l'exorcisme, la guérison par la foi, et les phénomènes parapsychologiques de télépathie, de clairvoyance, et d'expérience extra-corporelle. Une recherche complémentaire se concentre sur les phénomènes expérientiels psychospirituels, auxquels la terminologie biblique se réfère sous le nom de péché, culpabilité, grâce, pardon, salut, rédemption et renaissance. Robin Scroggs note, par exemple, que le concept biblique de « salut signifie changements, changements dans la manière dont nous pensons, dont nous éprouvons des sentiments et dont nous agissons. Et cela signifie, ou du moins il m'apparaît que des intuitions psychologiques et peut-être même des modèles et une terminologie explicitement psychologiques peuvent nous éclairer sur la nature de ces changements » (Scroggs 1982, p. 336). Un travail de fond a été accompli en ce domaine par deux périodiques en particulier, *The Journal of Psychology and Theology* et *The Journal of Psychology and Christianity.*

Parmi les études de cas dans ce vaste domaine, il faut compter l'essai exégétique de Gerd Theissen « Glossolalia – the Language of the Unconscious ? » et « Law and Sin » dans *Psychological Aspects of Pauline Theology* (1987, pp. 267-342; 177-266) ; le travail fait jadis par Scott Fletcher sur la conversion chez Paul dans *The Psychology of the New Testament* (1912, pp. 164-209) ; le traitement ample par Morton Kelsey des rêves dans le monde de la Bible et des cultures environnantes dans *Dreams: The Dark Speech of the Spirit* (1968) ; et l'étude d'Ilona Rashkow sur la sexualité (et la circoncision) en Genèse, dans *The Phallacy of Genesis: A Feminist-Psychoanalytic Approach* (1993).

6. *La psychologie biblique*

Un de ses principaux objectifs d'une approche psychologique critique de la Bible est d'étudier le concept biblique de *psychè / âme / moi* en dialogue avec les modèles contemporains du moi.

Elle se dote d'un quadruple programme. Le premier, le *programme descriptif* a pour mission d'identifier l'ensemble des fonctions, facultés et modèles de comportement de même que les situations typiques, les problèmes et possibilités qui caractérisent, du point de vue biblique, le moi. Le deuxième, le *programme diagnostique-analytique*, vise à identifier la perception biblique de ce qui a dérapé dans la condition humaine et quel pourrait en être le remède. Le troisième, qui est le *programme prescriptif*, se concentre sur ce que la Bible définit comme l'idéal le plus élevé du moi, individuellement et socialement, et quelles sont les méthodes qui contribuent à le nourrir, à en prendre soin et à le former pour le mener à son accomplissement. Le quatrième, le *programme comparatif*, invite au dialogue entre les spécialistes de la Bible et les psychologues sur la nature du moi, avec le souci d'apprendre de part et d'autre. Les domaines où les études bibliques peuvent contribuer à la compréhension psychologique du moi incluent un ensemble de concepts psychologiques concernant la personnalité humaine : la « chute », le péché, la grâce, le repentir et la rédemption, et par-dessus tout le concept omniprésent d'« esprit ». Carl Jung traite de ce dernier point dans l'observation qui suit :

> Nous, modernes, avons à redécouvrir la vie de l'esprit ; nous devons en faire l'expérience à nouveaux frais pour nous-mêmes. C'est la seule manière de briser la fascination qui nous enferme dans le cycle des événements biologiques. [...] La roue de l'histoire n'a pas à être inversée, et on ne saurait nier le progrès de l'homme vers une vie spirituelle, qui a commencé avec les rites primitifs d'initiation. [...] La pensée scientifique, qui n'est qu'une des fonctions de la *psychè*, ne peut jamais épuiser toutes ses potentialités. Le psychothérapeute ne doit pas permettre à sa vision d'être teintée par la pathologie ; il ne doit jamais s'autoriser à oublier que l'esprit malade est un esprit humain et que, en dépit de toutes ses maladies, il partage inconsciemment la totalité de la vie psychique humaine. Il doit même pouvoir admettre que l'ego est malade précisément parce qu'il est coupé du tout, et qu'il a perdu le lien non seulement avec l'humanité mais avec l'esprit. Pendant des millénaires, les rites d'initiation ont enseigné la renaissance de l'esprit ; pourtant, assez étrangement, l'homme oublie encore et toujours le sens de la procréation divine. Bien que cela puisse témoigner faiblement de la puissance de l'esprit, la pénalité liée à sa mauvaise compréhension est la dégénérescence névrotique, l'amertume, l'atrophie et la stérilité. Il est relativement facile de chasser l'esprit au dehors, mais une fois que c'est fait, le repas a perdu sa saveur – le sel de la terre (1953-1978, vol. 4, pp. 780-783).

La littérature sur la psychologie biblique antérieure à 1960 est volumineuse, allant de Delitzsch (1855), A.B.D. Alexander sur Paul (1910), H. Wheeler Robinson sur les prophètes (1926) jusqu'à Bultmann (1951, vol. I, p. 363), et Brunner (1936). Mais elle demande maintenant à être revisitée. Les deux ouvrages qui ont ravivé l'intérêt pour la psychologie biblique sont ceux de Gerd Theissen, *Psychological Aspects of Pauline Theology* (1987) et de Walter Wink, *The Human Being...* (2002).

7. *Comment les textes affectent les lecteurs*

D'un point de vue psychologique, on peut voir que les textes affectent les lecteurs de deux façons. Premièrement, ils peuvent élargir la perspective du lecteur. Hans Georg Gadamer a parlé de la capacité des textes à transformer et à ouvrir l'horizon des lecteurs (Thiselton, 1992, pp. 7-10). Gerd Theissen, quant à lui, a parlé de la restructuration ou de la révision cognitive de la réalité occasionnée par le texte biblique (Theissen, pp. 29-39). La théorie de Carl Jung sur l'imagerie archétypale et compensatoire pour la conscience s'est concentrée sur l'effet catalyseur qu'un texte peut produire sur un lecteur, et sur la façon dont il peut activer la conscience, la volonté et l'imagination, au point parfois d'inciter le lecteur à agir autrement. Le romancier Frederich Buechner exprime bien cette expérience dans une réflexion sur les « mots » d'un de ses professeurs :

> Mais ce professeur, M. Martin, fut le premier à me donner la sensation de ce que sont le mots [...] Grâce à lui, j'ai commencé à ressentir que les mots non seulement véhiculent quelque chose, mais qu'ils *sont* quelque chose ; que les mots ont une couleur, une profondeur et une texture qui leur sont particulières, et qu'ils ont le pouvoir d'évoquer beaucoup plus largement que ce qu'ils signifient ; que les mots peuvent être utilisés pas simplement pour clarifier les choses [...] mais pour faire arriver des choses à l'intérieur de celui qui les lit ou les entend (1982, p. 68).

Une deuxième manière dont les textes peuvent affecter les lecteurs est liée à leur rôle comme médiateurs des intérêts particuliers, des préjugés, des idéologies et autres motifs de l'auteur. Paul Ricœur avait cela à l'esprit lorsqu'il parlait de la nécessité d'une « herméneutique du soupçon » qui doit toujours être prête à « soupçonner » le texte d'être un agent éventuel d'exclusions, de marginalisations, d'idéologies et de quêtes de pouvoir, et de vouloir, consciemment ou inconsciemment, renforcer ces dispositions dans la *psychè* du lecteur. De concert avec la critique idéologique, et avec les critiques latino-américaines, afro-américaines et féministes, la critique psychologique examine dans quelle mesure le texte biblique peut servir secrètement les intérêts particuliers et souvent orientés des auteurs et des interprètes à leur profit. L'ouvrage en trois volumes de Walter Wink sur les pouvoirs, *Naming the Powers : The Language of Power in the New Testament* (1984), *Unmasking the Powers : The Invisible Forces that Determine Human Existence* (1986), et *Engaging the Powers : Discernment and Resistance in a World of Domination* (1992), offre une vaste étude de cas du pouvoir subversif des idéologies tant dans l'Écriture que dans la société.

8. *Comment les lecteurs affectent les textes*

Cedric Johnson a été l'un des premiers à identifier et à analyser les facteurs psychologiques à l'œuvre chez les lecteurs bibliques. Dans son livre de 1983, *The Psychology of Biblical Interpretation*, Johnson raconte que, « au cours des toutes dernières années, j'en suis venu à soupçonner de plus en plus que mes idées à propos de la vérité biblique ne viennent pas entièrement de mon étude de la Bible [...] Chacun ou chacune se forme son système théologique, en référence à son histoire psychologique personnelle. »

Le travail de Johnson et celui de la critique biblique postmoderne font ressortir au moins trois facteurs psychologiques qui affectent l'interprétation biblique : *la situation personnelle et socioculturelle du lecteur; le type psychologique et la personnalité du lecteur, et la psychodynamique du processus de lecture.*

La situation personnelle et socioculturelle du lecteur a été mise en lumière par Daniel Harrington, qui notait que « les interprètes devraient [...] être conscients du bagage qu'ils apportent avec eux quand ils s'attèlent à la tâche de l'interprétation biblique ». Jetant un regard sur son propre « bagage » comme « mâle américain blanc, vivant au milieu et à la fin

LECTURES PSYCHOSOCIALES

du XXe siècle», né de parents irlandais immigrants, et jésuite depuis vingt ans, il rapportait:

> Chacun [...] de ces éléments a un impact sur la façon dont j'approche un texte biblique. Enlevez un ou deux de ces éléments de ma biographie et substituez-lui quelque chose d'autre, et, à coup sûr, ma lecture du texte changerait. Si j'épargne au lecteur l'inventaire de mes forces et de mes faiblesses psychologiques, cette omission ne devrait pas être comprise comme suggérant que les prédispositions psychologiques de l'interprète ne sont pas importantes (Harrington, 1979, p. 132).

Le type psychologique et la personnalité du lecteur ont intéressé particulièrement Carl Jung, qui a introduit une quadruple typologie psychologique du moi, en distinguant quatre fonctions psychiques primaires chez l'homme: pensée, sentiment, sensation, intuition. Ces fonctions sont typiques de quatre orientations accessibles aux individus concernant l'adaptation aux exigences de la vie. Les implications herméneutiques de cette typologie sont que chaque lecteur abordera un texte selon son propre type psychologique. Un corollaire en est qu'un texte peut être opaque pour un lecteur, mais non pour un autre. La «pensée», par exemple, aidera un lecteur à résoudre des énigmes bibliques et à déchiffrer les arguments rabbiniques dans les épîtres de Paul, mais ne saura pas expliquer les dimensions du sens que la fonction de «sensation» instille à la lecture du Cantique des Cantiques ou à l'histoire du démoniaque gadarénien hurlant parmi les tombes. Cette approche ravive l'intérêt pour les quatre modes rabbiniques et médiévaux d'interprétation biblique: littéral, allégorique, moral et tropologique. Ces méthodes d'interprétation sont psychologiquement significatives pour l'appropriation des significations multiples du texte.

Au moins six théories différentes sur le mode de production du sens d'un texte par la *psychè* humaine peuvent expliquer *la psychodynamique du processus de lecture:* théorie interactive de la critique «à l'heure du lecteur», théorie psychologique de la critique «à l'heure du lecteur», théorie des relations à l'objet, théories de l'imagination et de la «fabrication de l'illusion », théorie herméneutique d'orientation philosophique et théorie herméneutique d'orientation psychanalytique (Rollins, 1999, pp. 164-174). La première, par exemple, soutient que le sens de la lecture peut être trouvé non pas dans le « passé » du texte, mais dans « l'expérience présente » du processus de lecture. La lecture réorganise les systèmes de pensée invoqués par le texte :

> Au moyen de ses conventions littéraires et de ses stratégies, le texte présente une énigme que le lecteur doit résoudre pour accéder à la compréhension. Le lecteur est entraîné dans une aventure non seulement par ce que le texte énonce mais aussi par ce qu'il retient. Pour comprendre la littérature, le lecteur doit être capable de combler les vides, de déduire ce qui n'est pas donné (Davies, 1990, pp. 578-580).

La critique à l'heure du lecteur, qui dépend considérablement de la théorie de la Gestalt, soutient que « le vide » est comblé par le lecteur qui cherche des modèles de sens répondant à ses besoins du moment (Rollins, 1999, p. 165).

9. *L'histoire des effets pathogènes et thérapeutiques de la Bible (Wirkungsgeschichte)*

Le neuvième élément du programme de la critique psychologique biblique est celui de la recherche sur *l'histoire des effets bibliques*, qui peuvent être, comme l'histoire l'a démontré, pathogènes ou thérapeutiques. Wilfred Cantwell Smith a fourni une observation psychologique critique sur *le potentiel pathogène des textes religieux* :

> L'Écriture a servi de justification morale principale à l'esclavage parmi ceux qui refusaient les propositions d'abolition de cette institution et, en pratique, à cautionner plus d'un *statu quo* oppressif contre les mouvements en faveur de la justice. [...] Elle a aussi contribué à l'humiliation des femmes. [...] En outre, la force imposante avec laquelle l'Écriture cimente une communauté a forgé des divergences prononcées, et parfois implacables, entre les communautés. Dans le cas particulier de la triade occidentale – juifs, chrétiens, musulmans – le dénigrement à partir de l'Écriture de ceux qu'on estime être les « étrangers » a été, et est toujours, désastreux (Smith, 1993, pp. 213-214).

LECTURES PSYCHOSOCIALES

La tâche de réflexion est aussi importante, voire primordiale sur les *effets thérapeutiques de l'Écriture* et de la religion en général. Dans son essai « The State of Psychotherapy Today », Carl Jung écrit que « les religions sont des systèmes psychothérapeutiques dans le sens le plus vrai du mot [...] Elles expriment la totalité de l'éventail du problème psychique en images puissantes; elles sont l'aveu et la reconnaissance de l'âme, et tout autant la révélation de la nature de l'âme » (1953-1978, vol. 10, p. 367).

Un des premiers objectifs de la critique psychologique biblique est de comprendre avec une plus grande précision psychologique le secret de l'effet thérapeutique et catalyseur du texte biblique et le rôle qu'il joue dans la guérison d'individus, de sociétés et de cultures, une tâche pour laquelle les psychologues pastoraux ont déjà apporté une contribution substantielle. L'ouvrage de Donald Capps, *Biblical Approaches to Pastoral Counseling* (1981), est une source riche en information clinique sur les effets thérapeutiques des textes sur les lecteurs. Capps reconnaît volontiers le potentiel pathogénique du texte, mais il met en lumière, dans un contexte clinique, des exemples de transformations et d'effets thérapeutiques de la Bible. C'est peut-être ce que Carl Jung avait à l'esprit quand il parlait du pouvoir des mots et des symboles:

> Quiconque parle à l'aide d'images primordiales s'exprime avec un millier de voix; il captive et subjugue, et en même temps il élève l'idée qu'il cherche à exprimer à partir de l'occasionnel et du transitoire jusqu'au domaine de l'éternel. Il transforme notre destinée personnelle en destinée de l'humanité, et il stimule chez nous toutes ces forces bénéfiques qui ont permis à l'humanité de trouver, en tout temps, un refuge face à tous les dangers et de survivre à la nuit la plus longue (1953-1978, vol. 15, p. 129).

Rm 7-8 : PAUL FACE À LA LOI

Dans son étude des *Aspects psychologiques de la théologie paulinienne*, Gerd Theissen reconnaît que « les chapitres 7 et 8 de l'épître aux Romains sont la présentation la plus passionnée chez Paul d'une vie humaine transformée. S'il est des textes de Paul qui peuvent être interprétés psychologiquement, ce sont bien ces deux chapitres» (Theissen, 1987, p. 222). Pour en faire la démonstration, Theissen examine Rm 7–8 à travers la lentille de trois modèles psychologiques différents : la théorie d'apprentissage, la théorie psychodynamique et la psychologie cognitive. Ces trois modèles explorent autant d'aspects du changement psychologique expliqué dans ces chapitres.

La théorie d'apprentissage se concentre sur le changement qui survient chez les personnes lorsqu'elles sont exposées à «de nouveaux stimuli, de nouveaux renforcements, et de nouveaux modèles de comportement» (Theissen, p. 10). En Rm 7, Paul parle de modèles de comportements qui étaient à l'œuvre dans sa vie. Un premier modèle est celui de la lettre de la loi, qui a dominé le premier tiers de la vie de Paul. Le second est le modèle du Souffle du Christ.

Paul fait état d'une découverte psychologique troublante au sujet de la loi, en Rm 7. Étant donné la perversité de la nature humaine, il a découvert que la loi, contre toute attente, tend à inspirer cela même qu'elle interdit. «Et j'aurais ignoré la convoitise si la Loi n'avait déclaré : "Tu ne convoiteras pas"» (Rm 7,7). «Et en moi, l'interdit fait pour la vie, nous dit Paul, devient instrument de mort» (Rm 7,10). Il en vient à réaliser que la lettre de la loi ne procure pas la vie. Au contraire, selon son expérience, elle ne fait que raviver le «péché». Ce qui lui fait dire, en 2 Co 3,6, que «la lettre tue et le Souffle fait vivre».

Paul a également découvert la vérité psychologique selon laquelle, malgré tout ce qu'elle a de saint et de bon (Rm 7,12), la loi ne donne pas les moyens d'atteindre la fin qu'elle anticipe ; elle ne procure ni la motivation ni le pouvoir d'obéir. La loi peut émettre un commandement, mais elle ne permet pas d'outrepasser la «loi du péché» qui est en guerre avec la «loi de notre intelligence» (Rm 7,23). Paul a découvert que ce dont il a le plus besoin, ce n'est pas d'une loi meilleure ni d'un supplément de loi, mais d'un nouvel esprit qui va lui permettre d'accomplir ce à quoi la «loi de l'esprit» aspire, sans que cela soit saboté par la «loi du péché».

Theissen soutient que Paul trouve la réponse à cette énigme dans le modèle fourni par Jésus, c'est-à-dire celle d'une personne qui est morte victime de la loi, mais vit et transmet un nouvel esprit plutôt qu'une nouvelle loi. « La logique du Souffle, qui est la vie, en Jésus Christ t'a libéré de la loi de péché et de mort. Là où la Loi était impuissante, parce qu'affaiblie par la chair, Dieu agit » (Rm 8,2-3).

La théorie psychodynamique amène d'autres éléments pour la discussion. Le travail psychodynamique de Carl Jung et de Sigmund Freud est centré sur la découverte du domaine de l'inconscient. Il traite des fonctions incontrôlables, des forces, des pulsions et des complexes qui affectent, à défaut de les déterminer, le comportement, la pensée et le désir. Il propose enfin que la seule façon d'échapper au pouvoir de ces processus incontrôlables et inconscients est de les rendre présents à la conscience, de les nommer, de décoder la façon dont ils exercent un contrôle sur la vie de quelqu'un, et de rivaliser avec eux par un meilleur discernement de la conscience.

C'est à ce genre de processus que Paul fait référence dans son utilisation astucieuse et enjouée du mot *nomos* (loi) en Rm 7. Il utilise le terme selon quatre sens, se référant à autant de facteurs psychiques différents à l'œuvre dans son expérience.

Le premier type de *nomos* est, bien entendu, la Torah écrite, la Loi et sa lettre, qui appelle une performance et dicte un comportement. Celle-ci est un facteur psychique de la plus haute importance dans la vie de Paul, parce que la Loi était toute sa vie. Elle est importante également parce qu'elle prépare le terrain pour la rencontre de Paul avec l'inconscient. Toutefois, ce premier type de *nomos*, comme nous le verrons, n'est pas la seule *nomos* en jeu, et c'est elle, en réalité, qui fait entrer les autres *nomoi* (lois) en scène.

Le deuxième type de *nomos* est la « *nomos* de l'intelligence » (7,23). Avec cette expression, Paul fait référence à une habitude naïve de l'esprit qui se perçoit moralement innocent, et se voit comme un serviteur de la Loi de Dieu qui éviterait les complications psychologiques désagréables et difficiles. « La loi de l'intelligence» représente l'état d'esprit d'un individu naïf du point de vue moral, homme ou femme, qui se croit innocent, juste et bon. Paul décrit ce genre de personne dans son autoportrait en Ph 3,4-6, où il se décrit comme un véritable croyant, qui se perçoit comme «irréprochable» en matière de justice personnelle (Ph 3,7) (Theissen, pp. 229-230).

Les choses se compliquent toutefois avec l'introduction du troisième type de *nomos*, dont le spectre apparaît dans l'expérience de Paul qui se traduit par la découverte d'une «*nomos* [loi] du péché», «qui règne dans ses membres» (Rm 7,23). Paul écrit encore: «Je trouve donc une loi qui s'impose à moi quand je veux faire le bien, et c'est le mal qui est à portée de mes mains» (Rm 7,21).

Comment résoudre ce sinistre conflit entre ce que mon intelligence veut faire et ce que dicte la loi de mes membres? La réponse de Paul est identifiée en Rm 8,2, comme étant un quatrième type de *nomos* à l'œuvre dans ce combat intrapsychique. Cette dernière *nomos*, pour Paul, atout majeur dans cette épreuve psychiquement débilitante, est «la *nomos* [logique] du Souffle, qui est la vie, [et qui] en Jésus Christ [l']a libéré de la loi de péché et de mort» (Rm 8,2).

L'exploit de Paul en Rm 7–8, du point de vue de la théorie psychodynamique, est d'avoir découvert des conflits inconscients qui faisaient rage dans son intelligence et dans son corps. C'est lorsqu'il a pris conscience des acteurs précis du conflit qu'il a pu voir que ce dont il avait le plus besoin n'était pas une volonté plus ferme ou un point de vue moral plus affiné, mais un nouvel esprit qui pouvait donner ce que la loi ne pouvait pas donner, à savoir la motivation à aimer ce que la loi aimait, et davantage. Paul trouve dans le Christ et dans la vie de l'Esprit, les ressources non seulement pour faire le bien, mais pour le désirer. Les lois ne produisent pas cet effet. L'inspiration, oui. «La lettre tue» – voilà ce que Paul a découvert. «Et le Souffle fait vivre» (2 Co 3,6).

La psychologie cognitive est, quant à elle, basée sur la prémisse selon laquelle les peurs, les complexes et les émotions négatives remontent à des idées fausses, à des perceptions tordues et à des attitudes destructrices. L'objectif de la psychologie cognitive est de changer la façon dont les gens comprennent la réalité et se perçoivent eux-mêmes. Au cœur de la thérapie cognitive, on trouve une restructuration de l'autoperception humaine de soi et, dans le cas de Paul, le passage d'une autoperception destructrice et autocondamnatoire à une attitude positive.

Le pouvoir affectif d'une image de soi chez Paul qui serait « d'autocondamnation destructrice » est manifeste dans son cri : « Malheureux humain que je suis ! Qui me délivrera de ce corps qui me mène à la mort ? » (Rm 7,24). Mais Paul passe d'une perception de lui-même comme malheureux à une perception où il n'apparaît plus condamné mais accepté par Dieu. La nouvelle perception positive que Paul a de lui-même est expliquée en détail au long de Rm 8, où Paul partage sa nouvelle vision de lui-même et, en réalité, de « tout homme ». Il s'extasie finalement d'avoir hérité d'un esprit de filiation, et de se voir accepté et non condamné par Dieu. Il se sent en mesure de reprendre le cri : « Abba, Père [...] Le Souffle lui-même se joint à notre souffle pour témoigner que nous sommes enfants de Dieu – enfants, donc héritiers de Dieu, cohéritiers du Christ » (8,14-17). Paul est parvenu à une restructuration cognitive de lui-même, qui lui a permis de vaincre une image destructrice et condamnatoire de lui-même, et de « voir » que rien, ni la vie ni la mort, ni même la Loi, ne peut le séparer du statut de quelqu'un qui est aimé de Dieu dans le Christ (Rm 8,38-39).

Incontestablement, l'Évangile chrétien a des effets psychospirituels profonds sur l'auditeur. Paul se perçoit comme une « nouvelle personne exemplaire dans le destin duquel un nouveau modèle d'expérience et de comportement s'est manifesté » (Theissen, p. 260). Il n'a pas atteint la perfection (car il ne perçoit plus la perfection comme psychiquement ou spirituellement désirable). Il se voit comme un fils de Dieu, comme un enfant de la grâce, comme une personne remplie du Souffle de vie dans le Christ, « libérée de la loi de péché et de mort » (8,3). Il ne regarde plus derrière, mais en avant, pourchassant « ce qui me vaudra la récompense de l'appel de Dieu par Jésus Christ, venu des hauteurs », qui l'appelle à une maturité dans la *nomos* du Souffle du Christ *versus* l'impossible perfection requise sous la *nomos* de la lettre de la Loi qui tue (Ph 3,12-15).

Ce que Paul décrit en Rm 7 est un changement dans sa conscience, né d'un conflit intérieur qui a fait naître une intuition psychologique profonde, et défini la théologie de Paul de même que la majeure partie de la théologie biblique des vingt siècles qui ont suivi. La pratique d'une exégèse psychologique en Rm 7–8 nous conduit au dévoilement de ce qui a servi de fondement à la division classique entre les œuvres (loi) et la grâce, et qui est le fruit d'une expérience dans la vie de Paul. Elle révèle aussi que cette découverte rend compte du fait étonnant, mais rarement noté, que le Nouveau Testament ne contient pas un seul code de lois.

BIBLIOGRAPHIE

ALEXANDER A. B. D., 1910, *The Psychology of Paul. Ethics of Saint Paul.* Glasgow, Maclehose and Sons.

BALDWIN J. M., ed., 1901-1905, *Dictionary of Philosophy and Psychology.* New York, Macmillan.

BREGMAN L., 1990, « Symbolism/symbolizing », *Dictionary of Pastoral Care and Counseling*, R. Hunter, Nashville, Abingdon, pp. 1248-1250.

BRUNNER E., 1946, *Biblical Psychology, God and Man: Four Essays on the Nature of Personality* (pp. 136-178), London, SCM Press.

BUECHNER F., 1982, *The Sacred Journey,* New York, Harper and Row.

BULTMANN R., 1951, *Theology of the New Testament,* New York, Charles Scribner's Sons.

CAMPBELL J., 1971 (1949), *The Hero with a Thousand Faces,* New York, The World Publishing Company.

CAPPS D., 1981, *Biblical Approaches to Pastoral Counseling*, Philadelphia, Westminster.

–, 2000, *Jesus: A Psychological Biography,* St. Louis, Chalice Press.

CROSSAN J. D., 1977, « Perspectives and Methods in Contemporary Biblical Criticism », *Biblical Research, 22*, pp. 39-49.

–, 1996, « Who Killed Jesus? Crossan Responds to Brown », *Explorations, 10* (1), pp. 2-4.

DAVIES M., 1990, « Reader-Response Criticism », *A Dictionary of Biblical Interpretation*, London, SCM Press, pp. 578-580.

DELITZSCH F., 1869 (1966), *A System of Biblical Psychology [= System der biblischen Psychologie,* Leipzig : Dörffling & Franke, 1861, 2e éd.], ET, Edinburgh, T. & T. Clark, trad. angl. A. E. Wallis ; 2e éd., Grand Rapids, Baker Book House (1re édition allemande : 1855).

DOLTO F. and SÉVERIN G., 1979, *The Jesus of Psychoanalysis: A Freudian Interpretation of the Gospel,* New York, Doubleday. (*L'Évangile au risque de la psychanalyse,* Paris, Seuil, 1977.)

ELLENS J. H., 1997, « The Bible and Psychology, an Interdisciplinary Pilgrimage », *Pastoral Psychology* 45 (3), pp. 193-208.

EXUM J. C. and BRETT M. G., 1993, « Editorial Statement », *Biblical Interpretation: A Journal of Contemporary Approaches 1* (1), p. i.

EXUM J. C. and CLINES D. T. A., 1993, *Journal for the Study of the Old Testament,* Supplement Series, 143, Scheffield, JSOT Press.

FITZMYER J. A., s. j., 1994, *Scripture, The Soul of Theology,* New York, Paulist.

FLETCHER M. S., 1912, *The Psychology of the New Testament* (2e éd.), New York, Hodder & Stoughton.

GOODENOUGH E. R., 1953-1968, *Jewish Symbols in the Greco-Roman Period,* New York, Pantheon.

GRANT F. C., 1968, « Psychological Study of the Bible », *in* J. Neusner (ed.), *Religions in Antiquity : Essays in Memory of Erwin Ramsdell Goodenough* (vol. xiv, pp. 107-124). Leiden, Brill.

HALPERIN D. J., 1993, *Seeking Ezekiel, Text and Psychology,* University Park, PA, Pennsylvania State University Press.

HARRINGTON D., 1979, *Interpreting the New Testament,* Wilmington, Delaware, Michael Glazier.

HARSCH H., 1968, « Psychologische Interpretation biblischer Texte ? », in U. M. et al. (ed.), *Wege Zum Menschen : Festschrift für Adolf Köberle* (pp. 281-289), Göttingen, Vandenhoeck & Ruprecht.

HUNT M., 1993, *The Story of Psychology,* New York, Doubleday.

JAMES W., 1902 (1985), *The Varieties of Religious Experience,* New York, Penguin Classics.

JOHNSON C. B., 1983, *The Psychology of Biblical Interpretation,* Grand Rapids, Zondervan.

JUNG C. G., 1953, *Psychological Reflections: A New Anthology of His Writings, 1905-1961,* Princeton, Princeton University Press.

–, 1953-1978, *The Collected Works of C. G. Jung,* Princeton, Princeton University.

–, 1964, « Approaching the Unconscious », *Man and His Symbols,* M.-L. v. Franz, Joseph L. Henderson, J. Jacobi and A. Jaffe, New York, Doubleday, pp. 18-103.

KELSEY M., 1968, *Dreams : The Dark Speech of the Spirit,* New York, Doubleday.

KILLE D. A., 1995, « Jacob – A Study in Individuation », *Jung and the Interpretation of the Bible,* D. L. Miller, New York, Continuum, pp. 40-54.

–, 1997, *Psychological Biblical Criticism : Genesis 3 as a Test Case,* Graduate Theological Union.

–, 2001, *Psychological Biblical Criticism*, Minneapolis, Fortress.

–, 2002, « Psychology and the Bible : Three Worlds of the Text », *Pastoral Psychology 51* (2), pp. 125-134.

LAPOINTE F. H., 1970, « Origin and Evolution of the Term Psychology », *American Psychologist, 25*, pp. 640-646.

LEINER M., 1995, *Psychologie und Exegese : Grundfragen einer textpsychologischen Exegese des Neuen Testaments*, Gütersloh, Kaiser/Gütersloher Verlagshaus.

MAHONEY M. J., 1991, *Human Change Processes : The Scientific Foundations of Psychotherapy*, New York, Basic Books, Harper Collins.

MILLER J. W., 1997, *Jesus at Thirty: A Psychological and Historical Portrait*, Minneapolis, Augsburg Fortress.

NEWHEART M. W., 1995, « Johannine Symbolism », *Jung and the Interpretation of the Bible*, D. L. Miller, New York, Continuum, pp. 71-91.

PETERS R. S. & MACE C. A., 1967, « Psychology », in P. Edwards (ed.), *The Encyclopedia of Philosophy* (vol. 7, pp. 1-27), New York, Macmillan.

Pontifical Biblical Commission, 1994, « The Interpretation of the Bible in the Church », *Catholic International*, 5 (3), pp. 109-147.

RASHKOW I. N., 1993, *The Phallacy of Genesis: A Feminist-Psychoanalytic Approach*, Louisville, KY, Westminster John Knox.

ROBINSON H. W., 1946, « The Psychology of Inspiration », *Inspiration and Revelation in the Old Testament*, Oxford, Clarendon.

ROLLINS W. G., 1999, *Soul and Psyche : The Bible in Psychological Perspective*, Minneapolis, Fortress.

RUBENSTEIN R., 1972, *My Brother Paul*, New York, Harper & Row.

SANFORD J. A., 1985, *King Saul, The Tragic Hero: A Study in Individuation*, New York, Paulist.

SCHWEITZER A., 1948 (1913), *The Psychiatric Study of Jesus : Exposition and Criticism* (trad. angl. Charles R. Joy), Boston, Beacon Press.

SCROGGS R., 1982, « Psychology as a Tool to Interpret the Text : Emerging Trends in Biblical Thought », *Christian Century* (March 24), pp. 335-338.

SMITH W. C., 1993, *What is Scripture ? A Comparative Approach*, Minneapolis, Augsburg Fortress.

SOLOMON A., October 7, 2001, *Review of Out of Its Mind : Psychiatry in Crisis: A Call for Reform by J. Allan Hobson and Jonathan A. Leonard*, Cambridge, MA, Perseus, *New York Times Book Review*, p. 15.

SPIEGEL Y., 1972, *Psychoanalytische Interpretationen biblischer Texte*, Munich, C. Kaiser.

THEISSEN G., 1987, *Psychological Aspects of Pauline Theology* (John P. Galvin, Trans.), Philadelphia, Fortress.

THISELTON A. C., 1992, *New Horizons in Hermeneutics : The Theory and Practice of Transforming Bible Reading*, Grand Rapids, MI, Zondervan.

LECTURES PSYCHOSOCIALES

VERGOTE A., 1971, « Apport des données psychanalytiques à l'exégèse : vie, loi et clivage du moi dans l'épître aux Romains 7 », in X. Léon-Dufour (éd.), *Exégèse et Herméneutique* (p. 109-147), Paris, Éditions du Seuil.

–, 1973-1975, « Psychanalyse et interprétation biblique », in H. Cazelles & A. Feuillet (éd.), *Supplément au dictionnaire de la Bible* (vol. 9, pp. cols. 252-260). Paris, Letouzey et Ané.

WINK W. 1978, « On Wrestling with God : Using Psychological Insights in Biblical Study », *Religion in Life, 47*, pp. 136-147.

–, 1984-1992, *The Powers*, 1. *Naming the Powers : Language of Power in the New Testament* (1984) ; 2. *Unmasking the Power : The Invisible Forces that determine Human Existence* (1986) ; 3. *Engaging the Powers : Discernment and Resistance in a World of Domination* (1992), Minneapolis, Augsburg Fortress.

–, 2002, *The Human Being : Jesus and the Enigma of the Son of the Man*, Minneapolis, Augsburg Fortress.

LECTURES POLITIQUES

LECTURE « LIBÉRATIONNISTE »

Schisme ou processus de libération ? « L'envers de l'histoire » dans 1 Rois 12

Severino Croatto

Quand on lit l'histoire de Salomon en 1 R 1–12, on peut constater (et peut-être admirer) son astuce politique – liquidation de ses rivaux, le jugement des deux femmes, le traité avec les Phéniciens, sa préoccupation d'édifier le temple de Yahweh, sa dévotion (démontrée dans la magnifique oraison du chapitre 8), sa capacité administrative (ch. 4), ses fortifications pour protéger l'État (ch. 9), enfin, son habileté commerciale (ch. 10). On a là une séquence des triomphes politiques de l'héritier de David. Nous n'avons pas la possibilité de savoir, ni même d'imaginer, ce qu'Adonias aurait pu faire au cas où il se serait proclamé victorieusement roi d'Israël (1 R 1,5-11).

LA VISION DEUTÉRONOMISTE DE L'HISTOIRE

L'histoire deutéronomiste (HD) est une histoire *religieuse*, dont la finalité est d'évaluer la monarchie selon les paramètres du *Sinaï*, soit dans la forme primitive du Deutéronome comme document d'alliance, soit dans son corps principal qui est l'histoire josianique avec en son centre la réforme de Josias dans les années 620, soit encore dans la rédaction finale post-exilique. Dans sa rédaction josianique on trouve des réformes, des idéaux, des transformations (ce qui ne suppose pas que tout ait été positif). Mais, dans l'édition finale du livre, on perçoit clairement un sentiment de frustration au sujet des derniers rois. Pourtant, dans sa description de la libération du roi Joaquim en 562 (2 R 25,27-30), le livre des Rois se clôt dans une perspective d'espérance modérée.

Au sujet de 2 R 25,27-30, il faut tenir compte de certains détails:

a) La libération, le changement de vêtements, la commensalité avec le roi de Babylone, sont des signes d'un changement profond, non seulement envers le roi judéen mais aussi par rapport à la politique chaldéenne concernant Juda.

b) Mais pourquoi Joaquim ne fut-il pas renvoyé à son pays natal ? Trente-cinq ans avaient passé depuis la première conquête de Jérusalem et sa propre captivité. Les choses avaient évolué en Juda, aussi administrativement. Mais peut-être y a-t-il plus. Voyons ceci de plus près.

c) Il semble que le récit signale une chose associée avec la *diaspora*, non avec l'exil. S'il était question seulement de l'exil, le geste d'Amel-Marduk libérant de la prison le roi Joaquim, sans en même temps permettre le retour des Judéens captifs, ne s'expliquerait pas. L'arrière-plan du texte doit être différent. Notre interprétation est la suivante:

d) En réalité, le problème de l'éditeur final de l'HD ne fut pas l'exil en Babylonie mais la situation en diaspora. Il est tout à fait probable que l'auteur n'imagine pas la possibilité d'un retour au pays de Juda – maintenant la petite province perse de Y^ehûd. Ou bien – à la lumière des retouches de Dt 4,25-31 et 29,21-27; 30,1-10 – il la suppose lointaine, peut-être parce qu'il ne voit pas que soient réalisées les conditions que lui-même stipule dans ses relectures (« si tu retournes[1]... »).

e) D'après ces faits, on soupçonne que l'éditeur final de la HD s'est proposé de créer la figure de Joaquim comme « roi de Juda en exil ». Concrètement, il s'agit donc d'un « roi des Judéens en situation de *diaspora* ».

f) Ce n'est que beaucoup plus tard, avec le Chroniste, que la captivité en Babylonie finit avec le décret de Cyrus (2 Ch 36,22-23), idée déjà exprimée dans le livre d'Esdras (1,1-4). Ces deux livres

1. Dt 4,30; 30,10.

cependant s'intéressent à un autre schème historique : *quelques-uns* des captifs retournent pour collaborer à la construction du temple. Ce fait n'implique pas un intérêt quelconque au retour de la totalité des captifs, et moins encore au retour des différentes diasporas vivant dans l'empire perse.

g) Ce sont les prophètes qui construiront l'utopie du retour de toutes les *diasporas*, en particulier Isaïe, Jérémie et Ézéchiel[2], mais seulement au niveau de la dernière rédaction[3]. Dans ce cadre, la diaspora est déjà un problème théologique qui concerne le projet *de Yahweh* touchant la récupération de son peuple avec sa terre et ses institutions *recréées*.

2. Is 11,10-16 ; 27,13 ; 66,18-21 ; Jr 16,14-15 ; 23:7-8 ; 31,8.10.23 ; 32,37 ; Ez 34,13 ; 36,24 ; 37,21 ; etc.

3. Voir notre article, « La estructura de los libros proféticos (las relecturas en el interior del *corpus* profético) » : *RIBLA* n° 35-36 (2000, 1-2), pp. 7-25 (p. 21-22).

LA RÉDACTION DE L'HISTOIRE DE SALOMON
1 R 12

Roboam va à Sichem, car à Sichem tout Israël est venu le faire roi. Jéroboam l'apprend. Jéroboam fils de Nevât se trouvait encore en Égypte où il s'était installé après voir fui le roi Salomon. On envoie des messagers pour le convoquer. Jéroboam vient, accompagné de toute l'assemblée d'Israël.
« Ton père avait alourdi notre joug, dit-il à Roboam. Toi, maintenant, allège le dur servage, le joug pesant que ton père nous a imposé, et nous te servirons. »
« Revenez dans trois jours », ordonne l'autre. [...]
Jéroboam, avec le peuple, se rend auprès de Roboam le troisième jour. (Le roi avait dit : « Revenez me voir le troisième jour. ») Sans tenir compte de l'avis que les anciens lui avaient donné, le roi parle au peuple avec dureté, répétant le conseil des jeunes :
« Mon père avait alourdi votre joug ? Eh bien moi, j'ajouterai à votre joug ! Mon père vous avait corrigés à coup de fouet ? Mon fouet à moi aura des griffes de fer ! » [...]
Voyant que le roi ne l'a pas écouté, le peuple d'Israël répond :
« Qu'avons-nous à partager avec David ? Nous n'avons pas d'héritage en commun avec le fils de Jessé ! À tes tentes, Israël ! Maintenant, David, occupe-toi de ta maison ! » [...]
Or, quand tout Israël entend que Jéroboam est revenu, on le convoque à l'assemblée où on le fait roi sur tout Israël. Il n'y a pour suivre la maison de David que la seule tribu de Juda. Roboam se rend donc à Jérusalem, où il rassemble toute la maison de Juda et la tribu de Benjamin : cent quatre-vingt mille jeunes guerriers, pour combattre la maison d'Israël et rendre la royauté à Roboam fils de Salomon. [...]
Après avoir pris conseil, Jéroboam fabriqua deux veaux d'or.
On ne monte plus à Jérusalem ! dit-il. Et ton dieu, le voici, Israël, celui qui t'a fait monter du pays d'Égypte. Il donne l'un à Béthel et l'autre il le place à Dân. Quelle faute ! Voilà le peuple en procession jusqu'à Dân. Sur les buttes Jéroboam fait un temple. Il donne

le statut de prêtres à des gens qui appartiennent au bas peuple, en dehors des lévites, et institue une fête le quinzième jour du huitième mois, comme celle qui est à Juda, pour monter sur l'autel. [...]

Ci-dessus, les textes montraient les grands succès de Salomon, d'accord avec l'optimisme du constructeur josianique de l'histoire d'Israël. Mais une analyse de l'ensemble de 1 R1-12 montre que la figure de Salomon, en ascendance lors de la première partie de son gouvernement, est en déclin dans sa seconde phase[4]. Ce qui précède peut être démontré par l'analyse rhétorico-structurelle du grand récit[5], ou bien par le jugement du monarque dans les textes eux-mêmes, surtout au ch. 11, qui remplit un rôle narratif décisif.

La représentation reflétée dans le texte massorétique (TM)

1. Par le moyen de l'intervention – non prévue par le récit – du prophète Ahiyya (11,29-39)[6] le texte définit le destin du royaume de Salomon, bien qu'un châtiment personnel ne soit pas mentionné. Le poids de la responsabilité est transféré sur son fils Roboam (11,12b; 12,15a.16). La raison donnée en 11,12.34 pour « sauver » Salomon du jugement n'est pas convaincante; tout au contraire, elle reste incohérente. En effet, c'est par considération pour David « qui garda mes normes et mes décrets » que Yahweh ne punit pas Salomon, qui avait négligé ces mêmes normes et décrets (11,1-10) ! Si on lit entre les lignes, en voici le message: l'auteur sait bien que Salomon est un transgresseur[7],

4. Voir M. A. Sweeney, « The Critique of Solomon in the Josianic Edition of the Deuteronomistic History », *JBL* 114 (1995), pp. 607-622 ; D. S. Williams, « Once Again : the Structure of the Narrative of Solomon's Reign », *JSOT* 86 (1999), pp. 49-66.

5. Voir A. Frisch, « Structure and its Significance : The Narrative of Solomon's Reign (1 Kings 1-12.24) », *JSOT* 51 (1991), pp. 3-14 ; D. S. Williams, « Once Again », art. cité, pp. 49-66.

6. L'explication de la révolte de Jéroboam – introduite au v. 27a – n'est donnée qu'au v. 40, ce qui veut dire que l'intercalation de l'entrevue du prophète Ahiyya avec Jéroboam n'interrompt pas seulement le récit mais coupe aussi une partie de sa forme primitive. L'affirmation de 11,27 (« voici la raison [*dabar*] pour laquelle il leva la main contre le roi ») dispose à écouter quelque chose d'important, mais rien n'en est raconté. Le v. 40 suppose qu'il y a un récit perdu. Notre texte, tant le texte massorétique (TM) que la Septante (LXX), n'est pas primitif dans cette section. Il semble évident que l'apparition de Ahiyya se substitue à une autre narration maintenant perdue. On aura un texte plus cohérent en 12,24a-z LXX (voir ci-dessous).

7. Transgresseur, au plan conscient, de la fidélité à Yahweh, mais, dans l'inconscient, des normes de justice économique.

mais il sait aussi que pendant sa vie il n'y eut aucun événement interprétable comme châtiment.

2. Même la volonté de Salomon de tuer Jéroboam (11,40) ne mérite aucun questionnement au niveau du texte. Quant à l'assemblée de Sichem, elle semble spontanément convoquée dans le TM (12,1b) ; Roboam, le fils de Salomon – qui selon 11,43b était déjà roi *de facto* –, s'en va à Sichem pour être proclamé roi ou du moins pour recevoir sa légitimation, situation qui pose un problème très intéressant (12,1)[8]. Le v. 3 ajoute que Jéroboam est aussi présent « avec toute l'assemblée [*qehal*] d'Israël », donnée significative pour une lecture sociopolitique du texte (voir plus bas). Ce verset, dont l'inspiration procède du v. 20, le perturbe[9], mais il rend Jéroboam présent dès le moment même de la protestation populaire. Cette participation de Jéroboam dans la sécession des tribus du Nord semble anticiper télescopiquement le jugement sur Jéroboam lui-même (14,7-16, et voir aussi 11,38-39), un jugement notablement semblable à celui porté sur Salomon par l'historien josianique (11,1-13). De cette façon, du point de vue deutéronomiste lié à la fidélité à la Torah, personne n'est exclu du jugement de condamnation. Mais, pour l'analyste, la critique faite à Jéroboam « d'aller se faire d'autres dieux et images fondues » (14,9b) concerne les deux veaux d'or que le roi avait installés à Béthel et à Dan mais qui, semble-t-il, ne représentaient pas d'autres dieux mais Yahweh lui-même, le Dieu qui avait fait sortir Israël d'Égypte (12,28). Dans le cas de Salomon, au contraire, on l'accuse explicitement de vénérer « d'autres » dieux, identifiés par leurs propres noms (11,5-7).

8. Ce v. 1 ne doit pas être transféré après le v. 2 avec le propos d'« harmoniser » un texte qui porte ses propres traces de manipulation.

9. La rédaction du v. 2b (« il était encore en Égypte où il avait fui le roi Salomon, *et il résidait* [*wayyēšēb*] *en Égypte* »), nécessaire pour introduire le v. 3, non seulement ignore le v. 20 mais change aussi son sens (« lorsque tout Israël apprit que Jéroboam *était revenu* [*kîšāb*]... »). Le texte du v. 3 ne parlait pas, dans sa forme ancienne, de la participation de Jéroboam à l'assemblée de Sichem mais seulement de son retour d'Égypte, sans spécifier sa destination (Ephraïm, ou bien Sarira, voir 11,43 LXX) : « On le fit appeler, et Jéroboam vint [= retourna]... » C'était autrefois l'apodose de la phrase commencée au v. 2a (voir J. Trebolle Barrera, *Salomón y Jeroboán. Historia de la recensión y redacción de 1 Reyes 2-12,14* (Institución San Jerónimo, Salamanca-Jerusalén, 1980, p. 81).

3. Quand tout Israël se réunit à Sichem, Jéroboam, selon le TM, est encore en Égypte (v. 2), mais il est convoqué immédiatement. La rédaction du TM donne l'impression qu'il a été convoqué directement pour l'assemblée et que, par la suite, il aura en elle un rôle de protagoniste. Tel est le ton du v. 3 (« ils envoyèrent l'appeler et ils furent [= entrèrent avec] Jéroboam et toute l'assemblée d'Israël et *ils parlèrent à Roboam...* »). Jéroboam fait partie explicite du dialogue avec Roboam ; de plus, il est le seul à être distingué par son nom pendant la pétition.

Il faut préciser que l'information des vv. 2-3a (conservée par la Septante [LXX] en 11,43b) est une intercalation intéressée, dans le TM, à la présence de Jéroboam dans l'assemblée (voir aussi le v. 12a)[10].

4. La dernière scène concernant Jéroboam dans le TM parle de la maladie de son fils Abiyya (14,1-20). C'est l'occasion de la rencontre avec le prophète Ahiyya, laquelle se termine avec l'annonce de la mort du petit enfant, mais surtout avec un jugement terrible contre Jéroboam et l'extinction violente de sa propre dynastie (vv. 7-14). Pour rendre le châtiment encore plus radical, le rédacteur pronostique la ruine et captivité du royaume du Nord (v. 15). La présence du même prophète qui avait prédit la fin de la monarchie unie force le lecteur à connecter les deux moments. De cette comparaison, Jéroboam sort comme partie perdante.

5. Mais ce qui est surprenant, c'est que ce soit le TM qui inaugure et qui maintient le sentiment anti-Jéroboam dans la Bible et dans la tradition. Ici, une « lecture suspicieuse » nous montre, en premier lieu, que le jugement *religieux* prédominant (fidélité ou non envers Yahweh) occulte, mais ne supprime pas une donnée de base, de caractère *politique-économique*, à savoir l'exploitation du Nord par le Sud, exemplifié au mieux par la redistribution administrative du

10. J. Trebolle Barrera, pp. 48-83, nous offre une étude exhaustive de cette situation textuelle.

territoire septentrional (1 R 4,1-19) aussi bien que par la pétition des exploités (12,3-14). La double présence d'un « chef de corvée » (Jéroboam en 11,28b, Adoniram en 12,18) est très significative dans cette ligne de considération.

En second lieu, même ce jugement « religieux » révèle des dimensions économiques dans la perspective globale de la lutte des deuteronomistes pour la cause de Yahweh (un des aspects du mouvement vers le monothéisme). Le projet de Yahweh, configuré à partir de l'exode, ne peut coexister avec la pratique politique et économique de Salomon.

6. Dans ce contexte, la libération du joug de Salomon (très bien exposé dans le questionnement de Sichem, ch. 12, voir ci-dessous) impliquait une alternative :

a) Un changement de politique économique de la part de Roboam, ce qui fut refusé.
b) Ou bien la sécession des tribus affectées par la politique salomonienne, sécession précipitée en dernier lieu par Roboam (12,15a) : « À tes tentes, Israël ! » (1,16.) C'est là le cri de libération des tribus du Nord.

L'image de Jéroboam dans la Septante

Nous nous tournons maintenant vers la version de la Septante, elle nous offre une vision différente des événements. Une première observation montre qu'elle est libre des retouches « deutéronomistes » constatables dans le TM. De telles retouches mettent l'accent sur le plan religieux, comme c'est le cas de l'évaluation de Salomon dans la première partie du ch. 11. Le TM est un texte réécrit dans cette perspective. C'est ce qui nous permet de suspecter l'existence d'un texte antérieur.
La Septante présente au moins deux recensions différentes :

a) Celle qui *semble* traduire, avec des variantes parfois significatives, la tradition du TM (les mêmes passages). Mais, à dire vrai, ce texte ne traduit pas le TM connu mais un autre texte différent ; le TM suppose déjà des relectures et un travail rédactionnel sur un texte plus ancien.

b) Une autre qui traduit aussi un texte différent, inconnu du TM, et qui est consignée après 12,24 (= LXX 12,24a-z). À première vue, ce texte – qui contient 979 mots ! – semble répéter ce qui est *en ordre dispersé* dans le TM. Mais, en réalité, il s'agit d'un texte tout à fait différent. Dans ce domaine, il faut tenir compte des analyses offertes par Julio Trebolle Barrera dans son étude critique du texte[11].

Voyons l'interprétation de la figure de Jéroboam dans ces deux recensions.

Le texte grec parallèle au TM (11,26-43 ; 12,1-33)

Remarques sur 11,26-43 :

1. Jéroboam remplissait des fonctions de service sous le roi Salomon (c'est le sens courant de *'ebed,* v. 26b). L'occasion de sa révolte contre Salomon fut la construction de grandes œuvres publiques, attribuées au roi par le TM, mais *à Jéroboam même* par le texte grec de la Septante. Ici, le sujet de « il édifia » est Jéroboam ; mais il s'agit d'une modification forcée de la phrase finale, puisque « son père » (David) ne se réfère pas à Jéroboam mais à Salomon. Le TM est à préférer, mais la situation textuelle dans la Septante révèle la manipulation de la forme textuelle transmise. De ce fait, le changement de sujet apparaît avec plus de relief, peut-être pour mieux expliquer la conduite de Jéroboam, motivée par son expérience du système oppressif de Salomon. D'un autre côté, dans la recension grecque, on comprend mieux les qualités de Jéroboam (v. 27), qui ont à voir avec ses activités ; c'est d'ailleurs la raison pour laquelle on l'appelle « homme de labeur » *(anêr érgôn).* De ce fait, on comprend aussi sa désignation comme chargé de corvée des tribus septentrionales.

2. La critique faite à Salomon au sujet de ses déviations religieuses (v. 33), dispersée dans le TM avec des verbes au pluriel (« *ils* m'ont abandonné, *ils* se sont prosternés... *ils* ne m'ont pas suivi », alors que « son père » à la fin du verset accuse la forme plus ancienne du texte), est directe dans la Septante (« *il* m'abandonna... *il* fit... *il* ne suivit... »).

11. Julio Trebolle Barrera, *Salomón y Jeroboán*, *op. cit.*, pp. 172-241.

3. Dans la Septante, on destine à Jéroboam *dix* tribus, tandis que resteront *deux* tribus pour Salomon, allusion évidente à Juda et Siméon, les deux tribus méridionales de l'antique tradition. Le TM ignore la tribu de Siméon. L'« unique tribu » du v. 32, c'est Juda.

4. Curieusement, la phrase « sur tout Israël », en référence au règne de quarante ans de Salomon (v. 42b), est supprimée (ou inconnue) par la Septante. Traduit-elle un texte plus ancien qui refusait d'accepter une domination *de facto* mais injuste ? Ou est-ce la Septante même qui préfère cette option de refus et, dès lors, n'incorpore pas cette affirmation-là ?

5. Quant à la version grecque, il est important d'y signaler le retour de Jéroboam en terre d'Éphraïm *avant* l'assemblée de Sichem, laquelle est décrite dans le chapitre suivant. Mais la répétition de l'information sur la mort de Salomon au v. 43 (= TM) et à la fin de l'extension du même verset (pour reprendre le récit), laisse indéfinie la relation de ce retour avec la mort de Salomon. *Avant* sa mort, ou *entre* celle-ci et l'assemblée de Sichem ? Ce qui est clair, c'est la datation *avant l'assemblée.*

Remarques sur 12,1-33 :

1. Dans la Septante *on ne dit pas* que Jéroboam soit allé à l'assemblée, bien qu'il fût déjà en terre éphraïmite (11,43 LXX). Pour le TM, sa présence à l'assemblée est explicite à partir du v. 3 et est confirmée dans les vv. 12 et 20. Mais le v. 20 – qui dans la Septante introduit Jéroboam pour la première fois à l'assemblée, une fois définie l'intention de sécession – arrive trop tard dans le TM. En outre, la phraséologie des vv. 2-3a imite celle de 11,43 LXX. La participation explicite de Jéroboam dans le débat (12,3a.12a) fait que le v. 20 devient incohérent dans le TM, ce qui n'est pas le cas pour la Septante. La désignation différente de l'assemblée (*'êdâ*, au lieu de *qâhâl*, v. 3) suggère que le v. 20 conserve une tradition différente.

2. Il faut conclure que le v. 20 est très cohérent dans le texte grec : Jéroboam était déjà en Éphraïm, à Sarira, selon 11,43b LXX, mais il *ne participa pas* à l'assemblée de Sichem ; il est plutôt appelé *après* la session. De cette façon, deux choses sont mises en relief. D'une part, l'importance de la révolte *populaire* de Sichem, laquelle n'a été dirigée par aucun leader particulier.

De l'autre, le fait que « tout Israël » chercha Jéroboam pour le proclamer roi (*kaì ebasíleusan autón*, 12,20) indique que sa personnalité et ses capacités étaient tellement connues qu'il pouvait être désigné comme roi *sans qu'il y eût aucun précédent* en Éphraïm.

3. Au lieu de mettre un accent négatif sur Israël en affirmant qu'« il se révolta [*wayyifšeʿû*] contre la maison de David » (v. 19 TM), les LXX préfèrent parler de mépris *(êthétê sen)*, un concept plus objectif et moins critique.

4. Le v. 17 – qui mentionne le contrôle de Roboam sur les Israélites résidant dans les villes de Juda – est omis par la Septante, supprimant de cette façon une donnée peu sympathique dans le contexte du récit global.

5. Le v. 20b inclut la tribu de Benjamin dans les « deux » tribus (11,32). C'est surprenant, puisque de cette façon resteront *neuf* tribus, et non dix, pour Jéroboam.

6. Le nombre des soldats recensés par Roboam pour attaquer les Israélites du Nord est différent : 180 000 dans le TM, mais 120 000 dans la Septante (v. 21). Cette version nous informe en plus que le roi judéen convoque une *assemblée (exekklê síasen tê n sunagê gôn)*; c'est le même mot qui désignait l'assemblée de Sichem au v. 20.

7. Le v. 25 (TM-LXX) se réfère à d'autres mesures stratégiques et religieuses de Jéroboam. Au v. 27, la Septante enregistre une donnée quelque peu imprévue : les pèlerinages des Israélites à Jérusalem leur font courir le risque de conversion, non seulement à la cause de Roboam (leur seigneur, v. 27), mais aussi au Seigneur (= Yahweh). Cette indication et la qualification de Roboam comme « leur seigneur », c'est-à-dire celui des Israélites, trahit clairement la pensée d'un rédacteur du Sud.

8. La confession de foi (« voici tes Dieux, Israël, qui t'ont fait sortir du pays d'Égypte »), proposée au peuple par Jéroboam à l'occasion de l'installation des deux veaux, travestit une donnée plus simple. Aucun autre Dieu que Yahweh n'a fait sortir Israël du pays d'Égypte. Alors, a) les veaux sont des symboles de Yahweh, et b) le verbe est mis au pluriel avec l'intention de discréditer de tels symboles en tant que se référant à *d'autres* dieux.

9. Dans cette description des deux recensions (TM et LXX), elles-mêmes en partie parallèles et en partie séparées, nous

n'avons pas tenu compte de l'extension du texte grec en 12,24a-z, un long récit qui rapporte des choses bien différentes sur Jéroboam. De cette extension nous allons maintenant parler.

Le texte grec indépendant (12,24a-z)

On peut penser :

a) que le texte de 1 R 12,24a-z LXX traduit un texte hébreu différent de, et antérieur à, l'hébreu massorétique ;

b) que 1 R 11,26-43 et 12,1-24 LXX est aussi une version qui traduit un texte hébreu différent du TM ; il en omet, par exemple, certains accents deutéronomistes, et révèle d'autres variantes dues parfois au fait d'être écrit en grec. Dans de telles conditions, il est préférable de retenir la forme relevée en *a)* comme plus ancienne et plus cohérente.

Observations sur le développement de 12,24a-z LXX :

1. Le texte s'ouvre en remarquant, avec les verbes au présent, la « dormition » *(koimâtai)*[12] de Salomon et son ensevelissement *(tháptetai)* dans la cité de David ; il montre en plus l'âge très peu avancé (seize ans) de Roboam, une donnée en contradiction avec 14,21 (TM-LXX). Il offre aussi des informations diverses sur sa mère, Naanán, et sur son ascendance[13].

2. La qualification négative de Salomon en 24a – sans vestiges deutéronomistes comme en 14,22-24 TM[14] – prépare le terrain pour l'entrée en scène de Jéroboam.

3. Jéroboam, qui en 11,26 était le fils de l'éphraïmite Nebat et d'une veuve (Serua), est le fils d'une prostituée en 12,24a *(pórnê)*[15].

12. Ce verbe s'inspire sans doute de *wayyiskab* (« il se coucha »), en 11,43. Le v. 24a raconte la fin du règne de Salomon, et semble continuer 11,41, indépendamment de 11,42-43 et 12,1-24 (LXX-TM). Voir J. Trebolle, « Histoire du texte des livres historiques et histoire de la composition et de la rédaction deutéronomiste avec une publication préliminaire de 4Q481A, « Apocryphe d'Élisée » », in J. Emerton (ed.), *Congress Volume* (Brill, Leiden 1992), pp. 327-342 (p. 339).

13. Dans le TM, son nom est « Na'amâ, l'Ammonite » (14,21b).

14. Ici, le sujet de « il fit ce qui est mal aux yeux de Yahweh » est Juda, non Roboam, comme c'était le cas dans la Septante de 12,24 et 14,22. L'extension à tout Juda de l'accusation caractérise aussi l'approche deutéronomiste.

15. Faut-il attribuer à l'auteur de 12-24a-z l'intention de vilipender Jéroboam, comme le pense D. W. Gooding ? (« The Septuagint's Rival Versions of Jeroboam's Rise to Power », *Vetus Testamentum 17* [1967], pp. 173-189 [p. 187]).

4. L'importance de Jéroboam dans l'administration salomonienne est soulignée. Le monarque le désigne comme *árchôn skutálôs epì tàs árseis…* (« chef du contrôle sur les levées… »). Ce qui signifie, dans le contexte, qu'il commandait les travaux publics. De telles entreprises sont détaillées dans trois directions. Premièrement, Jéroboam construit pour Salomon « Sarira, celle qui est dans les montagnes d'Éphraïm » (12,24b). Une forteresse en plein territoire éphraïmite ! Est-ce à dire que Salomon prévoyait des révoltes imminentes dans la région opprimée par son administration ? En second lieu, Jéroboam commande trois cents chars de guerre, ce qui représente une incroyable capacité militaire opérationnelle et stratégique. À quelle fin, sinon pour réprimer les sujets de Salomon ? Troisièmement – et cette fois d'accord avec l'autre recension, parallèle au texte massorétique (11,27 LXX) – Jéroboam dirige des constructions à Jérusalem. Le texte grec de 12,24b souligne deux choses d'importance : 1) Deux fois on utilise l'expression initiale d'identification, « *c'est lui qui* édifia… / *c'est lui qui* entoura la ville de David »[16] ; 2) Après cela, on ajoute que Jéroboam « était exalté [*ên epairómenos*]) contre [*epi*] la royauté ». Le texte semble impliquer que son attitude est le résultat de sa position privilégiée, de son indépendance et de son pouvoir militaire et administratif très large. Dans 11,27 (TM / LXX) on avait signalé que Jéroboam « leva la main contre le *roi* Salomon », mais ici on dit qu'il se dressait contre *la royauté* comme telle[17]. Cette lecture est très intéressante pour évaluer les événements qui suivent.

5. Et maintenant, certes, on comprend – ce qui n'était pas le cas en 11,40 ![18] – la préoccupation de Salomon de le tuer, et non de seulement l'exonérer.

6. Le fait que Jéroboam non seulement fuit en Égypte mais qu'il trouve aussi refuge très facilement – et même un accueil intéressé – dans ce pays auprès du pharaon Shéshonq / Sésac (Sousakim, LXX 12,24c), est une donnée inestimable. Le pharaon

16. On se souviendra de cette même formule indicative en Ac 7,35.36.37.38.39.

17. Il faut noter l'idée de continuité exprimée par le participe.

18. Ici (dans le chap. 11) on ne sait pas comment Salomon réussit à s'informer sur les intrigues de Jéroboam. On trouve la phrase après l'oracle intercalé de Ahiyya, ce qui la dépouille de son cadre politique et social.

pouvait avoir intérêt à loger chez lui un ennemi de Salomon, dont le royaume jouxtait le sien. Pour la stratégie militaire égyptienne, c'était là une carte à jouer à n'importe quel moment.

7. Jéroboam, entendant que Salomon était mort, demande au pharaon de retourner dans son pays 12,24d-f). On a l'impression que celui-ci veut plutôt le garder encore en Égypte. Il lui donne comme épouse la sœur aînée de sa propre femme, Thekemina. Elle a nom Ano et reçoit le qualificatif de « grande entre les filles du roi », phrase qui suggère probablement un office élevé dans la famille royale. Le mariage se réalise, et Ano engendre un fils, Abiyya, dont on ne sait rien de plus. Il ne sera pas l'héritier à Tirsah, puisque c'est Nadab qui héritera de Jéroboam (1 R 15,25).

8. Au retour d'Égypte (24t). Jéroboam s'en va dans sa propre terre, Sarira, dans la montagne d'Éphraïm, où il avait déjà édifié une forteresse (selon 12,24b). Surprenante est l'information sur l'assemblée constituée dans ce lieu, autour de Jéroboam. Aura-t-on ici une assemblée anticipatoire de celle de Sichem, non encore convoquée (voir 12,24o) ? La trame du récit s'entrelace peu à peu. C'est que Jéroboam a un rôle significatif dans cette recension grecque.

9. Suit une information importante concernant l'activité de Jéroboam : la construction d'une palissade *(cháraka)*. Cette fois il ne s'agit pas d'entreprises pour Salomon ; tout au contraire, à ce moment Jéroboam prépare une sorte de résistance. Il sait que jadis il avait été persécuté par Salomon !

10. Le récit ouvre une parenthèse (12,24g-n) dans laquelle on raconte le voyage d'Ano chez le prophète Ahia (= Ahiyya) pour demander la guérison de son fils malade. Avec surprise, nous lisons que le prophète lui annonce la mort de son fils, mais sans donner d'autre explication. Le pronostic s'accomplit littéralement (comparer 12,24l, avec 12,24n). Le présage est destiné à elle seulement, *sans un mot sur Jéroboam.* Mais, après coup, 12,24m introduit un second oracle avec les mêmes mots *(táde légei kúrios)* mais maintenant concernant la mort ignominieuse des héritiers mâles de Jéroboam, laissés sans sépulture et dévorés par les chiens et les oiseaux. Seul le petit enfant en question recevra des rites de lamentation et, par conséquent, on l'ensevelira selon l'usage. Le TM de 14,10 se réfère seulement à

ceux de la « maison de Jéroboam », c'est-à-dire aux fils de Jéroboam. Cependant, 12,24m LXX ignore – si elle était dans le texte ici traduit ! – l'introduction : « c'est pourquoi je vais faire venir le malheur sur la maison de Jéroboam » (14,10 TM), en même temps qu'il laisse l'annonce suivante ouverte à une compréhension plus générale[19].

D'après cette analyse, le présage, d'ailleurs non prévu à ce moment, et qui ne concerne pas proprement Jéroboam, reste assez diffus. Celui-ci n'a pas été promu à la royauté dans cette histoire si spéciale rapportée par 12,24a-z LXX. Dans le TM 14,1-20, au contraire, l'oracle est équivalent à une évaluation de ce qui a été déjà raconté dans le ch. 12.

11. En 12,24o commence la seconde partie de notre fragment spécial. Ce qui est absolument nouveau, c'est que *Jéroboam même* convoque les tribus d'Israël à Sichem.

12. Tout de suite, on raconte la mission divine au prophète Samaia de prendre un manteau neuf, non encore nettoyé, de le déchirer en douze parties et de demander à Jéroboam d'en choisir dix. La scène est très spéciale. D'un côté, elle est un parallèle – mais en même temps très différent – de la mission d'Ahiyya en 11,29-39. Mais, de l'autre côté, sa « contextualisation » à Sichem et pendant l'assemblée lui donne un ton prophétique unique et saisissant. Elle anticipe sur ce qui adviendra en fait. Qu'il y ait un travail rédactionnel impliquant des textes sous-jacents est confirmé par la lacune textuelle dans le message final de Samaia, lequel est introduit par les mots : « Voici ce que dit le Seigneur au sujet des dix tribus d'Israël », *mais reste non raconté*. Le rédacteur ne le considéra pas nécessaire.

13. De la même manière qu'en 12,3 LXX, ici aussi le seul locuteur qui exige de Roboam un changement de politique administrative *est le peuple* (12,24p). Cependant, Jéroboam est présent dans l'assemblée, selon ce qui a été raconté un peu plus haut. Tout l'épisode des négociations avec Roboam est en fait résumé en 12,24p-s. Le TM est plus long (12,4-15), la scène y est plus dramatique et incisive par suite de la répétition par *cinq fois* du motif de la demande. C'est aussi un indice de

19. On a l'impression que la référence à cet oracle appartient à une phase seconde dans la transmission et la rédaction de 12,24a-z LXX.

l'activité du rédacteur, lequel résume ici un autre document, de la même façon que 2 Ch 10,1-19 résumera une bonne partie de 1 R 12,1-19.

14. Dans la consigne rebelle (voir TM 12,16), le texte grec de 12,24t ajoute : « parce que cet homme [Roboam] n'est pas pour chef ni pour conducteur » *(ouk eis árchonta oudè eis hê goúmenon).*

Cette négation impliquerait que Jéroboam est la personne appropriée pour de telles fonctions, du moins à la lumière du macrorécit ; celui-ci, en effet, suppose dès le v. 25 (= TM) que Jéroboam est le roi qui décide de transférer le siège de son gouvernement à Penuel en Transjordanie et de réformer le calendrier des fêtes. *Cependant,* ce qui est frappant, c'est le fait que, dans la totalité de 12,24a-z, le fragment qu'il nous reste à considérer (24u-z) *ne raconte pas que Jéroboam fut proclamé « roi ».* Pourtant, le texte grec parallèle au TM, à partir du v. 25, décrit évidemment Jéroboam comme étant un monarque avec des pouvoirs absolus, tant d'ordre civil (transfert de la capitale) que religieux (changement du calendrier des fêtes). Puisqu'il est possible de mener la guerre « contre Jéroboam » (12,24x), cela laisse sous-entendre qu'il est le roi d'Israël. Cependant, le fragment parallèle de TM-LXX 12,21 (avec le v. 24) parle seulement de la « maison d'Israël », non pas de Jéroboam. On s'attendait au contraire. Mais un autre élément surprenant doit être souligné dans le paragraphe qui suit.

15. L'expression qui définit la décision de l'assemblée de Sichem – « À tes tentes, Israël ! » – ne dit rien d'une option en faveur de la monarchie qui serait déposée entre les mains de Jéroboam. Plutôt, elle semble être une formule archaïque d'appel à l'indépendance tribale, comme dans les temps prémonarchiques. Si tel est le cas, l'assemblée de Sichem représenterait *un geste libertaire* très significatif. En conséquence de l'expérience vécue sous Salomon, les tribus du Nord avaient éprouvé ce qu'était « le droit du roi » *(mišpat hammelek),* comme Samuel les en avait avertis quand elles demandèrent pour la première fois un roi (1 S 8,10-18). La justice, discréditée par les juges (1 S 8,1-6) et idéalisée dans la personne du roi, *maintenant est pervertie par le roi même !* Quel autre espoir restait-il que de retourner à un système tribal antérieur à la royauté ?

D'après cette hypothèse de travail, l'assemblée de Sichem – selon 12,24a-z – ne proposa pas Jéroboam comme roi, mais comme chef et conducteur (voir plus haut). Jéroboam serait l'équivalent de Josué, à la tête de « tout Israël » et confirmé *à Sichem*, dans un contexte d'alliance puisque c'est là que Josué donna des lois et des ordonnances à Israël (Jos 24,25b). Il faut souligner ce que dit Jos 24,1 : « Il [Josué] réunit toutes les tribus d'Israël à Sichem. » De la même manière, maintenant, selon la source que nous étudions (1 R 12,24o), « Jéroboam... assembla là [à Sichem] les tribus d'Israël ».

Dans ce cas, « faire la guerre à Jéroboam » (12,24x) n'implique pas que Jéroboam soit un « roi ». Il pourrait s'agir d'un leader charismatique comme les anciens Juges d'Israël ou bien comme Josué lui-même.

D'après cette « nouvelle lecture » du texte de 24a-z LXX, c'est le royaume du Nord, c'est-à-dire Israël, qui récupère l'ancien Israël des douze tribus de l'époque de Josué. Dommage que ce passage très particulier de la Septante soit seulement le tronc d'un récit perdu. Pourtant, ce court témoignage est extrêmement significatif car il situe Jéroboam dans une autre perspective, c'est-à-dire comme un leader « libérateur » de l'oppression de Salomon. Il n'est pas le personnage noirci de l'« histoire officielle »[20] !

16. Cette sympathie spéciale pour Jéroboam en 12,24a-z s'harmonise très bien avec l'absence de l'épilogue à son sujet dans l'autre recension de la Septante, parallèle au TM. En effet, la fin du *règne* de Jéroboam (selon le TM), racontée en 14,19-20 TM (Jéroboam régna vingt-deux années, et Nadab lui succéda), n'existe pas dans la version parallèle de la Septante[21]. Dans 15,25 on retourne aux faits de ce même Nadab qui, pour le TM, succède évidemment à Jéroboam (voir les synchronies de 15,1.9).

Ce que nous venons d'affirmer porte sur quatre points :

1. Le texte de la Septante parallèle au TM suppose et attribue le titre de « roi » à Jéroboam.

20. D. W. Gooding, art. cit., pp. 187-189.

21. 1 R 14,1-20 est absent dans la Septante.

2. Le texte de 12,24a-z implique, certes, la convocation de l'assemblée de Sichem par Jéroboam, mais *nullement* sa proclamation comme « roi d'Israël ».

3. Il est possible de voir derrière ces aléas la volonté d'abolir la courte mais négative expérience de la monarchie parmi les dix tribus septentrionales, particulièrement exploitées par l'administration de Salomon ;

4. Du fait que la tradition préservée en 12,24a-z LXX est intercalée à l'intérieur de l'autre récit (à savoir l'histoire « officielle », c'est-à-dire le TM), il résulte que le récit spécial sur « les dix tribus » – pas « le *royaume* du Nord » ! – reste tronqué, au moins jusqu'au moment où, effectivement, les tribus adoptent le système monarchique. Quand advint ce développement ? Avec le fils du Jéroboam, Nadab (15,25-28a.31) ? Avec le coup révolutionnaire de Basha (vv. 28b-30) ? Ou après ces événements ? Il est difficile de se prononcer.

LA PRATIQUE ADMINISTRATIVE DE SALOMON

L'« envers » de l'histoire de Salomon implique deux connotations :

1. L'« envers » de l'histoire officielle racontée par le livre des Rois lui-même et par l'histoire deutéronomiste (HD). Cette histoire est perpétuée à son tour dans la tradition juive et chrétienne (Salomon comme modèle de gouvernement *pacifique*).

2. L'« envers » de la tradition exégétique, que prolonge la tradition religieuse.

Bien que le TM opte pour Roboam, il a laissé des traces de ce que fut l'origine réelle de ce qu'on appelle le « schisme », même après la surdétermination faite par la lecture religieuse. À partir d'ici, nous pouvons reconnaître en Jéroboam – dans un sens objectif (derrière la lecture interprétative du texte transmis) – une figure qui représente la libération d'un territoire unifié artificiellement par l'administration de David ([et] légitimée par la proclamation de « tout Israël » en 2 S 5,1-3), en même temps que la libération des dix tribus impliquées dans le procès.

La sécession politique, avec ses conséquences économiques, demandait des réformes d'ordre religieux, comme celles qui furent inaugurées par Jéroboam au sujet du calendrier des fêtes et concernant les lieux de culte à Yahweh en sol septentrional, à Béthel et Dan. De telles décisions n'ont rien à voir avec quelque type d'apostasie, puisque le taureau / veau était un symbole magnifique exprimant la conception de Yahweh comme fort et capable (*'abbîr Ya'aqob*, titre affaibli après en *'ᶜbîr Yaaaqob*, « le Fort de Jacob »).

Cependant, le dénigrement constant de Jéroboam à travers l'évaluation de ses successeurs à Samarie (« NN suivit la voie de Jéroboam... »)[22] permit de générer dans le lecteur de tous les temps la mauvaise et presque perverse image de Jéroboam, en même temps qu'une attitude négative par rapport au royaume d'Israël. L'expression « aller dans la voie de Jéroboam » utilisée pour condamner plusieurs rois est un indicatif très clair à ce sujet.

Cependant, est-il possible de récupérer « l'autre histoire » ? Je pense que oui. Ce n'est pas seulement que l'« histoire officielle » a obscurci les faits eux-mêmes; elle contribue en outre à l'« internalisation » de la figure du bon et du mauvais.

L'histoire totale de la tradition deutéronomiste nous montre que le projet de Yahweh ne réussit pas mieux avec Roboam et les rois judéens. Nous ne nous rallions pas à l'histoire de Samarie (la « maison d'Omri », dans le langage assyrien), laquelle a aussi utilisé des normes oppressives, maintenu la différence des classes sociales et la corruption[23], résultats explicables dans un État monarchique avec concentration du pouvoir. Ce que nous voulons souligner, c'est le fait que la figure de Jéroboam soit, au moment de la succession après la mort de Salomon, *une figure libératrice*.

Peut-être est-il plus juste de dire que *le peuple* d'Israël se libéra lui-même, selon ce que l'assemblée de Sichem laisse entendre (LXX). La clameur du peuple représente les opprimés qui ne veulent pas transiger sur la justice, même au prix d'une plus grande oppression (12,10). Malgré tout, sa clameur triomphe

22. Par exemple, 15,26.30.34 ; 16,2.7.19.26.31, etc.
23. Le livre d'Amos le dit en détail.

et génère la sécession des dix tribus septentrionales. Le peuple est le réel protagoniste de la convocation de Sichem. D'une part, Jéroboam ne parle jamais dans cette réunion, et, au cas où il aurait parlé, n'étant pas encore le leader, sa parole aurait été celle du groupe. Mais, d'un autre côté, Jéroboam *était là*, même selon le TM[24]. Bien plus, selon l'autre recension (12,24a-z LXX), c'est *Jéroboam même* qui avait convoqué l'assemblée (12,24o). Voilà l'indice de son acceptation comme le leader des tribus septentrionales. Après s'être « révolté » contre Salomon, et après avoir dirigé les corvées d'Israël et, par conséquent, avoir connu le monde de l'oppression, il doit avoir pris à cœur la clameur des tribus exploitées par le roi Salomon de Jérusalem.

Parallèlement, nous avons avancé l'hypothèse selon laquelle la figure de Jéroboam dans la tradition parallèle au TM que nous trouvons dans la Septante est beaucoup plus positive que dans le TM.

Il faut signaler, de plus, que Jéroboam reçoit tout au long du récit des titres ou qualifications que Roboam, son opposant, ou même Salomon, ne reçoivent pas. Nous avons déjà fait allusion à ce langage. Même dans l'oracle de condamnation que le deutéronomiste ajoute (et qui est absent de la Septante)[25] et attribue à Ahiyya (14,7-10a.14-16)[26], Jéroboam est appelé « leader [*nagîd*] de *mon* peuple Israël » (v. 7 ; mais voir aussi 11,37b, « roi sur Israël »). *Nagîd,* c'est un titre prestigieux, décerné à Saül (1 S 9,16 ; 10,1), à David (1 S 13,14 ; 25,30 ; 2 S 5,2 ; 6,21 ; 7,8), une seule fois à Salomon (1 R 1,35), mais jamais à Roboam. Dès sa première présentation en 11,26-28, Jéroboam déjà est décrit comme une personnalité imposante, active et appréciée (v. 8). La Septante, d'ailleurs, conserve la mémoire de ses entreprises défensives (11,27 LXX ; 12,24b.f LXX).

À titre de considération globale, nous pouvons dire que, dans une « nouvelle lecture » de cette narration, Jéroboam n'est pas l'initiateur d'un « schisme » (politique et religieux) – vision biaisée et transformée en tradition – mais le libéra-

24. C'est seulement dans la version grecque parallèle au TM que Jéroboam est absent.

25. On a déjà remarqué que la voix qui parle dans le texte grec de 12,24m n'appartient pas à la rédaction deutéronomiste ; elle ne concerne même pas Jéroboam. Le passage équivalent dans le TM (14,10b-13) souligne le malheur sur « la maison de Jéroboam » (3 fois).

26. Les vv.10b-13 sont une réélaboration deutéronomiste d'un texte antérieur conservé en 12,24m LXX.

teur des dix tribus opprimées par l'État de Salomon, une situation aggravée par la discrimination envers les tribus du Nord. Le vrai acteur à cette occasion est *le peuple* d'Israël, mais Jéroboam le représente. Son expérience de l'oppression et sa révolte contre Salomon nous permettent de l'identifier avec les aspirations et les réussites du peuple. Dans le TM et dans la version grecque de 12,24a-z, Jéroboam passe au premier plan, aussi bien dans la convocation de l'assemblée de Sarira (12,24f) [27] et de Sichem (12,24o) que dans le dialogue avec Roboam (TM 12,3.12).

En conclusion, il est tout à fait possible et nécessaire d'avoir des lectures multiples de la Bible. L'« histoire officielle » n'est pas la seule histoire possible.

27. LXX 12,24f n'affirme pas que Jéroboam l'ait convoquée, mais l'occasion est fournie par son arrivée à Sarira après son exil en Égypte.

LECTURE IDÉOLOGIQUE

La guérison du centurion

David Jobling

La lecture idéologique de la Bible a pour objectif de déterminer les rapports de forces politiques présentes dans la rédaction des textes bibliques et dans leur interprétation passée et contemporaine. Les tenants de la lecture idéologique refusent le principe de neutralité, et affirment que la position sociale et politique de l'interprète détermine toujours l'interprétation. Ils adoptent les mêmes méthodes interprétatives qui ont émergé dans différents types d'engagement politique réalisés au nom de groupes opprimés (interprétations féministes et autres lectures reliées au genre sexuel, l'interprétation des Noirs et celles d'autres groupes raciaux, les théologies tiers-mondistes de la libération, et autres encore), et essaient de fournir une théorie appropriée pour tous ces types d'engagement. Les partisans de la lecture idéologique de la Bible sont encore peu nombreux et relativement marginalisés; leurs travaux commencent seulement à faire leur entrée dans les études bibliques dominantes.

L'essai que voici comporte trois parties. La première traite des questions de définition, et justifie l'inclusion de la lecture idéologique dans un livre sur les méthodes d'étude de la Bible. La deuxième introduit ce qui est, pour l'auteur, l'apport le plus important de la lecture idéologique aux études bibliques en général: la théorie des modes de production. La dernière partie présente une lecture idéologico-critique d'un passage de l'évangile, Lc 7,1-10.

QU'EST-CE QUE L'IDÉOLOGIE ? POURQUOI LA LECTURE IDÉOLOGIQUE ?

Le mot « idéologie » a une histoire complexe (Bottomore, 1983, pp. 219-223). Il est ironique, étant donné le rejet du principe de neutralité par la lecture idéologique, que « l'idéologie » ait été d'abord – et soit encore – souvent comprise d'une manière neutre en apparence, comme étant simplement le système d'idées implicite interreliées présentes dans toutes les pratiques de certains groupes d'êtres humains (Williams, 1976, pp. 126-127). Avec une telle définition, tous les systèmes sont pareillement idéologiques. L'idéologie d'un groupe interagit avec ses pratiques, qu'elle informe et soutient, en même temps qu'elle est informée et soutenue par elles. Toute description d'une idéologie est une abstraction à partir des pratiques. Le langage peut fournir une analogie. La grammaire d'une langue telle que décrite dans un livre n'existe pas antérieurement à l'usage de la langue ; c'est une abstraction à partir des expressions de ceux qui parlent cette langue. Mais, une fois que la grammaire est consignée dans un livre, elle exerce à son tour une influence sur l'usage de la langue. De même, l'idéologie ne peut être déterminée que par l'analyse de pratiques sociales qui, à leur tour, sont influencées par une prise de conscience idéologique.

La lecture idéologique, qui fut développée à l'origine dans le contexte de la critique littéraire générale, est quelquefois conçue d'abord comme une méthode pour lire des textes littéraires (« The Bible and Culture Collective », 1995, pp. 272-277). Mais ses implications vont bien au-delà de la littérature, et son évolution a coïncidé avec une expansion remarquable de la notion de ce qui constitue un « texte ». Les critiques littéraires ne se confinent plus désormais à la « grande » littérature. Ils portent attention à la littérature « populaire » et à la littérature produite par des groupes en marge de la société. Certains considèrent toute chose exprimée par des mots (code de lois, panneau routier, graffiti), comme un texte, et certains vont même jusqu'à se référer à tous les systèmes sociaux comme à des « textes ». Ces idées font partie d'un courant de pensée qui remet en question la prédominance du mot, en particulier le mot écrit, dans la culture occidentale. À l'âge de la télévision et des ordinateurs, le pouvoir idéologique des signes visuels est maintenant mieux perçu. La Bible s'est trouvée confrontée à ces idées. Elle est profondément rattachée à des pratiques sociales et à une idéologie, en particulier dans les sociétés occidentales. Quand la culture occidentale a pris forme, la Bible a souvent été une autorité reconnue, et elle a toujours été omniprésente. Comme elle est un texte écrit, il a été aisé d'adapter pour son étude les techniques fournies par la lecture idéologique des textes littéraires. Mais l'importance culturelle de la Bible va bien au-delà de l'aspect littéral ou même verbal. Son impact visuel, sur les paysans du Moyen Âge par le biais des vitraux d'églises ou sur les enfants d'aujourd'hui grâce aux films d'animation sur Moïse, a souvent dépassé son impact verbal. Elle fonctionne, à bien des égards, tout simplement comme un objet symbolique, par exemple lorsque les serments sont prêtés sur une Bible close.

Pourquoi a-t-on besoin de la lecture idéologique ? Si les pratiques sociales offraient une vision claire et limpide de la structure idéologique d'une société, on pourrait se passer de la lecture idéologique. Mais il y a plusieurs raisons pour lesquelles les pratiques reflètent les idées de manière déformée. Premièrement, les sociétés, comme les individus, sont réticentes à examiner de trop près ce qui les fait penser et se comporter comme elles le font : elles ont peur de découvrir des choses offensantes et contradictoires à propos d'elles-mêmes. Tout comme les individus ont besoin de réprimer certaines parties de leur *psychè*, de garder une part d'ignorance sur bien des points qui les concernent, pour vivre une vie équilibrée sur le plan émotif, ainsi une société doit-elle maintenir une distance entre la manière dont ses membres pensent qu'elle fonctionne et la manière dont elle fonctionne en réalité. Dans l'analyse de la mythologie faite par Claude Lévi-Strauss, le mythe est ce que la société met entre elle-même et la réalité (1958). Par exemple, il est impossible pour une société d'expliquer de façon logique comment elle a pu descendre de ses premiers ancêtres sans briser son tabou de l'inceste. Une société fait usage de mythes pour « parler autour » de telles contradictions jusqu'à ce qu'elle sente qu'elles ont été résolues. Dans les sociétés modernes, le même rôle est joué par le « bon sens ». Certaines « vérités » sont si essentielles à la stabilité sociale qu'elles sont devenues des prémisses qu'on ne peut remettre en question et qu'aucun membre de la société ne peut imaginer comme existant « à l'extérieur ». De telles vérités sont intégrées à l'ordre naturel des choses. La lecture idéologique doit pouvoir, par conséquent, à partir de ce qui apparaît en surface, pénétrer jusqu'aux systèmes plus profonds. (Elle partage cette caractéristique avec les lectures structuralistes, déconstructionnistes, psychanalytiques et autres.)

Deuxièmement, les systèmes de signes à travers lesquels l'idéologie trouve son expression ne peuvent éviter la partialité et la distorsion. Le langage (que nous prenons ici comme exemple des systèmes de signes en général) à la fois *reste en deçà* de la signification qu'il est censé véhiculer et la *dépasse* toujours. Il reste en deçà, parce que l'utilisateur du langage fait toujours l'expérience d'une distance entre intention et performance : il y a toujours plus à dire. (Je dis quelque chose à quelqu'un, et alors je me vois obligé d'expliquer les choses avec d'autres mots, et même d'expliquer l'explication. La distance entre les mots disponibles et les significations voulues n'est jamais surmontée.) Le langage dépasse la signification, parce qu'il crée toujours des possibilités de signification au-delà de ce que son utilisateur voulait dire. Les mots et autres éléments grammaticaux ont toujours un champ de significations, et non pas une signification unique, et l'éventail est différent d'un auditeur à l'autre. (Je dis quelque chose à une personne, pour découvrir finalement qu'elle a trouvé dans mes mots une signification différente de ce que j'avais en vue, mais qui, dois-je l'admettre, était bien présente dans ces mots.)

La troisième raison – et la plus importante – pour laquelle la lecture idéologique est nécessaire, est que les idées sont liées à l'exercice du pouvoir dans toute société, de telle sorte que la santé d'une société dépend de l'analyse persévérante et tenace des véritables relations de pouvoir qui la constituent. À l'intérieur d'un groupe humain, le pouvoir est distribué de façon inégale parmi les sous-groupes et les individus, et cela vaut également pour le pouvoir idéologique. « Les pensées de la classe dominante sont, à toutes les époques, les pensées dominantes» (Marx et Engels, 1972, p. 145). Ceux qui détiennent le pouvoir sont les gardiens des idées du groupe, et contrôlent ses «textes» officiels et son système d'éducation. Ils ont le pouvoir d'encourager les idées qui soutiennent le groupe, et de décourager celles qui le menacent; car ce sont précisément les idées qui soutiennent ou menacent leur propre maintien au pouvoir. Ils identifient donc les intérêts du groupe avec leurs propres intérêts. Les détenteurs de pouvoir sont idéologiquement conservateurs; ils se défendent contre les attaques portées contre leur pouvoir par le maintien et le renforcement d'un système d'idées qui justifie ce pouvoir.

Plus l'ensemble d'un groupe accepte l'idéologie du groupe comme étant le «bon sens», plus la tâche des dirigeants est facile. Le contrôle par l'idéologie est beaucoup plus facile que par la coercition. Si les gens considèrent leur impuissance comme une condition naturelle, ils ne contesteront pas ceux qui détiennent le pouvoir. On s'est souvent demandé si les pyramides d'Égypte ont été construites par des ouvriers consentants ou contraints. Le Pharaon était un dieu dont dépendaient toutes les bénédictions dont bénéficiaient les Égyptiens, en particulier la fertilité procurée par le Nil. Ceux qui s'étaient approprié cette idée étaient prêts à souffrir et à mourir pour construire au Pharaon un tombeau d'une grandeur convenable. L'idéologie de l'Égypte ancienne a «naturalisé» de façon efficace les différences entre la classe exploitante de l'entourage du Pharaon et la classe exploitée des ouvriers. Le philosophe marxiste Louis Althusser parle de manière comparable de la façon dont l'État moderne «interpelle» ses citoyens (1969). Il les invite, au moyen de ses processus idéologiques, à trouver la place qui leur convient au sein du système, à s'engager dans des pratiques assurant la cohésion sociale et à avoir des croyances «justes». Il crée des systèmes de récompenses ou de sanctions pour ceux qui acceptent ou non cette «invitation».

L'idéologie d'une société serait-elle donc simplement la création cynique d'un groupe d'élite cherchant à faciliter sa propre domination? C'est possible, mais ce n'est pas dans l'ordre habituel des choses. Le cynisme et la fraude sont pratiquement aussi durs à maintenir, pour la cimentation d'une société, que la coercition. Une société fonctionnera à son maximum si les exploiteurs aussi bien que les exploités considèrent que les différences de pouvoir constituent l'ordre naturel du monde. Par exemple, ces derniers temps, la théorie économique du *trickle down*[1] a gagné en popularité. Cette théorie encourage les riches à penser qu'ils servent mieux la société en devenant plus riches, puisque cela stimule l'économie et rend chacun plus prospère. Dès lors, le riche homme d'affaires peut ignorer le mendiant sur son passage, en demeurant *sincèrement convaincu* que la meilleure chose qu'il puisse faire pour ce mendiant est de se hâter vers son bureau et de faire une bonne journée de travail !

Cette analyse de l'idéologie et du pouvoir explique pourquoi, dans l'usage marxiste, qui a tant contribué à définir le développement de la lecture idéologique, « l'idéologie » est un terme défini en termes de classe, et péjoratif. Il se réfère uniquement aux « idées de la classe dirigeante ». La classe exploitante impose son idéologie à la classe exploitée. L'idéologie est un système de « faux savoir » grâce auquel de *fausses* idées à propos de choses réelles (par exemple, la relation du travail de l'ouvrier à la valeur du travail accompli) sont adoptées et transmises comme *vraies* (Bottomore, 1983, pp. 219-220). Elle est une expression de la « mauvaise foi » de la classe dirigeante (voir Sartre, 1943). Bien sûr, la classe exploitée peut avoir des idées ; mais celles-ci n'ont pas pris corps, disait Marx, en un système capable d'assurer la résistance à l'idéologie dominante. Un système d'idées alternatif (socialisme) doit être créé et présenté aux travailleurs ; mais le socialisme étant la vérité, il n'est pas un faux savoir ou une idéologie.

Des tenants de l'idéologie critique ont réagi récemment à cette compréhension marxiste de l'idéologie à la fois de façon négative et positive. L'approche négative est, pour une part, une réaction à l'histoire récente. Le communisme n'a pas su apprécier, dans ses principales formes historiques, les complexes

1. Le terme semble avoir fait son apparition durant la présidence de Ronald Reagan, en référence à la politique de stimulation économique par des réductions de taxe pour les riches.

relations de pouvoir dans les sociétés modernes. Il présente un piètre dossier sur l'exploitation des sexes et des races et sur l'exploitation technologique de la Terre. Il n'a pas réussi à expliquer la tendance des révolutions successives à devenir aussi exploitantes que les systèmes qu'elles remplacent. Une récente analyse des systèmes d'exploitation a mis l'accent sur l'existence d'une idéologie, alternative et cohérente, chez les opprimés. Ceux-ci sont tout à fait conscients des mensonges qui leur sont racontés et, à l'intérieur des contraintes auxquelles ils sont soumis, développent des contre-idées et des contre-pratiques (Scott, 1990). Néanmoins, l'approche positive de la lecture idéologique au marxisme est plus fondamental. En dépit de sa critique du marxisme, elle a suivi la tradition marxiste en particulier sur l'importance du lien entre idéologie et pouvoir.

En plus des définitions « neutre » et marxiste de « l'idéologie », une troisième définition est devenue très populaire ces derniers temps. Elle s'abrite derrière des énoncés tels que : « Cette élection ne porte pas sur une idéologie, mais sur des enjeux[2]. » « L'idéologie » en est venue à signifier tout système d'idées qu'un petit groupe de pression essaie d'imposer à la société dans son ensemble. Ceux qui utilisent le mot de cette façon confinent « l'idéologie » aux extrêmes du spectre politique, et prétendent parler à partir d'un « centre » où tout le monde devrait accepter de s'unir.

Cet usage populaire doit être expliqué en partie comme une réaction au XXe siècle, perçu comme le siècle de renversements politiques successifs dans les différentes parties du monde, par de petits groupes de fanatiques de la droite ou de la gauche (dits, de façon simpliste, fascistes et communistes), avec des résultats désastreux sur une échelle globale. Mais c'est aussi une révolte du « bon sens » représenté par le centre, qui concrétiserait la prétention selon laquelle les gens ordinaires n'ont rien à cacher, ni n'ont de principes de classe. Cette idéologie est également anti-intellectuelle et se méfie de quiconque s'intéresse aux systèmes d'idées. Il s'agit d'un renversement iro-

2. Déclaration entendue à la télévision lors d'une élection récente au Canada.

nique de la définition marxiste : tandis que les marxistes voient l'idéologie comme ce que les « autres » (les patrons) détiennent, l'usage populaire voit l'idéologie comme l'apanage de tous « les autres » (autres que nous, gens ordinaires), y inclus le marxisme, qui serait un exemple remarquable d'idéologie !

LECTURE IDÉOLOGIQUE, HISTOIRE ET BIBLE

La théorie des « modes de production » (MP) [Melotti, 1977 ; Jameson, 1981, pp. 32-33, 89-100] est une contribution majeure du marxisme à la lecture idéologique. Le mode de production d'une société englobe l'ensemble de son existence ; tous ses sous-systèmes (ou « secteurs ») – économique, légal, éducationnel et religieux, régulations de la parenté, organisation du travail, art, etc. – sont liés les uns aux autres selon des modes qui peuvent être décrits et vérifiés. Par exemple, toute société dotée d'un type de structure économique (à l'intérieur d'une série de paramètres) aura une forme de religion similaire. Le mode de production a un effet déterminant et profond sur la prise de conscience humaine ; ce n'est pas trop dire que différents MP produisent différentes sortes d'êtres humains.

Ce sont là de fortes prétentions, mais Marx ajoutait même une prétention encore plus forte : il n'y aurait seulement qu'une poignée de MP différents qui se seraient manifestés dans les sociétés historiques (Melotti, 1977, pp. 8-12). Il a attribué un mode de production à toutes les sociétés majeures connues de l'histoire. Malgré une discussion théorique ultérieure qui a compliqué son tableau initial, ces attributions sont toujours prises au sérieux à l'intérieur du marxisme et au-delà.

Le mode de production et l'idéologie sont des concepts qui sont liés. Déterminer le mode de production d'une société, c'est rendre compte de toutes ses pratiques au niveau des idées, et c'est précisément ce que les lectures idéologiques essaient de faire.

La théorie du mode de production est vitale pour les travaux sur la Bible. Tout texte littéraire ou expression religieuse créés à l'intérieur d'un mode de production donné est sujet aux lois de ce mode. Pour interpréter un texte biblique dans son milieu historique, nous devons porter une attention particulière aux anciens MP. Nous devons soumettre à une analyse rigoureuse du mode de production toute analogie entre les sociétés bibliques et les sociétés modernes, qui sont fondamentalement différentes. Trois des MP de Marx (féodal, capitaliste et socialiste) appartiennent à des périodes plus récentes que la Bible (elles n'en sont pas moins pertinentes pour l'histoire de l'interprétation biblique, qui est aussi au centre des préoccupations de la lecture idéologique). Il y a aussi trois MP à l'intérieur desquels la Bible fut créée.

1. En ce qui concerne le premier, le schème de Marx n'est pas utile ; le MP qu'il propose pour le stade le plus ancien de la société humaine était fondé sur une anthropologie démodée. La question générale des MP anciens est trop vaste pour qu'on puisse y faire une incursion ici, et je me limiterai à la société israélite avant l'avènement de la monarchie. Je qualifierai son mode de production de mode domestique (à la suite de Meyers, 1988, pp. 128-142). Dans ce mode, l'unité de production primaire est la famille étendue, une moyenne de dix à douze personnes, probablement trois générations, vivant ensemble. Pour la plupart des besoins, cette unité est autosuffisante : elle produit sa propre nourriture et ses vêtements, et elle éduque ses enfants. Elle a ses propres formes religieuses (voir les références bibliques aux « divinités domestiques »). Quant aux tâches pour lesquelles elle n'est pas autosuffisante, comme la construction de terrasses pour l'agriculture, les quelques douzaines de familles du village coopèrent. Mais le village ne supplante pas la famille comme unité primaire ; l'archéologie de villages israélites n'a presque pas dévoilé d'édifices publics ni autre trace de centralisation. Il y a, en outre, une certaine organisation à une échelle plus large, les « tribus » et même une coopération entre les tribus, mais une telle organisation est strictement volontaire, un rassemblement entre égaux.

Les principales caractéristiques de l'idéologie israélite ancienne étaient le patrimoine et la religion yahwiste. Le patrimoine de la famille, la terre qu'elle habitait et cultivait et qui était le fondement de son indépendance, était un héritage des ancêtres, et inaliénable (voir 1 R 21). La religion yahwiste est plus difficile à comprendre. Le Dieu Yhwh semble avoir été compris comme un Dieu sauveur, qui avait libéré « son peuple » de l'oppression, et l'histoire de l'Exode est devenue l'expression textuelle majeure de cette croyance. Le sentiment commun d'avoir été libéré de l'oppression tout en demeurant encore vulnérable, semble avoir été constitutif d'« Israël ». Les deux aspects de l'idéologie ont fusionné lorsque Yhwh fut compris comme étant le Dieu qui avait donné à chaque famille son patrimoine.

2. Marx appelait le deuxième mode ancien de production « asiatique », un terme incorrect puisque tous les exemples majeurs ne proviennent pas de l'Asie (Melotti, 1977, pp. 46-78). Je l'appellerai le MP tributaire (à la suite de Gottwald, 1993, pp. XXVII-XXVII). C'est le système des grands empires sous lesquels Israël a souffert (Égypte, Assyrie, Babylone, Perse). Il est caractérisé par un État bureaucratique contrôlant une vaste région géographique. L'unité de production est le village, dont l'excédent agricole revient à l'État à titre de taxe. Puisque la production du village dépasse à peine le niveau de la subsistance et que les excédents sont, au mieux, minimes, la région géographique doit être vaste pour que l'État soit viable. D'où le besoin d'une vaste bureaucratie, centralisée dans la capitale de l'État mais pouvant atteindre la périphérie lointaine. Les cités autres que la capitale n'existent que pour des fins administratives, et le développement de la culture urbaine est faible. Le pouvoir appartient aux bureaucrates, et dépend de la place de chacun dans la hiérarchie.

La plus importante caractéristique de ce MP est l'absence de propriété privée. Tous les biens appartiennent à l'État. Les villageois paysans ont l'usage de la terre qu'ils cultivent, et la transmettent à leurs descendants, mais il ne s'agit pas de possession légale ; la taxe qui leur est imposée est interprétée comme un loyer pour l'usage de la terre de l'État. Les bureaucrates peuvent se voir octroyer l'usage de la terre et d'autres biens, mais, là non plus, il ne s'agit pas de possession légale ; l'État peut à tout moment confisquer de tels biens. Un autre point important est que l'esclavage proprement dit, la propriété légale de personnes, ne fait pas partie du système tributaire.

Les références à « l'esclavage » dans la Bible hébraïque sont celles d'un « esclavage-pour-dettes » : un paysan pouvait y être contraint en raison de son incapacité à payer les taxes (cas apparenté aux peines de prisons dans l'Angleterre du XIXe siècle où les débiteurs étaient emprisonnés jusqu'à ce qu'ils aient acquitté leur dette).

C'est au MP tributaire que s'applique l'expression populaire « despotisme oriental » (Wittfogel, 1957). L'idéologie est concentrée sur une seule personne, souveraine (qui peut être le roi, l'empereur ou le grand prêtre), et le dieu qu'elle représente. La religion est celle d'un « dieu supérieur », dans laquelle une seule divinité mâle règne en souverain sur les autres dieux. Le roi peut être le fils du dieu supérieur (voir Ps 2) ou, en quelque sorte, sa personnification. Le culte officiel célèbre comme un ensemble unifié de croyances, le règne céleste du dieu supérieur, le règne terrestre du roi et l'établissement de la capitale, avec son temple, comme le centre de la Terre. La propriété d'État de tout bien est perçue idéologiquement comme la propriété de la divinité supérieure, du roi et/ou du temple. Le roi est la source de toute bénédiction pour tout le peuple, y inclus de la fertilité de la terre (voir Ps 72).

Les monarchies d'Israël (les royaumes du Nord et du Sud [d'Israël et de Juda]), étaient-elles, du temps de leur indépendance vis-à-vis des grands empires, des exemples de ce MP ? Ces royaumes n'ont jamais été assez grands pour supporter le fonctionnement efficace du système tributaire, mais il est clair (à partir des Psaumes qui viennent d'être mentionnés et de plusieurs autres) que les rois de Juda se sont présentés en ces termes idéologiques. 1 R 3–10 présente le roi Salomon dans le cadre des conventions du « despote oriental ». Les paroles des prophètes (Amos en particulier), et des histoires comme celle de la vigne de Navôt (1 R 21) implique le système social et économique du MP tributaire. Les monarchies indépendantes d'Israël sont donc des exemples du MP tributaire, bien que faibles, instables, et relativement de courte durée.

3. Le troisième des modes de production anciens présents à l'époque de la rédaction de la Bible est le mode esclavagiste, tel qu'illustré en Grèce et à Rome (Melotti, 1977, pp. 34-37). Le nom donné à ce mode est clair. Pouvoir et richesse dérivent

de la propriété privée de personnes et de leur travail. La distinction sociale fondamentale se fait entre les gens libres et les esclaves, et il est difficile d'imaginer une distinction aussi absolue. L'esclavage signifie la « mort sociale » (Horsley, 1998b; l'expression « mort sociale » vient de Patterson, 1982). L'esclave n'a pas de droits légaux, ni d'espérance d'une vie normale de famille ou en société, aucun moyen de se défendre contre le fait d'être déplacé ou vendu à un autre propriétaire. Quant au propriétaire, il n'est soumis à aucune restriction dans le traitement des esclaves.

Le pouvoir est aux mains de la classe propriétaire des esclaves, l'aristocratie. L'unité de production est la propriété aristocrate, confiée au travail des esclaves au profit du propriétaire. Les personnes affranchies dont la propriété est restreinte ont tendance à se lier aux patrons aristocrates en tant que clients – le système de la Cosa Nostra est un descendant lointain de ce type de relation (Crossan, 1991, pp. 59-68). Le problème de fond avec ce type de MP est qu'il produit une classe de gens nombreux dépourvue de toute fonction sociale essentielle. À Rome, la taille de ce groupe « sans importance » était fortement réduit par les besoins militaires: les fantassins des vastes armées romaines étaient des affranchis pauvres. D'autres devenaient artisans ou marchands, ou étaient engagés dans différentes entreprises privées. Mais il restait toujours un besoin « de pain et de jeux » (une expression créée par le poète Juvénal), c'est-à-dire la subsistance et le divertissement des masses sans emploi. La vie urbaine est prospère sous ce MP. Les cités sont des endroits où les aristocrates s'adonnent à la politique et jouissent de la vie culturelle, mais aussi des lieux où trouvent domicile des gens dépourvus de tout rôle dans le système.

Idéologiquement, le système met en avant une différence de qualité entre diverses sortes d'êtres humains, et la conviction que les « meilleures » personnes devraient naturellement détenir le pouvoir (« aristocratie » signifie « gouvernement par les meilleurs »). Les Grecs et les Romains sont meilleurs que les « barbares », les hommes meilleurs que les femmes, les affranchis que les esclaves, et les familles aristocratiques sont les meilleures de toutes. Les arts sont tenus en haute estime, et il y a éventuellement un désir noble de répandre des mœurs « cultivées » chez les autres nations. Les aristocrates maintiennent les formes extérieures de la religion officielle de la ville (grâce à laquelle, en pratique, leur supériorité est célébrée), mais autrement la religion demeure une affaire de choix personnel. Au sein de l'empire romain, des groupes divers pouvaient se permettre d'avoir des préférences différentes parmi la grande variété de cultes étrangers disponibles.

Comment un mode de production cède-t-il la place à un autre ? La pensée marxiste classique centrait son analyse sur les contradictions internes à tout système, les vices endémiques, théoriques et pratiques, qui doivent tôt ou tard causer l'échec du système. (Par exemple, dans le MP tributaire, les empires ont tendance à se morceler en raison tout simplement de leur taille. Un grand empire doit établir des centres administratifs régionaux, mais cela encourage un gouverneur ambitieux à prendre le pouvoir de sa région pour en faire un mini-empire.) Mais les théoriciens marxistes récents, tels Althusser et Jameson, ont commencé à utiliser l'expression « mode de production » non comme une description totale de sociétés particulières, mais comme un outil d'analyse des conflits idéologiques à l'intérieur de toute société. Une société révèle habituellement un MP dominant, mais aussi des traces d'autres MP, reliquats d'une époque antérieure, ou en train de naître, et appelés à devenir plus manifestes par la suite (Jameson, 1981, pp. 94-100).

Cette vision des choses est importante pour les études bibliques. L'Israël de la monarchie, comme exemple du MP tributaire, était façonné par la survivance dans la conscience israélite d'un ordre social différent, plus égalitaire, le MP domestique. Les prophètes, pendant la monarchie, ont parlé explicitement au nom de cet Israël ancien. Le conflit de MP est également important pour les études du Nouveau Testament. La Rome impériale s'avérait une contradiction. Le mode esclavagiste ne convient pas à l'empire ; il fonctionne mieux dans un système comme celui des cités-États grecques. En dépit d'un certain zèle missionnaire pour répandre la culture « classique », les Grecs et les Romains ont vite abandonné toute prétention à ce que leur système puisse devenir universel. À l'Est, ils ont tout simplement renversé d'anciens empires, et adopté le MP tributaire selon leurs besoins, allant jusqu'à répondre au besoin idéologique d'un « despote oriental » en permettant qu'Alexandre ou Jules César soit vénéré comme dieu. Le mode esclavagiste n'était pas dominant dans la Palestine du Ier siècle. Il était présent, mais la conscience des Juifs était davantage perméable aux modes de production tributaires et même domestiques.

UNE LECTURE IDÉOLOGICOCRITIQUE DE LUC
Lc 7,2-10

[...] Le serviteur d'un centurion, estimé de lui, était mortellement souffrant. Le centurion avait entendu parler de Jésus. Il a envoyé des notables juifs lui demander de venir sauver son serviteur. Ils se rendent auprès de Jésus et le prient avec insistance. Ils lui disent : « Il mérite [il est digne] que tu lui accordes ce qu'il te demande. Il aime notre peuple et c'est lui qui a construit notre synagogue. »
Jésus les accompagne. Il arrive près de la maison quand des amis envoyés par le centurion s'approchent et lui disent : « Seigneur, ne te donne pas cette peine, car je ne vaux pas [je suis indigne] que tu entres sous mon toit. Moi-même je ne mérite pas de venir vers toi. Mais parle et que mon serviteur soit guéri. Moi aussi j'obéis et je commande à des soldats. Je dis à l'un : "Va", et il va ; à un autre : "Viens", et il vient ; à mon serviteur : "Fais ceci", et il le fait. »
Jésus écoute et il l'admire. Il se retourne vers la foule qui le suit et dit : « Je vous le dis, même en Israël je n'ai pas trouvé une telle confiance. »
De retour à la maison, les émissaires ont trouvé le serviteur rétabli.

L'histoire qui raconte comment Jésus a guéri l'esclave d'un centurion est l'une des rares histoires à mettre en scène un Romain et une des rares références au système esclavagiste domestique dans les évangiles. Il existe une autre version, celle de Mt 8,5-13. Les deux évangélistes ont puisé à une source plus ancienne, appelée par convention Q. Notre tâche ici est de lire l'histoire de Luc, mais Matthieu et la reconstruction de Q nous aident à lire Luc en dévoilant les éléments qu'il a créés ou mis en relief.

Dans le déroulement de l'évangile de Luc, ce récit est le premier de deux récits de miracle saisissants. Cette guérison de quelqu'un « mortellement souffrant » (7,2) introduit naturellement le prochain récit de la résurrection de quelqu'un qui est vraiment mort (7,11-17). Les deux récits assemblés servent d'introduction à la section qui marque un tournant (7,18-23), et où Jésus affirme son identité messianique. Cette histoire doit être importante pour Luc, puisqu'il la place à ce moment clé. (Le contexte en Matthieu ne suggère pas une importance du même ordre.)

Comment cette histoire cadre-t-elle avec l'ensemble de l'œuvre de Luc ? On s'entend généralement sur le fait que cet évangile est le premier volume d'un ouvrage qui en compte deux, le second étant le livre des Actes. Il est clair avec les Actes que l'empire romain revêt une importance particulière pour Luc. Les Actes racontent comment l'Évangile s'est répandu de Jérusalem à l'ensemble de la région méditerranéenne, pour culminer avec l'arrivée de Paul à Rome. Ils racontent un nombre important d'histoires impliquant les officiels romains, incluant un autre centurion qui devint une figure clé dans l'expansion du christianisme au sein du monde romain (Ac 10).

Résumons Lc 7,1-10. Après n'avoir mentionné que brièvement l'arrivée de Jésus à Capharnaüm, Luc dirige d'abord toute son attention vers le centurion. Il a un esclave qu'il apprécie hautement mais qui est très malade. Le centurion, qui a probablement entendu parler de Jésus auparavant et apprend maintenant qu'il est non loin de chez lui, y voit l'occasion de le rencontrer. Il envoie donc des notables juifs pour demander à Jésus de venir et de guérir l'esclave. Les amis présentent leurs propres arguments, et racontent à Jésus que ce centurion est un bienfaiteur de la communauté juive et qu'il mérite, pour cette raison, d'être aidé. Jésus se met en marche avec les notables vers la maison du centurion, mais, avant qu'il n'y parvienne, il rencontre d'autres amis, qui lui disent qu'il n'est pas nécessaire de venir à la maison. Le centurion a modifié sa requête pour deux raisons : premièrement, parce qu'il n'est pas digne d'accueillir Jésus dans sa maison ; deuxièmement, parce qu'il croit que Jésus peut guérir à distance en prononçant seulement une parole. La confiance du centurion suscite l'étonnement de Jésus. Il dit aux gens qui l'accompagnent qu'il n'a pas trouvé une foi semblable à celle du centurion païen même chez les Israélites. Quand les amis regagnent la maison du centurion, ils trouvent l'esclave guéri.

Nous allons d'abord souligner un certain nombre d'enjeux clés et de contradictions dans l'histoire de Luc. Nous nous en inspirerons ensuite pour présenter une analyse idéologique.

1. L'attitude envers l'esclavage. Alors que Matthieu souligne la condition subjective de l'esclave – « Il est étendu, paralysé, et souffre beaucoup » (8,6) –, Luc parle seulement d'une condition objective, « mortellement souffrant », et souligne la valeur commerciale de l'esclave. Le mot grec lucanien pour esclave est *doulos*, qui met en relief la dureté de l'esclavage. Matthieu utilise un mot différent, *pais*, un terme plus intime, de type familial, et qui signifie la plupart du temps « enfant ».

2. Juifs, Gentils, et foi. La différence la plus frappante entre les deux évangiles est que le centurion de Luc envoie les notables vers Jésus (et ne voit jamais Jésus, de quelque manière que ce soit), alors que le centurion de Matthieu se rend lui-même auprès de Jésus. En incluant les amis juifs, Luc montre qu'au moins certains Juifs ont eu de bonnes relations aussi bien avec les Romains qu'avec Jésus : les notables recommandent le centurion *et* affirment *en même temps* la capacité de Jésus d'accomplir des guérisons miraculeuses. Mais Luc ne produit cette impression qu'en introduisant dans l'histoire deux visions contradictoires des Juifs. La leçon du récit original était sûrement de présenter le contraste entre la foi d'un Gentil et le manque de foi de la nation juive (Lc 7,9). Matthieu accentue ce contraste en ajoutant à l'histoire traditionnelle les dures paroles de 8,11-12, et en fait une polémique antijuive puissante, une annonce du rejet à venir et du remplacement des Juifs comme peuple de Dieu. Luc, pour sa part, atténue fortement l'opposition, par sa mention des quelques Juifs qui avaient une foi entière dans le pouvoir de Jésus !

Il est possible toutefois que Luc ait retenu quelque chose de ce contraste entre la foi des notables des Juifs et celle du centurion. Premièrement, la foi du centurion dépasse peut-être celle des Juifs du fait qu'il croit que Jésus peut guérir à distance. Mais ce point de contraste est faible, puisque Luc ne dit jamais directement que les notables aient mis en doute le pouvoir de Jésus de faire une telle chose. Un deuxième point, basé sur une contradiction verbale directe, est plus décisif. Le centurion se déclare « indigne » (7,6), expressément de voir Jésus entrer dans sa maison, mais aussi, semble-t-il, indigne seulement de rencontrer Jésus (« Je ne mérite pas de venir vers toi », v. 7). Ce sentiment d'indignité est directement en corrélation avec le pouvoir de la foi du centurion ; c'est parce qu'il ne se sent pas digne d'être en présence de Jésus qu'il doit faire confiance à sa capacité de guérir à distance. Ces paroles à son propre propos sont contraires aux paroles des Juifs à son sujet : « Il est digne... » (v. 4). Luc a retenu l'opposition traditionnelle du récit entre Gentil et Juif, mais en a déplacé le centre, pour le présenter plutôt en montrant le lien entre foi et valeur personnelle.

3. La question d'autorité. À l'expression de sa foi en Jésus, le centurion ajoute quelques mots mystérieux (7,8). Il suggère que sa propre place dans une structure hiérarchique d'autorité le rend apte à éprouver de l'empathie pour l'autorité par laquelle Jésus accomplit des miracles. « Car moi aussi... », qui peut être paraphrasé : « Je peux dire cela parce que, comme toi, Jésus, je... ». Le pouvoir de Jésus sur la maladie est en quelque sorte semblable à celui du centurion sur certaines personnes. Les mots du centurion évoquent l'idée d'un Jésus fonctionnant à l'intérieur d'une structure d'autorité comme celle des Romains.

Il parle d'abord du fait d'être en autorité, mais ne donne d'exemples que de son autorité sur les autres. Il se réfère, en pratique, à deux systèmes d'autorité, militaire et domestique esclavagiste. Selon le système militaire, il est placé de fait sous l'autorité de supérieurs, et en autorité sur sa centurie. La qualité principale qui le rend semblable à Jésus est de pouvoir exercer l'autorité par une parole (« Je dis " Va ", et il va », etc.). Cependant, on ne sait pas clairement ce que voudrait dire, pour Jésus, être « soumis à une autorité ».

Dans le système esclavagiste, le centurion est dans une position supérieure et non inférieure. Ici aussi, il exerce son autorité par une parole. Mais la lecture de l'ensemble du récit donne un nouveau ton au discours du centurion. Précisément à ce moment, le centurion est incapable de « prononcer une parole » envers son esclave et recevoir de lui obéissance, puisque l'esclave est « à l'article de la mort » ! L'autorité du centurion (sur son esclave) ne pourra être restaurée que si Jésus prononce la parole d'autorité (sur la maladie). Le centurion est là, en effet, pour indiquer les limites de sa propre autorité et la primauté de l'autorité de Jésus.

Revenons enfin à l'analyse idéologique. Quelle est l'idéologie implicite dans l'histoire de Jésus et du centurion? D'abord et avant tout, Luc fait preuve de parti pris par rapport à Rome. Il pense *à l'intérieur* du système romain, et s'est approprié le mode esclavagiste de production. Il accepte simplement que l'empire romain définisse le monde dans lequel le christianisme doit trouver sa voie. C'est Luc qui, dans les Actes, fait de Paul un citoyen romain, et fait de Rome la destination finale de Paul. Ce n'est pas étonnant qu'il situe cette histoire d'un Romain, à un endroit prédominant de son évangile, dans une ville romaine (Capharnaüm était de cette partie de la Palestine où la culture romaine avait pénétré le plus profondément [Horsley, 1995]).

Ce que Luc commence à mettre en place est une vision du christianisme comme future religion de l'empire romain. La religion de Jésus va fournir ce qui manque à Rome en dépit de tout son pouvoir politique: le pouvoir spirituel correspondant. Mais ce processus va redéfinir le christianisme tout autant que l'empire. Luc évolue en direction d'un christianisme constantinien, une religion hiérarchique soutenant l'empire hiérarchique. Cela apparaît tout à fait clairement dans l'utilisation qu'il fait des paroles du centurion à propos de l'autorité en 7,8. Que veut dire le fait de relier Jésus aux deux structures de pouvoir que sont l'armée et l'esclavage? Les métaphores militaires abondent dans la façon dont Jésus a été compris à travers les siècles: il apparaît comme le commandant d'une armée dans des hymnes comme «Le Fils de Dieu s'en va-t-en-guerre», et nous nous rappelons peut-être que Constantin, dans l'expédition qui fit de lui un empereur, a aperçu lors d'une vision une croix avec les mots «Par ce signe, tu vaincras» (Eusèbe, *Vie de Constantin*, 28). Mais l'autorité sur les esclaves a peut-être des implications encore plus fortes. Le récit de Luc fait état de l'esclavage, point central du système romain. Lc 7,2 va droit au cœur de la question: la valeur économique de l'esclave. Le miracle que le centurion espère obtenir de Jésus empêchera la perte, pour lui, d'un bien précieux. La différence entre esclave et affranchi transcende en importance toute autre différence dans le système romain : elle fait partie de l'ordre naturel. Faire de l'autorité de Jésus une autorité semblable à celle d'un propriétaire d'esclaves implique que Jésus détient l'autorité parce qu'il appartient à un ordre d'existence supérieur au reste de l'humanité. Nous devrions comprendre ainsi l'idée d'un Jésus *soumis* (comme le centurion) *à une autorité*. Quoi que veuille dire le centurion par cette expression, le lecteur chrétien la comprendra comme signifiant que Jésus est soumis à l'autorité de Dieu, et de Dieu seul. Cela ne rabaisse en rien Jésus, mais implique qu'il se tient auprès de Dieu d'un côté, avec tous les autres humains de l'autre. Ayant été entraîné par le récit de Luc dans le système romain d'autorité, Jésus ira même finalement jusqu'à le transcender (tout comme le centurion reconnaît finalement la supériorité de l'autorité de Jésus sur la sienne).

Dans la vision lucanienne de l'histoire, les Juifs jouent un rôle positif. Nous avons vu que la religion, dans un mode esclavagiste de production, était en bonne partie une question de choix, et le judaïsme avait été accepté comme une religion légale *(religio licita)* dans l'empire[3]. Le centurion de Luc, un ami et un bienfaiteur des Juifs, personnifie Rome qui essaie, dans son vide spirituel, de se rapprocher du judaïsme. À une époque où la persécution romaine des chrétiens était encore un souvenir très présent, Luc veut encourager un rapprochement semblable avec le christianisme.

La validation de la théologie de Paul est un autre aspect de l'idéologie lucanienne. Lc 7,1-10 est l'histoire de la foi d'un Gentil. À la différence des notables juifs, qui le déclarent « digne » en vertu de ses bonnes œuvres (7,4-5), le centurion se sait « indigne ». Cela nous rappelle immanquablement l'opposition que Paul dresse entre la foi dans le Christ sans égard au mérite, et la confiance des Juifs envers les œuvres de la loi.

3. Ce statut fut accordé au judaïsme par Jules César en 46 avant notre ère. Voir Josèphe, *Antiquités juives* 14.10.2-8.

Est-il possible de suggérer un lien ici avec le fait que Jésus guérisse l'esclave à distance? L'empire romain avait éliminé la distance à un degré inconnu jusque-là dans le monde. Son système de communication avait diminué considérablement le temps qu'il fallait pour que les décisions prises à un endroit soient mises en application à une distance très éloignée. La présence romaine n'avait pas à être immédiate et visible pour être efficace; le fait de savoir que les Romains apprendraient rapidement toute agitation et agiraient promptement pour y faire face suffisait à maintenir le contrôle de l'empire. Cette élimination de la distance est exprimée idéologiquement par des paroles célèbres de l'*Énéide* de Virgile: « Pour eux [les Romains], moi [Jupiter, le grand Dieu] je ne fixe aucune limite, monde ou temps. Mais je fais le don d'un empire sans fin[4]. » Aucune des limites qui ont été fixées pour les humains jusque-là, dans le temps ou l'espace, ne s'applique aux Romains. Dans la vision lucanienne de l'histoire, cette élimination de la distance par les Romains est une condition qui rend possible l'expansion globale du christianisme. Émergeant du judaïsme, et d'un espace pensé comme particulier et limité, le christianisme héritera de Rome un espace sans frontières. L'aptitude de Jésus à exercer son autorité à distance deviendra une autorité de tout temps et de tout espace. La confiance des Juifs envers ce qui est proche et familier va céder la place à la foi chrétienne en ce qui est lointain et invisible.

Luc, pouvons-nous conclure, se distingue considérablement, du point de vue idéologique, du reste du Nouveau Testament. Pour ce qui est de sa relation aux autres évangiles synoptiques, nous avons déjà vu à quel point les cadres idéologiques de Luc et de Matthieu sont différents. Pour Matthieu, Israël doit être remplacé par les Gentils comme peuple de Dieu (voir 8,8-12). Mais l'accueil des Gentils ne comporte aucune référence particulière à Rome. De tous les évangiles, celui de Matthieu est le plus ancré dans le judaïsme contemporain, défini par le mode tributaire de production. Il voit dans le judaïsme le modèle d'un christianisme issu de la gentilité, qui est sur le point de

4. *Énéide* I 277-78.

le remplacer. Un « peuple élu » va céder la place à un autre, mais sans qu'il y ait un changement fondamental dans la relation entre Dieu et les humains. Si, à ce contraste entre Luc et Matthieu, nous ajoutons que le Jésus de Marc, selon la lecture marxiste de Fernando Belo (1981) – un important précurseur de la lecture idéologique récente –, oppose les anciennes traditions prophétiques d'Israël au judaïsme du temps de Jésus, basé sur les lois de pureté et les observances du Temple, nous pouvons suggérer que les idéologies de Marc, Matthieu et Luc mettent en relief respectivement les trois modes de production que nous avons introduits plus tôt : domestique, tributaire et esclavagiste.

La relation de Luc à Paul est complexe. Luc a été influencé positivement par la pensée de Paul au sujet de la nature de la foi au Christ, et sur la relation entre Gentils et Juifs dans le dessein de Dieu. Était-il proche de Paul à d'autres égards ? Les chercheurs sont divisés. Certains disent que Paul n'a soulevé aucune objection contre l'esclavage et a recommandé une soumission entière aux autorités romaines, ce qui le rapprocherait de Luc. Mais les plus récents partisans de la lecture idéologique regardent Paul comme celui qui a essayé délibérément d'établir le christianisme comme une contre-culture à l'empire (Horsley, 1998c, pp. 162-172), et qui est prêt à défendre les intérêts des esclaves contre leurs maîtres (Horsley, 1998a). Il est important de se rappeler que Luc avait eu l'occasion de présenter son propre portrait de Paul, dans le livre des Actes. Or, le Paul de Luc est différent de celui qu'on trouve dans ses lettres, et beaucoup plus romain. Luc fait de Paul un citoyen romain, ce que Paul lui-même ne revendique nulle part. Selon toute vraisemblance, Luc était lui-même citoyen romain !

Luc se démarque à l'extrême du livre de l'Apocalypse, qui prend position contre tout ce qui est romain, y compris l'esclavage. Les sympathies des tenants de la lecture idéologique penchent du côté de l'Apocalypse plutôt que de Luc. Mais une lecture idéologico-critique qui veut lire un passage comme Lc 7,1-10 doit savoir faire la part des choses. D'une part, lorsque nous interprétons une histoire biblique impliquant l'esclavage, nous ne devrions jamais tenter de masquer l'horreur de ce système. D'autre part, il est inutile de reprocher à Luc personnellement, à partir de notre perspective du troisième millénaire, d'avoir représenté le mode de production prédominant à son époque.

BIBLIOGRAPHIE

ALTHUSSER Louis, 1969, *Lénine et la philosophie*, coll. « Théorie », Paris, Maspéro.

BELO Fernando, 1981, *A Materialist Reading of the Gospel of Mark*, Translated by Matthew J. O'Connell. Maryknoll, N.Y., Orbis Books.

« Bible and Culture Collective (The) », 1995, *The Postmodern Bible*, New Haven, Yale University Press.

BOTTOMORE Tom, ed., 1983, *A Dictionary of Marxist Thought*, Cambridge, Mass., Harvard University Press.

CROSSAN John Dominic, 1991, *The Historical Jesus : The Life of a Mediterranean Jewish Peasant*, San Francisco, Harper Collins.

GOTTWALD Norman K., 1993, *The Hebrew Bible in Its Social World and in Ours*, Atlanta, Scholars Press.

HORSLEY Richard A., 1995, *Galilee : History, Politics, People*, New York, Trinity Press International.

–, 1998a, « Paul and Slavery: A Critical Alternative to Recent Readings », *Semeia* 83/84, pp. 153-200.

–, 1998b, « The Slave Systems of Classical Antiquity and Their Reluctant Recognition by Modern Scholars », *Semeia* 83/84, pp. 19-66.

–, 1998c, « Submerged Biblical Histories and Imperial Biblical Studies », pp. 152-173 in *The Post-colonial Bible*, edited by R. S. Sugirtharajah, Sheffield, Sheffield Academic Press.

JAMESON Fredric, 1981, *The Political Unconscious : Narrative as a Socially Symbolic Act*, Ithaca, N.Y., Cornell University Press.

LÉVI-STRAUSS Claude, 1958, *Anthropologie structurale*, Paris, Plon.

MARX Karl, et ENGELS Friedrich, *L'idéologie allemande*, Paris, Éd. sociales, 1972.

MELOTTI Umberto, 1977, *Marx and the Third World*, trad. angl. Pat Ransford, London, Macmillan.

MEYERS Carol, 1988, *Discovering Eve: Ancient Israelite Women in Context*, Oxford, Oxford University Press.

PATTERSON Orlando, 1982, *Slavery and Social Death: A Comparative Study*, Cambridge, Mass., Harvard University Press.

SARTRE Jean-Paul, 1943, *L'être et le néant, essai d'ontologie phénoménologique*, Paris, Gallimard.

SCOTT James C., 1990, *Domination and the Arts of Resistance : Hidden Transcripts*, New Haven, Yale University Press.

WILLIAMS Raymond, 1976, *Keywords: A Vocabulary of Culture and Society,* London, Fontana.

WITTFOGEL Karl A., 1957, *Oriental Despotism: A Comparative Study of Total Power,* New Haven, Yale University Press.

Autres lectures suggérées

BELSEY Catherine, 1980, *Critical Practice,* New York, Methuen.

EAGLETON Terry, 1976, *Criticism and Ideology : A Study in Marxist Literary Theory,* London, Verso.

–, 1991, *Ideology : An Introduction,* London, Verso.

JOBLING David and PIPPIN Tina, eds., 1992, *Ideological Criticism of Biblical Texts, Semeia* 59.

MACHEREY Pierre, 1978, *A Theory of Literary Production,* London, Routledge and Kegan Paul.

MYERS Ched, 1988, *Binding the Strong Man : A Political Reading of Mark's Story of Jesus,* Maryknoll, N.Y., Orbis Books.

YEE Gale A., ed., 1995, *Judges and Method : New Approaches in Biblical Studies,* Minneapolis, Augsburg Fortress.

LECTURE POSTCOLONIALE

Jean ou la vision d'un monde alternatif

Fernando F. Segovia

La critique biblique postcoloniale a fait son entrée en tant que discipline théorique et méthodologique dans la seconde moitié des années 1990. La critique s'est d'abord formée dans le monde non occidental et, en Occident, chez les minorités ethniques/raciales non occidentales, qui sont toutes venues à la critique biblique après les changements décisifs des années 1970 dans cette discipline, non seulement dans la méthode et la théorie, mais également dans ses représentants et ses porte-parole. Très tôt, cependant, la critique postcoloniale allait devenir un domaine d'intérêt majeur pour les critiques occidentaux également. La vue d'ensemble qui suit retrace les débuts de cette lecture comme discipline, traite du contexte d'où s'exprime cette critique et propose une application critique.

DÉBUTS DE LA DISCIPLINE

Comme dans tant d'autres cas, c'est à la revue *Semeia* que revient l'honneur d'avoir ouvert la voie[1]. En 1996, Laura E. Donaldson agit en tant qu'éditrice pour un collectif d'essais sur le thème du postcolonialisme et de la lecture de l'Écriture *(Postcolonialism and Scriptural Reading*[2]*)*. Fait intéressant,

1. Un ouvrage de la première moitié des années 1990 doit être considéré à cet égard comme un prédécesseur immédiat : il s'agit de la publication des essais de Susan VanZanten Gallagher, *Postcolonial Literature and the Biblical Call for Justice* (Jackson, University Press of Mississippi, 1994). Si l'ouvrage s'intéresse à la relation entre la Bible et le postcolonial, il ne traite pas de la critique biblique en particulier. Son centre d'intérêt est l'héritage conflictuel du christianisme par rapport au colonialisme, perçu à travers le thème de la justice dans les littératures postcoloniales et bibliques.

2. Laura E. Donaldson, ed., *Postcolonialism and Scriptural Reading, Semeia* 75 (Atlanta, Scholars Press, 1975). Voir en particulier son introduction à l'ouvrage « Postcolonialism and Biblical Reading : An Introduction » (p. 1-14). Donaldson, en poste à l 'époque à l'université d'Iowa, avait déjà publié un ouvrage important sur le croisement des sexes, des races et le colonialisme, *Decolonizing Feminisms : Race, Gender and Empire Building* (Chapel Hill, The University of North Carolina Press, 1992).

cette première incursion a été menée non pas par un critique biblique, mais par une personne travaillant dans le domaine des études littéraires, féminines et indiennes / indigènes d'Amérique, éprouvant également un intérêt marqué pour les études bibliques. En cherchant à réunir le postcolonial et le biblique, Donaldson, une spécialiste aux racines américano-indigènes (Cherokee), plaide pour la nécessité d'examiner les héritages diversifiés et complexes du colonialisme. Un telle critique, décrite par l'expression « lire comme les Cananéens », est conçue en des termes antithétiques : libérer des voix qui ont été réduites au silence par les lectures dominantes du texte. Cette opposition est, en outre, conçue comme multidimensionnelle dans son orientation et profondément attentive aux subtilités du contexte colonial du point de vue de la culture, de la race, de la classe et du sexe. Cet ouvrage, impliquant des collaborateurs intérieurs et extérieurs à la critique biblique, entreprend de travailler à plusieurs niveaux : analyse de textes des deux Testaments ; considération de textes postérieurs et des contextes d'interprétation ; examen de cadres et de projets herméneutiques variés.

L'année 1997 s'est avérée d'une importance particulière à plusieurs égards : deux publications ont vu le jour et un nouveau projet a été lancé. Tout d'abord, Sheffield Academic Press publie l'ouvrage *The Bible and Colonialism* de l'auteur Michael Prior[3]. Dans cet ouvrage, Prior entreprend d'examiner le thème de la possession de la terre et de la conquête dans les textes bibliques aussi bien que dans l'utilisation de ces textes dans diverses entreprises coloniales (Amérique du Sud, Afrique du Sud, Palestine). Son but est ainsi d'offrir une critique morale de telles traditions, et donc de la Bible, à la lumière des revendications mises en avant et de leurs ramifications pour les populations indigènes. En outre, Trinity Press

3. Michael Prior, C. M., « The Bible and Colonialism : A Moral Critique », *The Biblical Seminar* 48 (Sheffield, Sheffield Academic Press, 1997). Prior, un prêtre catholique romain et membre de l'ordre de Saint-Vincent était, à l'époque, président du Département de théologie et d'études religieuses au collège universitaire St. Mary's, de l'université de Surrey. Actif sur la scène de la théologie et de l'herméneutique de la libération et très intéressé par le christianisme palestinien, il avait publié quelques années auparavant *Jesus the Liberator : Nazareth Liberation Theology (Luke 4.16-30)* (Sheffield, Sheffield Academic Press, 1995).

International publie *Paul and Empire*, sous la direction de Richard Horsley, sur le lien entre le christianisme et l'empire romain[4]. Horsley, qui souligne l'occultation de la politique, et en particulier de la politique impériale, dans la critique traditionnelle, plaide précisément pour la mise en évidence des textes aussi bien que des interprétations, à la lumière de développements comparables dans d'autres domaines et avec une référence particulière aux diverses études postcoloniales du début des années 1990. À cette fin, il dresse une anthologie d'études faites par des spécialistes, classiques autant que bibliques, qui traitent de la dynamique de la société impériale romaine et du rôle de Paul à l'intérieur d'un tel cadre. Enfin, Sheffield Academic Press annonce le début d'une nouvelle collection ayant pour titre « The Bible and Postcolonialism », avec R. S. Sugirtharajah dans le rôle d'agent catalyseur[5].

L'année suivante, 1998, s'est avérée non moins importante, avec deux autres ouvrages et une session centrale d'un congrès. En premier lieu paraît l'ouvrage inaugural de la collection, *The Postcolonial Bible*, sous la direction de Sugirtharajah[6]. Dans cet ouvrage, Sugirtharajah donne le ton à l'ensemble de l'entreprise : le remplacement d'une lecture coloniale par une lecture postcoloniale[7]. Cette dernière cherche à renverser non seulement les présupposés de la première (supériorité de la culture occidentale, le mâle occidental comme sujet, l'Autre en tant que personne ayant besoin de domination et de subordination), mais aussi ses pratiques (remplacement des stratégies indigènes, représentations négatives de l'Autre, stratégies exégétiques de contrôle impérial). Une lecture postcoloniale

4. Horsley, professeur d'études classiques et de religion à l'université du Massachusetts, à Boston, avait déjà signé un certain nombre d'études sur le contexte et le caractère politique des textes du christianisme primitif.

5. Sugirtharajah, natif du Sri Lanka et ministre ordonné dans l'Église méthodiste, était alors en poste à Selly Oak Colleges à Birmingham, en Angleterre. Il avait publié auparavant un ouvrage très en vogue dans l'interprétation biblique non occidentale, *Voices from the Margin : Interpreting the Bible in the Third World* (Maryknoll, Orbis Books ; London, SPCK, 1995) et avait déjà publié une série d'articles sur la critique biblique postcoloniale.

6. R. S. Sugirtharajah, ed., *The Postcolonial Bible*, « The Bible and Postcolonialism » 1 (Sheffield, Sheffield Academic Press, 1998).

7. R. S. Sugirtharajah, « Biblical Studies after the Empire : From a Colonial to a Postcolonial Mode of Interpretation », *The Postcolonial Bible*, *op. cit.*, p. 12-22.

fonctionnerait alors comme un défi et comme une alternative à la recherche biblique standard, en remettant en avant les questions d'empire, de nation, d'appartenance ethnique, de migration et de langage, dans les textes comme dans les interprétations, ce qui l'amène à démasquer et à rectifier l'implication de la discipline dans le colonialisme. En deuxième lieu, Sugirtharajah publie un collectif d'essais, *Asian Biblical Hermeneutics and Postcolonialism*, dans lesquels il poursuit ce programme interprétatif en se concentrant sur les tendances et la dynamique de l'interprétation biblique en Asie. Ce programme, réalisé en portant une attention particulière aux modes d'interprétation, aux commentaires critiques et aux pratiques de traduction, est formulé sous l'angle de la contestation et de la résistance : la critique postcolonialiste est une réécriture et une protestation contre le colonialisme, ses présupposés, ses représentations et ses idéologies. Enfin, un séminaire sur *The Postcolonial Bible* s'est tenu au congrès annuel de l'AAR-SBL *(American Academy of Religion et Society of Biblical Literature)* dans une session centrale à l'intérieur du contexte de la section sur la Bible en Afrique, en Asie, en Amérique latine et dans les Caraïbes[8]. L'événement s'est avéré être un signe avant-coureur de futurs développements au sein même de l'association.

Le courant a pris de l'ampleur en 1999, avec la parution de deux ouvrages et d'un numéro spécial d'un périodique majeur et une autre session centrale d'un congrès. Un de ces ouvrages représente la deuxième contribution à la collection, intitulée *Vernacular Hermeneutics*, sous la direction de Sugirtharajah[9]. Le programme interprétatif de résistance et de contestation esquissé dans le premier volume se poursuit ici aussi, mais se trouve toutefois formulé du point de vue d'un contraste herméneutique au sein du tiers monde. L'herméneutique non occidentale, affirme Sugirtharajah, est centrée sur la libération ou sur la culture : à la différence de cette dernière, la première

8. Les Actes de la session ont été publiés par la suite : pour les quatre présentations, voir *The Journal for the Study of the New Testament* 74 (1999), p. 113-121 ; pour une réaction, voir *The Journal for the Study of the New Testament* 75 (1999), p. 103-114.

9. R. S. Sugirtharajah, ed., *Vernacular Hermeneutics*, « The Bible and Postcolonialism » 2 (Sheffield, Sheffield Academic Press, 1999).

est très connue et populaire en Occident. La raison en est simple : alors que l'herméneutique de la libération est en accord avec les fondations et les pratiques de l'interprétation standard, l'herméneutique vernaculaire repose quant à elle sur des pratiques et des traditions indigènes. À ce titre, elle s'avère plus efficace pour perturber et recadrer les interprétations existantes. C'est pourquoi l'ouvrage, qui est une compilation de techniques universelles, est conçu comme une stratégie à cet égard. Sugirtharajah agit aussi comme directeur d'un numéro spécial du *Journal for the Study of the New Testament*[10] sur des « Perspectives postcoloniales sur le Nouveau Testament et son interprétation ». Le programme interprétatif y reçoit une formulation légèrement différente : d'une part, l'élément de résistance est préservé – on dit de la critique postcoloniale qu'elle ouvre un espace pour les ex-colonisés afin qu'ils s'impliquent dans la réappropriation, la rédemption et la réaffirmation ; d'autre part, l'opposition de base y est maintenant nuancée – on dit aussi de la critique postcoloniale qu'elle reconnaît la complexité du contact colonial[11]. La critique en question est décrite comme multidimensionnelle : critique des textes bibliques, nouvelle représentation des stratégies de lecture, et reconsidération des interprétations, tout cela selon la perspective et les préoccupations de la relation coloniale. Là encore l'ouvrage, qui est l'œuvre de critiques bibliques, est conçu comme un exercice (avec une prédominance de la critique sur les textes bibliques).

Le deuxième ouvrage de Tat-Siong Benny Liew[12], constitue la première monographie à faire un usage substantiel de la critique postcoloniale. Celle-ci est située à l'intérieur du champ théorique plus vaste du postmodernisme, défini comme terrain de résistance, où la connaissance est vue comme liée à une perspective donnée, la vérité comme construite, et le discours comme politique. Liew met ainsi en avant une conception de

10. R. S. Sugirtharajah, ed., *Postcolonial Perspectives on the New Testament and Its Interpretation*, Special Issue, *JSNT* 73 (1999).

11. R. S. Sugirtharajah, « A Brief Memorandum on Postcolonialism and Biblical Studies », *JSNT* 73 (1999).

12. Tat-siong Benny Liew, *Politics of Parousia : Reading Mark Inter (con) textually*, Biblical Interpretation 42 (Leiden, E. J. Brill, 1999).

la critique biblique qui implique opposition et libération, fondée sur un engagement en faveur d'un changement social et de la libération des opprimés, et animée par cet engagement. Pour une telle critique sociopolitique, Liew propose, en s'inspirant de la stratégie postmoderne de lecture intertextuelle, une lecture « inter(-con-)textuelle » : une vision des textes et des critiques comme agents proactifs dans un contexte donné et une vision de la critique comme échange entre ces (con-)textes, en vue d'une transformation. L'orientation postcoloniale est mise en lumière, alors, à l'intérieur de cet échange, de telle sorte que le colonialisme ressort comme élément fondamental du postmodernisme tout comme la race et l'appartenance ethnique en deviennent des catégories essentielles. En pratique, Marc est vu comme sujet colonial à l'intérieur de la colonisation romaine ; Liew, comme sujet de la diaspora à l'intérieur de la colonisation occidentale ; la lecture inter(-con-)textuelle de Marc, comme relation dialogique (centrée sur l'autorité, la médiation et les femmes) en quête d'un changement – la justice sociale et économique. Au terme de ce dialogue, Liew plaide pour une démarche qui irait au-delà du mimétisme colonial qui se trouve chez Marc (reproduction anticoloniale d'un programme colonial) et aboutirait à une reconnaissance du caractère hybride dans la volonté contemporaine de résistance et de changement pour tous.

Enfin, la proposition pour un nouveau programme, conçue et formulée par Stephen Moore et moi-même comme coprésidents, est soumise à la Society of Biblical Literature : ce sera une consultation sur les « études du Nouveau Testament et les études postcoloniales » (« New Testament Studies and Postcolonial Studies »). Le premier rassemblement s'est tenu au congrès annuel de l'AAR-SBL en 1999 lors d'une session centrale intitulée : « Postcolonial Biblical Criticism : Delineation and Configurations ». Elle se présente comme une introduction à l'approche comparative avec d'autres angles critiques de recherches dans la discipline avec lesquelles elle partage des préoccupations culturelles et idéologiques similaires[13].

13. La présentation incluait le postcolonialisme (Segovia), le féminisme (Donaldson), le poststructuralisme (Moore), la libération (Sugirtharajah), le marxisme (David Jobling).

LECTURES POLITIQUES

Ainsi, au tournant du siècle, la critique biblique postcoloniale se trouvait-elle bien représentée à la fois dans la discipline et dans la profession. Au cours de la première décennie de ce siècle, sa position n'en devint que davantage implantée, alors que les projets, les présentations savantes et les rencontres se sont multipliés.

UNE DISCIPLINE ET SON CONTEXTE

L'exposé qui a précédé et qui retraçait l'entrée du postcolonial dans la recherche biblique s'avère des plus utiles pour aborder la question du contexte d'où s'exprime la discipline. D'une part, étant donné les buts assignés à cette critique, l'exposé fait apparaître les préoccupations et les intérêts majeurs : récupération de voix réduites au silence dans les textes et mise au jour des voix dominantes dans l'interprétation ; exposition des voix oppressives dans les textes et de leurs ramifications dans l'interprétation ; mise en évidence du politique dans les textes et les interprétations ; remise en question de la recherche dominante par la mise en avant des questions sur l'empire et des questions connexes dans les textes et les interprétations ; contestation des présupposés, des convictions et des pratiques du colonialisme dans les interprétations ; déstabilisation de la recherche reconnue par une option en faveur du vernaculaire ; ouverture d'un espace interprétatif pour les voix des ex-colonisés ; cadrage des textes, stratégies de lectures et interprétations à l'intérieur du champ des relations coloniales ; engagement en faveur du changement social. D'autre part, étant donné l'envergure prévue par la critique postcoloniale, l'exposé transmet également une série de mises en garde importantes : attention aux subtilités introduites par la culture, la race, la classe et le sexe dans le contexte colonial ; reconnaissance de la complexité des rapports coloniaux ; dépassement du caractère binaire au profit du caractère hybride. La critique postcoloniale tourne donc autour des textes et des interprétations, de la domination et de la résistance, de la politique de l'impérial et du colonial ; elle implique en outre une attention à la stratification et aux croisements. Voilà les préoccupations et les intérêts qui permettent de situer la critique postcoloniale à l'intérieur du domaine de la critique idéologique.

Critique biblique postcoloniale et critique idéologique

La critique postcoloniale fait partie de la série d'approches qui ont été introduites dans la discipline depuis la période de transition majeure du milieu des années 1970. Toutes ces approches mettent en évidence et élaborent une théorie de la relation impliquant domination et subordination, c'est-à-dire des relations inégalitaires de pouvoir. Au départ, alors que la discipline évolue de l'intérieur vers la critique littéraire et l'analyse sociale comme points d'ancrage et guides, certaines pressions externes commencent également à se faire sentir. Avec l'arrivée de femmes dans la recherche, les questions liées au sexe et aux relations entre les sexes se sont fait jour : ce furent les débuts de la critique féministe ; avec l'avènement de chercheurs non occidentaux, l'attention s'est portée sur l'économie et la classe sociale : ce furent les débuts de la critique libérationniste. Par la suite, dans les années 1980, alors que la discipline évolue au-delà du formalisme dans les domaines littéraires aussi bien que socioculturels et fait son entrée dans le domaine des études culturelles, des pressions de l'extérieur viennent l'affecter. Avec l'avènement de chercheurs issus des minorités, l'accent est mis sur la race et l'appartenance ethnique : les débuts de la critique des minorités, avec l'arrivée des chercheurs gays et lesbiennes – les études portent alors sur la sexualité et l'orientation sexuelle : les débuts de la critique gay. Plus récemment encore, dans les années 1990, alors que les études culturelles prennent de l'expansion et ont une influence sur tous les aspects de la discipline, et sous l'impulsion principalement de chercheurs issus des minorités et non occidentaux, l'impérialisme et le colonialisme deviennent le nouveau centre d'intérêt. La critique postcoloniale peut donc être perçue comme l'étude du problème posé par une relation inégalitaire de pouvoir, une relation de domination et de subordination, à l'échelle de la géopolitique.

L'étude de ce problème n'explique pas seulement les préoccupations et les intérêts majeurs exprimés depuis le début par la critique. Elle devrait également rappeler la mise en garde, signalée au départ, contre le danger d'imbrication : la critique postcoloniale devrait procéder avec beaucoup de précautions et tenir compte des complexités qui se jouent dans l'échange colonial. La critique postcoloniale, qui met en évidence le géopolitique, pour lequel elle offre aussi une théorie, ne devrait donc jamais le faire en l'isolant de toutes les autres relations de pouvoir inégalitaires mais plutôt en dialogue avec les critiques féministes et libérationnistes, avec celles des minorités, et avec les critiques gays. On ne devrait pas en exiger moins, *mutatis mutandis,* d'aucune de ces autres critiques : aucune ne saurait procéder sans une attention au géopolitique. Ainsi, alors qu'une attention particulière est exercée à l'impérial / colonial par une analyse serrée à partir des études postcoloniales, l'impérial et le colonial doivent être nuancés correctement et systématiquement par le biais des critères du sexe, de l'économie, de la race / appartenance ethnique et de l'orientation sexuelle – et de toute autre dimension de l'existence humaine, telle la dimension éducative ou religieuse, de façon à éviter l'écroulement de toutes les catégories au profit du seul binôme de l'impérialisme et du colonialisme.

Critique biblique postcoloniale et études postcoloniales

Pourquoi la critique postcoloniale a-t-elle fait son entrée dans la discipline à ce moment précis, à partir de la seconde moitié et vers la fin des années 1990 ? Nous voudrions suggérer que la réponse est au moins double. De l'extérieur, des critiques tels VanZanten Gallagher et Donaldson ont introduit la problématique au sein de l'interprétation biblique. De l'intérieur, un groupe de chercheurs et de critiques qui s'étaient grandement occupés de la question du lieu social de l'interprétation, en référence surtout au contexte global du monde non occidental ou au contexte local des minorités ethniques / raciales en Occident, a fait la rencontre inopinée du postcolonialisme[14]. Si on veut, par conséquent, avoir une juste perception de la critique biblique postcoloniale, il faut néces-

14. R. S. Sugirtharajah, ed., *Voices from the Margins : Interpreting the Bible in the Third World* (Maryknoll, Orbis Books, 1991) ; Fernando F. Segovia and Mary Ann Tolbert, eds., *Reading from This Place*, vol. 1 : *Social Location and Biblical Interpretation in the United States* (Minneapolis, Fortress Press, 1995) ; *Reading from This Place*, vol. 2 : *Social Location and Biblical Interpretation in Global Perspective* (Minneapolis, Fortress Press, 1995) ; et *Teaching the Bible : The Discourses and Politics of Biblical Pedagogy* (Maryknoll, Orbis Books, 1998).

sairement avoir une bonne idée des études postcoloniales. Ce qui n'est pas une tâche facile, assurément, étant donné le vaste panel de points de vue et la très grande intensité du débat dans ces études. Pour les besoins de la cause, ici, il suffira toutefois de quelques observations majeures pour acquérir une familiarité à la fois élémentaire et bien informée avec son histoire, son sens et sa portée – tout cela à titre d'introduction pour un programme d'orientation dans l'application à la critique biblique[15].

Où commencent donc les études postcoloniales ? La réponse est à la fois simple et problématique. D'une part, on désigne habituellement la publication de l'ouvrage d'Edward Said, *Orientalism*, en 1978, comme étant *le* point de départ[16]. D'autre part, une identification et une datation aussi précises ont tendance à isoler ces études de diverses préoccupations et évolutions antérieures.

L'analyse faite par Said du lien entre pouvoir et discours dans la représentation de l'Orient en Occident (où l'Orient est vu comme l'Autre, statique, énigmatique, inférieur) comme base d'une conquête et d'une domination politiques, mène à l'idée initialement définie comme « théorie du discours colonial ». Dans cette entreprise critique, amorcée principalement et d'abord au sein des études littéraires et sous l'influence de différents courants poststructuralistes, les noms de Homi Bhabha et de Gayatri Chakravorty Spivak[17] se sont bientôt joints au nom et à l'œuvre de Said. Ces trois figures représentent le noyau de ce qui est en général connu comme « discours postcolonial », alors que ce mouvement critique s'est répandu bien

15. Pour une analyse exhaustive du sens et de la portée des études postcoloniales, voir ma contribution « Mapping the Postcolonial Optic in Biblical Criticism », in Stephen D. Moore and Fernando F. Segovia, eds., *Postcolonial Biblical Criticism : Interdisciplinary Intersections* (London-New York, T. & T. Clark, Inernational, 2005).

16. Edward Said, *Orientalism* (New York, Pantheon Books, 1978).

17. La production littéraire de Bhabha, sous forme d'essais, débute tôt dans les années 1980 et se trouve réunie dans *The Location of Culture* (New York-London, Routledge, 1994). La production littéraire de Spivak, sous forme d'essais elle aussi, date du milieu des années 1980, et se trouve réunie dans plusieurs ouvrages : *In Other Worlds : Essays in Cultural Politics* (New York-London, Routledge, 1987) ; Sara Harasym, ed., *The PostColonial Critic : Interviews, Strategies, Dialogues*, (New York-London, Routledge, 1990) ; et *Outside the Teaching Machine* (New York-London, Routledge, 1993).

au-delà du champ de la discipline tout au long des années 1980 et 1990. À ce titre, il sont devenus l'objet principal d'attention dans ce domaine, le centre de référence obligé dans les développements académiques, et la cible principale des attaques dans les discussions critiques. Dans ce processus de recension, d'expansion des frontières et d'appel à la tâche, une liste sans cesse croissante de noms et de travaux qui analysent, élargissent et révisent l'angle d'analyse postcoloniale vers des directions toujours nouvelles, vient s'ajouter aux figures centrales et à leurs publications.

Avec le développement des branches et du corpus de la discipline, un grand nombre de divisions sont apparues de façon de plus en plus visible avec le temps. D'abord, le mouvement postcolonial, en raison de ses liens théoriques étroits avec la pensée poststructuraliste, devient étrangement séparé des luttes et des écrits anticoloniaux depuis les années 1940 jusqu'aux années 1960. C'est ainsi qu'il n'y a pas eu de véritable dialogue avec des figures telles qu'Aimé Césaire et C. L. R. James, Almicar Cabral et Kwame Nkrumah, Frantz Fanon et Albert Memmi, pour n'en mentionner que quelques-uns. Ensuite, étant donné sa préoccupation prédominante pour la production culturelle, le mouvement demeure étrangement à l'écart d'une analyse de l'origine matérielle. Cela a pour conséquence d'éluder tout simplement l'analyse longuement éprouvée de l'impérialisme et du colonialisme à l'intérieur de la tradition marxiste. Enfin, le mouvement, avec son intérêt insatiable pour le monde de l'empire britannique, demeure de façon inquiétante en rupture avec d'autres structures similaires, et plus particulièrement avec les écrits et les luttes dans les pays d'Amérique depuis le début du XIXe jusqu'à la fin du XXe siècle. Ainsi, on cherche en vain une confrontation critique de la part de figures du monde francophone, lusophone et hispanophone de l'Amérique latine.

L'émergence des études postcoloniales est donc à la fois limpide et confuse, perceptible et incompréhensible, acceptable et discutable – tout cela en même temps et inéluctablement. Cette problématique s'étend tout aussi bien au sens qu'à la portée de ces études.

La question de l'objet ou du sens implique de définir la critique postcoloniale. Il va sans dire que les différents éléments qui composent une telle définition mettent en lumière des points de vue très diversifiés et conflictuels. Par rapport au projet de la critique biblique postcoloniale, les options suivantes qu'on trouve à l'intérieur de cette gamme, s'avèrent particulièrement pertinentes :

• Pour ce qui a trait au terme « postcolonial » même, sa connotation « des choses à venir » peut être considérée selon une perspective psychologique ou sociale de conscientisation – la réalisation et la problématisation d'une relation géopolitique de domination et de subordination, indépendamment des conditions historiques et politiques actuelles.
• Sur la signification de l'impérialisme et du colonialisme comme tels, il est possible de se faire une idée spatiale de ces concepts – l'impérialisme ferait référence à tout ce qui est lié au centre, alors que le colonialisme engloberait tout ce qui concerne la périphérie.
• Pour ce qui est du terrain de recherche, le domaine postcolonial peut être perçu comme vaste par nature – l'analyse de l'impérial et du colonial engloberait aussi bien la production culturelle que l'origine matérielle.
• La portée référentielle de la relation entre l'impérial et le colonial peut être d'une acception large – la périphérie est étudiée de son propre point de vue et non seulement du point de vue du centre.

Concernant l'interaction entre l'impérial et le colonial, le mode de rencontre peut être considéré selon diverses perspectives – des ressemblances et des différences peuvent être reconnues et devenir objet de théorie, respectivement, à l'intérieur des structures impériales-coloniales et entre elles, entre le centre et la périphérie dans n'importe quelle structure, et entre les centres et les périphéries dans différentes structures.

La question des paramètres concerne le champ de la critique postcoloniale. Incontestablement, les éléments constitutifs de ce champ mettent en lumière un ensemble de points de vue très diversifié et débattu. Par rapport au projet de la critique biblique postcoloniale, les options suivantes sont particulièrement pertinentes dans ce panel :

• En lien avec son rayon d'opération, le postcolonial peut s'étendre à de nombreux sujets : la discussion englobe des structures impériales-coloniales à travers une variété de périodes historiques et/ou de contextes culturels, depuis l'Antiquité jusqu'à aujourd'hui, en Occident et ailleurs.
• En lien avec ses présupposés, le postcolonial peut être perçu comme inclusif : la discussion regroupe une variété de cadres politiques et économiques, au sein et en dehors de la modernité et du capitalisme.

Au sein donc des études postcoloniales, il y a suffisamment d'espace pour la conceptualisation et la formulation du domaine, que la critique biblique postcoloniale perçoit comme transhistorique et transculturel, et de la tâche qu'elle se donne, fondamentalement comparative par nature. Tous ne sont pas d'accord, bien entendu, mais l'espace théorique est là, quoique largement inexploré. Ainsi, du point de vue des paramètres de la discipline, le déploiement d'un angle postcolonial dans la critique biblique apparaît pleinement justifié, puisque aucune formation impériale-coloniale ne peut être exclue de l'étude pour des raisons historiques ou culturelles et qu'aucun cadre sous-jacent ne peut être estimé hors champ, du point de vue politique ou économique. Il y a aussi suffisamment d'espace au sein des études postcoloniales pour articuler de façon documentée et exécuter, en mode transhistorique et transculturel, la tâche comparative qu'elle se donne. En vérité, du point de vue de l'objet de la discipline, un tel déploiement dans la critique biblique peut aisément être instauré selon les grandes lignes de référence indiquées plus tôt. Ces grandes lignes sont la perspective postcoloniale, en tant qu'elle met en évidence la conscientisation de la problématique géopolitique, indépendamment des conditions présentes, la restriction au centre pour ce qui est de l'impérial et à la périphérie pour le colonial, la prise en compte du domaine du textuel aussi bien que de l'historique, la considération de l'impérial et du colonial dans leur relation réciproque aussi bien que pour eux-mêmes, le traitement des ressemblances et des différences par la comparaison des structures impériales et coloniales aussi bien qu'impériales-coloniales.

On ne devrait pas être surpris donc que, dans la seconde moitié des années 1990, les études bibliques et les études postcoloniales aient commencé à se croiser – ce fut la naissance de la critique biblique postcoloniale. Chez certains porte-parole de la critique postcoloniale, l'insertion des textes bibliques et de l'interprétation biblique dans le champ de la critique postcoloniale est vue comme parfaitement acceptable, sinon essentielle. De même, dans certains milieux de la critique biblique, l'intégration de la problématique géopolitique dans les études bibliques, telle qu'élaborée par l'analyse postcoloniale, est perçue comme appropriée, voire nécessaire. Ce qui, pour la critique biblique, représente une expansion additionnelle de la critique idéologique, devient pour la critique postcoloniale une expansion additionnelle du projet comparatif. Du milieu à la fin des années 1990, ces deux expansions, en un certain sens, ne demanderaient qu'à se réaliser : dans l'interprétation biblique, la critique idéologique était désormais solidement implantée et hautement sophistiquée ; dans la critique postcoloniale, la théorie et la pratique s'étaient déployées en plusieurs nouvelles directions et plusieurs nouveaux champs.

Il convient enfin de dire un mot au sujet de l'avenir et du développement du projet de critique biblique postcoloniale. La critique postcoloniale, comme le montre sa soudaine émergence, a conçu un projet en rapport avec les textes et les interprétations. En fait, selon nous, une triple application devrait être envisagée et poursuivie, et être accompagnée d'une perception des différents niveaux en jeu comme interreliés et interdépendants. À un premier niveau d'attention critique, la critique postcoloniale s'impliquerait dans l'analyse des textes bibliques, soit de l'Israël ancien, soit du christianisme primitif, à la fois depuis leurs structures impériales-coloniales respectives et vis-à-vis de celles-ci. À un deuxième niveau d'attention, la critique postcoloniale poursuivrait l'analyse des interprétations et des interprètes de ces textes dans la tradition occidentale, à l'intérieur et par rapport à ces structures impériales-coloniales qui sont au cœur de l'hégémonie et de l'expansionnisme occidentaux. À un troisième niveau d'attention critique, la critique postcoloniale s'impliquerait cette fois dans l'analyse des interprétations et des interprètes des textes sur une échelle globale, là encore depuis et vis-à-vis des structures impériales-coloniales qui sont au cœur de la globalisation contemporaine. La critique biblique postcoloniale engloberait ainsi une analyse des relations géopolitiques de pouvoir dans les mondes de l'Antiquité, de la modernité et de la postmodernité. De plus, à tous les niveaux, une telle analyse impliquerait – selon la nature et l'objectif de l'enquête en question – une attention à la production culturelle et à l'origine matérielle de la structure impériale-coloniale en question. La critique biblique postcoloniale aurait ainsi comme domaine d'études les vestiges, les représentations et les artisans de l'antiquité biblique et poursuivrait sa tâche à travers tous ces niveaux et selon une variété de procédés.

ANALYSE POSTCOLONIALE DU PROLOGUE DE JEAN
Jn 1,1-8

Au commencement, la parole
la parole avec Dieu
Dieu, la parole.
Elle est au commencement avec Dieu.
Par elle tout est venu
et sans elle rien n'a été de ce qui fut.
En elle, la vie
La vie, lumière des hommes
et la lumière brille à travers la nuit
la nuit ne l'a pas saisie.

Il y eut un homme envoyé par Dieu
nommé Jean.
En tant que témoin il est venu
témoigner de la lumière
afin que tous, par son intermédiaire, aient foi.
Il n'était pas la lumière
mais il s'en portait témoin.

Elle, la seule et vraie lumière,
en venant au monde
a éclairé chaque homme.
Elle a été dans le monde
le monde fait par elle
et le monde ne l'a pas reconnue.
Elle est venue chez elle
et les siens ne l'ont pas reçue.
Mais à tous ceux qui l'ont reçue
elle a donné le pouvoir d'être enfants de Dieu
et ceux qui font confiance à son nom
ne sont plus nés du sang
ni de la volonté charnelle ou virile
mais de Dieu.
La parole a pris chair
parmi nous elle a planté sa tente
et nous avons contemplé son éclat
éclat du fils unique du Père
plein de tendresse et de fidélité.

Jean témoigne, il s'écrie : C'est lui
dont je disais : Lui qui vient après moi
est plus grand que moi car il était avant.
De sa plénitude nous avons tous reçu
tendresse sur tendresse.
La Loi fut donnée à Moïse
par Jésus la tendresse et la fidélité.
Dieu, personne ne l'a jamais vu
mais le Fils unique, Dieu
appuyé contre le cœur du Père,
l'a raconté.

À titre d'exemple de la critique biblique postcoloniale appliquée, nous aurons recours à l'évangile de Jean et, d'une façon particulière, à ce passage qui fonctionne à la fois comme une introduction formelle au récit dans son ensemble et comme le début d'une vision de la réalité construite et déployée par le récit – Jn 1,1-18, connu traditionnellement sous le nom de « prologue » de l'évangile. Il se trouve que l'évangile de Jean a été d'une certaine façon privilégié par la critique biblique postcoloniale[18]. Qu'il ait autant attiré l'attention, cela ne devrait pas à vrai dire étonner. En effet, il s'agit d'un écrit où la problématique postcoloniale est particulièrement perceptible.

Certes, l'évangile représente un exemple classique d'écrit religieux – un texte relatif, d'abord et avant tout, à cet autremonde des divinités et des esprits, au caractère intramondain de la nature et de l'humanité et à la relation entre ces deux mondes. En même temps, l'évangile est aussi un écrit dans lequel transparaît le thème de la politique, dans et à travers de telles préoccupations et formulations. Cela apparaît à différents niveaux, tous interreliés : le niveau local – décrivant un conflit régional parmi différents groupements en Judée coloniale ; le niveau global – représentant un conflit géopolitique entre l'impérial et le colonial au sein de l'empire romain ; le niveau cosmique – présentant un conflit mythique entre des puissances

18. Voir Musa W. Dube and Jeffrey L. Staley, eds., *John and Postcolonialism : Travel, Space and Power*, « The Bible and Postcolonialism » 7 (London-New York, Sheffield Academic Press, 2002).

supra-humaines dans la réalité globale. Ainsi, l'évangile présente Jésus et son mouvement comme étant en conflit, en raison de ses croyances religieuses et de ses pratiques, avec les cercles dirigeants de la Judée, les maîtres impériaux de Rome, et le maître suprême du monde, satanique – tous caractérisés comme étant ligués les uns avec les autres. De plus, ce conflit concerne non seulement les élites mais aussi les masses en général, en Judée et dans les autres nations. En réalité, le conflit s'étend, en principe, à toutes les structures politiques à l'intérieur et au-delà de l'empire et implique tous les êtres humains dans ce monde-ci. Un tel conflit, par conséquent, n'est pas seulement profondément religieux mais aussi profondément politique.

L'évangile est donc un texte qui cherche à exercer un pouvoir : il remet en question et détrône les pouvoirs existants tout autant qu'il projette et intronise un pouvoir alternatif. Il le fait de l'intérieur du cadre impérial-colonial de Rome et, à ce titre, il reconnaît et pose la problématique de la relation inégale de pouvoir qui s'opère à l'intérieur de ce cadre – d'où son caractère de texte postcolonial.

Dans cette représentation de la réalité, Jn 1,1-18 agit comme un texte fondateur qui établit un programme. Du point de vue littéraire, nous pouvons décrire sa structuration comme une inclusion : une première section traite de la relation entre Dieu et la Parole (vv. 1-2) ; la section centrale expose la relation entre la Parole et le monde (vv. 3-17) ; la section finale revient sur la relation entre Dieu et la Parole (v. 18). Pour ce qui est de la section centrale, il faut aussi signaler un triple développement allant dans le sens d'une concrétisation : la Parole et la création (v. 3) ; la Parole et les êtres humains (vv. 4-13) ; la Parole et les enfants de Dieu (vv. 14-17). Du point de vue théologique, plusieurs postulats fondamentaux peuvent être posés : une culture rigide de la hiérarchie et de l'obéissance – un rapport d'autorité reliant le monde d'en haut et le monde d'en bas allant du haut vers le bas pour chacun de ces deux mondes ; une condamnation sévère de toutes les divinités et tous les cultes, institutions et autorités, croyances et pratiques, dans ce monde-ci – une considération extrême de tous ceux de l'extérieur « comme autres » *(othering)* ; et un contrôle strict de l'accès à Dieu et de sa connaissance – un refus radical de toute autre approche et de toute autre prétention à l'illumination dans ce monde-ci. Du point de vue rhétorique, nous pouvons identifier ainsi les préoccupations et les objectifs les plus fermes: une tendance combinant explication et polémique – explication exhaustive de la vision alternative de la réalité proposée, jointe à une critique exhaustive des visions existantes de la réalité. Dans ce qui suit, nous examinerons les différentes ramifications de cette réalisation artistique, politique et stratégique à la lumière de la problématique postcoloniale.

Vision de l'autre-monde

La projection de l'autre-monde, véhiculée dans la première et la dernière section de Jn 1,1-18, fournit un point de départ solide pour une analyse postcoloniale. Ce monde d'en haut est présenté comme un monde de gloire, un temps et un espace fondateurs – un commencement mythologique.

Un tel monde n'a pas été construit dans un vide culturel ou social. À l'intérieur de la tradition impériale et du contexte de Rome, il existe une vision du monde d'en haut plutôt flexible et peuplée. C'est un autre-monde où habitent de nombreuses divinités, un panthéon comprenant une variété de figures divines indigènes et assimilées, auquel des héros humains divinisés peuvent accéder, et accèdent de fait. Cette demeure suprahumaine révèle un vaste éventail de la divinité comme telle, où les empereurs trouvent ou réclament une demeure, un point divin d'origine ou d'aboutissement pour les dirigeants suprêmes du monde politique. Par opposition, le prologue johannique propose une conception très différente de l'autre-monde: on ne trouve aucune de toutes ces divinités, héros et monarques; ils ont été exclus. On ne trouve, à leur place, que le Dieu de tous, un et suprême, bien qu'il soit accompagné par un autre dieu, inférieur: la Parole. Ce Dieu est celui du judaïsme, une divinité donc de la périphérie coloniale. À l'intérieur de la tradition coloniale et du contexte de la Judée, cependant, la vision du monde d'en haut qui domine prévoit un Dieu un et unique, qui puisse être entouré de différentes hiérarchies d'êtres spirituels. Par opposition, le prologue propose une conception très différente également de cette divinité : ce Dieu un et unique a engendré, selon les liens familiaux d'une relation Père-Fils, un dieu monogène, la Parole. Ce dieu est représenté comme demeurant en présence ou dans le sein de Dieu, et possédant la pleine connaissance de Dieu, avec le pouvoir de le révéler.

Cette construction de l'autre-monde comporte plusieurs implications politiques précises. En premier lieu, toute fondation ou validation divine est retirée du centre impérial, de ses autorités et de ses institutions, de ses pratiques et de ses croyances. Le Dieu de tous est un Dieu de la périphérie et non du centre. Ce Dieu n'est pas seulement un, ni même le premier parmi plusieurs, mais le seul et unique Dieu. Ce Dieu peut être connu non à travers les représentants et les réseaux officiels de l'empire, mais à travers la Parole. De même, il y a là un refus de tout fondement ou de toute justification divine pour la périphérie coloniale, ses institutions et ses autorités, ses pratiques et ses croyances. Le Dieu de tous est un Dieu qui a engendré un dieu monogène, la Parole qui seule repose sur le sein de Dieu et seule lui sert de messager et de révélateur. On n'approche donc pas ce Dieu en passant par les délégations ou les assemblées des dirigeants juifs, mais seulement en passant par la Parole. Le prologue de Jean prive donc et Rome et la Judée de tout soutien ou de tout pouvoir venant de l'autre-monde. La même chose s'applique, bien entendu, à tout autre cadre politique, que ce soit à l'intérieur ou à l'extérieur de l'empire romain. Tout pouvoir est dès lors investi, par-dessus le Dieu de tous et au-delà, dans la figure de la Parole.

Une telle position de la part de Jn 1,1-18 est profondément déconstructrice et subversive, et place tous les pouvoirs existants dans ce monde-ci sous l'autorité d'un pouvoir suprême et ultime nouveau, la Parole de Dieu. Il est donc possible d'en appeler à la Parole contre le pouvoir mondain, et ainsi tout pouvoir du monde d'ici est relativisé – délégitimé et décentré. Dans un cadre impérial-colonial – en pratique, dans tout cadre politique – il s'agit d'une position dangereuse et aux conséquences graves, qui jette les bases d'une voie alternative.

Vision du monde d'ici

La configuration du monde d'ici, adoptée dans la section centrale de Jn 1,1-18, s'avère tout à fait importante, elle aussi, pour une lecture postcoloniale. Ce monde ici-bas est présenté dans un temps et un espace autres que celui de la gloire, un monde fait de chair, à l'extérieur et à la suite du commencement, un monde qui, à la fois, tire son origine du monde d'en haut et l'ignore.

Au départ, le prologue attribue tout ce qui existe, avec une emphase qui exclut toute exception, à la médiation de la Parole, qui est seule responsable de l'ensemble de la création et ainsi du monde d'ici. Ce qui a pour effet d'accroître considérablement le pouvoir investi dans la Parole. En pratique, la Parole, engendrée par Dieu, dotée de la pleine connaissance de Dieu et unique révélation de Dieu, engendre, à son tour, tout ce qui existe. L'ensemble de la création même, en principe, se trouve sous la puissance de la Parole et lui est soumis, tout comme la Parole elle-même se trouve inférieure et soumise à Dieu. Du même coup, le centre impérial aussi bien que la périphérie coloniale sont placés sous l'autorité de la Parole. En réalité, ce ne sont pas seulement Rome et ses collaborateurs judéens, mais bien tous les pouvoirs existants ainsi que tous les êtres humains dans le monde d'ici qui sont placés et doivent l'être sous le pouvoir ultime et suprême de la Parole. Le monde d'ici est cependant caractérisé, et cela d'une façon tout à fait inattendue et inexplicable, comme gisant dans la mort et les ténèbres, alors que la vie et la lumière ne sont accessibles que grâce à la Parole. En outre, dans la mesure où la grâce et la vérité sont présentées, elles aussi, comme résidant uniquement dans la Parole, le monde d'ici est également décrit comme étant dans le péché et le mensonge. Dès lors, le jugement est prononcé contre le centre impérial et contre la périphérie coloniale. En pratique, ce ne sont pas seulement Rome et la Judée mais bien tous les pouvoirs existants qui gisent dans les ténèbres et la mort, ainsi que dans le mensonge et le péché. Une telle condition et contradiction fondamentale ne peuvent être résolues, par conséquent, que par la Parole.

Vision de la relation entre les mondes

L'esquisse de la relation entre l'autre-monde et le monde d'ici, élaborée dans la section centrale de Jn 1,1-18 par la relation entre la Parole et le monde, ajoute une dimension clé à la lecture postcoloniale. La voie qui permet d'aller au-delà de l'antagonisme entre le monde d'en bas et le monde d'en haut est exposée seulement par rapport à deux options radicalement différentes.

D'emblée, le prologue résout la situation d'aliénation en présentant la Parole de Dieu comme ancrée et incarnée dans le monde d'ici. Le dieu monogène et agent de toute création entre dans le monde d'en bas et en devient partie intégrante – comme être humain dans la périphérie coloniale, membre du peuple juif et sujet de l'empire romain. La conséquence est que le pouvoir de la Parole, et donc le pouvoir du Dieu de tous, est déposé chez un être humain politiquement marginal – un dieu-homme du nom de Jésus, de Nazareth en Galilée. En lui réside la gloire de l'autre-monde ; lui seul connaît et révèle Dieu ; il est l'unique dispensateur de la vie et de la lumière, de la grâce et de la vérité ; il est l'agent de toute création. Par là même, à l'encontre de toute puissance mondaine, le pouvoir ultime et suprême de la Parole se voit assigner un lieu précis au sein du monde d'ici. Le centre impérial et la périphérie coloniale sont et devraient être redevables à ce dieu-homme, tout comme le sont et devraient l'être tous les pouvoirs existants et tous les êtres humains dans le monde d'ici.

Cependant, la présence et la révélation de Jésus, Parole de Dieu, dans le monde d'ici aboutit à deux scénarios différents et conflictuels à propos de l'aliénation : d'une part, une victoire sur cette aliénation (procurant vie et lumière, grâce et vérité) ; d'autre part, une transformation de celle-ci en opposition absolue (procurant mort et ténèbres, péché et mensonge). Tout dépend de la réaction dans le monde ici-bas à cette révélation et à cette présence. En réalité, Jésus divise le monde d'ici en deux camps : ceux qui rejettent le dieu-homme par leur refus de croire et ceux qui l'acceptent en croyant. Les premiers encourent une transformation de l'aliénation en hostilité, et cherchent en vain à l'emporter sur le dieu-homme; les seconds font l'expérience d'une renaissance en Dieu et deviennent enfants de Dieu et membres de l'autre-monde à l'intérieur de ce monde d'ici. De ce fait, à l'encontre de tout pouvoir mondain, le pouvoir ultime et suprême de la Parole se voit assigner un lieu concret au milieu de ses disciples dans le monde d'en bas. C'est pourquoi le centre impérial et la périphérie coloniale, de même que les pouvoirs existants et tous les êtres humains du monde d'ici, sont et devraient être redevables à ces enfants de Dieu.

On affirme alors la nécessité de devenir disciple de la Parole contre tout pouvoir mondain, de telle sorte que tout pouvoir dans le monde d'ici n'est pas seulement relativisé et déclaré aliéné mais aussi démasqué dans son hostilité – mis à nu et démantelé. Le pouvoir à l'intérieur du monde d'ici est alors resitué dans un être humain singulier – le dieu-homme Jésus –, avec le cercle de ses disciples – les enfants de Dieu. Dans quelque cadre impérial-colonial que ce soit – et, assurément, dans tout cadre politique – une telle position est à la fois risquée et lourde de sens, et elle trace une voie alternative.

Vision d'une alternative

Au centre d'une structure impériale-coloniale, doublée du contexte impérial d'une Rome omniprésente et excessivement puissante, et avec une référence particulière au contexte colonial du temple-État judéen et de ses classes dirigeantes, Jn 1,1-18 soulève la question de la géopolitique et donc de la problématique postcoloniale. C'est ce dilemme que l'évangile prolonge et amplifie dans le récit qui suit. À l'intérieur de la réalité et de l'expérience de Rome en général et de la Judée en particulier, Jn 1,1-18 expose davantage les fondements d'une voie alternative – une réalité et une expérience de remplacement – à reconnaître, à adopter et à pratiquer. L'évangile s'emploie à en compléter les détails et les conséquences dans le reste du récit. Cette voie alternative englobe l'ensemble de la réalité, elle-même perçue comme à deux étages, l'autre-monde de Dieu et le monde d'ici des humains. C'est une voie tracée en des termes surtout religieux, mais dont les ramifications sont immédiates et d'une portée considérable pour toute culture aussi bien que toute société, incluant le domaine de la politique. C'est une voie qui s'étend encore davantage, en principe, au-delà du cadre impérial-colonial de Rome et de la Judée pour englober tous les autres cadres politiques et donc tous les êtres humains dans le monde d'ici. Cette voie n'est pas présentée simplement comme une option parmi beaucoup d'autres, mais comme radicalement différente et singulièrement supérieure – la seule option qui soit vraie, par opposition et en provocation à toutes les autres voies existantes. Par conséquent, la réalité et l'expérience de substitution introduites en Jn 1,1-18 et détaillées ensuite dans le déroulement du récit sont primordiales : elles englobent, surpassent et définissent toute chose.

Au sein même de la réalité et de l'expérience de Rome et de la Judée, cette voie instaure un système concurrent de pouvoir. Sa structure et sa portée recouvrent le monde d'en haut, le monde d'en bas et le mode d'interaction entre ces deux mondes. Par rapport à l'autre-monde, le pouvoir ultime et suprême est réservé, au-delà du Dieu de tous, à la figure de la Parole, le dieu fils unique engendré par Dieu. Cette Parole est avec Dieu, qu'elle est seule à connaître et à révéler. Nulle autre figure, divine ou semi-divine, dans le cadre impérial-colonial de Rome ou tout autre cadre politique, ne se trouve dans une telle représentation du monde d'en haut. Dès lors, par rapport au monde d'ici, le pouvoir ultime et suprême est, lui aussi, établi à demeure dans la Parole. D'abord, comme créateur de tout ce qui existe ; ensuite, comme dépositaire de toute vie et de toute lumière, de toute grâce et de toute vérité. Par conséquent, sans la Parole, tout ce qui existe – tous les êtres humains et tous les cadres politiques, y compris celui de l'empire romain et de la Judée coloniale – se trouve, dans la représentation du monde d'ici, dans le mensonge et le péché, dans les ténèbres et la mort. Enfin, par rapport à l'interaction transmondaine, le pouvoir ultime et suprême se concrétise ainsi dans le monde d'ici : d'abord, il est centré sur la figure de la Parole faite chair, Jésus de Nazareth ; ensuite, il s'étend au groupe de ses disciples. Dans cette construction de l'échange entre les mondes, tous les attributs de la Parole viennent résider d'abord chez un être humain singulier (Jésus, comme Messie et

Sauveur du monde), et ensuite au sein du cercle de ses adhérents (les croyants, comme ceux qui sont nés de Dieu, les enfants de Dieu). Par conséquent, la lumière et la vie de même que la grâce et la vérité ne peuvent être trouvées, à l'intérieur du monde d'ici, que dans et par Jésus et ses disciples. Il va sans dire que ce système de pouvoir concurrent s'oppose, en principe, non seulement au cadre impérial-colonial de Rome, mais à tous les cadres politiques et à tous les êtres humains.

Avec Jn 1,1-18, donc, un ensemble de stratégies se déploient dont l'objectif est de traiter la problématique postcoloniale. Parmi ces stratégies, voici les principales : changement de perspective et désacralisation – le retrait du pouvoir de toutes les structures et de tous les réseaux existants dans les deux mondes ; remplacement et resacralisation – la relocalisation du pouvoir dans des structures et des canaux de substitution dans les deux mondes ; représentation de l'autre – un portrait de l'extérieur vu comme chaos : avant qu'il n'y ait la Parole, le monde était tout à fait dépourvu d'orientation cognitive et morale (privé de vie et de lumière ainsi que de grâce et de vérité) ; après qu'il y eut la Parole, le monde était profondément dépravé, moralement et au plan de la connaissance (enfermé dans le refus, rempli de haine, violent) ; inversion – un portrait de l'intérieur vu comme un tout : le groupe comme étant extrêmement privilégié, plein de grâce et de vérité, du point de vue de la connaissance et du point de vue moral. Ainsi, au cœur même du cadre impérial-colonial de Rome et de la Judée et s'étendant, en principe, à tous les autres cadres politiques, la réaction johannique à la question de la géopolitique, en 1,1-18, est claire. En fait, et contrairement aux apparences, elle consiste en ceci : la Parole de Dieu, qui détient le pouvoir ultime et suprême dans le monde d'en haut ; Jésus, à titre de Parole faite chair, qui dispense ce pouvoir dans le monde d'ici bas ; et les disciples de Jésus qui, à titre d'enfants de Dieu, héritent de ce pouvoir et le communiquent au monde d'en bas.

À partir d'une telle analyse, on peut comprendre aisément les vecteurs idéologiques et rhétoriques identifiés plus haut en Jn 1,1-18. Du point de vue stratégique, l'accent mis sur l'exposition et la critique : exposition de la voie alternative, accompagnée d'une remise en question de toutes les autres voies. Du point de vue de la politique, le déploiement d'une hiérarchie rigide, d'une condamnation sévère et d'un contrôle serré : instauration, purification et préservation de la voie alternative. Quelle serait, en fin de compte, cette voie ? À notre avis, il s'agit de la voie d'un contre-empire.

À l'encontre de la géopolitique à l'œuvre au sein de l'empire romain, que sous-tend la cosmopolitique divine, et à la lumière de la situation coloniale de la Judée, l'évangile pose – d'abord en résumé, grâce au prologue en 1,1-18, puis en détail, à travers le déroulement du récit – une géopolitique de remplacement, elle-même sous-tendue par une cosmopolitique divine tout à fait particulière avec des implications pour la Judée et le judaïsme. Cette voie alternative instaure un empire concurrent et supérieur, un empire de Dieu, dans lequel le ciel et la terre sont réunis dans et par un groupe religieux spécifique, constitué de ceux qui croient en la Parole (le sauveur de l'empire) et deviennent, par le fait même, enfants de Dieu (sujets de l'empire). Cette formation devient alors le centre impérial du monde d'en bas, à l'intérieur duquel se trouvent les maîtres du monde d'en haut, alors que tous les autres peuples et territoires sont en marge ou à la périphérie de la colonie. Les répercussions de cette structure impériale sur toutes les cultures et les sociétés, à l'intérieur de l'empire romain comme au-delà, sont d'une importance capitale. Là où elle est présente, soumission et obéissance sont de mise, et dès lors les privilèges et les bénéfices vont s'accumuler ; si jamais, toutefois, la résistance et l'opposition éclatent, une rétribution s'ensuivra (exclusion). En d'autres mots : le revers d'un empire – un contre-empire, mais un empire tout de même.

PROSPECTIVE

La critique postcoloniale ne se termine pas – et ne devrait pas se terminer – avec l'analyse des textes anciens, comme c'est le cas ici. Nous avons déjà affirmé qu'elle devrait inclure l'analyse des interprétations aussi bien que des interprètes des textes à l'intérieur de leurs cadres impériaux-coloniaux respectifs. Nous proposerions aussi qu'une telle analyse ne doit pas se terminer avec l'exposé de la problématique telle que construite dans le texte, ses lectures et ses lecteurs qu'elle doit mener jusqu'à une implication personnelle, c'est-à-dire la poursuite d'un dialogue avec ces représentations. À cette fin, il est impérieux, bien entendu, d'analyser son propre contexte géopolitique et de travailler à l'élaboration minutieuse d'une perspective originale. C'est alors seulement qu'un dialogue critique vraiment bien informé peut être instauré. Dans cette optique, nous proposerions également que l'analyse postcoloniale se doit d'être en lien avec les études postcoloniales, avec tout son répertoire complexe et sophistiqué, pas seulement lorsqu'il s'applique à la production culturelle et à la réalité matérielle, mais également lorsqu'il a une influence sur une pluralité d'autres domaines critiques d'études et de cadres discursifs, en même temps qu'il est influencé par eux. C'est là un cahier des charges considérable, mais décisif. Tout compte fait, l'avenir de la critique biblique postcoloniale se présente comme non seulement assuré, mais indispensable, et sa recherche doit se faire en regardant de tous côtés, vers le passé, autour de soi et vers l'avenir.

LECTURE IMPÉRIALISTE

Christianisme primitif et monde romain

Warren Carter

Les spécialistes ont recours à une diversité de questions et de perspectives pour examiner les textes du Nouveau Testament et le mouvement chrétien primitif. Une méthode critique est celle qui identifie un domaine d'exploration sur lequel elle peut se concentrer et une série de questions qui vont modeler l'enquête. Les approches de la critique impériale, quant à elles, se concentrent sur la question de l'interaction entre le mouvement chrétien primitif et l'empire romain. Les spécialistes examinent cette interaction à travers l'ensemble du spectre du mouvement chrétien primitif : le Jésus de l'histoire, Paul et la tradition paulinienne, les évangiles et les communautés évangéliques, et les autres écrits tel le livre de l'Apocalypse[1]. Le travail de critique impériale est éclectique, et il s'inspire de certains éléments des approches historique, littéraire, socioscientifique et postcoloniale[2].

1. Par exemple, R. A. Horsley, *Jesus and Empire : The Kingdom of God and the New World Disorder* (Minneapolis, Augsburg Fortress, 2002) ; R. A. Horsley (ed.), *Paul and Empire : Religion and Power in Roman Imperial Society* (Harrisburg, Trinity Press International, 1997) ; R. A. Horsley, *Hearing the Whole Story : The Politics of Plot in Mark's Gospel* (Louisville, Westminster John Knox, 2001) ; W. Carter, *Matthew and the Margins : A Sociopolitical and Religion Reading* (Maryknoll, Orbis Books, 2000) ; W. Carter, *Matthew and Empire : Initial Explorations* (Harrisburg, Trinity Press International, 2001) ; W. Howard-Brooks and A. Gwyther, *Unveiling Empire : Reading Revelation Then and Now* (Maryknoll, Orbis Books, 1999) ; W. E. Pilgrim, *Uneasy Neighbors : Church and State in the New Testament* (Minneapolis, Fortress, 1999) ; R. J. Cassidy, *Christians and Roman Rule in the New Testament* (New York, Crossroad, 2001).
2. Le travail de critique impériale partage avec le travail de critique postcoloniale une préoccupation plus large au sujet des représentations historiques et littéraires de l'empire et des interactions avec lui. Mais, en raison de sa concentration sur l'interaction avec l'empire romain, le travail de critique impériale fait l'examen d'un monde dans lequel le pouvoir impérial est une réalité très actuelle. Alors que le travail postcolonial couvre l'ensemble de l'expérience impérialiste, son domaine d'études principal s'est limité au colonialisme européen des XVIIIe et XIXe siècles ; par conséquent, il s'intéresse souvent à l'héritage de l'activité colonialiste (représentation ; caractère hybride ; médiations), aussi bien qu'à l'activité néocolonialiste (colonialisme économique et culturel) dans des États politiquement indépendants. Bien qu'il y ait des similitudes entre ce qui constitue le centre de la réflexion des études postcoloniales, le colonialisme européen à l'égard du monde non européen aux XVIIIe et XIXe siècles, et le monde romain, il y a aussi des différences majeures, notamment l'absence dans ce dernier d'un capitalisme développé. Jusqu'à maintenant, le travail de critique impériale a accordé beaucoup moins d'attention au milieu (postcolonial) de l'interprète contemporain que ne l'ont fait les approches postcoloniales.

QU'EST-CE QU'UNE APPROCHE SELON LA CRITIQUE IMPÉRIALE ?

Les deux composantes « impériale » et « critique » identifient les aspects clés de cette approche éclectique qu'est la critique impériale. L'adjectif « impériale » signifie qu'elle concentre sa réflexion sur l'empire romain, à savoir : la région, le peuple et les ressources sur lesquels la capitale, Rome, exerçait son pouvoir et étendait son contrôle par différents moyens politiques, économiques, militaires et religieux. Cette approche reconnaît que les textes du Nouveau Testament prennent naissance dans ce monde de l'empire, y sont enchevêtrés et y jouent un rôle. Le terme « critique » dénote la tâche d'investigation, d'explicitation et d'évaluation des expressions de l'interaction entre ce contexte omniprésent (et souvent présupposé) de l'empire, et les textes du Nouveau Testament ainsi que les communautés chrétiennes primitives. On doit comprendre que le terme « critique » ne présuppose ni ne prétend que les textes du NT sont « critiques » sur le monde impérial dans le sens où ils s'opposeraient toujours à l'empire. Une telle attitude est intenable ; en fait, l'opposition s'y trouve souvent en coexistence avec différents degrés d'accommodation. « Critique » est plutôt utilisé dans le sens où on parle d'un critique de film ou de concert qui porte un jugement informé et averti sur une œuvre. Le travail de critique impériale essaie donc de répondre à une série de questions :

• Quel genre de relations les premiers chrétiens entretenaient-ils avec les Romains ? Quelles stratégies les chrétiens employaient-ils, au quotidien, pour composer avec cet ordre impérial romain ?

• Comment Jésus et les textes du Nouveau Testament représentent-ils et jusqu'à quel point partagent-ils la vision de l'existence humaine et de l'organisation sociale proposée par Rome ? Est-ce que les textes du NT, par exemple, valident les modes d'organisation de la vie et de la société sous le pouvoir romain, les contestent, les imitent, y ripostent ou les attaquent (ou une combinaison de tout cela) ?

• Comment les auteurs des textes du NT conçoivent-ils la vie dans l'empire pour ceux qui se vouent à la volonté de

Dieu manifestée en Jésus ? Jusqu'à quel point les disciples de Jésus doivent-ils s'en accommoder, coopérer, assimiler, contester ou s'opposer ?

• Comment l'expérience quotidienne de la vie dans l'empire – l'univers des auteurs des textes et de leurs auditoires – influence-t-elle l'interprétation de ces textes ?

On peut dire qu'une approche selon la critique impériale examine et évalue l'interaction entre les communautés et les textes du Nouveau Testament, et le monde impérial romain. Elle examine ces textes et ces communautés avec un regard qui s'intéresse de façon particulière aux stratégies et à l'influence du pouvoir impérial romain.

Le contexte de l'empire est d'une importance fondamentale pour cette approche. La méthode reconnaît que le monde impérial romain fournit un contexte global que l'écriture et la lecture/l'écoute des textes du NT présupposent et par lequel elles sont influencées. Cette approche, donc, n'attire pas seulement l'attention sur la présence romaine dans les textes (par exemple, Pilate, le centurion à la croix). Elle s'intéresse plutôt de façon holistique à la découverte et à l'analyse de l'expérience et de l'influence généralisées – bien que souvent non dites et implicites –, des modes impériaux de structuration de la réalité que les textes présupposent et auxquels ils prennent part. Par exemple, le récit des actions meurtrières d'Hérode en Mt 2 en réaction à la naissance de Jésus présuppose, sans le dire explicitement, qu'on sait qu'Hérode règne en alliance avec Rome, comme roi fantoche qui maintient les intérêts romains et un mode de vie élitiste dans la Judée romaine.

Ces dimensions ont souvent été ignorées dans la recherche sur le NT. Bien qu'une large part de la recherche sur le NT, depuis les Lumières, se soit concentrée sur les circonstances historiques entourant les textes et les communautés du NT, l'étendue de l'histoire effectivement soumise à la recherche a souvent été limitée. Les chercheurs, par exemple, se sont souvent concentrés sur les questions insaisissables, et parfois insolubles, de l'identité et de la vie des écrivains du NT. Ils ont exploré ce qui peut être connu de la situation des récepteurs d'un document : où et quand ils ont vécu, et leur existence en tant qu'Églises, qui entraînait souvent des querelles au sujet des pratiques religieuses, du personnel et des doctrines, envers lesquelles le texte écrit prend position. Ils ont beaucoup enquêté également sur les interactions entre les communautés ecclésiales locales et leur contexte social immédiat, telles les querelles avec les synagogues au sujet de pratiques ou de doctrines, ou les querelles pour savoir comment composer avec la vie civique locale (par exemple, 1 Corinthiens: la nourriture offerte aux idoles, etc.). Chacun de ces contextes présente ses propres défis, et les recherches ont fourni à cet égard un éclairage précieux. Mais l'enquête sur les textes et leurs récipiendaires en tant que faisant partie du contexte plus englobant du monde impérial romain, avec lequel ils sont en relation, a souvent été absente de ces reconstructions.

Une telle négligence de l'interaction entre le monde impérial romain et les textes et les communautés du NT est frappante, puisque « tout le monde sait » que le mouvement chrétien des origines est apparu dans un monde contrôlé par Rome. Les interprétations de la mort de Jésus fournissent un bon exemple de la négligence concrète de ce monde dominé par Rome dans l'œuvre du NT. Une interprétation persistante de la mort de Jésus a fait de sa crucifixion une réalité apolitique et déromanisée. Cette interprétation centrait son attention sur le salut personnel- « spirituel », ignorant la dynamique et le personnel du régime impérial romain à l'œuvre dans la province de Judée, et blâmant « les Juifs » pour la mort de Jésus. Une approche selon la critique impériale, en revanche, est particulièrement attentive au fait que la crucifixion était une forme d'exécution typiquement romaine, un moyen par lequel Rome exerçait son contrôle en écartant ceux qui menaçaient son pouvoir[3]. De plus, pour exécuter Jésus, un gouverneur romain et ses alliés, l'élite de Jérusalem, ont utilisé une forme de châtiment capital parrainée par l'État. L'instrumentation de sa mort et le personnel impliqué indiquent clairement que le ministère de Jésus était très politique. Ce n'était pas un événement privé, personnel, spiritualisé, détaché en quelque sorte des réalités impériales quotidiennes. Jésus a heurté et défié le pouvoir de Rome à un

3. Carter, *Matthew and the Margins...*, *op. cit.*, pp. 343-345.

point tel qu'on l'a, publiquement et impitoyablement, réduit au silence.

En tout état de cause en ce qui concerne l'élite impériale, c'est la fin de cette histoire : une victoire romaine sur un autre dissident provincial subversif, ainsi que la réaffirmation du *statu quo* social et du pouvoir romain. Mais les évangiles offrent une perspective différente, en réinterprétant cet événement politique qui témoigne du contrôle romain dans un contexte plus large, à savoir celui des desseins de Dieu. Jésus n'est pas seulement un provincial mécontent parmi d'autres : il est l'agent de Dieu, consacré par l'onction (« fait christ ») ou envoyé pour révéler et réaliser les desseins de Dieu, dispensateurs de vie et justes (Mc 8,29 ; Mt 1,1 ; 16,16 ; Lc 9,20 ; Jn 1,17.41). Il le fait dans un monde romain, dont les évangiles condamnent la structure de domination (Mc 10,42-45 et parallèles), dont ils attribuent les ordres au diable (Mt 4,8 ; Lc 4,5-6), et dont les chefs, en crucifiant Jésus, affichent leur rejet de l'agent et des desseins de Dieu. La résurrection de Jésus triomphe du plus grand mal que l'empire peut faire et révèle les limites du pouvoir impérial. On ne peut pas le garder dans la mort. La résurrection sanctionne la victoire de Dieu sur tout ce qui est contraire à ses desseins, y inclus l'empire et ses alliés (Mt 24,27-31), et anticipe sa fin prochaine dans le retour de Jésus. Le pouvoir et la volonté de l'empire n'apparaissent plus comme ultimes ; sa soumission forcée aux desseins de Dieu, et la disparition de son mode de vie inique, étaient imminentes. Ce sont là, du point de vue politique, des prétentions profondément subversives.

OCCULTATION DU POUVOIR IMPÉRIAL ROMAIN

Ce bref exemple à propos de la mort de Jésus aide à identifier au moins cinq facteurs qui expliquent l'occultation du contexte impérial romain dans la recherche antérieure et le récent regain d'intérêt pour une approche du type de la critique impériale.

Un facteur qui a contribué à cette occultation tient à l'attention considérable que les chercheurs ont accordée aux idées et concepts (« doctrine »), plutôt qu'aux réalités sociopolitiques. Dans ce type de recherche, les chrétiens des origines semblent être composés d'esprit mais dépourvus de corps, de relations, et d'interaction sociale. Depuis les années 1970, un travail socioscientifique utilisant des modèles sociologiques et d'anthropologie interculturelle, a mis en valeur les pratiques, incarnées dans la communauté et culturelles, du mouvement chrétien primitif. Une telle attention exige inévitablement une prise en compte du monde impérial romain.

Un deuxième facteur implique une conception courante de la religion dans la recherche du NT. Les conceptions contemporaines de la religion comme affaire privée, relevant d'un choix individuel, ont dominé les (més-)interprétations des textes et des communautés chrétiennes des origines. Dans le monde romain, la religion était davantage civique et communautaire que privée et individuelle. De même, les insistances contemporaines sur la séparation (présumée) de l'Église et de l'État ont aveuglé les chercheurs par rapport aux modes par lesquels la religion, dans le monde romain, était ancrée dans les institutions et les pratiques politiques, domestiques, civiques, économiques et sociales. Parler de religion dans l'empire romain, c'est parler de ces dimensions. Si on aborde les textes du NT comme « religieux », on doit nécessairement aboutir à ces dimensions sociopolitiques, et non s'en éloigner.

Un troisième facteur implique une suraccentuation de l'appartenance ethnique. Le mouvement chrétien primitif et ses textes ont été très souvent examinés en contre-distinction d'avec le judaïsme du Ier siècle. Une telle approche est intrinsèquement problématique, et ce pour plusieurs raisons, la moindre n'étant pas qu'elle sépare de façon artificielle et anachronique le mouvement chrétien primitif du judaïsme. Mais elle isole aussi bien le judaïsme du Ier siècle que le mouvement chrétien primitif du monde impérial romain, généralement invisible dans de telles considérations. Cette attention quasi exclusive aux questions d'appartenance ethnique (Juifs *vs* Gentils) a souvent signifié l'occultation des questions de pouvoir et de statut social. Elle n'a pas su reconnaître que les politiques impériales romaines ont fréquemment associé l'appartenance ethnique (les revendications de la supériorité des Romains sur tous les autres) à des revendications de statut social (la supériorité des élites et l'infériorité des non-élites) et de sexe (supériorité masculine). Rome a communément utilisé une stratégie de gouvernement impliquant la conclusion d'alliances avec les élites provinciales locales et les groupes de pouvoir, majoritairement masculines, des provinces. Elle formait ainsi une élite dirigeante multiethnique de haut placés intéressés à protéger leurs intérêts communs et à maintenir leur richesse et leur pouvoir contre le reste de la population. La question du statut social et l'intérêt commun de l'élite à maintenir le *statu quo,* plutôt que l'appartenance ethnique, représentent le point de convergence et d'unification. Dans ce contexte de statut social, ce sont les représentants des intérêts romains et leurs alliés de l'élite juive, la classe régnante à Jérusalem, et non « tous les Juifs » qui furent responsables de la mort de Jésus.

Quatrième facteur : cette concentration erronée sur l'appartenance ethnique a souvent été alimentée par une formation systématique des spécialistes du NT à la diversité et à la vigueur de la vie et des traditions juives du Ier siècle, alors que l'étude du monde gréco-romain a reçu beaucoup moins d'attention. Les approches selon la critique impériale reconnaissent que l'identité et les pratiques juives apparaissent dans un monde complexe qui n'est pas isolé des forces politiques (de l'empire romain) et culturelles (hellénistiques). Alors que les spécialistes du NT ont prêté une certaine attention à ces dernières, ils ont plus souvent ignoré le contexte impérial. Les approches, culturelles, selon la critique de l'empire sont donc alimentées par le regain d'intérêt chez certains spécialistes du NT pour les études du monde impérial romain.

Cinquième facteur : dans l'éventail des perspectives scientifiques ouvertes par les approches récentes, comme la déconstruction et le nouvel historicisme, au sujet de groupes marginaux réduits au silence et ignorés[4], les perspectives

4. Par exemple, W. Carter, « Matthew : A People's History », in R. Horsley (ed.), *A People's History of the Early Christian Movement* (Minneapolis, Fortress, 2005).

postcoloniales se sont concentrées sur les moyens, l'impact et l'héritage de l'exercice du pouvoir sur des peuples colonisés par des pouvoirs impériaux. Maintes études sur les expériences de peuples colonisés, inaugurées notamment dans l'œuvre d'Edward Said, ont fourni aux spécialistes du NT un corpus de connaissances théoriques et appliquées susceptible d'éclairer l'enquête sur les textes et les communautés du NT qui ont, eux aussi, pris naissance au sein de peuples assujettis à un empire[5]. Ces études, jointes aux recherches sur la manière dont les sociétés paysannes négocient la dynamique de pouvoir entre gouvernant et gouverné[6], ont montré que pareilles relations sont beaucoup plus complexes que la concentration restrictive d'études antérieures sur la persécution, et beaucoup moins simplistes qu'un choix entre la lutte ou la fuite, présentés par des études antérieures sur les relations entre « l'Église et l'État », et entre Jésus et les groupes « révolutionnaires ».

OBJECTIFS

Quel est donc l'objectif d'un travail de critique impériale ? D'un certain point de vue, il est fondamentalement sociohistorique. Une de ses prémisses fondamentales soutient qu'on ne peut comprendre correctement le mouvement chrétien primitif et les écrits du NT sans prendre en considération le contexte impérial omniprésent – politique, économique, religieux, social – dans lequel le mouvement a vécu, écrit, et entendu / lu les documents du NT et à partir duquel ces textes ont surgi. En outre, un tel intérêt sociohistorique prend clairement la littérature comme objet central. Les textes du NT relèvent du contexte du monde impérial romain, et s'y réfèrent.

5. E. Said, *Culture and Imperialism* (New York, Random House, 1993) ; H. Bhabha, *The Location of Culture* (London, Routledge, 1994) ; R. Sugirtharajah (ed.), *The Postcolonial Bible* (Sheffield, Sheffield Academic Press, 1998) ; R. Sugirtharajah, *Postcolonial Criticism and Biblical Interpretation* (Oxford, Oxford University Press, 2002) ; W. Carter, « Matthew : A (Post ?) colonial Reading », dans F. F. Segovia and R. Sugirtharajah, *The Postcolonial Bible Commentary* (Sheffield, Sheffield Academic Press, 1998).

6. J. Scott, *Weapons of the Weak : Everyday Forms of Peasant Resistance* (New Haven, Yale University Press, 1985, rééd. 1987) ; –, *Domination and the Arts of Resistance : Hidden Transcripts* (New Haven, Yale University Press, 1990).

Mais la tâche n'est pas seulement sociohistorique et littéraire. Elle est aussi contemporaine. Dans le contexte d'une gestion des exigences concernant les empires politiques, économiques et culturels de notre propre monde (aussi bien national qu'international), le travail de critique impériale aborde une question à laquelle d'autres approches critiques – féministe, « womaniste »[7] libérationniste et postcolonialiste – s'intéressent elles aussi, à savoir : quelle contribution ces écrits du NT font-il à la lutte visant à libérer tous les humains de forces oppressives politiques, économiques et culturelles ? Quelles sont les relations de ces textes – qui surgissent du contexte d'un empire oppressif et qui ont eu une si grande importance pour la civilisation occidentale et continuent d'avoir du sens pour les communautés de disciples de Jésus (l'Église) – avec la lutte pour la liberté humaine ? Ces textes imitent-ils des forces culturelles et impériales plus larges, confortant ainsi des structures injustes ? Ou protestent-ils et offrent-ils des visions et des structures alternatives pour la vie humaine ? Forment-ils des communautés (Églises) qui se conforment à l'injustice sociale ou qui la contestent ? Ou font-ils un peu des deux ? À certains moments, ils ont été *interprétés* aussi bien pour opprimer que pour libérer (par exemple, esclavage aux États-Unis, contextes missionnaires variés). Le type de lecture qu'on en fait importe grandement pour la vie de l'Église et de la société humaine. L'enquête sur leur interaction avec le monde impérial romain (assimilation ? accommodation ? imitation ? formes de résistance ?) pose des questions à propos du mode éventuel d'implication des lecteurs chrétiens dans notre monde à nous.

L'EMPIRE, AU CENTRE DE LA RÉFLEXION

De façon générale, la critique impériale a travaillé sur trois domaines concernant les liens entre l'empire de Rome et ces textes du NT.

7. C'est-à-dire une critique féministe du point de vue afro-américain. Le terme à été lancé par Alice Walker.

1. Pour mieux comprendre l'empire romain, les approches selon la critique impériale ont utilisé deux outils d'investigation : les modèles d'anthropologie interculturelle d'empire, et en second lieu, les études historiques et archéologiques du monde romain. Le premier outil offre un « portrait d'ensemble » de la conception des buts, des systèmes, des stratégies, des bénéficiaires, des victimes et des répercussions des empires. Le deuxième élucide, modifie et raffine le modèle en se concentrant sur l'histoire, les stratégies, les pratiques et les institutions spécifiques de l'empire de Rome.

2. Un deuxième point saillant consiste à reconnaître que, à l'intérieur de ce contexte de l'empire, les textes présupposent une connaissance de pratiques juives, hellénistiques ou ecclésiales, spécifiques. L'acquisition d'une connaissance des situations et circonstances particulières, historiques ou littéraires, évoquées par les textes, est une deuxième étape nécessaire.

3. Le troisième aspect prend en considération des textes spécifiques du NT dans le contexte de l'expérience et de la connaissance du monde impérial romain présupposé par le texte et rendu explicite par les deux ou trois premières étapes.

La critique impériale utilise donc une approche interdisciplinaire impliquant tous ces domaines, qui s'éclairent mutuellement. Dans ce qui suit, je vais me concentrer sur le premier et le dernier de ces trois domaines.

MODÈLES D'EMPIRE

Un modèle d'empire largement utilisé dans le travail de critique impériale est celui qu'a proposé Gerhard Lenski[8]. Ce dernier tire son modèle interculturel de l'étude de divers empires agraires provenant de différentes régions et périodes

8. G. Lenski, *Power and Privilege : A Theory of Social Stratification* (Chapel Hill, University of North Carolina Press, 1984), pp. 189-296 ; voir aussi T. Carney, *The Shape of the Past : Models and Antiquity* (Lawrence, Coronado Press, 1972). Pour la discussion, incluant quelques travaux antérieurs à 1993 qui utilisent Lenski, D. Duling, « Matthew and Marginality », in E. H. Lovering (ed.), *Society of Biblical Literature 1993 Seminar Papers* (SBLSP 32 ; Atlanta, Scholars Press, 1993), pp. 642-671, spécialement pp. 650-656, et n. 37. Voir aussi J. D. Crossan, *The Birth of Christianity* (Harper, San Francisco, 1998), pp. 151-173. Pour un résumé pratique, voir K. C. Hanson and D. E. Oakman, *Palestine in the Time of Jesus : Social Structures and Social Conflicts* (Minneapolis, Fortress Press, 1998), p. 69.

(par exemple, romain, byzantin, ottoman, chinois). Son modèle (utilisé parfois conjointement à et / ou modifié par celui de l'œuvre de John Kautsky[9]) inclut en partie une étude plus large sur pouvoir et privilège. Lenski offre une théorie de la stratification sociale en réponse aux questions : Qui acquiert quoi ? Et pourquoi ? Il adopte une approche qui fait la synthèse des approches fonctionnalistes de la stratification, qui mettent l'accent sur les besoins de la société, et des approches conflictuelles (dominées par les théories marxistes), dont l'accent porte sur les besoins (compétitifs) et les désirs des individus et des sous-groupes.

Selon Lenski, l'empire romain présente les traits distinctifs d'une « société agraire » : technologie et production avancées, technologie militaire, contrôle d'un territoire et d'une population considérables, naissance de l'empire par la conquête, pratique systématique de la guerre, luttes internes, gouvernement monarchique, domination des centres urbains, développement du marché et du commerce, alphabétisation limitée aux classes privilégiées, utilisation de la religion au service de l'État. Le contrôle et l'exploitation par une élite dirigeante sont facilités par plusieurs perfectionnements : technologie militaire supérieure aux mains de quelques-uns, urbanisation (qui drainait la production rurale pour assurer l'existence urbaine), développement de la monnaie (dettes, prêts d'argent), écriture.

Quant à « qui acquiert quoi, et pourquoi ? » dans des empires agraires comme celui de Rome, Lenski souligne le rôle clé des institutions gouvernementales comme source et instrument de profondes inégalités sociales. Le contrôle aristocratique, habituellement fondé sur la tradition et l'hérédité, et appliqué par la puissance militaire et la taxation, assure une distribution inégale du pouvoir, des privilèges (récompenses) et de l'honneur. Le contrôle de l'État signifie le contrôle de la productivité économique (ressources [terre ; travail des esclaves], rendement,

9. J. Kautsky, *The Politics of Aristocratic Empires* (Chapel Hill, University of North Carolina Press, 1982).

services), qui a pour résultat une immense richesse personnelle pour l'élite dirigeante, aussi bien que l'autopromotion par le pouvoir, le privilège et le prestige. Un gouvernement par l'élite, fondé non sur le consentement démocratique mais sur la capacité de faire appliquer sa volonté, tend à maximiser l'avantage personnel et l'honneur, et non à chercher le bien commun. Une « théorie propriétariste de l'État », qui comprend l'existence de la terre, des ressources et du peuple de l'empire en lien avec l'avantage personnel de celui qui gouverne, imprègne ce type d'actions et d'organisation sociale. Les taxes, tributs, locations et services sont des moyens courants de transférer la richesse du peuple à celui qui gouverne, tout autant que le butin acquis par la conquête militaire et la confiscation de terres.

Lenski décrit un système social hiérarchique, vertical, dont le pouvoir est concentré dans les mains d'une petite élite dirigeante. Celle-ci exploite le reste de la société, et maintient le contrôle par la possession de terres, le travail des esclaves, le pouvoir militaire (appliqué ou menaçant de l'être), les lois, le personnel de gouvernement (incluant la vente de fonctions officielles), les alliances, les actes de patronage et de bienfaisance, l'administration de la « justice » (au service des intérêts de l'élite) et la taxation. Cette dernière déplace et transfère efficacement la production, l'élite s'enrichissant de la sorte aux dépens, littéralement, de la majorité de la population, et amplifie l'inégalité. L'inégalité sociale exprime – en même temps qu'elle est soutenue par elles – les valeurs d'une élite, tels le mépris du travail manuel et des ouvriers, la consommation ostentatoire par laquelle la richesse est étalée et non investie (la taxation assurant un revenu continu), et un sens de supériorité aristocratique (selon la classe sociale ou l'ethnie).

Lenski identifie une division entre ceux qui gouvernent (un niveau supérieur de privilégiés, au nombre limité) et le reste, ceux qui sont gouvernés. Plusieurs sous-groupes forment chaque niveau. Avec l'empereur ou celui qui règne, on trouve une classe dirigeante de chefs civiques et militaires (sénateurs, cavaliers, écuyers, décurions). En retour de son support du *statu quo* via le service public, l'élite dirigeante reçoit sa part de pouvoir, de richesse et d'autopromotion par la vente de la

« justice », la propriété terrienne, les bénéfices de la guerre et la taxation. Lenski estime que celui qui gouvernait et la classe dirigeante (environ deux pour cent de la population) recevaient au moins la moitié de la production agraire. À son tour, la classe dirigeante utilise les services et l'expertise d'une classe de métayers (environ cinq pour cent de la population) formée d'officiels, de soldats professionnels, de préposés à la religion, de serviteurs domestiques et personnels. En retour de leur service (qualifié) pour l'élite dirigeante, les métayers reçoivent une part des bénéfices économiques. Une classe marchande et une classe sacerdotale gagnent aussi richesse et pouvoir, pour eux-mêmes aussi bien que pour l'élite dirigeante, par le biais de la taxation et des alliances.

Les gens ordinaires, surtout des paysans et des artisans urbains, soutiennent l'existence luxueuse et prospère de la classe dirigeante. Les taxes, souvent payées en espèces et imposées par différentes strates de dirigeants (propriétaires terriens locaux ; élites urbaines ; offrandes / dîmes religieuses ; provinces ; empire) transfèrent une vaste proportion de la production rurale, de telle sorte que la majorité des gens des campagnes et des villes vit une existence désespérée, proche du point de subsistance. Deux autres classes complètent la stratification : les petites gens (avec leur travail pour seul objet de vente) et les marginaux de l'économie (criminels, mendiants), ce qui illustre l'impact considérablement destructeur de cette structure sociale sur les vies humaines. Il y avait des esclaves à tous les niveaux, avec des tâches et des niveaux d'habileté divers, et des conjonctures différentes de confort matériel et d'honneur, selon le bon vouloir de leur maître et selon leur valeur.

Le modèle de Lenski identifie la verticalité du monde romain, les moyens élémentaires de la maintenir, les vastes gratifications au profit de l'élite qui la contrôle, et son coût énorme pour la majorité de la population, dont l'exploitation supporte cette même élite. Le modèle fournit une cartographie extrêmement utile, heuristique, d'un arrangement social qui exploite systématiquement quatre-vingt-quinze pour cent de la population au profit de la classe dirigeante. C'est dans un tel monde que les communautés chrétiennes primitives vivent et que les textes du NT sont écrits et entendus (puisque la majorité n'est pas alphabétisée). Les textes présupposent une expérience et une connaissance de ce monde.

Le modèle de Lenski peut être modifié ou développé. Notamment pour la question des sexes. Lenski accorde peu d'attention aux rôles respectifs des femmes et des hommes dans cet arrangement social. Alors que le système impérial faisait preuve, en général, d'un préjugé en faveur des hommes (l'empereur était identifié comme « le père de la patrie »), les femmes de l'élite pouvaient acquérir et ont de fait acquis un pouvoir et une richesse considérables[10]. Deuxièmement, dans le judaïsme du Ier siècle, la classe dirigeante n'est pas séparée de la classe sacerdotale, mais les prêtres forment un élément significatif de la classe dirigeante (Josèphe, *Ant.* 20.251). Troisièmement, le travail de John Kautsky sur les empires établit la différence entre les empires agraires traditionnels et les empires axés sur le commerce. Le premier type retire le surplus de production des terres paysannes, maintenues grâce à l'héritage familial. Le second comprend la terre elle-même comme une commodité ; les élites dirigeantes cherchent à reprendre la terre même des paysans à travers un endettement accru, la forclusion et la saisie. Quatrièmement, comme sa brève discussion de la résistance et de la révolte paysannes l'indique, Lenski reconnaît que la résistance est inévitable là où le pouvoir s'affirme. La résistance peut prendre plusieurs formes et s'exprimer de façon sporadique. En plus des flambées de violence et de la résistance ouverte au pouvoir romain (comme la révolte juive en 66-70 de notre ère), le travail de James Scott a décrit en détail différentes manières par lesquelles les paysans emploient les « armes des faibles », secrètes, autoprotectrices et mesurées, pour contester les discours dominants et affirmer leur propre dignité face à une exploitation déshumanisante soutenue[11].

10. J. M. Arlandson, *Women, Class, and Society in Early Christianity : Models from Luke-Acts* (Peabody, Hendrickson, 1997).

11. J. Scott, *Weapons of the Weak..., op. cit. Domination..., op. cit.*

L'EMPIRE ROMAIN : ENQUÊTE HISTORIQUE ET ARCHÉOLOGIQUE

Alors que le modèle de Lenski fournit un cadre général pour comprendre les buts, structures et stratégies des empires, le travail de recherche historique et archéologique sur l'empire romain, notamment au Ier siècle de l'ère commune sous les empereurs (le principat), développe et raffine le modèle. Il fournit également plus de précisions sur le monde du mouvement chrétien primitif[12]. Les études classiques étant un champ vaste et diversifié, nous ne pouvons présenter ici que quelques exemples des cas qu'il fournit en relation au mouvement chrétien primitif.

1. Étant donné que le pouvoir militaire, exercé ou menaçant, est un moyen fondamental d'établir et de contrôler une société impériale, il n'est pas surprenant que diverses études aient détaillé le rôle de l'élite et de l'armée romaines dans le maintien de ce *statu quo* social. Susan Mattern, par exemple, examine les stratégies de l'élite romaine, en particulier son engagement à l'honneur, comme cruciales pour la compréhension des actions de Rome d'assujettissement des peuples étrangers à son contrôle[13]. La politique étrangère était un « concours de statut », une quête d'honneur, fondés sur la perception de la capacité de Rome d'imposer une violence effective à travers des démonstrations de pouvoir, d'attitudes feintes, de menaces intimidantes, d'insultes (déshonneur) et de châtiment. Le rappel par Jésus de la façon qu'ont les dirigeants des nations de régner sur les autres et la demande qu'il fait à ses disciples de vivre un mode de vie alternatif comme serviteurs, évoque et remet en question de telles pratiques (Mc 10,42-45 et parallèles). Benjamin Isaac a fait des recherches sur le rôle de l'armée dans la partie orientale de l'empire[14]. Une telle étude a tout son sens puisqu'une cité comme

LECTURES POLITIQUES

12. Par exemple, J. Huskinson (ed.), *Experiencing Rome : Culture, Identity and Power in the Roman Empire* (London, Routledge, 2000).

13. S. Mattern, *Rome and the Enemy : Imperial Strategy in the Principate* (Berkeley, University of California Press, 1999).

14. B. Isaac, *The Limits of Empire : The Roman Army in the East* (Oxford, Clarendon, 1990).

Antioche, capitale de la province romaine de Syrie, était un centre névralgique pour le mouvement chrétien primitif (Ga 2,11-14 ; Ac 11,19-30 ; 13,1-3), y compris comme lieu possible de l'écriture de l'évangile de Matthieu. C'est là que résidaient trois ou quatre légions (18 000 à 24 000 soldats pour une population de 150 000 habitants) qui jouèrent un rôle central dans la campagne de Vespasien et de Titus pour vaincre Jérusalem et soumettre la Judée au cours de la guerre de 66-70 de l'ère commune.

2. D'autres travaux ont fait l'examen des alliances de Rome avec les élites provinciales comme moyen principal d'effectuer un contrôle, invoquant l'intérêt et l'avantage communs de préserver le *statu quo* hiérarchique. L'interaction entre les élites locales et les officiels romains dans le gouvernement provincial est partie intégrante de cette enquête. Peter Brunt, par exemple, a examiné les multiples dimensions de la contribution complexe des gouverneurs provinciaux comme représentants et mandataires des relations d'exploitation de Rome entre la cité centrale, Rome, et les territoires provinciaux[15]. De tels ouvrages apportent une vraie contribution à l'étude des échanges, dans l'Évangile, entre Ponce Pilate, gouverneur de Judée, et Jésus (Mc 15,1-15 et parallèles). Il ne suffit pas d'aborder ces scènes en notant simplement le fait historique que Pilate était gouverneur de Judée, de 26 à environ 36 de notre ère, pour ensuite déplorer sa faiblesse comme marionnette manipulée. Les scènes nécessitent une compréhension du mode de fonctionnement du système impérial romain, de la place de Pilate au sein de l'élite dirigeante, de la nature intéressée du gouvernement de Rome dans le maintien d'une structure d'exploitation et socialement hiérarchique contre tous les agresseurs, du rôle de Pilate, gouverneur, comme représentant et mandataire des intérêts romains, du fonctionnement de la « justice » romaine, où le châtiment était plus souvent ajusté au statut de l'accusé plutôt qu'au crime, et des alliances de Pilate avec l'élite locale de Jérusalem[16]. La compréhension

15. P. Brunt, *Roman Imperial Themes* (Oxford, Clarendon Press, 1990), pp. 53-95, 163-187, 215-254.

16. Carter, *Matthew and Empire*, *op. cit.*, pp. 145-168 ; *Pontius Pilate : Portraits of a Roman Governor* (Collegeville, Liturgical, 2003).

de ces facteurs permet de voir le rôle de Pilate dans la crucifixion de Jésus comme beaucoup plus central qu'on ne le reconnaît dans la majorité des débats.

3. Le culte impérial où on vénérait l'empereur a beaucoup retenu l'attention des chercheurs. Une pluralité de recherches antérieures sur le statut divin de l'empereur et sur les exigences de l'observance, désintéressée mais obligatoire, du culte de l'empereur, a ouvert la voie à des essais de compréhension de ce culte comme système, à savoir ses rôles et ses fonctions dans la société impériale. De plus en plus, les études de ce culte dans des régions comme la Grèce et l'Asie Mineure (régions de la mission de Paul et Églises destinataires de 1 Pierre et Ap 2-3) ont démontré la nature proprement publique et civique de son observance (temples, festivals, processions, jeux, sacrifices, repas, etc.), ainsi que le rôle primordial de sa promotion, envahissante et largement diffusée, souvent à travers les élites provinciales, dans l'institution des relations impériales[17]. On reconnaît l'ancrage du culte dans les relations impériales et dans les responsabilités de l'élite à l'égard du patronage sociopolitique ainsi que dans le domaine de la vie économique dans la cité, de même que les différents moyens par lesquels la participation de la non-élite était encouragée quoique non exigée (festivals civils ; célébrations foraines ; repas festifs de guildes de commerçants et d'artisans, etc.). Ce travail soulève d'importantes questions pour qui étudie le mouvement chrétien primitif. Quels croisements pourrait-il y avoir entre le culte impérial et la formulation ainsi que le sens des perceptions chrétiennes de Jésus et des desseins de Dieu ? Comment les disciples de Jésus ont-ils composé avec les pressions et les pratiques de la vie civique quotidienne ?

4. Le culte était un moyen (mais non le seul) de propager et de célébrer les revendications fondatrices de l'idéologie

17. Par exemple, S. Price, *Rituals and Power : The Roman Imperial Cult in Asia Minor* (Cambridge, Cambridge University Press, 1984) ; S. Friesen, « The Cult of the Roman Emperors in Ephesos : Temple Wardens, City Titles, and the Interpretation of the Revelation of John », in H. Koester (ed.), *Ephesos : Metropolis of Asia* (Valley Forge, Trinity Press International, 1995), pp. 229-250 ; P. Harland, « Honours and Worship : Emperors, Imperial cults and Associations at Ephesus (first to third centuries C.E.) », *Studies in Religion/Sciences Religieuses* 25 (1996), pp. 319-334.

dirigeante de Rome. Avec d'autres, J. Rufus Fears a exploré le rôle de la théologie impériale romaine dans l'expression et l'affermissement des conceptions de la place de Rome au centre de l'univers[18]. Les élites de l'ensemble du monde romain, à Rome aussi bien que dans les provinces, utilisaient des rituels civils et des prétentions théologiques pour définir la relation entre l'empereur et les dieux, et entre l'empereur / Rome et l'empire / le monde. Cette relation sanctionnait une conception particulière de Rome dans le monde, et du type de structure mondiale et sociale créé par Rome. On comprenait Rome et l'empereur comme ayant été choisis par les dieux, Jupiter en particulier, c'est-à-dire comme agents des dieux. Ils manifestaient la souveraineté, la présence, la volonté et les bénédictions des dieux chez les humains. La soumission aux dieux impliquait la soumission au gouvernement de Rome et aux bénédictions de l'ordre et de la sécurité que Rome dispensait au nom des dieux. Les dieux, de leur côté, sanctionnaient la hiérarchie sociale, c'est-à-dire ceux qui gouvernaient et en tiraient bénéfice d'un côté, et ceux qui en payaient le prix de l'autre. De telles prétentions, abondamment représentées dans des rituels civiques, des pièces de monnaie, le personnel impérial, des édifices, des statues, etc., aussi bien que des textes littéraires, fournissent un contexte culturel crucial pour entendre les prétentions chrétiennes, exprimées à travers l'ensemble des écrits du NT, de la souveraineté de Dieu, de sa présence et de ses desseins de salut manifestés en Jésus (sotériologie), de la volonté de Dieu sur la vie humaine et sur la société à établir dans un avenir imminent (eschatologie), de la bénédiction divine pour tous les peuples, de l'Église comme communauté constituant une société de pratiques alternatives[19].

5. Ces prétentions et ces célébrations civiques prennent forme, dans la vie quotidienne, dans des contextes urbains

18. J. Rufus Fears, « Nero as Vicegerent of the Gods in Seneca's *De Clementia* », *Hermes* 103 (1975), pp. 486-496 ; « The Cult of Jupiter and Roman Imperial Ideology », dans *Aufstieg und Niedergang der römischen Welt* (Berlin-New York, Walter de Gruyter, 1981) 2.17.1, pp. 3-141 ; « The Theology of Victory at Rome : Approaches and Problems », et « The Cult of Virtues and Roman Imperial Ideology », dans *Aufstieg und Niedergang der römischen Welt* (Berlin-New York, Walter de Gruyter, 1981) 2.17.2, pp. 736-825, 827-948. K. Scott, *The Imperial Cult Under the Flavians* (Stuttgart-Berlin, W. Kohlhammer, 1936).

19. Carter, *Matthew and Empire*, *op. cit.*, pp. 9-74.

et ruraux. Plusieurs études ont examiné, avec le concours souvent du travail archéologique, la forme de vie concrète et socioéconomique dans les cités (par exemple, Corinthe, Éphèse, Antioche), l'emplacement des communautés pauliniennes et évangéliques et des régions géographiques particulières telle la Galilée, théâtre du ministère de Jésus[20]. Des questions d'une pertinence vitale pour la conception du monde romain induit par les textes chrétiens primitifs ont été objet d'enquête : interaction entre les cités et les régions rurales, disposition et taille des maisons, rues et marchés, formes d'administration et de justice, densité démographique, appartenances ethniques, vie littéraire, actions bienfaisantes et celles liées à une recherche de statut, réseaux de relations patron-client et amitiés, participations à des guildes, métiers, marché et activité commerciale, repas, approvisionnement (limité) en nourriture, formes de maladie et de handicaps physiques et leur traitement, pauvreté généralisée, désastres (inondations, tremblements de terre, déluges), rituels et groupements religieux, conception des voies des dieux, rôle des femmes, vie des esclaves, éducation, rôle des bandits et autres menaces au *statu quo,* etc. Ce sont là des aspects du monde impérial romain qui constituent le contexte avec lequel les premiers chrétiens devaient composer au quotidien.

COMMUNAUTÉS CHRÉTIENNES, TEXTES CHRÉTIENS ET MONDE IMPÉRIAL

Des modèles interculturels de l'empire et des études spécifiques du monde impérial romain décrivent en détail le monde dans lequel est né le mouvement chrétien primitif. On ne sera

20. Par exemple, pour Corinthe, J. K. Chow, *Patronage and Power : A Study of Social Networks in Corinth* (JSNTSup 75 ; Sheffield, Sheffield Academic Press, 1992) ; pour Thessalonique, les essais de H. Koester et K. Donfried in Horsley (ed.), *Paul and Empire, op. cit.*, pp. 158-166, 215-223 ; pour Éphèse, Friesen, « Cult » ; Harland, « Honours » ; pour Antioche, R. Stark, « Antioch as the Social Situation for Matthew's Gospel », dans D. Balch (ed.), *Social History of the Matthean Community : Cross-Disciplinary Approaches* (Minneapolis, Fortress, 1991), pp. 189-210 ; Carter, *Matthew and the Margins, op. cit.*, pp.14-43 ; *Matthew and Empire, op. cit.*, pp. 35-53 ; pour la Galilée et la Palestine, les essais de P. Richardson et D. Edwards, J. Marshall et R. Martin, P. Harland, dans A. J. Blasé, J. Duhaime, P.-A. Turcotte (eds.), *Handbook of Early Christianity : Social Science Approaches* (Walnut Creek, Alta Mira Press, 2002) ; Crossan, *Birth, op. cit.*, pp. 209-235 ; Hanson and Oakman, *Palestine in the Time of Jesus, op. cit.*

pas surpris de voir que les textes du NT ne s'attardent pas à expliquer ce monde impérial avec ses structures et valeurs ; ils présument que ce monde est familier aux lecteurs / auditeurs, qui peuvent expliciter eux-mêmes des perceptions implicites. En rendant explicites cette connaissance et cette expérience, le travail de critique impériale permet aux lecteurs d'une époque et d'un lieu différents d'avoir accès en partie à l'expérience quotidienne et à la connaissance du monde impérial romain que les textes du NT présupposent et qu'ils confrontent. Il situe les textes du NT dans ce monde complexe (autant que nous puissions le reconstruire) et examine leur interaction avec lui. Six domaines d'investigation peuvent être identifiés brièvement.

1. *Sociohistorique*. Ce domaine explicite la présence et la dynamique impériales dans les lieux probables d'où les communautés et les textes du NT ont surgi et avec lesquels ils sont confrontés. On y enquête sur les expériences quotidiennes et les interactions avec le monde impérial dans ces lieux précis.

2. *Sociolittéraire*. Ce domaine explicite la dynamique impériale en lien avec les textes du NT. Pour les évangiles, cela implique des ensembles plus larges telles l'intrigue, la mise en figure des personnages, milieux et thèmes, aussi bien que des entités plus ciblées, tel le vocabulaire. Comme les évangiles racontent l'histoire de la crucifixion du héros principal, on ne peut ignorer la forme romaine distincte de la crucifixion. Les personnages et les conflits impliquent des visions sociales, des structures impériales et des valeurs culturelles qui concernent la forme même et le prix de la vie humaine. Au début du XXe siècle, le travail de Deissmann sur les inscriptions a inauguré l'exploration du vocabulaire des écrits du NT, de Paul en particulier, en relation au monde impérial romain[21]. Son travail et la recherche subséquente ont permis de reconnaître un chevauchement significatif entre la terminologie utilisée pour les prétentions impériales et celle utilisée par le mouvement chrétien primitif, incluant des titres christologiques

21. A. Deissmann, *Light From the Ancient East* (New York, Hodder and Stoughton, 1910).

(« sauveur », « Seigneur »), des métaphores (« lumière », « la voie »), et le langage des prétentions théologiques (« évangile », « justice », « foi », « paix », etc.). À quel point est-ce significatif qu'une telle similitude de langage exprime les prétentions impériales à propos des desseins de Rome aussi bien que les conceptions des desseins salvifiques de Dieu ? Quelle est la relation entre ces prétentions et les modes de vie et d'organisation sociale qu'ils reproduisent et confortent ?

3. *Revendications idéologiques.* Les similitudes de langage mènent directement à une enquête sur les revendications ou doctrines. Il y a des similitudes étonnantes entre les revendications centrales de la théologie impériale concernant le rôle de Rome comme agent élu des dieux pour manifester leur souveraineté, leur présence, leur volonté et leur bénédiction, et les revendications chez Paul et dans les évangiles à propos de Jésus comme agent de Dieu manifestant les desseins de Dieu et sa souveraineté (« royaume/empire de Dieu », « justice »), sa présence, sa volonté et sa bénédiction. Bien entendu, ces dernières revendications ne cherchent pas à cautionner l'empire, mais elles reflètent l'ancrage dans le monde impérial romain et l'accommodation, aussi bien que l'opposition à ce monde et sa contestation par l'affirmation du règne ou de l'empire de Dieu. Fondamentalement, des perceptions centrales du NT au sujet de la théologie (les desseins de Dieu), la christologie (l'identité de Jésus), la sotériologie (un sauveur désigné qui sauve toute la création de ce qui n'est pas conforme aux desseins de Dieu) et l'eschatologie (l'affirmation finale et complète des desseins de Dieu) rivalisent avec les revendications de Rome, et les contestent, ainsi que ses efforts pour contrôler et organiser l'existence humaine au profit de l'élite, sur l'ordre des dieux. Ils envisagent un avenir et des structures d'interaction humaine fort différents[22]. Le travail de critique impériale rend explicite cette interaction et en examine les contours.

22. J'ai exploré quelques-uns de ces thèmes en lien avec l'évangile de Matthieu dans *Matthew and Empire, op. cit.* ; voir aussi « Matthean Christology in Roman Imperial Key : Matthew 1:1 », dans J. Riches et D. Sim (eds.), *Matthew and the Roman World* (JSNTSup ; Sheffield, Sheffield Academic Press, 2004) ; W. Carter, « Are There Imperial Texts in the Class ? Intertextual Eagles and Matthean Eschatology as « Lights Out » Time for Imperial Rome (Matthew 24 : 27-31) », *JBL* 122 (2003), pp. 467-487.

Au cœur de cet évangile anti-impérial, il y a un modèle paradoxal de contestation en même temps qu'une imitation des valeurs impériales dominantes. Honi Bhabha a mis en lumière un modèle de mimétisme (« presque pareil, mais pas tout à fait ») colonial, impliquant parodie, dérision et menace, dans les relations entre les groupes exploités et opprimés et les pouvoirs régnants[23]. À cela il faut ajouter les revendications contraires de la domination à venir de Dieu sur Rome dans certains écrits du NT (Matthieu ; Apocalypse).

4. *Vision de l'existence humaine et sociale.* Le système impérial romain était l'expression de conceptions fondamentales de l'existence humaine. Dans ce système, quelques-uns méritaient d'être honorés, tandis que la majorité en était privée. Une minorité dominait et exploitait la majorité de la population pour le bénéfice d'un groupe limité, au pouvoir. Le Triomphe, par lequel un général conquérant, par exemple l'empereur Vespasien et son fils en 71 de notre ère, entraient à Rome après la défaite de Jérusalem et de la Judée, exhibant butin et captifs, célébrait la puissance militaire de Rome et la victoire accordée par les dieux, et affirmait du même coup la grandeur humaine en termes de domination et de pouvoir sur les autres. Ce genre de festivités célébrait les valeurs centrales de l'identité impériale romaine.

Lorsqu'on lit les écrits du NT, on aborde des textes qui sont étroitement rattachés à ce monde. Ils contestent en effet une telle vision de l'existence humaine, en résistance au modèle de « domination » et de structure des élites qui recherchent leur propre bénéfice. La scène familière du dimanche des Rameaux d'un Jésus faisant son entrée à Jérusalem monté sur un âne (et non sur un cheval guerrier) parodie les valeurs du Triomphe (Mt 21,1-11), s'en moque et les remet en perspective. Elle reproduit une scène dans laquelle Jésus repousse les voies dominantes des dirigeants des nations et recommande vivement une pratique très différente, à savoir le service pour le bien des autres en imitation du don qu'il fait de sa vie (Mt 20,17-28). Les textes du NT endossent une conception alterna-

23. Bhabha, *Location of Culture*, pp. 85-92 ; T.-S. Benny Liew, *Politics of Parousia : Reading Mark Inter (con) textually* (Leiden, Brill, 1999).

tive de la grandeur humaine et une pratique sociale alternative pour ce qui est de la relation avec Dieu et de service aux autres orienté vers leur bien (Ph 2,4-13 ; Mt 20,25-26 ; 1 Jn 3,16-17).

5. *Institutions et pratiques sociales et économiques.* Ce serait une erreur de penser que le mouvement et les textes du christianisme primitif abordent et contestent le monde impérial romain seulement sur le plan des idées. Les prétentions impériales selon lesquelles Rome rendait manifestes les bénédictions des dieux à ses sujets se révélaient évidemment fausses à l'échelle quotidienne, la plupart des habitants de l'empire menant une existence au seuil de la survie. Ainsi, en plus de contester les prétentions romaines, les écrivains du NT cherchent à établir une expérience sociale et des modèles d'interaction humaine alternatifs, marqués non par la domination et la hiérarchie, mais par une pratique de la miséricorde et par une recherche du bien (et non des biens) de l'autre. À quoi cela ressemble-t-il ? En Mt 19–20, l'expérience prend forme dans des modèles domestiques alternatifs qui abandonnent la domination patriarcale au profit d'une forte valorisation des relations matrimoniales en une seule chair et de l'adoption d'identités plus égalitaires pour les enfants et les serviteurs (voir, par opposition, les modèles accommodationnistes et culturellement imitatifs d'Ep 5,22–6,9). Ce genre d'identités implique la mise en disponibilité les uns par rapport aux autres des ressources nécessaires pour la survie économique (Mt 5,42; 6,1-4), sans qu'on adopte pour autant les modèles hiérarchiques de réciprocité et les relations patron-client dominantes du monde romain. Le langage « frères / sœurs », très manifeste dans les évangiles et dans les lettres de Paul, identifie tous les disciples comme enfants. Ainsi s'exprime une égalité fondamentale dans la relation humaine qui restructure l'interaction sociale hiérarchique et demeure cohérente avec la déclaration de Paul selon laquelle, en Christ, les catégories ethniques ou sexuelles ne sont pas déterminantes (Ga 3,28 ; 1 Co 12,13, bien que Paul ne semble pas avoir réussi à pousser cette réflexion plus loin sur des catégories de classe impliquant esclaves et maîtres). Paul rabroue les Corinthiens pour avoir imité des repas qui confortent et renforcent les hiérarchies sociales, plutôt que de constituer une interaction sociale différente, basée sur le

dernier repas du Seigneur, qui célèbre le don de Jésus par lui-même (1 Co 11,17-29). Certes, des structures et des pratiques alternatives sont à ranger à côté d'actes de soumission, tel le paiement des taxes, bien que ceux-ci soient réinterprétés comme expression d'une résistance autoprotectrice[24].

6. *Un éventail d'engagement social.* Un tel travail est nécessaire pour pouvoir esquisser un éventail des modes avec lesquels les premiers chrétiens se sont impliqués dans le monde impérial romain. D'autre groupes juifs font preuve d'un éventail de réactions incluant capitulation, imitation, assimilation, assentiment, désintérêt, résistance orchestrée et sous le maquis, survie, loyautés et pratiques alternatives, résistance non violente[25], martyre, guerre. Souvent le même écrit ou le même groupe emploiera simultanément un certain nombre de ces stratégies. Nous pourrions raisonnablement attendre des écrits et des groupes voués à Jésus qu'ils adoptent, simultanément eux aussi, des stratégies semblables.

24. Carter, *Matthew and Empire, op. cit.*, pp.130-144.

25. Sur Mt 5,39-42, voir W. Wink, « Neither Passivity nor Violence : Jesus' Third Way (Matt 5:38-42 par.) », dans W. M. Swartley (ed.), *The Love of Enemy and Nonretaliation in the New Testament* (Louisville, Westminster John Knox Press, 1992) pp. 102-125.

« CHEFS RELIGIEUX » DANS LES ÉVANGILES

Exemple de fausse lecture

Un exemple illustrera l'utilisation d'une approche selon la critique impériale, et montrera comment le paradigme a été déplacé en prenant en compte la connaissance et l'expérience du contexte impérial présupposé par les textes du NT. Je discuterai brièvement d'un malentendu sur la société impériale tel qu'il ressort de la terminologie largement employée, mais trompeuse, de « chefs religieux » pour désigner les adversaires de Jésus dans les évangiles.

Les chercheurs ont reconnu que, dans les évangiles, Jésus fait face à une opposition soutenue de la part de figures dont l'identification varie : Pharisiens, Sadducéens, scribes, prêtres et anciens. Ces personnages apparaissent en différentes combinaisons, et les désignations de ces groupes changent parfois à l'intérieur d'une même scène. En Mt 21, par exemple, les « chefs des prêtres et les anciens » du v. 23 deviennent au v. 45 « les chefs des prêtres et les Pharisiens ». En Jn 9, « les Pharisiens » des vv. 15, 16 et 40, deviennent « les Juifs » au v. 18.

Les chercheurs ont longtemps été intrigués par ces déplacements d'alliances et ces changements de désignations. En général, ils ont essayé d'évaluer les présentations évangéliques de ces personnages en fonction de ce que nous savons historiquement à propos de chacun de ces groupes juifs. Dans cette perspective, l'association des Pharisiens et des Sadducéens, par exemple en Mt 3,7, faisait peu de sens parce que, historiquement, des différences significatives existaient entre les deux groupes.

Les critiques narratifs, qui se concentrent sur les qualités et les techniques littéraires employées dans la manière de raconter des histoires évangéliques, offrent une approche précieuse. Ils ont démontré que le débat sur les questions historiques privilégie l'enquête historique aux dépens de la recherche sur le rôle de ces groupes comme figures évoluant à l'intérieur du monde créé par chaque évangile. Ces approches postulent que la compréhension de ces diverses combinaisons de groupes (Pharisiens,

Sadducéens, scribes, prêtres, anciens) fait partie d'une figure unique habituellement désignée comme « les chefs religieux », partageant la caractéristique d'être des adversaires de Jésus.

Poursuivant cette ligne d'enquête, les études narratives ont aidé à identifier les différentes façons par lesquelles le groupe est présenté dans chaque évangile. Par exemple[26], en Marc les « chefs religieux » n'ont pas d'autorité divine (Mc 1,22) et interprètent faussement l'Écriture car ils la comprennent d'un point de vue humain et non pas dans la perspective de Dieu, telle que représentée par Jésus (12,24). En Matthieu, ils sont incapables de recevoir la révélation de Dieu, parce qu'ils sont mauvais (Mt 9,4; 12,34.39.45; 16,4), une caractéristique qui en fait des alliés de Satan, le Mauvais (13,19.38), contre Dieu. En Luc, ils sont « fous » parce qu'ils rejettent l'invitation à prendre part au règne de Dieu (Lc 11,40.52). Leur folie dérive du fait qu'ils se croient justes devant le peuple (16,5; 20,20) et qu'ils ne savent pas aimer (10,31-32; 11,42). En Jean, ces figures sont aveugles parce qu'elles tiennent leur origine de Satan, le « père du mensonge », dont elles accomplissent la volonté en s'opposant à Jésus.

Une bonne partie de cette description identifie judicieusement des dimensions importantes de la mise en figure des « chefs religieux » dans les évangiles, et les interactions entre les personnages dans les conflits au centre de chacune des histoires. Mais une approche selon la critique impériale montre à quel point il est trompeur pour les lecteurs contemporains de comprendre ces adversaires comme étant des « chefs religieux » et de concevoir les questions litigieuses avec Jésus comme étant des questions « religieuses ». Le langage de la « religion » évoque des expériences, des officiels, des institutions religieuses contemporaines, privatisées, séparées de la vie politique et des institutions. Parce qu'il évoque ces per-

26. Pour les synoptiques, je suis M. A. Powell, *What is Narrative Criticism?* (Minneapolis, Fortress, 1990), pp. 58-67. Certains ont compris la description de ces chefs dans les évangiles comme un reflet des luttes avec les chefs de synagogue. Sur les chefs de synagogue, leur ancrage dans la société élitiste romaine et leur représentativité par rapport à ce type de société : D. Binder, *Into the Temple Courts : The Place of the Synagogues in the Second Temple Period* (Atlanta, SBL, 1999), pp. 343-371 ; T. Rajak et D. Noy, « Archisynagogoi : Office, Title, and Social Status in the Greco-Jewish Synagogue », *JRS* 83 (1993), pp. 75-93.

ceptions contemporaines, le langage déforme sérieusement les réalités du Ier siècle présupposées par le texte. Il ignore les rôles de ces figures (prêtres, Pharisiens, Sadducéens) comme alliés du monde impérial romain. Il masque également la nature publique et civique de la religion dans le monde ancien, et, enfin, il déforme la présentation de ces figures dans l'Évangile, celle de Jésus, et celle du conflit entre ces chefs et Jésus. Nous allons développer cette critique ainsi que la contribution de la critique impériale.

Commençons d'abord par reconnaître les associations que, comme lecteurs contemporains, nous entretenons avec le langage de « chefs religieux ». Nous associons souvent ces figures avec nos propres expériences d'une religion privatisée, personnelle, individualisée, présidée par des ministres et des prêtres formés dans des assemblées religieuses, distinctes des affaires sociopolitiques et y jouant un rôle limité. Si la critique narrative apporte une contribution utile en mettant l'accent sur le rôle du texte dans la définition des personnages, elle s'avère tout à fait naïve lorsqu'elle prétend que les auditeurs / lecteurs vont prêter attention uniquement à l'information offerte par le texte. Dans sa fixation sur le texte, la critique narrative a souvent eu tendance à négliger l'information que le lecteur apporte à l'acte de lecture, en particulier celle que le texte présume de ses lecteurs. Comme textes du Ier siècle, les évangiles présupposent une connaissance et une expérience du monde du Ier siècle, qui est le monde du pouvoir impérial romain. Si nous désirons lire les évangiles selon leurs propres prémisses, nous devons aborder les questions suivantes : quelle connaissance et quelle expérience des Pharisiens, des Sadducéens, des prêtres, des anciens et des scribes présupposent-ils de la part des lecteurs de l'Évangile du Ier siècle ? Quelle connaissance et quelle expérience de ces figures et de leurs rôles dans le système impérial romain apporteront-ils au travail de compréhension de ces figures dans les histoires évangéliques ? Le défi pour les lecteurs de l'Évangile au XXIe siècle est d'apprendre les rôles que de telles figures jouaient dans des sociétés impériales. Nous pourrons alors comprendre le sens de la mise en figure qui se trouve dans les évangiles. La critique impériale joue un rôle crucial dans ce travail.

Le modèle d'empire de Lenski fournit un moyen pratique de formuler quelques réponses à ces questions. Dans sa description des métayers qui servent et mettent en œuvre le programme du groupe dirigeant – et en bénéficient –, Lenski inclut les préposés à la religion. Dans une société impériale, ces préposés n'encouragent pas l'expérience religieuse privatisée, mais servent les intérêts du groupe dirigeant : ils maintiennent, supportent et affermissent le *statu quo* social. Dans le modèle de Lenski, les Pharisiens, Sadducéens, scribes, chefs des prêtres et anciens n'existent pas comme figures religieuses indépendantes, mais comme membres et représentants de la classe dirigeante dans la société impériale romaine.

Nous gagnons en précision au sujet de ces figures grâce aux sources du Ier siècle. L'enquête sur la société palestinienne du Ier siècle confirme largement les visées du modèle de Lenski, quoiqu'elle le modifie aussi, alors qu'elle reconnaît que les (chefs des) prêtres, pour un bon nombre, n'étaient pas seulement des métayers, mais pouvaient comprendre des membres de la classe dirigeante. Dans sa discussion des références aux Pharisiens, aux Sadducéens et aux scribes dans la littérature du Ier siècle, chez Josèphe et dans les évangiles en particulier, Anthony J. Saldarini note différentes références mettant en relation les chefs des prêtres désignés par Rome avec les Pharisiens, les scribes et les Sadducéens en tant que membres ou agents de la classe dirigeante[27]. Il conclut que, bien que l'information ne soit pas exhaustive, leurs rôles correspondent au modèle de Lenski :

> Les Pharisiens cadrent mieux avec la classe des métayers comme groupe religieux et, comme force politique en interaction avec la classe dirigeante, ils influençaient souvent la société et accé-

27. A. J. Saldarini, *Pharisees, Scribes, and Sadducees in Palestinian Society : A Sociological Approach* (Wilmington, Michael Glazier, 1988). Par exemple, les Pharisiens entretiennent une alliance inconfortable avec Hérode ou contre lui (*Antiquités* 17,41-45) ; Josèphe s'associe aux « chefs des prêtres et des Pharisiens » dans le Temple, en 66 de notre ère (*Vita* 21) ; et les notables de Jérusalem envoient une délégation incluant « deux représentants [...] issus des rangs inférieurs et d'allégeance pharisienne », ainsi que « Josar, un Pharisien lui aussi », et membre d'une « famille sacerdotale », pour décharger Josèphe de son commandement en Galilée durant la guerre (*Vita* 196-198) ; le grand prêtre Ananus, nommé en 62 de notre ère, est un Sadducéen (*Antiquités* 20,197-203).

daient parfois au pouvoir. Les scribes, comme bureaucrates, éducateurs et officiels majeurs et mineurs, cadrent aussi avec la classe des métayers. Quant aux Sadducéens, ils étaient, selon Josèphe, membres de la classe dirigeante et de la classe sacerdotale, tout comme certains Pharisiens et certains scribes[28].

Il ajoute :

> Parce qu'ils [les Pharisiens] ont une influence sur le peuple et luttent pour avoir de l'influence et du pouvoir dans le gouvernement juif, ils ne peuvent pas être de pauvres paysans ni des artisans urbains... Il est vraisemblable que les Pharisens faisaient partie de la classe dirigeante comme métayers dépendant, d'une certaine manière, des gens riches et puissants qui contrôlaient la plus grande part du surplus de la société. Au Ier siècle, les Pharisiens ont dû faire partie du *leadership* très complexe du judaïsme, du moins si on se base sur le portrait qu'en trace Josèphe, ou (avec moins de vraisemblance) ils peuvent avoir fait partie, selon le portrait qu'en donne l'évangile de Luc[29], des propriétaires terriens ruraux ou avoir été leurs alliés.

Des études sur le sacerdoce établi à Jérusalem et comprenant les familles des chefs des prêtres nous poussent à des conclusions semblables à propos du rôle central de ce groupe de la classe dirigeante de Jérusalem (Josèphe, *Antiquités* 20,251) et de l'exercice de leur gouvernement en alliance avec Rome et en dépendance d'elle pour la promotion de leurs intérêts et de

28. Saldarini, *Pharisees...*, *op. cit.*, pp. 39- 40.

29. *Ibid.*, p. 42. Pour une critique : S. Mason, « Revisiting Josephus' Pharisees », dans J. Neusner and A. J. Avery-Peck (eds), *Judaism in Late Antiquity*, Part 3, Volume 2 (Leiden, Brill, 1999), pp. 22-56, spécialement pp. 33-37. On peut facilement disposer de ses critiques du modèle de Lenski, tandis que ses autres critiques n'altèrent pas de façon significative la position de Saldarini. Quant à l'insistance de Mason (*Flavius Josephus on the Pharisees : A Composition-Critical Study* [Boston/Leiden, Brill, 2001], voulant que Josèphe représente les Pharisiens comme « un groupe populiste » et comme groupe dominant ayant l'appui des masses, même si elle était tout à fait exacte, ne renverserait pas la conclusion de Saldarini qu'ils appartenaient, de façon générale, à la classe des métayers. La prétention de Mason, toutefois, doit être nuancée à la lumière de leur présence plutôt rare dans les écrits de Josèphe et dans des épisodes tels *Antiquités* 17,41 45 et *La Guerre des Juifs* 2,409-417, où ils font clairement partie de la minorité et ne partagent pas le labeur quotidien de la population. De plus, D. R. Schwartz dans « Josephus and Nicolaus on the Pharisees » (*JSJ* 14 [1983], pp. 157-171) a démontré que, dans *La Guerre des Juifs*, Josèphe minimise le rôle des Pharisiens dans la vie politique, surtout comme rebelles ou en association avec ces derniers.

ceux de Rome[30]. Le temple de Jérusalem n'était pas du tout une institution exclusivement religieuse : il exerçait plutôt un rôle économique et social considérable dans le maintien d'une société hiérarchique et la consolidation de la richesse et de l'étendue de l'influence sociale des familles sacerdotales, grâce aux festivals, aux titres de propriété foncière et à un système de dîmes et d'offrandes. Le gouverneur romain désignait le grand prêtre (par exemple, Josèphe, *Antiquités* 18,33-35 ; 20,197) et, jusqu'à la fin des années 30, gardait les vêtements du grand prêtre sous supervision romaine dans la forteresse de l'Antonia (Josèphe, *Antiquités* 18,90-95 ; 20,6-14). La désignation de Caïphe comme grand prêtre, de l'an 18 à 36 de notre ère, témoigne de sa considérable habileté à contenter ces maîtres romains successifs par la recherche constante de leurs intérêts.

Deux exemples illustrent le rôle socialement et politiquement actif de ces groupes comme alliés de Rome et participants de la classe dirigeante. En l'an 66 de notre ère, dans un geste à la fois religieux et politique, des prêtres du clergé inférieur, sous l'instigation du fils du grand prêtre, cessent d'offrir des sacrifices dans le temple de Jérusalem pour le bien-être de l'empereur et de l'empire. En réaction, « les citoyens les plus en vue avec les chefs des prêtres et les notables parmi les Pharisiens » essaient de les persuader de renoncer à cet acte de trahison et de provocation, mais sans succès. Pour maintenir leur pouvoir par le moyen d'une alliance avec Rome, ces figures d'élite envoient une députation au gouverneur romain pour exprimer leur loyauté, se distancer de la révolte, et invitent Rome à envoyer des troupes pour étouffer cette révolte (Josèphe, *Guerre des Juifs* 2,408-419).

Un deuxième exemple est tiré du chapitre 2 de Matthieu. Dans le contexte de la visite des mages à Jérusalem et de l'enquête au sujet de l'endroit où trouver le roi des Juifs qui vient de naître (en référence à Jésus), le roi des Juifs approuvé par Rome, Hérode (identifié comme roi deux fois dans les trois premiers versets), somme « les chefs des prêtres et les scribes »

30. Hanson and Oakman, *Palestine*, pp. 131-159.

de l'informer du lieu de naissance anticipé du Messie (2,1-4). C'est la première apparition des chefs des prêtres et des scribes dans l'évangile. Ils sont introduits comme alliés les uns des autres et alliés du roi Hérode, roi fantoche et rusé de Rome. En identifiant Bethléem (2,5-6), ils fournissent au roi une information qui lui permet de protéger par la violence son (et leur) *statu quo* hiérarchique et privilégié, contre l'intervention divine en Jésus. Rome a approuvé un roi : c'est Hérode, et non Jésus. Tout au long de l'évangile, les deux groupes, en alliance avec les Pharisiens et les Sadducéens, vont s'opposer systématiquement à Jésus et vont, en alliance cette fois avec le gouverneur romain Pilate, mettre Jésus à mort, parce qu'il est une menace à leur ordre sociopolitique (16,21 ; 20,18 ; 26,3).

Le modèle de Lenski et l'enquête historicolittéraire de Saldarini offrent aux lecteurs contemporains un accès au type de connaissance et d'expérience de ces figures présupposées de la part des lecteurs/auditeurs du Ier siècle. Les Pharisiens, les Sadducéens, les prêtres et les scribes de l'Évangile sont ancrés dans une structure sociale impériale comme membres de la classe dirigeante-vassale au sein de l'élite dirigeante. Non sans tensions, ils dépendent des intérêts de ce système contrôlé par Rome et le représentent. Les désigner comme « chefs religieux » équivaut à une fausse représentation de leur implication comme membres de la classe dirigeante dans le maintien de l'ordre hiérarchique présent, supervisé par Rome, et dont ils obtiennent grand bénéfice.

Une telle connaissance rend possible une description précise de leur interaction avec Jésus, telle que représentée dans les textes évangéliques. Pour comprendre les conflits de Jésus avec ces figures de l'élite, il est important de reconnaître que les questions litigieuses ne sont pas des questions « religieuses », dans le sens étroit de la définition, mais touchent à des questions d'ordre et de vision sociale. Désigner ces figures comme « chefs religieux » équivaut, là aussi, à une fausse représentation grave de la nature de leurs conflits avec Jésus. C'est suggérer, à tort, qu'ils se préoccupent de questions « religieuses », personnelles et spirituelles, qui n'ont rien à voir avec l'ordre social et politique, alors que le modèle de Lenski et la recherche historique de Saldarini montrent que c'est loin d'être exact.

Forte de l'information de ce matériel, une lecture selon la critique impériale des querelles entre ces figures de l'élite et Jésus sur l'observance du sabbat, par exemple, peut traiter de questions d'ordre social. Ces questions d'observance du sabbat sont des questions de vision et de contrôle sociaux. En Mt 12,1-14, Jésus et les Pharisiens sont d'accord sur le respect du sabbat, mais divergent grandement à savoir comment. Les Pharisiens insistent sur une attitude modelée sur les traditions d'Israël concernant le repos, qui exclut toute action le jour du sabbat. Mais cette exigence menace sérieusement la prospérité de la grande majorité de la population qui vit au seuil de la pauvreté et ne peut pas se permettre de ne pas travailler pour son pain quotidien. Jésus s'inspire aussi des traditions d'Israël, mais des traditions libératrices des années sabbatiques, qui recommandent instamment une attitude de compassion pour subvenir à des besoins humains (12,1-8) et transforment la vie humaine en libérant le peuple de la pauvreté (12,9-14).

Ce sont deux visions de la société humaine qui se retrouvent au cœur du débat. L'une d'elles, en consonance avec l'ordre social hiérarchique, aggrave la misère de la majorité de la population. L'autre remet en question cet ordre et le rôle privilégié de la classe dirigeante exploitante, par la mise en œuvre d'un ordre social beaucoup plus juste et empreint de compassion, en conformité à la volonté de Dieu. Alors que le pouvoir, le privilège et la richesse sont en jeu, il n'est pas surprenant que les représentants du *statu quo* concluent la scène en cherchant « comment éliminer » cette menace à leur mode de vie (12,14). L'empire riposte toujours[31].

Le travail de critique impériale reconnaît que les textes du NT et le mouvement chrétien primitif proviennent d'un monde marqué par le contrôle impérial romain. Il reconnaît que ni les textes ni le mouvement n'étaient religieux au sens strict, isolés de la vie sociopolitique, économique et culturelle, mais qu'ils étaient plutôt ancrés dans ce monde impérial et qu'ils y étaient confrontés. Il cherche à ramener à l'avant-plan

31. *Matthew and the Margins*, *op. cit.*, pp. 262-268.

le contexte et le contenu impérial, et à identifier la nature de l'interaction avec ce monde impérial romain dominant, représenté par les textes du NT et expérimenté dans la vie quotidienne des premiers chrétiens. Pour traiter de cette question, le travail de critique impériale utilise des modèles d'empire anthropologiques et interculturels, et des études sur le monde impérial romain. Un tel matériel rend explicites et décrit en détail (une partie de) l'expérience et la connaissance du monde impérial romain que les textes du NT, écrits dans ce même monde, présupposent à chaque page. C'est dans ce contexte conceptuel que les textes du NT peuvent être abordés.

Une telle exploration relève d'un travail historique et contemporain à la fois. L'effort pour déterminer l'interaction des textes et du mouvement avec le monde romain permet d'évaluer l'influence de ces textes sur les interactions des lecteurs contemporains avec les puissances impériales et gouvernantes. Ce travail soulève des questions pour les lecteurs, en particulier ceux des communautés chrétiennes, à propos de nos propres interactions sociales et de notre participation aux desseins divins, salvifiques et dispensateurs de vie, pour un monde dans lequel tous puissent vivre en des relations équitables, pourvus de ressources adéquates pour assurer leur subsistance.

LECTURE POLITIQUE

Le cas mystérieux de l'Apôtre Paul

Neil Elliott

Lire la Bible en prenant en compte les réalités politiques n'a rien de neuf en soi. Au XVIIIe siècle déjà, H.S. Reimarus avait défini le messianisme terrestre de Jésus en l'opposant à la doctrine spiritualisée de la rédemption établie par les disciples à la suite de la mort tragique de Jésus. Depuis 1960, de plus en plus de recherches se sont efforcées de comprendre Jésus comme ayant participé activement aux luttes politiques de son temps, bien que la discussion se soit concentrée trop étroitement sur une fausse assimilation de cet engagement politique avec une insurrection de type zélote. Des essais plus récents, visant à élargir le champ de la question pour y inclure la dynamique de la violence structurelle exercée sous le pouvoir romain, corrigent cette idée de façon appréciable et démontrent la maturité de la recherche. Il est désormais bien établi que, pour des raisons politiques défensives, les récits évangéliques ont masqué les aspects politiques concrets de l'œuvre de Jésus, exonéré le gouvernement romain de la responsabilité de son arrestation, de son procès et de sa mort, et transposé cette responsabilité sur des substituts plus commodes, « les Juifs » de Jérusalem. Une lecture politiquement éveillée des évangiles exige maintenant la reconnaissance de ces aspects tendancieux.

Pour ce qui est de Paul, la situation se présente de façon différente, d'autant plus que ceux qui cherchent à considérer Jésus comme un acteur de changement politique ont régulièrement campé Paul comme étant le « méchant » qui aurait déformé la mémoire de Jésus en un mythe de rédempteur céleste. Sans surprise, les mouvements libérationnistes de la fin du XXe siècle (féminisme, droits civiques et mouvements de la Black Theology, théologies de la libération d'Amérique latine) ont critiqué le « conservatisme social » du corpus paulinien. Il est vrai qu'une série de textes pauliniens se sont longtemps avérées bien pratiques pour justifier le renforcement de l'esclavage, de la soumission des femmes et de la défense idéologique d'États oppresseurs (voir Elliott, 1994, pp. 3-90). Des lecteurs pourtant bienveillants ont exprimé leur consternation devant ce qui est perçu comme un « double niveau » chez Paul, qui d'un côté considérait l'égalité entre Juifs et Gentils théologiquement non négociable, mais qui de l'autre semblait considérer les inégalités de classe et de sexe comme, au mieux, des questions indifférentes.

Un certain nombre d'études au cours des trois dernières décennies a considérablement fait avancer l'état de la question. Nous avons pu voir, en premier lieu, plusieurs monographies corriger de fausses analyses du passé sur des textes pauliniens spécifiques. Des études indépendantes ont émis l'hypothèse, par exemple, qu'en 1 Co 7,14-21, Paul presse les esclaves de saisir l'opportunité de conquérir leur liberté (ainsi dans la *Revised Standard Version* – mais le contraire dans la *New Revised Standard Version* !) et ont ainsi contesté la lecture de « l'appel » dans ce passage en parlant plutôt d'un « statut social ». L'argument est que l'appel sur lequel Paul insiste ou auquel il doit tenir fermement est en fait celui de l'obéissance en Christ. Un tel changement dans l'interprétation, mineur en apparence, a des implications majeures quand on réalise le nombre important de généralisations faites à l'emporte-pièce au sujet du « conservatisme social » de Paul et qui sont fondées sur une précompréhension de ce passage ! La rhétorique de la lettre à Philémon a aussi été l'objet d'un examen systématique. L'ancienne position voulant que Paul ait tout simplement acquiescé à l'institution de l'esclavage et aux droits légaux du « propriétaire » d'Onésime, est ainsi de plus en plus difficile à soutenir.

Les synthèses de ces nouvelles découvertes ont abouti à l'idée que les Églises pauliniennes se sont reconstruites en tant que lieux de pratiques sociales égalitaires selon les termes de Ga 3,28, en comparaison desquels les codes de soumission des lettres pastorales marquent une déviation nette et inutile. Il ne faut pas y voir un développement adaptatif par des disciples dévoués. (Elliott, 1994). L'interprétation féministe a cherché à contextualiser la voix de Paul à l'intérieur d'un mouvement égalitaire plus large, où ses revendications d'autorité apostolique auraient été en compétition avec des perceptions alternatives du pouvoir, de la grâce et de l'Esprit, plutôt que d'attribuer l'audience privilégiée réclamée par les Pastorales et que le processus de canonisation a consacrée (Schüssler Fiorenza, 1983; Wire, 1990). Il s'ensuit dès lors un portrait dramatiquement différent d'un « Paul libérateur » et un changement de perspective qui s'écarte de la figure de Paul comme « pionnier » théologique solitaire.

En second lieu, l'interprétation antérieure des lettres de Paul s'appuyait, pour procéder à la reconstruction de ses « adversaires », sur une lecture en miroir qui voyait les adversaires comme des partisans de l'une ou de l'autre hérésie. Mais un travail novateur sur le milieu des communautés pauliniennes a porté davantage l'attention sur les divergences de statut social, sur l'« ambivalence de statut » et sur les tensions qui se sont ensuivies à l'intérieur des assemblées (Theissen, 1978; Meeks, 1983). Une attention récente aux codes de réciprocité opérant au cœur du protectorat romain, a fourni un éclairage sur les tensions entre Paul et des individus de statut supérieur à Corinthe, dont il avait décliné les propositions de parrainage (Marshall, 1987; Martin, 1995, pp. 33-86; Wan, 2000), alors même qu'il établissait des relations de réciprocité avec ses propres protégés (de statut inférieur ?), tel Stéphanas. Des travaux d'anthropologie interculturelle sur l'efficacité du rituel dans différents milieux sociaux ont amené à reconnaître que des préoccupations internes à l'Église de Corinthe au sujet de la nourriture, des procès, des relations sexuelles, des dons charismatiques et des allégeances diverses aux leaders apostoliques étaient le reflet, d'une part, d'une inquiétude générale de certains membres concernant l'intégrité des frontières du « corps social », et, d'autre part, d'une relative indifférence de la part de certains quant à ces frontières (voir Martin, 1995). Alors que la correspondance corinthienne a naturellement été au cœur d'une bonne partie de cette recherche, Reasoner (1999) a trouvé des codes romains d'honneur et de statut s'approchant du langage de Paul sur « le fort et le faible » en Rm 14-15.

Des études plus récentes sont allées beaucoup plus loin que les travaux de Meeks et de Theissen, et ont critiqué le cadre fonctionnaliste dans lequel leurs études étaient construites (Horsley, 1997, pp. 140-147), arguant que la stratification sociale était beaucoup plus profonde, et que la pauvreté extrême était beaucoup plus répandue que ne l'avaient admis ces deux chercheurs (Meggitt, 1998).

RHÉTORIQUE DE PAUL ET IDÉOLOGIE IMPÉRIALE

La présence des codes de stratification sociale permet également d'espérer de nouvelles études de plus en plus vastes dans le domaine de la critique rhétorique qui irait au-delà d'une application simpliste et naïve des manuels de rhétorique classique – qui s'adressent à une tribune circonscrite maniant les discours propres à une élite (assemblée législative, cour de justice, cérémonial public). Ces nouvelles études permettraient d'analyser les différences entre les idées de Paul et les thèmes conventionnels de la rhétorique romaine au sujet de l'obéissance et du consentement (voir les essais dans Horsley, 2000, pp. 27-33, 72-102), et au sujet de la reconstruction de discours alternatifs dans les assemblées pauliennes pour les populations de statut inférieur (Wire, 1990). Le fait de situer la rhétorique de Paul dans le contexte de la propagande politique et du panégyrique du discours impérial s'est toutefois avéré interpellant. Certains interprètes mettent en relief des points de contact apparents entre les lettres de Paul et la philosophie hellénistique, spécialement celle des stoïciens et des cyniques. Le vocabulaire christologique de l'apôtre (« seigneur », « fils de Dieu »), le souci de l'ordre et de l'harmonie dans la communauté, et la vision d'une civilisation mondiale *(oikoumenê)* suggèrent un contact – et, d'après certains, une continuité essentielle – avec les valeurs de la théorie politique hellénistique (Mitchell, 1991 ; Dowling, 1998 ; Blumenfeld, 2001) et certains thèmes du programme culturel d'Auguste (Stowers, 1994). Ces études caractérisent souvent l'éthique de Paul comme « conservatrice » ou « prudente », en raison de son insistance sur « l'intériorité » et sur « l'acquiescement et l'optimisme ».

D'autres en revanche – puisant dans les recherches plus récentes sur la dynamique d'exploitation des systèmes économique, politique et culturel romains – ont mis en lumière la différence entre l'idéologie impériale d'un côté, et l'esprit des écrits juifs et chrétiens de l'autre, ceux de Paul en particulier. Pour ces chercheurs, les références de l'Apôtre au Christ « seigneur » *(kyrios)* et « fils de Dieu », suggèrent une confrontation directe aux prétentions impériales, surtout à la suite de la célèbre déification rituelle *(apotheosis)* de Claude par Néron. La référence ironique de l'apôtre à la « paix et sécurité » (1 Th 5,3) paraît être une subversion d'un mot d'ordre de la propagande d'Auguste. La fierté de Paul rattachée au souvenir de son arrestation (2 Co 11,23-27 ; 1 Co 4,8-13), son insistance à n'avoir « rien voulu savoir d'autre avec vous que Jésus Christ, et sa crucifixion » (1 Co 2,1), et sa compréhension de la crucifixion comme démonstration de la folie des « dominations de ce temps » (1 Co 1,18-25 ; 2,6-8), font retentir une note incontestable de défi, et suggèrent une dimension politique derrière sa vision apocalyptique du Christ. Son recours ironique à des métaphores tirées du domaine du cérémonial impérial (par exemple, la vision du Christ menant les apôtres en procession triomphale en 2 Co 2,14-16) suggère que Paul a compris sa présence apostolique comme un défi implicite aux représentations publiques du pouvoir impérial (Elliott, 1994, pp. 93-180 ; essais divers en Horsley, 1997, 2000, 2004a, b).

Les effets à long terme de ces observations sont de jeter un doute sur le portrait de Paul comme apôtre du *statu quo*. Toute élaboration d'un portrait alternatif repose non seulement sur la mise à l'écart des épîtres pseudo-pauliniennes, mais aussi sur une lecture plus nuancée des lettres authentiques de Paul comme produits d'un « discours clandestin ». Le travail anthropologique sur « les formes quotidiennes de résistance » dans les sociétés colonisées, qui distingue le discours clandestin, « loin des projecteurs », du discours public qui codifie les relations formelles avec le pouvoir (Scott, 1985 ; 1990), fournit un modèle pertinent pour la lecture des lettres de Paul. Dans cette perspective, les lettres mettent en lumière des lieux sociaux protégés où la résistance aux pressions sociales et idéologiques de l'empire romain pouvait être pratiquée (Elliott, 2002; essais dans Horsley, 2004b).

LIRE PAUL À L'OMBRE DE L'EMPIRE

Les idées qui viennent d'être évoquées se rejoignent autour d'une nouvelle lecture politique de Paul. Une lecture antérieure, dominée par des questions théologiques et sotériologiques au sujet de Paul et la loi juive, a été balayée par la démonstration du caractère intenable, historiquement, de l'opposition convenue entre la « grâce » paulinienne d'une part et la « justice par les œuvres » chez les Juifs d'autre part. L'incertitude née de la prolifération des interprétations a fourni l'occasion de remettre en question ce qu'on a appelé le « métarécit » dominant des études du Nouveau Testament. Il s'agit de la substitution du « judaïsme », religion ethnocentrique et nationaliste par « le christianisme », une autre religion, apolitique et universelle, prenant à son compte les stéréotypes convenus du Juif comme « autre ». Une telle interprétation du rôle de Paul dans son contexte historique reproduit, dans les études bibliques de l'hémisphère Nord, le modèle de stéréotypes que le critique culturel Edward Said décrivait comme « orientalisme ». S'inspirant de l'affirmation soutenue de Said à propos des interprètes culturels qui « prennent l'empire au sérieux » (1991), et en lien avec l'application aux études bibliques de la critique postcoloniale (Sugirtharajah, 1998; Segovia, 1985), certains chercheurs réclament une nouvelle façon de concevoir la théologie et la praxis apostoliques de Paul autour des questions de l'empire et de l'idéologie impériale. La section « Paul et la politique » de la Society of Biblical Literature (voir Horsley, 1997; 2000; 2004a) en a fait le centre de sa réflexion.

La propension de certaines approches de la théologie de la libération (mais elles ne sont pas les seules!) à assimiler « libération de la loi (juive) » et libération de structures d'exclusion et d'oppression, demeure problématique, non seulement pour le dialogue interconfessionel, mais aussi du point de vue de la précision historique. Des discussions plus récentes sur l'identité juive placée sous un pouvoir étranger, surtout romain, redirige à bon droit l'attention vers le rôle joué par la culture impériale, positivement ou négativement, dans la formation de l'identité (Barclay, 1998; Boyarin, 1994). Jumelés à l'insistance méthodologique voulant que les arguments de Paul au sujet de « la loi » en Galates et Romains soient lus comme s'adressant aux Gentils, plutôt qu'en opposition aux Juifs ou au judaïsme, ces éclairages mettent à mal la recherche antérieure selon laquelle Paul se serait opposé tout au long de sa carrière aux « Juifs » et à « la compréhension juive du salut ».

La résistance à une nouvelle approche politique de Paul provient de l'opinion reçue, selon laquelle Paul serait resté un citoyen romain loyal et un avocat de l'acquiescement et de l'obéissance politiques à l'État. L'exhortation à « se soumettre aux autorités régnantes », en Rm 13,1-7, est investie d'une autorité démesurée, chargée, pour certains, du poids de « la théologie paulinienne de l'État », et susceptible de servir de base théologique au *statu quo* dans des luttes politiques plus vastes. La présence d'autres énoncés de Paul plus critiques sur les autorités régnantes (par exemple en 1 Co 2,6-8; 15,24-25), et les reconstructions de la situation précaire dans laquelle les Églises domestiques de Rome se seraient trouvées après l'accession de Néron au pouvoir, ont abouti à des conclusions plus nuancées de ce passage. Ainsi peut-on penser qu'il s'agit d'un avertissement prudent aux gens des classes inférieures qui auraient eu le plus à perdre en cas d'un soulèvement civil.

Même ici, dans les passages considérés comme les plus problématiques des lettres de Paul, les méthodes mentionnées précédemment peuvent jeter une lumière nouvelle sur une discussion ancienne. Si l'on compare les énoncés de Paul avec les lieux communs de la rhétorique politique romaine, par exemple, on observe que Paul fait preuve de retenue dans ses déclarations au sujet de la vocation de « l'autorité », ce qui contraste vivement avec l'éloge expansif des poètes courtisans (Virgile, Calpurnius Siculus, les prétendus Églogues d'Einsiedeln). Les références, contradictoires en surface, de Paul sur la peur *(phobos)* – appropriée pour le malfaisant seulement (13,3-4) ou pour chacun (13,7) ? –, ou sur la « soumission » (13,1.5), paraissent discordantes avec l'emploi chez les Romains d'euphémismes tels que « amitiés », « bonne foi », ou des paroles de réconfort, un lieu commun depuis Cicéron, qui laissait croire que la coercition n'était nécessaire que pour mater les classes inférieures. L'étonnante référence à « l'épée » comme instrument de la colère (13,4-5) est en forte dissonance avec la propagande de Néron, que l'on retrouve chez trois auteurs différents, selon laquelle l'empereur n'avait que faire de l'épée.

Ces dissonances avec le « discours public » de la propagande impériale montrent ici, comme dans la référence apocalyptique voilée qui suit immédiatement (« le jour approche », 13,11-12), qu'on a un bref aperçu d'un « discours clandestin » beaucoup plus complexe, où la résistance secrète aux prétentions absolutistes de l'empire pouvait être évoquée (voir Elliott, 1997 ; 2002). Il nous manque toujours une étude de l'ensemble de ce « discours clandestin ».

PERSPECTIVES

Il y a lieu d'espérer une décolonisation durable des études bibliques (Segovia, 2000), qui impliquerait une décentralisation de l'autorité dans la recherche biblique. Cela ne veut pas nécessairement dire une plus grande incohérence dans l'interprétation. Les questions à propos de la politique au temps de Paul et de la politique de l'interprétation moderne convergent autour des questions de pouvoir et d'hégémonie impériale (Horsley, 2000). Nous attendons toujours un traitement exhaustif de la rhétorique ancienne à la lumière des relations et de l'idéologie de pouvoir. La même chose peut être dite pour une étude qui situerait la théologie apocalyptique de Paul par opposition au contexte historique de l'eschatologie romaine officielle. Enfin, l'argumentation théologique la plus développée et la plus complexe de Paul, la lettre aux Romains, a été l'objet une relecture systématique par opposition au contexte du programme culturel et moral d'Auguste (Stowers, 1994) ; un examen minutieux de la lettre dans le contexte de l'idéologie impériale se fait toujours attendre.

BIBLIOGRAPHIE

BARCLAY J. M. G., 1985, *Jews in the Mediterranean Diaspora : From Alexander to Trajan (323 B.C.E.-117 B.C.E.)*, Edinburgh, T. & T. Clark.

BLUMENFELD B., 2001, *The Political Paul : Justice, Democracy and Kingship in a Hellenistic Framework*, JSNTSup 210, Sheffield, Sheffield Academic Press.

BOYARIN D., 1994, *A Radical Jew : Paul and the Politics of Identity*, Berkeley and Los Angeles, University of California Press.

DOWLING F. G., 1998, *Cynics, Paul, and the Pauline Churches*, London and New York, Routledge.

ELLIOTT N., 1994, *Liberating Paul : The Justice of God and the Politics of the Apostle*, Maryknoll, Orbis Books.

–, 2002, « The « Patience of the Jews » : Strategies of Accommodation and Resistance to Imperial Cultures », pp. 32-41, in *Pauline Conversations in Context : Essays in Honor of Calvin J. Roetze,*. Ed. J. C. Anderson, P. Sellew, and C. Setzer. Sheffield, Sheffield Academic Press.

HORSLEY R. A. (ed.), 1997, *Paul and Empire : Religion and Power in Roman Imperial Society*, Harrisburg, Trinity Press International.

–, 2000, *Paul and Politics : Ekklesia, Israel, Imperium, Interpretation. Essays in Honor of Krister Stendahl*, Harrisburg, Trinity Press International.

–, 2004a, *Paul and the Roman Imperial Order*, Harrisburg, Trinity Press International.

–, 2004b, *Semeia*, Atlanta, Scholars Press.

MARSHALL P., 1987, *Enmity in Corinth : Social Conventions in Paul's Relations with the Corinthians*, Tübingen, J. C. B. Mohr (Paul Siebeck).

MARTIN D. B., 1995, *The Corinthian Body*, New Haven, Yale University Press.

MEEKS W. A., 1983, *The First Urban Christians : The Social World of the Apostle Paul*, New Haven, Yale University Press.

MEGGITT J. J., 1998, *Paul, Poverty, and Survival*, Studies of the New Testament and Its World, Edinburgh, T. & T. Clark.

MITCHELL M., 1991, *Paul and the Rhetoric of Reconciliation: An Exegetical Investigation into the Language and Composition of 1* Corinthians, Tübingen, J. C. B. Mohr (Paul Siebeck) ; Louisville, Westminster John Knox.

REASONER M., 1999, *The Strong and the Weak : Romans 14 : 1 – 15 : 13 in Context*, SNTSMS 103, Cambridge, Cambridge University Press.

SAID E., 1991, *Culture and Imperialism*, New York, Vintage.

SCHÜSSLER FIORENZA E., 1983, *In Memory of Her: A Feminist Theological Reconstruction of Christian Origins*, New York, Crossroad.

SCOTT J. C., 1984, *Weapons of the Weak : Everyday Forms of Peasant Resistance*, New Haven, Yale University Press.

–, 1985, *Domination and the Arts of Resistance : Hidden Transcripts*, New Haven, Yale University Press, n. éd. 1990.

SEGOVIA F., 1986, *Decolonizing Biblical Studies: A View from the Margins*, Maryknoll, Orbis Books.

STOWERS S. K., 1994, *A Rereading of Romans, Justice, Jews, Gentiles*. New Haven, Yale University Press.

SUGIRTHARAJAH R. S. (ed.), 1998, *Postcolonial Bible*, Sheffield, Sheffield Academic Press.

THEISSEN G.,1978, *The Social Setting of Pauline Christianity: Essays on Corinth*, Trad. angl. John Schütz. Philadelphia, Fortress.

WAN S-K., 2000, *Power in Weakness: Conflict and Rhetoric in Paul's Second Letter to the Corinthians*, Harrisburg, Trinity Press International.

WIRE A. C., 1990, *The Corinthian Women Prophets: A Reconstruction through Paul's Rhetoric*, Minneapolis, Augsburg Fortress.

LECTURES INTERPELLANTES

LECTURE POSTMODERNE

Un exercice d'interprétation paulinienne

A. K. M. Adam

Quiconque prétend introduire l'interprétation postmoderne (en un seul article !) doit commencer par affirmer, non sans embarras, que plus le sujet est exposé de façon simple et lucide, moins correctement est-il représenté. Puisqu'on ne peut rien isoler et identifier de façon concluante comme étant l'approche officielle et indiscutable de l'interprétation biblique postmoderne, une simple tentative d'introduction ne peut que suggérer les complexités de ce mode d'exégèse aux facettes multiples (dont quelques manifestations vont ressortir dans d'autres articles de cet ouvrage). Néanmoins, il faut bien commencer quelque part, et peut-être une introduction qui ne prétend pas proposer un traitement complet pourra-t-elle orienter avec succès vers un tout plus complexe dont elle ne forme qu'une mince partie[1].

PRÉSENTATION DE LA LECTURE POSTMODERNE

Caractéristiques

En guise d'introduction, donc, je fais la proposition qu'une approche postmoderne de l'interprétation biblique fera apparaître quelques caractéristiques d'un champ d'étude vaste – mais interrelié. Les lecteurs postmodernes proposent des interprétations qui *rejettent* toute explication *totalisante* du texte qu'ils étudient (en réalité, ils concentrent souvent leur attention sur

1. Parmi les introductions plus développées à la relation de la pensée postmoderne à l'interprétation biblique, on trouvera mes ouvrages, *What Is Postmodern Biblical Interpretation ?* (Minneapolis, Fortress Press, 1995), *A Handbook for Postmodern Biblical Interpretation* (St. Louis, Chalice Press, 2000), *The Postmodern Bible* by the Bible and Culture Collective (New Haven, Yale University Press, 1995), et Jean-François Lyotard, *Le Postmoderne expliqué aux enfants* (Paris, Galilée, 1986). Les bibliographies de ces livres indiqueront d'autres lectures relatives aux principales sources de la pensée postmoderne.

des textes qui rendent problématiques les interprétations totalisantes). Les interprètes postmodernes évitent tout autant de justifier leur travail par le recours à des axiomes inébranlables à propos de la réalité, de l'histoire, de la communication, ou d'autres absolus du même genre ; ils sont *antifondationnels*, opérant davantage dans le domaine de la persuasion que de la preuve, dans le domaine de « l'argumentation » que de la « découverte des faits ». Les interprétations postmodernes ont pour caractéristique la *démystification* des présupposés cachés et des relations de pouvoir qui sont le support d'autres approches du texte. Ainsi, à un niveau très général, les interprétations postmodernes adoptent une rhétorique *antitotalisante*, *antifondationnelle* et *démystificatrice*.

Axes d'interprétation

D'une façon plus particulière, les lecteurs postmodernes peuvent adopter une des nombreuses stratégies affinées d'interprétation. Le plus connu des modes d'interprétation postmodernes est la déconstruction, l'attention soutenue aux détails d'un discours, cette analyse minutieuse qui défait l'apparence selon laquelle un discours atteint une finalité, une cohérence et une clôture. Ou un lecteur pourra se concentrer sur les manières dont les considérations politiques se croisent et s'entrecroisent au point de rencontre du texte et des lecteurs. Une lecture politique postmoderne ne cherche pas seulement à expliquer les attitudes exposées par un auteur, mais aussi (et non pas « plutôt ») à situer les revendications politiques associées au texte par un lecteur dans le panorama d'un changement politique des scènes d'interprétation. D'autres lecteurs postmodernes relèvent le phénomène de l'*intertextualité* – à quel point tous les discours se fabriquent avec des morceaux et des fragments tirés d'autres discours –, non seulement comme base d'une analyse des « influences » et des « effets », mais comme occasion de renouveler la vision des constellations par lesquelles nous associons (et dissocions) des textes. D'autres discours postmodernes traitent des préoccupations de la culture moderne avec l'identité. Les discours modernes tendent à s'appuyer sur l'identité comme principe d'uniformisation (comme dans les lignes de montage où des ouvriers interchangeables assemblent des pièces interchangeables), plutôt que sur la façon concrète et précise par laquelle une identité se montre distincte, unique, et authentiquement elle-même. Les discours modernes revendiquent le concept de l'identité, mais une identité étrange, et en quelque sorte inversée : les identités servent des objectifs modernes de démarquage des repères par lesquels les pouvoirs institutionnels minimisent la confusion et maximisent l'efficacité. Ces identités ne peuvent cependant pas devenir si particulières qu'elles rendraient impossibles la catégorisation et les structures de productivité. Mais l'individu moderne délimite un lieu où des similitudes identifiables se rejoignent, sans pour autant décentrer la productivité des projets modernes.

Ces expressions postmodernes ne prennent pas corps en une méthode unique. Tantôt elles sont complémentaires l'une de l'autre, tantôt elles sont conflictuelles. Un interprète postmoderne n'est jamais obligé en vertu d'une loi transcendante de postmodernité, d'adhérer à l'une ou l'autre de ces expressions. En fait, on peut reconnaître que des sensibilités postmodernes sont à l'œuvre dans la mesure où l'interprète ne se sent aucunement lié par la répétition des étapes requises par une méthode et qui serait déterminée de façon externe. Souvent, les interprètes postmodernes opèrent sans les contraintes et les consolations de méthodes prédéterminées, et produisent ainsi des interprétations qui défient toute catégorisation (ou reproduction). Dans l'utilisation de cette liberté herméneutique, les interprètes postmodernes justifient leurs lectures non pas en faisant appel à des prémisses familières indiscutables, à un raisonnement rigide, ou à des systèmes expérimentés où les significations sont distillées à partir de mots, mais par la vérité, la beauté, la subtilité, l'éclat ou la résonance de l'expression elle-même.

Une des façons de se familiariser avec les voies de l'interprétation postmoderne est d'explorer un texte particulier en affinité avec des prémisses postmodernes caractéristiques. La sélection de ce texte permet de révéler dès le début une sensibilité postmoderne. On peut, par exemple, retenir à fin d'examen un texte que les lecteurs ont traité jusqu'ici de simple digression, de parenthèse, d'à-côté. Ou on peut examiner un texte familier, déjà analysé sous tous ses angles, pour montrer la pluralité d'interprétations qui divergent de façon significative par rapport à ce que la sagesse conventionnelle a longtemps enseigné[2].

Le bon sens

Une lecture non intuitive des textes canoniques suscite souvent des réactions de mépris de la part de critiques hostiles, du fait que ces interprétations défient le « bon sens ». Or, le « bon sens » n'est pas un critère de crédibilité évident en soi et permanent et ce qui a valeur de « bon sens » change d'une époque à l'autre, d'une culture à l'autre et d'un environnement à l'autre. Quand les critiques font appel au « bon sens », ils font du recrutement au club de lecteurs auquel les critiques eux-mêmes appartiennent, et qui rejette certaines lectures (postmodernes) qualifiées de non-sens. À noter toutefois que cette attitude ne prouve rien quant au texte et à son interprétation ; elle crée simplement une division partisane entre « nous », qui lisons avec intelligence, et « eux », qui ne se conforment pas aux canons de l'étiquette interprétative que « nous » prenons pour acquise.

Les lectures selon le « bon sens » ne pourront jamais exclure ni écarter les approches déviantes, parce que la « signification » ne réside pas dans un texte au point d'en limiter l'interprétation. Les limites de l'interprétation dérivent toujours uniquement des *conventions* par lesquelles les communautés d'interprètes combinent leurs interactions. Naguère le style de lecture que nous identifions maintenant comme « historicocritique » était objet de dérision et de dénigrement, ses praticiens étaient expulsés de leur poste d'enseignement et excommuniés de leurs Églises (en fait, c'est toujours le cas en certains lieux et en certaines dénominations) ; maintenant, la critique historique représente la majorité du bon sens dans la plupart des facultés d'études bibliques en Europe et en Amérique du Nord.

2. Pour des exemples remarquables de mise en valeur d'une lecture marginale : Derrida, *Éperons : les styles de Nietzsche* (Paris, Flammarion, 1978), et Foucault, « What Is An Author ? » in *Language, Counter-Memory, and Practice* (Ithaca, N.Y., Cornell University Press, 1977).

Le «bon sens» lui-même aurait-il changé? Certes non, mais la culture de l'interprétation a changé, ses adeptes sont engagés dans des pratiques sociales différentes, des présupposés scientifiques différents, des axiomes théologiques (ou non théologiques) différents. Les interprètes postmodernes défient les conventions des approches dominantes de la lecture, non pas à cause d'un désir gratuit de critiquer des prédécesseurs complaisants, mais parce que l'imagination des interprètes n'est pas confinée dans les limites de la convention. Des interprétations excessives de textes bien connus seront ou bien laissées sur la touche en raison de leur mauvais départ et de leur mauvaise direction, ou bien assimilées au bon sens d'une autre génération d'interprètes[3].

3 Des critiques tels Stanley Fish et Frank Kermode ont offert des essais convaincants sur l'importance des communautés dans l'interprétation; voir Fish, *Is There a Text in This Class?* (Cambridge, Harvard University Press, 1982) et Kermode, *The Art of Telling* (Cambridge, Harvard University Press, 1985) pour des exemples de base.

« JE NE PENSE PAS AVOIR BAPTISÉ QUELQU'UN D'AUTRE »

1 Co 1,12-17

Je dis ceci : chacun de vous prétend être l'homme de Paul, ou l'homme d'Apollos, celui de Céphas, ou celui du Christ. Peut-on diviser le Christ ? Est-ce que par hasard Paul fut crucifié pour vous ? Ou auriez-vous été immergés par le baptême au nom de Paul ? Dieu merci, je n'ai baptisé aucun d'entre vous sinon Crispus et Caïus, pour que personne ne dise que vous avez été baptisés en mon nom. Ah si ! j'ai encore baptisé la maison de Stéphanos. Je ne pense pas avoir baptisé quelqu'un d'autre. Le Christ ne m'a pas envoyé baptiser, mais dire l'Annonce. Et non dans un langage de sagesse qui viderait la croix du Christ.

Une lecture embarrassée

Dans cet article, nous allons prendre le parti d'offrir à l'analyse un passage mineur, que la recherche conventionnelle a relégué au statut d'insignifiante parenthèse. En 1 Co 1, alors que Paul s'échauffe pour parler du sujet qui occupera sa parénèse décousue et ses remontrances, il laisse échapper une expression innocente, tout humaine, qui aura des conséquences de longue portée. Il plaide sa cause contre l'esprit de faction et semonce l'assemblée pour s'être identifiée à ses héros théologiques : « chacun de vous prétend être l'homme [...] d'Apollos », ou « de Céphas » (v. 12). « Dieu merci, je n'ai baptisé aucun d'entre vous », dit-il (v. 14). Il dit cela afin que l'assemblée ne puisse recourir à ce prétexte pour lui prêter allégeance en le considérant comme son sauveur, ce qui serait au détriment de l'importance inégalée à donner au Christ dans la formation de l'identité des croyants corinthiens. Mais, en fin de compte, Paul admet en avoir baptisé deux parmi eux, Crispus et Caïus. Puis, après un bref exposé théologique, Paul se souvient que son affirmation solennelle voulant que le Christ ne l'ait pas envoyé baptiser (v. 17) montre qu'il ignore un autre groupe de convertis, la maison de Stéphanos. Il conclut ainsi : « Je ne pense pas avoir baptisé quelqu'un d'autre » (v. 16).

Les spécialistes et les traducteurs expliquent ce passage avec une certaine dose d'embarras. Les traductions qualifient communément le verset 16 de pure parenthèse; les spécialistes reconnaissent que la rhétorique torrentielle de Paul est plus forte que le pouvoir de sa mémoire, de sorte qu'au verset 16 il ne fait que continuer à lire la liste des exclusions avancées au verset 14 (émettant ainsi une police d'assurance rhétorique contre tout oubli d'autres membres de l'assemblée qu'il pourrait avoir baptisés). Le bon sens dicte tout simplement que nous acceptions ce désaveu de Paul, avec un sourire indulgent peut-être, et que nous passions aux sujets théologiques plus denses qui le préoccupent manifestement davantage.

Si nous refusons, pour un instant, d'adhérer avec un tel bon sens, nous sommes mis, dans ce passage, en présence d'une particularité discursive très nette, particularité qui pertube les présupposés interprétatifs modernes. D'une part, certains interprètes modernes adhèrent à la prémisse selon laquelle la signification des textes bibliques doit être inerrante, chaque mot étant inspiré par Dieu de façon à rendre infaillible le discours sur une réalité de fait. Ce présupposé interprétatif, que certains lecteurs associeront à un fondamentalisme conservateur et rétrograde, intègre fondamentalement des notions modernes de sens, d'histoire, de factualité et d'interprétation : le sens, de ce point de vue, est inhérent au texte, n'a qu'une seule définition « réelle » exprimée par chaque unité de communication, et correspond sans ambiguïté à des événements et à des personnalités provenant d'une réalité identifiable extérieure[4]. D'autre part, une autre école d'interprètes s'appuie sur le fait que Paul aurait fourni dans ses lettres suffisamment d'information aux lecteurs pour arriver à des conclusions sensées concernant ses intérêts et ses intentions. Pour que leurs interprétations puissent prétendre à un quelconque assentiment sur la « réalité » historique du monde discursif de Paul, ils ont besoin d'une base qui leur permette

4. Sur la prémisse persistante d'une « signification » inhérente aux textes, voir Stephen Fowl, « Texts Don't Have Ideologies », *Biblical Interpretation* 3 (1995), pp. 1-34, et *Engaging Scripture* (Oxford: Blackwell's, 1998).

d'avancer des conclusions logiques et des garanties fermes; si la certitude de « ce que Paul voulait dire » repose sur un corpus de preuves trop précaires, la prétention des historicocritiques à une autorité interprétative paraîtra non fondée. La position de Paul comme porte-parole inerrant de l'Esprit saint et sa position privilégiée comme auteur du mouvement chrétien primitif reposent sur des présupposés implicites concernant la fiabilité de Paul comme source de données. 1 Co 1,16 indique pourtant que toute donnée de Paul peut être reprise, corrigée, peut-être même aussitôt révoquée. Ces deux approches, implicitement modernes, de l'interprétation paulinienne suppriment la mémoire subversive, sans cesse remise en cause par les fondations jugées immuables sur lesquelles elles s'appuient. D'une part, on peut trouver des développements et des débats chez les chercheurs qui affirment vigoureusement l'inerrance des lettres de Paul; d'autre part, l'« histoire » qui sert d'appui à l'interprétation académique se modifie de façon perceptible avec chaque génération de chercheurs. Même au sein des discours fondationnalistes de l'inerrance biblique et de la critique historique biblique, les « fondations » ne cessent jamais de déplacer, de transformer et de réorienter les présupposés fondamentaux du discours.

Les principales écoles dans les débats herméneutiques contemporains partagent la même dépendance vis-à-vis des prémisses modernes (prémisses affaiblies par les excuses entre parenthèses de la part de Paul). Chaque parti adopte un mode différent dans la conception d'une totalité interprétative (d'où « totalisation ») à partir des morceaux et fragments d'information que Paul fournit. Dans le premier cas, la totalisation repose sur la prémisse que l'Écriture ne peut errer sur les questions de fait, encore moins se contredire; là où la preuve fait défaut ou est ambiguë, le principe directeur fournit ce qui manque à la preuve. Dans le second cas, cette totalisation repose sur la prémisse qu'une investigation diligente fournit la base d'une évaluation suffisamment bien argumentée du cours le plus probable des événements concrets et des intentions. Il est possible pour chacune des deux approches que son axiome totalisant se révèle ne pas être vrai – mais les praticiens de chaque approche finissent toujours par trouver ample justification pour maintenir leur position dans chaque situation à laquelle ils ont à faire face.

Si l'inspiration divine prémunit les Écritures de toute possibilité d'erreur dans l'énoncé des faits, alors que dirons-nous de l'affirmation de Paul au v. 14 qu'il n'a baptisé personne parmi les Corinthiens ? Même si nous acceptons le correctif qui suit immédiatement – « sinon Crispus et Caïus » –, il faut encore faire preuve d'une certaine gymnastique herméneutique pour réconcilier la correction de la parenthèse au verset 16 avec la position initiale de Paul. Celui-ci, non seulement admet avoir baptisé *plusieurs* parmi les Corinthiens à propos desquels il avait d'abord prétendu n'en avoir baptisé *aucun*, mais il reconnaît de plus qu'il ne sait plus s'il en a baptisé davantage. Laquelle de ces affirmations est inerrante ? Ce genre d'interrogation peut paraître inapproprié ; Paul, peut-on supposer, mérite qu'on respecte la finale de son discours, une version corrigée de son argument (qui ressemblerait à « Peu importe le nombre de ceux que j'ai baptisés parmi vous, l'important est que je n'ai pas été appelé pour baptiser mais pour prêcher l'Évangile »). À ce stade, cependant, ceux qui postulent l'axiome de l'inerrance du texte biblique butent contre une pierre d'achoppement : alors que les lecteurs peuvent sans grande difficulté suivre la ligne directrice de la rhétorique de Paul, leur compréhension des affirmations de Paul ne repose pas sur les mots explicitement consignés dans la lettre, lesquels présentent manifestement des contradictions internes, mais plutôt sur une sympathie implicite et communicative qui permet à l'interprétation d'accorder le bénéfice du doute à Paul.

Si, d'autre part, la science dominante qui se prononce sur les probabilités historiques devait prendre pleinement au sérieux la reconnaissance par Paul de son ignorance du nombre de Corinthiens qu'il a baptisés, sur laquelle des propositions devrait-on s'appuyer ? Après tout, Paul n'introduit pas une affaire sans conséquence dans ces versets ; l'esprit de faction qu'il dénonce semble influencer de manière significative la relation des Corinthiens avec les différents leaders qui les ont baptisés. En niant qu'il ait baptisé quiconque parmi eux, il revendique, sur le plan de la pure rhétorique, le désintéressement. Lorsqu'il admet que non seulement il a baptisé un petit groupe de Corinthiens, mais qu'il pourrait en avoir baptisé davantage, il remet en question sa propre fiabilité comme reporter. Il peut être inspiré comme prédicateur et théologien, mais il s'avère un témoin douteux de l'histoire. Puisqu'il est le seul témoin de la plupart des événements qu'il raconte, l'historien doit soit simuler une confiance non fondée dans la capacité de Paul de se rappeler les éléments de base de sa carrière, soit admettre que peu de choses peuvent être dites sur ce que Paul a vraiment fait, puisque ses souvenirs comme sa mémoire sont aussi déficients sur cet aspect crucial de son ministère corinthien[5].

On peut dire tout cela, rien qu'en prenant au sérieux ce bref aparté dans une lettre ? De fait, le texte de 1 Corinthiens ne fait pas la distinction entre « les versets importants » et ceux qui ne le sont pas. Et, même s'il le faisait, il faudrait classer le verset 16 comme un verset particulièrement important, puisque ce verset permet à Paul de ne pas travestir sa relation avec les Corinthiens. La logique des discours totalisants exige que Paul s'en tienne à un exposé cohérent et non contradictoire de son activité à Corinthe. Dès lors, ces discours tendent, de façon prévisible, à détourner l'attention du lecteur du verset 16 pour aller vers des parties théologiquement plus denses de l'argumentation de Paul. Les interprètes modernes ne détiennent toutefois aucun pouvoir contraignant les lecteurs à consentir à l'obligation de produire une interprétation globale à partir d'expressions fragmentaires. De fait, entre les pôles de l'orthodoxie de l'inerrance et du scepticisme historique gît un vaste océan de lecteurs qui ont peut-être le sentiment que leurs options interprétatives les plus évidentes ont été définies pour eux par des extrêmes herméneutiques auxquels ils n'adhèrent pas. Leur pratique interprétative bénéficiera de toute approche qui ose affronter et reconnaître les problèmes inhérents à tout champ identifiable de gestes interprétatifs. Les

5. Pour des réflexions postmodernes additionnelles, plus spécifiques, sur la relation du discours à l'histoire, voir D. Attridge, G. Bennington, et R. Young, eds, *Poststructuralism and the Question of History* (Cambridge, Cambridge University Press, 1987) et J. Chandler, A. Davidson, et H. Harootunian, *Questions of Evidence* (Chicago, University of Chicago Press, 1994).

interprétations postmodernes ne permettent pas aux lecteurs d'échapper aux problèmes, mais servent l'objectif salutaire de mettre en avant les problèmes (plutôt que d'enterrer les arguments qui pourraient plaider contre un exposé idéologiquement déterminé). La réticence postmoderne à décoller des éléments particuliers écrits par Paul, vers le firmament de sa théologie ou des réalités historiques contemporaines auxquelles il se réfère vraisemblablement, sert ainsi la cause d'une interprétation claire en focalisant l'attention sur les ambiguïtés désordonnées avec lesquelles Paul (et tous ceux qui communiquent) sollicite la compréhension de ses auditeurs.

Une lecture postmoderne

Aux lectures inerrantistes et historicisantes de Paul, une attention postmoderne au verset 16 fournit un antidote par sa remise en question des fondations sur lesquelles les discours totalisants érigent leurs édifices interprétatifs. Les chercheurs qui opèrent à partir des présupposés modernes appuient leur argumentation sur la prétention de fonder leurs conclusions sur le roc d'une rhétorique inattaquable: les faits historiques, la nature de la réalité, une logique indiscutable ou des affirmations théologiques incontestables. Ils s'imaginent qu'en procédant ainsi ils rendent leur argumentation plus persuasive, mais ce n'est guère le cas. Si dans l'analyse de la correspondance corinthienne de Paul on cherche à fonder son interprétation sur les faits véridiques de l'histoire, en quoi ces faits allégués correspondraient-ils aux lettres de Paul (et à l'interprétation de la critique) ? Le seul chemin entre les faits et leur interprétation doit passer par Paul. Mais il a déjà stipulé qu'il ne peut se fier, et nous non plus, à sa mémoire. Puisque nous n'avons aucun autre accès aux faits concrets qui se sont déroulés à Corinthe, nous devons soit affronter la contingence de nos évaluations (laquelle contingence annule l'avantage rhétorique de recourir à la fondation de la factualité absolue), soit ignorer l'incertitude même de Paul à propos de ce qui s'est vraiment passé.

Du même coup, les spécialistes qui cherchent à fonder leurs interprétations dans l'autovalidation, c'est-à-dire l'infaillible fiabilité de la Bible, font face à un problème similaire. Les versets en question incluent la prétention initiale de Paul de n'avoir baptisé personne, une révision de cette affirmation (Crispus et Caïus), suivie d'une autre (la maison de Stéphanos), et l'affirmation contradictoire qu'il ne sait pas combien de personnes il a baptisées (pourquoi l'Esprit saint n'a-t-il pas inspiré Paul dès la première instance, de sorte qu'il n'ait pas à se corriger ?). L'une de ces affirmations pourrait fournir un fondement apologétique inattaquable, en liant la remarque de Paul aux faits en question – mais, hélas ! Paul n'a pas pris soin d'indiquer laquelle de ces affirmations renvoie à la vérité, et quel devrait être le statut des affirmations moins fondamentales. Et, même s'il l'avait fait, nous devrions prendre cette indication de façon conditionnelle, étant donné l'incertitude de Paul à propos de ses propres paroles et de ses gestes.

En fait, tout discours interprétatif devrait conclure que les mots de Paul sont une construction trop fragile. Ce n'est pas seulement dans ces versets, mais aussi à différents endroits à travers ses lettres, qu'il affirme avoir oublié quelque chose et ne pas s'en souvenir. Dans la lettre aux Philippiens, il ne sait pas s'il préférerait vivre ou mourir (1,22) ; dans celle aux Romains, il ne sait pas ce qu'il fait (7,15) ; dans celle aux Corinthiens, il fait la distinction entre sa propre autorité en matière d'éthique et l'autorité du Christ (1 Co 7,25) et il affirme auprès des Philippiens avoir oublié, en pratique, tout ce qui se trouve derrière lui, pour se hâter vers ce qui se trouve en avant (3,13). Paul est incertain quant à savoir si l'expérience extatique qu'il décrit en 2 Co 12,1-3 était corporelle ou spirituelle ; plusieurs spécialistes reconnaissent que celui qui a été « ravi au troisième ciel » était Paul lui-même. Dans ce cas, son incertitude est compréhensible – mais elle constitue aussi un problème s'il s'agit d'en faire un fondement de l'enseignement de Paul. Voilà autant de manières par lesquelles Paul affaiblit l'idée moderne de l'identité comme unité identique à soi et cohérente ; le Paul qui a baptisé un certain nombre de Corinthiens ne correspond plus avec le Paul qui leur écrit contre l'esprit de faction ; le Paul qui a été ravi au troisième ciel n'était plus accessible au Paul qui a cité ce voyage céleste pour défendre son apostolicité. Aussi utile que puisse être pour les interprètes le fait d'invoquer un apôtre dont l'identité personnelle garantirait la justesse de chacun de ses mots, une telle identité est davantage une exigence et un produit de discours modernes qu'une caractéristique générale de l'expérience humaine. Le Paul qui se représente lui-même comme un témoin incertain, non fiable, est un faible candidat pour établir un fondement épistémologique certain et fiable pour le discours moderne.

Il n'est pas nécessaire de conclure de tout cela que Paul était faible d'esprit ou cherchait à tromper et que, faute d'être parfaites, ses lettres sont sans valeur. Paul, de toute évidence, se sentait à l'aise pour reconnaître ses imperfections, en partie parce qu'il se voyait non comme un médiateur privilégié de la réalité et de la factualité, mais plutôt comme un porte-parole fiable (plutôt qu'infaillible) de l'Évangile. Si, d'une façon ou d'une autre, ses paroles venaient à s'éloigner de l'expression parfaite du message divin, Paul pouvait demeurer confiant, Dieu rendrait le message clair de quelque autre manière. L'accent mis par Paul sur la foi, la persuasion, cadre bien avec l'exposé non fondationnel et non totalisant de l'Évangile ; Paul peut dès lors réserver à Dieu le pouvoir de faire en sorte que la vérité divine se manifeste réellement, tandis que les écrits de l'apôtre demeurent des produits modifiables tel un vase d'argile. Un lecteur postmoderne qui met en avant l'incongruité d'accorder à un apôtre distrait un semblant d'inerrance ne fait pas déshonneur à Paul. Les habits somptueux d'une argumentation totalisante et fondationnelle ne siéent pas à Paul ; dans ce passage, à tout le moins, une lecture antitotalisante et antifondationnelle de la rhétorique de Paul traduit en sa faveur un plus grand respect, que celui de prendre au sérieux ses paroles, même lorsqu'elles projettent sur lui une lumière embarrassante.

L'importance de donner un exposé complet des actions de Paul et de leur signification a sa source, non pas dans les lettres de Paul, mais dans la nécessité ressentie par les modernistes en mal de magistère à trouver chez Paul une théologie cohérente, qui soit appuyée sur des fondations inattaquables (ou de tourner Paul en dérision pour l'absence de telles fondations). L'insistance des critiques modernes sur des critères déterminés reflète une inquiétude concernant les limites d'une interprétation légitime, une inquiétude qui peut remonter aussi loin que la Réforme. Avant la Réforme, l'Église catholique (au sens de « universelle ») pouvait s'appuyer tranquillement sur la diversité de l'interprétation biblique, telle qu'elle apparaît dans l'interprétation figurée ou « spirituelle » ; le critère de vérité d'une interprétation était la catholicité de sa réception. À partir du moment où l'identité même de l'Église *véritable* dépendait du groupe qui promulguait l'interprétation la plus correcte de la Bible, *aucune* interprétation ne pouvait être dite « catholique » sans susciter quelque problème, et *toute* interprétation signalait la présence d'un lieu de contestation théologique et politique. Dans ces circonstances, un interprète se devait de recourir non pas simplement à l'autorité de l'Église elle-même, mais aussi à un critère d'une autorité plus convaincante. Au fil du temps – les discours modernes ayant modifié tout particulièrement les modes d'argumentation qui prévalaient dans l'Antiquité et au Moyen Âge – cette autorité a débouché sur un discours de « l'histoire », comprise comme investigation *wissenschaftlich* (scientifique, académique) du cours réel des événements dans le passé. Une école d'interprètes a développé un assortiment de rationalisations rigoureuses sur la précision archéologique littérale et historique des récits bibliques ; une autre a eu tendance à reconnaître une légitimité uniquement à des textes bibliques portant l'*imprimatur* de la Raison attestée de façon indépendante[6].

Ironiquement, les racines généalogiques de la critique inerrantiste et celles de la critique historique remontent aux mêmes développements historiographiques. Toutes deux, cependant, révèlent la nécessité urgente de légitimer des interprétations qui dérivent moins de « la nature » de l'interprétation (qui nous enseigne que des interprétations divergentes ont toujours fourni une justification appropriée pouvant satisfaire des auditoires réceptifs) ou l'historicalité (qui devrait toujours parler indépendamment du ventriloquisme interprétatif par lequel ses partisans lui prêtent voix), que de l'importance, vitale pour un groupe donné d'établir sa dominance discursive.

6. Je tente d'esquisser certaines de ces caractéristiques et certains de ces développements dans *New Testament Theology and the Problem of Modernity* (Macon, Ga, Mercer University Press, 1995).

Puisque les interprètes modernes des deux factions opèrent sous le signe d'une fausse obligation de prétendre à une légitimité exclusive, ni les interprètes conservateurs ni les libéraux ne se sentent confortables avec un discours postmoderne, démystificateur, qui permet une prolifération d'interprétations légitimes – ni non plus (paradoxalement) avec l'affirmation de Paul même qui dit ne pas pouvoir se souvenir du nombre de Corinthiens qu'il a pu baptiser. Ils répudient l'ambiguïté avec laquelle les interprètes postmodernes opèrent, faisant preuve ainsi d'une aversion qui a plus à voir avec l'hystérie ou avec la panique qu'avec une objection raisonnée. Un nombre croissant de lecteurs scientifiques reconnaissent l'influence de la pensée postmoderne, mais la civilisation occidentale n'a pas pour autant abouti à une fin méprisable, et la discipline académique de l'interprétation biblique n'a pas perdu ses repères. De même, si les interprètes académiques décidaient de porter attention à la mémoire déficiente de Paul, au lieu de tourner leur regard sur des points importants jugés plus rassurants, ils ne pourraient se débarrasser de toute version conséquente de la théologie paulinienne, ni ignorer les assertions de son expérience (historique).

Le désaveu de Paul

Jusqu'à un certain point, donc, le verset 16 fournit une clé pour démystifier la théologie paulinienne. Alors que les pauliniens professionnels ont un intérêt avéré à fabriquer et à imposer un certain visage sur le discours de Paul, le désaveu de Paul devrait le libérer de revendications exagérées faites à son sujet. Paul comprend qu'il est, au mieux, un serviteur privilégié de l'Évangile, mais que le pouvoir de l'Évangile vient de sa source plutôt que de son messager. Quelques-uns des mystères qui avaient été tenus cachés pendant des siècles lui ont été révélés, et il n'hésite pas à les proclamer ; son Évangile ne lui a pas été enseigné par un intermédiaire humain, il ne planifie rien en des termes humains, ni n'emprunte un sentier humain, mais il reconnaît sa propre folie, se vante, admet les déficiences de sa mémoire et fait la distinction entre son propre avis et le commandement du Seigneur. Les avocats et les détracteurs de Paul, cependant, le tiennent pour un modèle surhumain de rigueur et de véracité historique, parce que leurs discours théologiques et historiques exigent de lui qu'il remplisse un rôle discursif qui exclut la distraction et tout défaut de cohérence. L'inerrance et la précision historique ne sont pas des attributs du discours humain, pas même du discours humain divinement inspiré, selon les mots mêmes de Paul, comme une étude même rapide de l'histoire de l'interprétation devrait le montrer. Là où les discours humains dépendent, pour ce qui est de leur autorité, de l'accession à l'infaillibilité divine ou, de façon tangentielle, à une quasi-certitude académique, les interprètes vont échanger précision et perspective contre l'avantage idéologique de revendiquer pour eux-mêmes le critère décisif d'interprétation valable. Les lecteurs exagèrent leurs prétentions à assigner un degré de certitude aux approches interprétatives afin de donner corps aux structures idéologiques avec lesquelles les autorités modernes définissent Paul. Mais, bien que la mémoire déficiente de Paul et son incertitude ébranlent les fondations les plus visibles et les utilisations les plus rigides de la *persona* paulinienne, elles n'affectent pas une historiographie ou une théologie qui présentent Paul avec son humanité authentique, distraite et imprécise.

Les interprètes postmodernes peuvent par conséquent choisir de se soustraire aux impératifs modernes qui réclament des explications globales d'épîtres aux facettes multiples. Des revendications interprétatives sont soudées à des (présumées) fondations inattaquables ; elles déguisent ces attitudes inflationnistes en les représentant comme naturelles, nécessaires, comme de simples éléments acquis de toute interprétation. Dans la mesure où les postmodernes évitent ces manœuvres modernes, ils se mettent ironiquement en position de relever l'admonestation de Paul à « [devenir] mes imitateurs », dont on trouve des échos ailleurs dans le Nouveau Testament (1 Co 4,16 ; 11,1 ; Ep 5,1 ; Ph 3,17 ; 1 Th 1,6 ; 2,14 ; 2 Th 3,7.9 ; He 6,12 ; 13,7 ; 3 Jn 11). Leur imitation de Paul s'éloigne de la préoccupation moderne avec l'identité – ils ne *deviennent pas Paul*, mais ils suivent (différemment) l'exemple qu'ils trouvent en lui. Son empressement à récuser, à l'occasion, une connaissance parfaite, contraste avec une rhétorique critique faite de preuve décisive, de démonstration concluante, de révélation ultime. Les interprètes postmodernes ressemblent davantage aux disciples (auxquels Jésus demande constamment : « Ne comprenez-vous pas encore ? ») qu'aux interprètes modernes qui prétendent à un certain savoir (et à qui Paul pourrait rappeler qu'ils n'ont pas encore le savoir requis)[7].

En fin de compte, donc, les critiques bibliques postmodernes peuvent poursuivre des interprétations sans connaître d'avance la méthode ou les règles par lesquelles ils opèrent. Ils reconnaissent dans les diverses règles herméneutiques enseignées dans les milieux académiques modernes d'obscurs serments de loyauté : « Lisez de cette manière, et nous vous accorderons support et respect ; lisez autrement, et nous n'aurons rien à voir avec vos interprétations. » Une herméneutique réglée garantit un éventail délimité et familier de méthodes interprétatives ; l'herméneutique postmoderne ouvre des horizons dont les contours ne sont pas prédéterminés, et dont les sentiers peuvent mener à des points d'observation imprévus.

Cela n'implique pas que toutes les interprétations postmodernes soient égales ou que personne ne puisse les évaluer. Là où les interprètes modernes valident leur légitimité dans la mesure où ils appliquent les méthodes autorisées, un lecteur postmoderne peut produire une interprétation sans méthode définissable, son autorité découlant de la performance interprétative elle-même. La performance interprétative inclut, à coup sûr, l'explication familière, le sermon et le commentaire – mais l'éventail de la performance interprétative postmoderne s'étend au-delà des genres prévisibles et inclut des cas qui divergent de façon significative par rapport aux précédents quant au moyen, au style, à la direction, ou au sens. Les interprétations postmodernes peuvent produire leurs justifications *de façon rétrospective.* Plutôt que de reproduire les étapes autorisées d'une méthode interprétative, les interprètes postmodernes peuvent apprendre à libérer leur imagination des

7. Pour deux points de vue sur le motif de l'imitation dans la littérature paulinienne, voir Elizabeth Castelli, *Imitating Paul : A Discourse of Power* (Louisville, Westminster John Knox, 1991) et mon essai, « Walk This Way : Difference, Repetition, and the Imitation of Christ », *Interpretation* 55 (2001), pp. 19-33.

contraintes imposées par les institutions qui veillent sur la sobriété biblique. (Les interprètes postmodernes, par exemple, tireront vraisemblablement profit de la disponibilité galopante d'outils de grande qualité pour la production numérique d'interprétations vidéo, audio et interactives; les interprétations non verbales, visuelles ou auditives, de textes bibliques n'en sont pas moins des « interprétations », mais échappent, de façon plus évidente, aux critères de jugement des interprètes modernes.)

Certes, le résultat de certaines de ces interprétations ne dépassera guère le stade d'inepties complaisantes (ainsi seront-elles jugées, du moins selon les standards de la sagesse interprétative conventionnelle) ; mais des discours interprétatifs modernes ont produit, eux aussi, quantité d'hypothèses vouées à l'oubli. Que celui qui a des oreilles pour entendre entende. La liberté interprétative annoncée par des lectures postmodernes, même quand elles sont non convaincantes, triviales et ratées, assurera un élan pour développer des interprétations postmodernes plus fortes, plus riches et plus vraies. Ainsi, au fur et à mesure que les pratiques d'extension imaginative gagneront en force, il sera de plus en plus vraisemblable de voir certaines de ces pratiques rayonner.

Là où ces interprètes postmodernes font preuve de vigilance profonde et d'imagination féconde quant à la transmission de la Parole vivante et dynamique de Dieu, les efforts de scribes modernes pour étouffer la verve générée par les postmodernes apparaîtront comme l'expression d'une conformité forcée de la part d'une bureaucratie herméneutique surannée. Les critiques postmodernes assument leur liberté sans totalisation, sans fondations, sans la protection d'obscures prétentions sur les alternatives interprétatives. Ils viennent avec un plaisir exubérant pour l'étude des relations intertextuelles d'écrits bibliques ou séculiers, avec vigilance quant au coût et aux effets des interprétations et avec une attention pointilleuse quant aux ambiguïtés et aux contradictions internes que les interprétations modernes éliminent, avec des expressions diverses d'identités diverses. Ils célèbrent leur libération par rapport à l'esclavage herméneutique vis-à-vis de *toute* constellation particulière de déterminations culturelles. En fait, ce sont précisément ces modes d'appropriation postmodernes de la Bible qui adoptent l'esprit d'audace avec lequel des interprètes exceptionnels de l'Écriture ont, à travers les âges, annoncé leur liberté par rapport aux contraintes qui liaient leurs maîtres. À propos de telles renaissances herméneutiques, Paul lui-même aurait pu tout aussi bien dire : « La lettre tue, mais l'Esprit vivifie » – à la condition qu'il s'en soit souvenu[8] !

8. Ce n'est pas un oubli de ma part, mais je n'ai tout simplement pas trouvé d'endroit approprié pour faire référence à une variété d'œuvres charnières importantes dans la pensée postmoderne. Par exemple, les contributions de Jacques Derrida, Jean-François Lyotard, Michel Foucault, Luce Irigaray, Julia Kristeva, Gilles Deleuze et Félix Guattari, Michel de Certeau, Fredric Jameson, Paul de Man et Judith Butler n'ont pu être répertoriées dans cet essai de portée plus restreinte. Le chef du postmodernisme biblique est Stephen Moore, dont les travaux s'imposent comme applications de l'imagination postmoderne aux études bibliques : *Literary Criticism and the Gospels : The Theoretical Challenge* (New Haven and London, Yale University Press, 1989), *Mark and Luke in Poststructuralist Perspectives : Jesus Begins to Write* (New Haven and London, Yale University Press, 1992) ; *Poststructuralism and the New Testament : Derrida and Foucault at the Foot of the Cross* (Minneapolis, Fortress Press, 1994) ; *God's Gym : Divine Male Bodies of the Bible* (Routledge, New York and London, 1996) ; *God's Beauty Parlor : And Other Queer Spaces in and around the Bible* (Contraversions : Jews and Other Differences Series ; Stanford, CA, Stanford University Press, 2001).

LECTURE GLOBALISTE

L'épître aux Romains

Daniel Patte

Faire la « critique scripturaire » d'un texte biblique, c'est prendre en compte sa réception par les croyants qui le lisent comme Écriture et intégrer complètement ces considérations à l'étude exégétique, tout en se souvenant que chaque étude exégétique est elle-même une réception du texte.

La critique scripturaire est une « pratique autre » des études bibliques. Pour commencer, elle respecte les interprétations des « autres ». C'est devenu possible du fait que les biblistes utilisent maintenant un nombre impressionnant et toujours plus grand de méthodes critiques[1]. Peu ou prou ils affirment la légitimité de toutes ces méthodes, y compris celles qu'ils n'utilisent pas eux-mêmes. Ainsi, sans contester en aucune manière l'importance et la nécessité des exégèses classiques, la critique globaliste les articule avec les « nouvelles lectures » présentées dans ce volume, et aussi avec les interprétations des croyants.

Puisque pour chaque étude les biblistes choisissent une méthode, la lecture qu'elles (les biblistes)[2] proposent est en fait le résultat d'un choix entre plusieurs interprétations légitimes et plausibles que l'on peut vérifier et développer avec toutes ces méthodes. Il s'ensuit que les « lectrices ordinaires » (non biblistes) ont devant elles, qu'elles le sachent ou non, un choix entre toute une série d'interprétations légitimes. Il est certes possible de choisir une interprétation erronée. Mais, vu le grand nombre d'interprétations légitimes, il y a de grandes

1. Voir D. Patte, M. Stubbs, J. Ukpong, et R. Velunta, *The Gospel of Matthew : A Contextual Introduction for Group Study* (Nashville, TN: Abingdon, 2003), pp. 54-57 (un inventaire des méthodes critiques).

2. Pour rappeler que de nombreux biblistes et plus de la moitié des « lecteurs » sont des femmes, j'alterne l'usage du masculin et du féminin (en parallèle avec le langage inclusif que l'on utilise en anglais).

chances que les lectrices ordinaires fassent un bon choix. De ce fait, la critique scripturaire peut s'ouvrir aux lectures des croyantes, à celles de l'histoire de la réception, aussi bien qu'à celles des théologiennes et s'interroger sur les choix que chaque lecture représente. Ces choix sont-ils légitimes et plausibles ? Nous verrons que dans beaucoup de cas on peut et doit les respecter[3].

Qui dit choix dit responsabilité. Si les lecteurs ont un choix parmi plusieurs interprétations, ils doivent assumer la responsabilité de ce choix. Puisque ce choix est entre des interprétations légitimes et plausibles, leur responsabilité dépasse les cercles académiques. Ils ont une responsabilité à l'égard de tous ceux que ce choix de lecture touche d'une manière ou d'une autre.

En études bibliques, le choix d'une interprétation importe toujours, parce que les croyantes lisent ces textes en quête d'une « Parole de Vie », c'est-à-dire, tout à la fois, d'une Parole au sujet de la vie avec Dieu et pour leur vie de tous les jours. De ce fait, les biblistes doivent prendre en compte l'effet et les conséquences de leurs choix d'interprétation pour les autres. Comme l'histoire de la réception de la Bible le montre, et comme les nouvelles approches en études bibliques le soulignent, bien des lectures de la Bible ont eu et ont toujours des conséquences néfastes, apportant, par exemple, un support direct ou tacite à de multiples formes d'oppression – racisme, sexisme, patriarcalisme, colonialisme, ou autres genres d'exploitation – et aussi à l'antijudaïsme, l'antisémitisme, et à la Shoah (Holocauste) elle-même. Une pratique de la critique scripturaire cherche à aider les biblistes et les croyantes à assumer leur responsabilité quant aux effets de leur choix d'interprétation.

En gardant continuellement à l'esprit la responsabilité des interprètes « à l'égard des autres », une pratique de la critique scripturaire découvre et redécouvre sans cesse combien les

3. Cristina Grenholm et Daniel Patte, eds., *Reading Israel In Romans : Legitimacy and Plausibility of Divergent Interpretations.* Romans through History and Cultures Series (Harrisburg, PA, Trinity Press International, 2000), pp. 1-54. Voir aussi les autres volumes de cette collection.

biblistes ont à apprendre des autres lecteurs de la Bible. C'est pourquoi cette approche implique une mise à l'écoute des interprétations de la Bible qui proviennent d'autres contextes culturels et religieux et sont marquées par eux[4].

LA LECTURE COMME CHOIX D'UNE INTERPRÉTATION

Je tiens pour acquise la pluralité des interprétations. Je ne reviendrai pas sur les théories herméneutiques (Gadamer, Ricœur), linguistiques (de Saussure, Hjelmslev, Jakobson, Benveniste, Chomsky, Searle), sémiotiques (Pierce, Barthes, Eco, Greimas), et littéraires (Todorov, Genette, Kristeva, Bal), ni sur les philosophies dites de la déconstruction ou postmodernes (Foucault, Lévinas, Derrida, Lyotard) et les études culturelles dites postcoloniales (Said, Bhabha) – pour ne nommer que quelques auteurs qui posent cette pluralité des interprétations. Cela ne devrait pas surprendre les biblistes: cette pluralité est déjà présupposée par la pluralité de leurs méthodes. De même, pour beaucoup de croyants cette pluralité d'interprétations n'est pas une surprise. Par le fait même qu'ils lisent et relisent les textes bibliques en quête d'une Parole de Vie, les croyants sont ouverts à y trouver des enseignements toujours nouveaux parce qu'adaptés aux nouvelles situations de leur vie. Cette pluralité est pour eux un signe de la richesse du texte.

Mais toute lecture est aussi quête d'une interprétation unique. Ainsi, chaque étude biblique – qu'elle soit faite par des biblistes ou par des croyantes – s'évertue à présenter une lecture particulière comme étant, dans un sens ou un autre, «la meilleure». Les biblistes et les croyantes ont leurs raisons propres pour cette quête de «la meilleure» interprétation. Pour les biblistes c'est avant tout une question scientifique. Pour les croyantes, c'est avant tout une question pragmatique – on ne peut pas mettre en pratique simultanément des interprétations diver-

4. Daniel Patte, avec Severino Croatto, Archie Lee, Teresa Okure, Nicole Wilkinson Duran, eds., *A Global Bible Commentary* (Nashville, Abingdon Press, 2004). Titre provisoire pour la traduction française: «Le monde lit la Bible».

gentes. Mais, quand on y regarde de plus près, on s'aperçoit que, malgré des motivations fort différentes, biblistes et croyantes ont devant eux les mêmes types de choix.

LES TROIS TYPES DE CHOIX INTERPRÉTATIFS

Un premier type de choix s'effectue entre interprétations légitimes et illégitimes. C'est d'ordinaire la préoccupation principale des biblistes. Il s'agit de démontrer que l'interprétation avancée est bien enracinée dans le texte, encore que la multiplicité des méthodes exégétiques a mis en évidence le bien-fondé d'interprétations fort différentes, parce que chacune est basée sur un aspect particulier du texte. C'est dire que, même après avoir rejeté toute une série d'interprétations comme illégitimes, les biblistes ont toujours devant eux une pluralité d'interprétations légitimes. Et donc, comme nous le notions, leur présentation d'une interprétation particulière comme étant « la meilleure » résulte d'un choix fait sur la base d'autres critères que ceux qui concernent la légitimité ; comme le font les croyants, les biblistes font nécessairement des choix fondés sur des *jugements de valeur* entre interprétations plus ou moins « bonnes », soit d'un point de vue théologique ou herméneutique, soit d'un point de vue éthique.

On relègue trop souvent ces jugements de valeur à un deuxième temps de l'interprétation – conçu comme une appropriation ou application herméneutique. Mais, à la suite des spécialistes de l'herméneutique (notamment Bultmann, Ricœur et Gadamer) et de leurs réflexions sur le « cercle herméneutique », la critique scripturaire conçoit ces jugements de valeur comme indissociablement liés à tout le processus interprétatif. Sans entrer dans le détail des théories sémiotiques, herméneutiques, féministes, philosophiques et théologiques qui sous-tendent cette phénoménologie de la lecture, on peut discerner trois types de choix interprétatifs :

- un choix « analytique » ou « textuel » qui établit la légitimité de l'interprétation ;

- un choix « théologique » ou « herméneutique » qui vérifie la plausibilité de l'interprétation du point de vue des convictions (religieuses ou non) de l'interprète ;
- un choix « contextuel » ou « éthique » qui vérifie la validité ou valeur de l'interprétation comme enseignement pour le contexte particulier qui préoccupe l'interprète.

Nous parlerons de ces trois types de choix à propos des études bibliques, que l'on trouve dans toute lecture « authentique », c'est-à-dire toute lecture qui affecte le lecteur d'une manière ou d'une autre.

LES CHOIX ANALYTIQUES OU TEXTUELS FAITS PAR LES BIBLISTES ÉTUDIANT ROMAINS

Chaque lecture authentique s'assure que l'interprétation choisie soit légitime, c'est-à-dire bien enracinée dans le texte – ou plus précisément dans une de ses composantes signifiantes.

Pour les biblistes et leurs travaux exégétiques c'est une question de déontologie académique. Leurs travaux se doivent d'être conformes aux normes scientifiques en vigueur dans les études littéraires, historiques, ou en sciences sociales. Ainsi, pour démontrer la légitimité de l'interprétation choisie, les biblistes adoptent une méthode (un choix analytique) qui privilégie l'une ou l'autre des composantes du texte perçues comme particulièrement signifiantes (choix textuel).

Quand on compare les études exégétiques de Romains qui existent, il est clair que des choix analytiques fort différents ont été faits. Comme l'on sait, l'interprétation de Romains a été très débattue au cours des dernières années. Avec James Dunn[5], on peut d'abord faire une distinction entre les interprétations traditionnelles et celles de la « nouvelle perspective ». On peut même faire une distinction entre trois familles d'interprétation de Romains. La question est : Comment concevoir les relations entre ces trois types d'interprétation ?

5. James D. G. Dunn, *The Theology of Paul the Apostle* (Grand Rapids, Eerdmans, 1998), pp. 334-340.

Dans la pratique habituelle de l'exégèse, on s'appuie certes sur les travaux qui existent, mais pour monter sur les épaules de la génération précédente et produire une nouvelle interprétation qui dépassera celles qui existent et les rendra caduques. La nouvelle interprétation – celle du dernier commentaire – est « meilleure » que toutes les précédentes dans le sens qu'elle est plus proche du sens supposé unique de Romains ; au moins sur certains points, on espère avoir fait progresser la recherche sur cette épître. Ainsi, il va de soi pour Dunn que la « nouvelle perspective » qu'il adopte (sur certains points seulement)[6] rend mieux compte du sens de Romains que les interprétations traditionnelles. Celles-ci doivent maintenant être considérées comme dépassées, après qu'on aura retenu leurs nombreuses observations pertinentes et légitimes qui ont contribué à la compréhension du texte de Paul.

La pratique de la *lecture globaliste* est plus modeste. Son but premier n'est pas de produire de nouvelles interprétations, alors même qu'elle le fera souvent. La *lecture globaliste* s'attache avant tout à mieux comprendre la légitimité des interprétations qui existent. Ce faisant, elle s'émerveille des différents « sens du texte » que les diverses interprétations élucident, sans jamais rendre caduques celles des générations précédentes. En effet, les interprétations exégétiques se différencient les unes des autres par les composantes signifiantes du texte sur lesquelles elles s'appuient. De ce fait on peut bénéficier sans réticence de l'érudition représentée par les commentaires « traditionnels » de grands savants comme Schlatter, Lagrange, Cranfield, et faire de même pour des interprétations plus récentes, bien qu'elles soient fort différentes et même parfois contradictoires par rapport à celles des générations précédentes.

La *lecture globaliste* est une « lecture critique » des interprétations qui existent. Mais il ne s'agit plus de les lire avec circonspection, de manière à discerner et rejeter ce qu'elles ont d'illégitime, comme on le fait traditionnellement. Au contraire, il s'agit de discerner en quoi ces interprétations

6. Dans sa *Théologie*, Dunn n'adopte que les premières contributions de la « nouvelle perspective » et pour le reste demeure fidèle à son commentaire, *Romans*, WBC (Dallas, Tex., Word Books, 1988).

sont toutes légitimes, et cela malgré leurs différences et même si elles sont contradictoires.

Certes, dire que deux interprétations « contradictoires » sont toutes deux légitimes pose problème pour beaucoup. Comment cela est-il possible ? N'est-il pas clair que l'intention d'un auteur doit être déterminante ? N'est-il pas vrai que l'interprétation qui est conforme à l'intention de l'auteur est légitime, alors que celle qui s'en éloigne est illégitime ? À cela, il faut répondre négativement.

Il faut clarifier ce point, puisqu'il marque une des lignes de démarcation entre pratiques exégétiques habituelles (modernes) et pratiques de la *lecture globaliste* (postmoderne). Pour l'expliquer à mes étudiants de Vanderbilt University, à Nashville dans le sud des États-Unis, une université maintenant « intégrée » après une longue période de ségrégation raciale, il me suffit de prendre l'exemple d'une conférence donnée en 1986 par un pasteur sud-africain blanc. Le sujet de cette conférence et l'intention du conférencier étaient clairement exprimés par son argument : il s'agissait de la lutte contre l'apartheid et le racisme en Afrique du Sud, à laquelle il participait, non sans risque pour lui-même et sa famille. Il invitait ses auditeurs à boycotter des compagnies ségrégationnistes. C'est ce que j'avais entendu. Mais les étudiants noirs avaient entendu autre chose, comme les violents débats qui suivirent la conférence le montrèrent[7]. Tout au long de sa conférence il avait décrit les Africains noirs comme des personnes qu'il fallait éduquer et avait présenté la ségrégation du système scolaire comme nécessaire en tout cas pour un temps. Ainsi, ce même discours communiquait tout aussi clairement un autre message, cette fois-ci un message raciste et ségrégationniste.

Cette conférence est pour mon propos un excellent exemple, parce que d'une part l'intention du conférencier est claire dans

7. Voir l'analyse de cet incident par Howard Harrod, « Social Transformation and Theological Education at Vanderbilt since 1960 », pp. 178-196 dans Dale A. Johnson, éd., *Vanderbilt Divinity School: Education, Contest, and Change* (Nashville, Vanderbilt University Press, 2001).

son argument contre le racisme, et que d'autre part tout aussi clairement cette même conférence communiquait un autre message, contradictoire du premier, cette fois-ci raciste de par son symbolisme et ses « figures ».

Les deux lectures de ce « texte conférence » sont légitimes, bien que contradictoires. L'une a choisi une interprétation enracinée dans *l'argument du texte* (plus techniquement, sa syntaxe argumentative)[8]. L'autre a choisi une interprétation enracinée dans *la figurativisation* du texte[9]. À celles-ci on pourrait ajouter au moins une troisième lecture légitime de ce texte-conférence (une lecture perdue dans tout le brouhaha), notamment une lecture qui aurait choisi une interprétation enracinée dans *la rhétorique* du discours[10] visant à convaincre les auditeurs et auditrices de se joindre au boycott des compagnies ségrégationnistes. Chacune de ces trois lectures (et d'autres sont possibles) est légitime parce qu'elle se développe sur la base d'une des composantes signifiantes du texte, que l'interprète a choisi comme la plus signifiante.

Pour les biblistes, les choix textuels sont aussi des choix analytiques – des choix de méthodes pour l'analyse des textes. Pour en revenir aux trois types d'interprétation de Romains, il va de soi que, si on choisit une *méthode philologique* visant l'élucidation de l'argument théologique de l'épître, on n'étudie pas la même composante textuelle que si on choisit une *méthode rhétorique* visant l'élucidation de l'effet de la lettre aux Romains comme discours sur ses destinataires, ou une *méthode comparative* dans la perspective de l'histoire des religions qui vise l'élucidation des « figures » composées par l'évocation de textes, traditions, rites, et autres composantes culturelles, et du monde symbolique que ces figures représentent.

8. Greimas dirait sa « syntaxe narrative de surface », A.-J. Greimas et J. Courtès, *Sémiotique : Dictionnaire raisonné de la théorie du langage* (Paris, Hachette, 1979), pp. 160, 381-383.

9. Greimas dirait sa « sémantique discursive », Greimas et Courtès, *ibid.*, pp. 160, 328-330.

10. Greimas dirait sa « syntaxe discursive », Greimas et Courtès, *ibid.*, *pp.* 160, 379-78.

a) Légitimité des analyses philologiques de l'argument théologique de Romains

Du point de vue de la *lecture globaliste*, et contrairement à ce que les exégètes font souvent aujourd'hui, je veux affirmer la légitimité d'une *étude de l'argument théologique* de Romains. Certes, c'est étudier ce texte comme s'il s'agissait d'un traité théologique – une « épître ». Il est peut-être vrai que l'intention de Paul n'était pas d'écrire un testament théologique ou une encyclique. Mais il n'en demeure pas moins que cette lettre inclut un argument théologique qui, comme tout argument, est aussi un récit – en bref, ici un récit qui dit comment des pécheurs sont sauvés de la condamnation qui les attend en étant gracieusement justifiés par la foi[11]. Pour comprendre cet argument/récit, il faut d'abord comprendre chaque phrase et apprécier comment les propositions et les mots sont articulés les uns aux autres. Pour cela il faut procéder à une *analyse philologique* détaillée du texte, comme l'ont fait de grands savants tels Schlatter, Lagrange, Cranfield et bien d'autres, y compris plus récemment Stuhlmacher et Fitzmyer. Ce genre d'interprétation qui cherche minutieusement à discerner l'intention théologique de Paul telle qu'elle est exprimée par son argument théologique reste légitime, même si pour certains elle est dépassée.

b) Légitimité des analyses rhétoriques de Romains comme discours

De même, malgré les objections de Stuhlmacher[12] et autres partisans de l'exégèse philologique, il faut bien reconnaître la légitimité d'une *analyse rhétorique* de la lettre aux Romains (voir Aletti, dans ce volume). Après de nombreux essais, depuis les études sur la diatribe par Bultmann et Stowers[13], et les études sur l'argumentation rhétorique *(dispositio)* de

11. Voir cette même interprétation sous forme d'une analyse du récit de Romains dans A. K. Grieb, *The Story of Romans : a Narrative Defense of God's Righteousness* (Louisville, Westminster John Knox Press, 2002).

12. P. Stuhlmacher, *Revisiting Paul's Doctrine of Justification : a Challenge to the New Perspective* (Downers Grove, Ill., InterVarsity Press, 2001).

13. Stanley Kent Stowers, *The Diatribe and Paul's Letter to the Romans*, SBL Dissertation Series 57 (Chico, CA, Scholars Press, 1981).

Romains par Wuellner[14], Siegert[15], et Aletti[16], on a peu à peu découvert comment cette composante de la lettre vise à convaincre les destinataires (des païens christianisés) d'abandonner leur arrogance à l'égard des juifs (voir N. Elliott[17] et Stowers[18]). Certes, dans l'argument théologique étudié avec la philologie, les juifs et les païens font partie intégrante du « récit » au sujet du salut que tous les pécheurs, juifs comme païens, ont besoin de recevoir gracieusement. Mais en étudiant l'argumentation rhétorique de cette lettre comme discours on s'aperçoit que tous les passages où Paul semble s'adresser aux juifs sont des figures de diatribe, ce qui change considérablement la compréhension de la relation entre juifs et païens. Une interprétation qui vise l'effet que ce discours rhétorique cherche à avoir sur ses destinataires romains doit être vue comme légitime, même si elle bouscule les habitudes de lecture et aboutit à des conclusions contradictoires avec celles des interprétations philologiques.

c) Légitimité des analyses comparatives de Romains dans la perspective de l'histoire des religions

Enfin, on ne peut pas lire la lettre de Paul aux Romains sans reconnaître que c'est un texte religieux qui témoigne d'une expérience ou vision religieuse particulière dans le monde hellénistique caractérisé par un pluralisme religieux. Pour étudier cette composante de la lettre aux Romains, on doit la lire en la comparant à d'autres textes et traditions : soit des textes et traditions similaires pour mieux comprendre cette vision religieuse[19] ; soit des textes et traditions très différents

14. Wilhem Wuellner, « Paul's Rhetoric of Argumentation in Romans : An Alternative to the Donfried-Karris debate over Romans », *CBQ*, 38, 1976, pp. 330-351.

15. Folker Siegert, *Argumentation bei Paulus, gezeigt an Röm 9-11* (Tübingen, J.C.B. Mohr, 1985).

16. Jean Noël Aletti, *Comment Dieu est-il juste ? Clefs pour interpréter l'épître aux Romains*, Paris, Seuil, « Parole de Dieu », 1991.

17. Neil Elliott, *The Rhetoric of Romans ; Argumentative Constraint and Strategy and Paul's Dialogue With Judaism* (Sheffield, JSOT Press, 1990).

18. Stanley Kent Stowers, *A Rereading of Romans : Justice, Jews, and Gentiles* (New Haven, Yale University Press, 1994).

19. Cette vision est pour moi le système de convictions qui caractérise la foi de Paul. Daniel Patte, *Paul, sa foi, et la puissance de l'Évangile* (Paris, Le Cerf, 1985).

pour mieux comprendre les caractéristiques de la vision religieuse de Paul. Toute une gamme d'études comparatives (ou intertextuelles) est donc possible.

D'abord, pour comprendre le symbolisme de Romains, il convient d'examiner les nombreuses allusions que cette lettre fait à d'autres textes religieux, en particulier à la Septante, que Paul cite sans cesse, à de nombreuses traditions juives (par exemple au sujet d'Abraham, ch. 4) et à des rites (par exemple au baptême, ch. 6). Il faut aussi prendre note que, dans cette lettre, Paul fait appel à des figures liées à des traditions juives (par exemple la figure du « Christ » ou Messie, et à sa suite tout un symbolisme apocalyptique) ou hellénistiques (par exemple le titre *kyrios* et la figure de la mort au péché et de la vie en Christ – 6,11 – évoquent-ils l'initiation dans les religions à mystères ?), et même liées à l'empire romain (le concept d'évangile; le titre *kyrios*; le ch. 13 dans son ensemble)[20]. Cette figurativisation de l'épître aux Romains est donc une invitation à y trouver une vision religieuse du monde et de la vie[21] – que Weiss et Schweitzer appelaient « la mystique de Paul ». Du fait de la diversité de cette figurativisation, les études comparatives de Romains dans la ligne de l'histoire des religions sont très variées. Elles incluent des études sur la relation des lettres de Paul avec l'hellénisme par W. Bousset, qui lisait Paul pour élucider le syncrétisme complexe de sa pensée; avec le judaïsme hellénistique par W. L. Knox, qui cherchait à comprendre l'hellénisme de Paul comme provenant du judaïsme hellénistique; avec le judaïsme rabbinique et palestinien par W. D. Davies et E. P. Sanders, qui montrent combien la pensée de Paul demeure liée au pharisaïsme; et avec l'apocalyptique juive par J. Weiss, A. Schweitzer, et plus récemment J. C. Beker[22] (et aussi Käsemann), qui montrent combien la vision de Paul est structurée par les catégories de

20. On se référera à l'article de D. Jobling dans ce volume.

21. Une composante signifiante du texte que Greimas appellerait sa « sémantique narrative » et sa « sémantique fondamentale » et aussi son « univers sémantique ». Greimas et Courtès, *op.cit.*, pp. 160, 330-332, 408-409.

22. J. Christiaan Beker, *Paul the Apostle : the Triumph of God in Life and Thought* (Philadelphia, Fortress Press, 1980) ; *Paul's Apocalyptic Gospel : The Coming Triumph of God* (Philadelphia, Fortress Press, 1982) ; *The Triumph of God : The Essence of Paul's Thought* (Minneapolis, Fortress Press, 1990).

l'apocalyptique juive. Dans cette ligne, il faudrait ajouter ici les études qui lisent Romains à la lumière de son milieu culturel et politique (un autre genre d'intertexte), comme le fait N. Elliott dans ce volume et ailleurs.

Ces études comparatives et leurs conclusions sont fort différentes les unes des autres, parce que chaque intertexte avec lequel on lit les lettres de Paul clarifie l'un ou l'autre aspect de sa vision religieuse. Ce qui rend légitimes les études comparatives dans la perspective de l'histoire des religions, ce n'est pas tant leurs conclusions au sujet de l'origine de la pensée paulinienne que ce qu'elles révèlent au sujet de la *figurativisation* ou plus généralement de la composante religieuse de la lettre aux Romains. Dans cette même ligne, on peut inscrire les interprétations de Romains faites à la lumière d'intertextes sans relation historique avec cette lettre, telles les interprétations de Romains en conversation avec des films que Jewett propose[23], ou en dialogue avec le confucianisme et autres traditions religieuses (Yeo)[24].

Il faut enfin mentionner les approches méthodologiques qui ont été développées dans la ligne des méthodes en ethnographie, en sociologie, en psychologie, en études culturelles – parmi lesquelles les études féministes et postcoloniales. Ces « nouvelles lectures » échantillonnées dans le présent ouvrage ne sont qu'à l'horizon des études de Romains[25]. Dans les limites de cet article, les trois types d'approches suffisent à notre

23. Robert Jewett, *Saint Paul at the Movies : The Apostle's Dialogue with American Culture* (Louisville, Ky, Westminster John Knox Press, 1993) et *Saint Paul Returns to the Movies : Triumph over Shame* (Grand Rapids, Mi, Eerdmans, 1998).

24. K. K. Yeo, *Chairman Mao Meets the Apostle Paul : Christianity, Communism, and the Hope of China* (Grand Rapids, Mi, Brazos Press, 2002)

25. On les trouvera dans les volumes en préparation suivants : K.K. Yeo, ed., *Navigating Romans Through Cultures : Challenging Readings and Surprising Discoveries* (Harrisburg, PA, T. & T. Clark International, 2004) et dans la même collection, Grenholm et Patte, eds., *Gender, Traditions, and Romans* (2005). Les études féministes de Romains dans son ensemble sont limitées à celles de Beverly Gaventa, « Romans » dans Carol A. Newsom and Sharon H. Ringe, eds., *Women's Bible Commentary*, 2e éd (Louisville, KY, Westminster John Knox Press, 1998) et de Elizabeth Castelli, « Romains », pp. 272-300 dans Elisabeth Schüssler Fiorenza, ed., *Searching the Scriptures : A Feminist Commentary*, vol. 2 (New York, Crossroad, 1994). Ce dernier est remarquable pour son approche méthodologique.

propos, à condition qu'il soit clair que d'autres existent ou sont en développement.

LES CHOIX TEXTUELS DES THÉOLOGIENS ET DES CROYANTS

Par le fait même de reconnaître la légitimité d'une diversité de méthodes critiques, les biblistes s'ouvrent à une pratique de la *lecture globaliste*. Pour cela, les biblistes doivent respecter l'intégrité des travaux des autres biblistes, même si ceux-ci offrent des conclusions fort différentes des leurs. Dans l'ensemble, les biblistes le font volontiers ; ils sont prêts à relire les grands classiques de l'exégèse et à écouter ceux qui pratiquent de « nouvelles lectures ». Dès lors, ils présupposent que des interprétations fort différentes peuvent être légitimes.

On peut concevoir comme légitimes des interprétations en conflit les unes avec les autres quand on observe, avec les spécialistes d'herméneutique[26] et de sémiotique[27], que chaque interprétation s'enracine sur une des composantes du texte qu'elle privilégie comme étant la plus signifiante et qui devient ainsi le centre de la lecture. Les interprétations philologiques, rhétoriques et comparatives sont légitimes précisément parce que les biblistes utilisent dans chaque cas une méthode analytique qui vise une composante particulière du texte. En choisissant une méthode analytique particulière, un bibliste fait aussi un choix textuel qui privilégie l'une des composantes du texte.

Qu'en est-il des lectures du texte biblique par des lecteurs qui ne sont pas biblistes – théologiens et croyants ? Alors

26. Notamment ici Paul Ricœur, *Le conflit des interprétations. Essais d'herméneutique* (Paris, Seuil, 1968).

27. Notamment Greimas, quand il montre que le texte qu'on lit est construit – « textualisé », c'est-à-dire conçu comme texte signifiant – en privilégiant l'une ou l'autre de ses composantes. Voir « textualisation » dans Greimas et Courtès, *op. cit.*, pp. 391-392. Le deuxième volume de ce dictionnaire développe les implications de cette observation dans une série d'articles que j'ai écrits et qui sont tous mentionnés dans le premier, Daniel Patte, « Génératif (parcours) », in A. J. Greimas et Joseph Courtés, éd.., *Sémiotique : dictionnaire raisonné de la théorie du langage*, volume II, Paris, Hachette, 1985, pp. 101-104, 196-197, 197-200, 201-203, 220-221, 221-225, 225-227, 227-231, 231-232.

même que, dans la plupart des cas, ces lecteurs n'utilisent pas de méthode analytique scientifique – et n'ont donc pas fait un « choix analytique » –, ils privilégient néanmoins une certaine composante du texte. Ils ont donc fait un choix textuel. La composante du texte qu'ils choisissent peut être une de celles que les biblistes étudient plus systématiquement à l'aide de leurs méthodes, mais peut aussi être une composante qui n'a pas encore été étudiée par les biblistes et pour l'étude de laquelle une méthode analytique n'a pas encore été développée[28].

Quand cela est reconnu, la première réaction des biblistes n'a plus besoin d'être la suspicion que ces interprétations ne sont pas fondées sur le texte. Au contraire, au sujet de chaque interprétation, les biblistes doivent se poser la question : Quel choix textuel cette interprétation a-t-elle fait ? Autrement dit : Quelle est la composante du texte que cette interprétation perçoit comme particulièrement signifiante ? Quand ces questions sont les premières que nous, biblistes, posons, nous sommes étonnés de découvrir que de nombreuses lectures que nous allions écarter comme autant de projections subjectives sur le texte et donc comme erronées sont en fait bien ancrées dans le texte. Nous les pensions illégitimes simplement parce que ces lectures sont centrées sur des composantes textuelles que nous ignorons ou qui ne nous intéressent pas pour une raison ou une autre. Mais de fait elles sont fondamentalement légitimes, même si elles ont besoin de quelques raffinements qu'une étude plus systématique de la composante textuelle choisie pourrait aider à amener.

Par exemple, intuitivement les croyants comparent Romains à des textes et traditions de leurs cultures, et cette comparaison rend visibles certains aspects du texte qui étaient invisibles pour les biblistes, y compris pour ceux qui pratiquent une méthode comparative. Ainsi, comme Velunta l'a montré[29], en

28. Par exemple, il faudrait prolonger les propositions pour l'étude de l'oralité de Werner H. Kelber, *The Oral and the Written Gospel : The Hermeneutics of Speaking and Writing in the Synoptic Tradition, Mark, Paul, and Q* (Philadelphia, Fortress, 1983).

29. R. E. Velunta, « Ek Pisteos Es Pistin and the Filipinos' Sense of Indebtedness », dans Kent Richards, ed., *Seminar Papers of the Society of Biblical Literature, 1998* (Atlanta, GA, Scholars Press, 1998), pp.33-59.

comparant Romains avec sa culture des Philippines comme intertexte, Celia Enriquez reconnaissait la composante communautaire du texte de Paul dans beaucoup de passages où les exégètes ne la voyaient pas, et cela en commençant par ceux qui font référence à un endettement (tel Rm 1,14, où Paul se présente comme endetté, *ofeiletès,* à l'égard des Grecs et des barbares, des gens cultivés et des ignorants ; voir aussi 13,7-8), concept qui est semblable à celui de *utang na loob* en tagalog. Comme Velunta le montre, loin de considérer Celia Enriquez comme une ignorante dont ils n'ont rien à apprendre, les biblistes devraient reconnaître qu'ils ont une dette envers elle, car elle les aide à relire Romains du point de vue de ce concept qui jouait aussi un rôle important dans la vie en famille et en communauté dans le monde hellénistique.

Qu'on ne s'étonne pas de cette attitude plus ouverte à l'égard des interprétations par les croyants. C'est précisément celle que l'on adopte à l'égard des croyants du passé quand on étudie l'histoire de la réception d'un texte biblique *(Wirkungsgeschichte),* comme l'a fait Luz dans son remarquable commentaire sur Matthieu, ou comme mes collègues le font dans leurs études de l'interprétation de Romains par Augustin et d'autres théologiens ou groupes tout au long de l'histoire de l'Église[30]. Mais, dira-t-on, ce sont là des cas extraordinaires ! Ces autorités s'assuraient que leurs interprétations étaient bien fondées sur le texte biblique !

Ces objections présupposent que les biblistes sont les seuls à vérifier la légitimité de leurs lectures. En réponse à cette attitude, les théologiens systématiciens, telle Cristina Grenholm, rappellent aux biblistes que, même lorsqu'ils choisissent une interprétation différente de celle qui est en vogue dans leur milieu, les théologiens s'assurent de sa légitimité en examinant le texte de près. De fait, quand on compare leurs interprétations aux exégèses, on s'aperçoit que ces théologiens ont simplement choisi comme la plus signifiante une composante du texte que

30. Voir les travaux du séminaire interdisciplinaire mentionné ci-dessus : D. Patte et E. TeSelle, eds., *Engaging Augustine on Romans : Self, Context, and Theology in Interpretations* (Harrisburg, PA, Trinity, 2003) et K. Gaca et L. Welborn, eds., *Patristic Readings of Romans* (2004).

les exégètes ont laissée de côté sans vraiment nier son existence. C'est ce que Grenholm a montré en comparant les interprétations de Romains par les théologiens Barth et Nygren, à celles des biblistes Cranfield et Wilckens[31].

Mais il faut faire un pas de plus. Ni les biblistes ni les théologiennes ne doivent oublier que, lorsque les croyantes lisent le texte comme Écriture, elles aussi s'assurent de la légitimité de leurs interprétations. Elles font implicitement et intuitivement ce que les biblistes font explicitement à l'aide de méthodes critiques. Les croyantes s'assurent que la Parole de Vie dont elles vont vivre est bien un enseignement du texte biblique. Pour cela elles s'efforcent d'identifier les interprétations légitimes et de rejeter celles qui sont illégitimes. Pour elles aussi c'est un choix décisif. Elles ne peuvent pas prendre le risque que leurs interprétations soient erronées, puisqu'elles mettent en jeu leur vie, ou tout au moins leur qualité de vie. En bref, même sans l'expertise que les biblistes ont du fait de leur apprentissage méthodologique, le plus souvent les croyantes lisent la Bible avec beaucoup d'attention et de perspicacité, comme le rabbin Jonathan Magonet le montre à travers toute une série d'exemples dans son ouvrage, *A Rabbi's Bible*[32]. C'est une première raison de considérer leurs interprétations comme légitimes jusqu'à preuve du contraire, plutôt que de les considérer d'emblée comme suspectes.

VERS UNE INTERPRÉTATION CRITIQUE QUI RENDE COMPTE DE SES AUTRES CHOIX INTERPRÉTATIFS

Certes, les croyants lisent le texte biblique avant tout pour son enseignement théologique et moral. Et ils choisissent une lecture plutôt qu'une autre parce qu'ils y trouvent un enseignement théologique qui est plus en accord avec leurs convictions religieuses ou parce qu'ils y trouvent une solution aux problèmes

31. Cristina Grenholm, *Romans Interpreted : A Comparative Analysis of the Commentaries of Barth, Nygren, Cranfield and Wilckens on Paul's Epistle to the Romans*, Acta Universitatis Upsaliensis, Stockholm, Almqvist & Wiksell, 1990.

32. Jonathan Magonet, *A Rabbi's Bible* (London, SCM, 1991). En particulier, p. 25.

concrets de leur vie. Mais les biblistes eux aussi choisissent leurs interprétations pour des raisons théologiques et contextuelles.

Parce que, trop souvent, nous biblistes fermons les yeux sur ces autres choix, nous oublions que nous devons rendre compte non seulement de la légitimité de nos interprétations – ce que nous faisons devant nos collègues dans le monde académique –, mais aussi et surtout de la plausibilité et de la validité de nos interprétations devant l'ensemble de ceux et celles dont la vie est marquée par les lectures de la Bible comme Écriture. La *lecture globaliste* nous rappelle cette obligation à l'égard des croyantes qui lisent la Bible comme Parole de Vie et aussi à l'égard de toutes celles qui sont directement ou indirectement affectées par nos lectures de la Bible.

LES CHOIX THÉOLOGIQUES OU HERMÉNEUTIQUES DES BIBLISTES

Afin de montrer que les choix analytiques et textuels des biblistes sont corrélés avec des choix théologiques ou herméneutiques, il suffit de faire quelques remarques au sujet des trois types d'interprétation de Romains mentionnés ci-dessus.

Car, au lieu d'identifier ces trois types d'interprétation par leurs méthodologies et leurs choix analytiques et textuels, on peut facilement les identifier par les catégories théologiques qui les caractérisent. Comme on sait, et comme le montrent souvent les titres des ouvrages mentionnés ci-dessus, l'enseignement de Romains est centré sur :

a) *la justification par la foi et la justice de Dieu* manifestée par la mort de Jésus Christ sur la croix, d'après les interprétations philologiques de l'argument théologique de Romains ;
b) *la nouvelle alliance en Jésus Christ* qui inclut à part entière les païens comme les juifs[33], d'après les interprétations rhétoriques de Romains comme discours ;

33. K. Stendahl, *Paul among Jews and Gentiles, and Other Essays* (Philadelphia, Fortress Press, 1976).

c) *le triomphe apocalyptique de Dieu* sur les puissances du mal, un triomphe inauguré par la résurrection du Christ Jésus, d'après les interprétations comparatives qui lisent Romains (et les autres lettres de Paul) à la lumière des textes et traditions apocalyptiques juives[34].

Sans présenter dans cet article l'ensemble des choix théologiques faits dans chaque type d'interprétation, je me contente ici de formuler une observation et de donner quelques indications sur les différences entre ces trois types d'enseignement théologique.

D'abord, une observation qui est aussi un rappel : pour la *lecture globaliste*, ces trois enseignements théologiques de Romains, bien qu'ils soient fort différents et même contradictoires sur certains points, sont légitimes. Tous les débats pour savoir ce que Paul voulait vraiment dire, ou sur ce qui est au centre de sa pensée sont futiles ! Même si on pouvait les résoudre, il n'en demeurerait pas moins que ces divers effets de sens (les trois que j'ai choisis de mettre en évidence, aussi bien que d'autres) ont marqué et continuent de marquer les lecteurs de Romains. Chacun est basé sur une des composantes du texte de Romains, un choix textuel qui, à son tour, engendre des choix sémantiques : l'interprète est amené à donner la préférence à certaines constructions grammaticales plutôt qu'à d'autres (par exemple, en choisissant de lire *pistis Christou* comme un génitif subjectif plutôt qu'un génitif objectif, ou vice versa) ainsi qu'à choisir certaines des connotations parmi celles offertes par les mots que Paul utilise.

Les différences entre ces trois types d'enseignement théologique apparaissent dès que l'on suggère en quelques mots quels sont pour chacun les concepts théologiques clés et comment ils s'articulent.

Les interprétations philologiques construisent leurs catégories théologiques par l'étude des termes utilisés par Paul

34. Que je choisis comme exemple ici, du fait de mes propres préoccupations théologiques. Les études comparatives de Romains à son milieu hellénistique sont centrées sur d'autres questions théologiques.

(par exemple, pour le péché, des termes tels que *hamartia, hamartôlos*) et leur place respective dans l'argument de Paul. Dans ces interprétations bien connues, pour lesquelles l'enseignement théologique de Romains est centré sur la justification par la foi et la justice de Dieu, le *péché* est conçu comme une rébellion des individus contre Dieu et donc comme provenant d'un défaut de volonté ; ils sont donc coupables devant la justice de Dieu et son tribunal. La délivrance du péché est la justification des pécheurs comprise comme le pardon de leur dette *acquittée par Jésus Christ,* mort à leur place pour satisfaire la justice de Dieu. La *grâce* est comprise ici dans un sens juridique : c'est le pardon sans condition, gratuit. Par la *foi en Jésus Christ,* c'est-à-dire en croyant que Jésus Christ est mort pour les pécheurs et en plaçant sa confiance en lui, on se met au bénéfice de sa mort et on est justifié. Cette foi est elle-même un don gracieux de Dieu. Les croyants sont donc *prédestinés* au salut. De même que Dieu a démontré son amour pour les pécheurs en leur donnant son Fils, *aimer,* c'est s'offrir en sacrifice pour les autres ; c'est donner ce que nous avons et que ceux qui sont dans le besoin n'ont pas.

Les interprétations rhétoriques construisent leurs catégories théologiques par l'étude de la *dispositio* dans Romains, dont la pointe est plus directement reconnaissable vers la fin du discours. À la suite de Stendahl, Stowers et Gager[35], il faut donc d'abord prendre note que le problème théologique principal est celui de l'*arrogance* des juifs à l'égard des païens et, vice versa, celle des pagano-chrétiens à l'égard des juifs. Cet enseignement théologique concerne donc les relations à Dieu des deux communautés, et de ces communautés entre elles. Le concept de l'alliance est l'horizon de cet enseignement théologique, mais il s'agit d'une alliance élargie. Le titre d'enfants de Dieu ou de participants à cette alliance n'est pas réservé exclusivement aux juifs mais est aussi ouverte à ceux qui ne sont pas juifs – les païens, qui par définition sont des pécheurs. La bonne nouvelle en Jésus Christ est que Dieu n'est pas partial. La fidélité de Dieu à cette alliance établie en Christ

35. John G. Gager. *Reinventing Paul* (Oxford-New York, Oxford University Press, 2000).

n'est rien d'autre qu'une manifestation de la justice de Dieu (*dikaiosunè théou*) à l'égard de tous – les Juifs comme les Grecs (Rm 1,16-17). Cette alliance est établie « par le sang de Christ qui est mort pour nous » (3,21-28 ; 5,8-9). Ici, c'est un sacrifice d'alliance (et non pas de propitiation, comme dans l'interprétation précédente) qui établit les croyants dans une relation juste avec Dieu comme *dikaioumenoi* – c'est-à-dire comme des personnes inscrites dans une relation d'alliance avec Dieu. Les Juifs étaient déjà en alliance avec Dieu et le demeurent (« car les dons et l'appel [l'élection] de Dieu sont irrévocables », 11,29). Maintenant, les Grecs en sont aussi bénéficiaires. Comment a été établie cette nouvelle alliance ? Par la fidélité du Christ (*pistis Christou,* et non par « la foi en Christ »). Qui participe à cette alliance ? Tous les croyants – c'est-à-dire tous ceux et celles qui répondent fidèlement (« par la foi/fidélité » et donc Paul parle de « l'obéissance de la foi » *hupakoè pisteôs,* 3,5) à cet appel qui est aussi une vocation (prédestination – 8,29-30) pour un service particulier (être conforme à l'image du Christ – 8,9), lequel inclut de s'offrir en sacrifice vivant pour les autres (11,1-2) en s'adaptant au besoin des autres comme Christ l'avait fait et ainsi en étant le corps du Christ. Qu'en est-il de la question du salut et de la délivrance du péché et du jugement dernier ? C'est ici une question secondaire : « Et puisque maintenant nous sommes justifiés par son sang [mis en relation juste avec Dieu dans cette nouvelle alliance scellée par son sang], à plus forte raison serons-nous sauvés par lui de la colère » (5,9).

Les interprétations comparatives qui lisent Romains à la lumière de l'apocalyptique juive construisent leurs catégories théologiques par l'étude de la *figurativisation* du texte de Paul. Dans ces interprétations (voir Käsemann, Beker et Patte[36]), pour lesquelles l'enseignement théologique de Romains est centré sur *le triomphe de Dieu sur les puissances du mal,* le problème fondamental est celui des puissances du mal et du péché comme pouvoir qui tient les humains en servitude. C'est ce que la plupart des traductions trouvent exprimé dans

36. Pour faire court, je résume ici Patte, *Paul, sa foi et la puissance de l'Évangile*, pp. 180-232.

l'expression *pantas huf' hamartian einai* (3,9) que, par exemple, la TOB traduit : « tous... sont sous l'empire du péché ». Ici, au lieu de satisfaire la justice de Dieu en mourant à la place des pécheurs (la première interprétation) ou d'établir tous les humains en relation juste avec Dieu dans la nouvelle alliance (la deuxième interprétation), la mort *et la résurrection* du Christ et l'Évangile qui les proclame sont des interventions de la « puissance de Dieu pour le salut de quiconque croit » (1,16). Le péché, et ses manifestations – la mort (7,9-11), les idolâtries en tout genre et la destruction qu'elles amènent (1,18-32) – sont des puissances maléfiques contre lesquelles les humains ne peuvent rien. Seules des interventions divines peuvent délivrer les humains de leur asservissement à ces puissances maléfiques. La Bonne Nouvelle de l'Évangile est qu'avec la résurrection de Jésus l'ère eschatologique a été ouverte. Ce n'est pas avant tout le temps de la manifestation du jugement dernier (bien que celui-ci soit aussi manifesté – 1,18), mais surtout le temps où Dieu accomplit ses promesses, en intervenant avec puissance non seulement en Christ (en le ressuscitant des morts), mais aussi dans des manifestations christiques (à travers ceux qui sont le corps de Christ ou qui vivent « en Christ »). Par la foi (non seulement la foi que Dieu est intervenu en Christ, mais aussi que cette intervention de Dieu en Christ est une promesse que Dieu intervient aujourd'hui de manière semblable) les croyantes sont libérées des idolâtries ou autres obsessions qui les tiennent sous leur empire et peuvent alors vivre « en Christ » et ainsi devenir à leur tour des membres du corps du Christ.

LES CHOIX CONTEXTUELS ET ÉTHIQUES

Les biblistes privilégient les choix analytiques ou textuels mais, comme nous venons de le voir, ceux-ci n'en sont pas moins corrélés à certains choix théologiques ou herméneutiques. Inversement, les croyants et les théologiens privilégient les choix théologiques ou herméneutiques, mais ceux-ci n'en sont pas moins corrélés à certains choix textuels. Il reste à souligner que ces deux types de choix sont aussi corrélés à un troisième type de choix : des choix contextuels ou éthiques.

Les féministes et les théologiens de la libération ont dénoncé les effets néfastes et souvent monstrueux des interprétations patriarcales, sexistes, antisémites, oppressives, colonialistes et racistes. Ce faisant, ils ont montré le rôle particulier que les choix *contextuels et éthiques* jouent dans le processus interprétatif des textes bibliques[37].

De fait, ce choix contextuel est souvent le premier que les croyantes font quand elles lisent le texte biblique en quête d'une Parole qui leur permettra de résoudre un problème de leur vie quotidienne, que ce soit dans leur vie privée, en famille, en société ou dans la communauté chrétienne. Le choix contextuel dépend du problème contextuel qu'il s'agit de résoudre. Pour les féministes et autres théologiennes de la libération, c'est une des questions qu'il faut soulever le plus tôt possible de manière à, soit dénoncer les interprétations qui sont néfastes, soit promouvoir les interprétations qui sont bénéfiques et libératrices[38]. De même pour une pratique de la *lecture globaliste*, l'identification de la valeur contextuelle de chaque interprétation est la raison d'être de cette approche interdisciplinaire et son but ultime.

Le choix contextuel d'une interprétation consiste non seulement à interpréter le texte du point de vue du contexte qui préoccupe l'interprète (par exemple en cherchant dans le texte la solution à un problème que l'on a déjà identifié dans ce contexte) mais aussi permettre au texte d'interpréter ce contexte (par exemple en aidant l'interprète à comprendre la nature des problèmes dans ce contexte).

37. Mieke Bal, *Murder and Difference : Gender, Genre, and Scholarship on Sisera's Death* (Bloomington, Indiana University Press, 1988) ; Elisabeth Schüssler Fiorenza, « The Ethics of Interpretation : De centering Biblical Scholarship », *Journal of Biblical Literature*, 107 (1988), pp. 3-17 ; et *Rhetoric and Ethic : The Politics of Biblical Studies* (Minneapolis, Fortress, 1999) ; Cain Hope Felder, *Troubling Biblical Water : Race, Class, Family* (Maryknoll, NY, Orbis Books, 1989) ; Cain Hope Felder, ed., *Stony the Road We Trod ; African American Biblical Interpretation* (Minneapolis, Fortress, 1989). Voir aussi Daniel Patte, *Ethics of Biblical Interpretation : A Reevaluation* (Louisville, Westminster John Knox, 1995).

38. De ce fait, il est important de considérer les lectures de la Bible qui rendent compte de leur caractère contextuel, telles celles dans R. S. Sugirtharajah, *Voices from the Margin : Interpreting the Bible in the Third World*, 2e éd., Maryknoll, NY, Orbis Books, 1995. Voir aussi, D. Patte, S. Croatto, A. Lee, T. Okure, N. Wilkinson Duran, eds., *A Global Bible Commentary* (Nashville, Abingdon Press, 2004).

On pourrait penser qu'une interprétation qui proclame « la justification par la foi », bien évidemment bénéfique pour tous ceux et celles qui sont paralysés par leur culpabilité et théologiquement plausible aux yeux de beaucoup de croyantes, n'a pas de ramifications morales au-delà de la vie privée des croyantes. Alors on est surpris de découvrir qu'Elsa Tamez décrie les ravages de cette interprétation pour les femmes chrétiennes dans les *barrios* des quartiers Sud de San José, Costa Rica[39].

De même, quand on cherche à comprendre la tragédie du racisme à la lumière de Romains et à discerner quelle interprétation de Romains pourra le mieux aider à affronter ce problème, il s'avère rapidement que l'on perçoit le racisme de manières fort différentes selon l'interprétation de Romains avec laquelle on cherche à le comprendre[40].

CHOISIR UNE PRATIQUE DE LA CRITIQUE SCRIPTURAIRE

J'ai insisté tout au long de cet article sur les choix interprétatifs que nous faisons en tant que lecteurs. Au-delà de ces choix, nous avons aussi un choix de « pratique » des études bibliques. Au début de cet article, j'ai indiqué les raisons théoriques et pédagogiques de ce choix. En concluant je dois en dire les raisons contextuelles et éthiques.

En prenant au sérieux que toute interprétation fait nécessairement des choix interprétatifs et en rappelant aux biblistes que leurs travaux ne sont scientifiques que pour autant qu'ils rendent compte de leurs démarches interprétatives, j'ai simultanément et volontairement mis au défi notre arrogance en tant que biblistes qui prétendons avoir un droit de veto sur les interprétations des théologiennes et des croyantes.

En milieux académiques, quand les biblistes proposent une interprétation particulière comme étant la « meilleure » – ce

39. Elsa Tamez, *The Amnesty of Grace: Justification by Faith from a Latin American Perspective*, trad. angl. Sharon H. Ringe (Nashville, Abingdon Press, 1993).

40. C'est le sujet de mon interprétation contextuelle de Romains dans *A Global Bible Commentary*, Nashville, Abingdon Press, 2004.

que les biblistes font souvent –, ils doivent eux aussi assumer la responsabilité de leurs choix théologiques et contextuels en tant que tels. C'est une question de déontologie académique. Longtemps, on a cru pouvoir identifier ces choix par un examen introspectif de ses propres présuppositions. Mais cette approche s'est révélée très aléatoire. Une pratique de la *lecture globaliste* permet de dire les choix théologiques/herméneutiques et contextuels que l'on a faits grâce à la comparaison d'une interprétation donnée avec des interprétations fort différentes, telles celles qui proviennent d'autres cultures. Alors nous, biblistes, pouvons peser la valeur relative de notre choix: quel est l'effet de ce choix sur les autres qui nous entourent. Notre pratique des études bibliques devient une « pratique autre »: une pratique avec les autres qui proposent des interprétations différentes que nous pouvons et devons respecter. Notre but pédagogique à l'égard de nos étudiants dans les cercles académiques est de les inviter à suivre notre exemple.

La *lecture globaliste* est une « pratique autre » aussi dans le sens que, en tant que biblistes, nous sommes au service de tous les autres lecteurs et lectrices de la Bible – et donc aussi des croyants. Quel est notre rôle à leur égard? Quel avantage avons-nous sur les non-spécialistes? Non pas celui d'avoir (de posséder) la seule interprétation légitime et plausible, mais tout simplement celui de connaître l'histoire de l'interprétation des textes bibliques, ou en tout cas une pluralité d'interprétations de chaque texte.

La plupart du temps, les croyants (et souvent les théologiens et les biblistes) n'ont pas du tout le sentiment d'avoir fait un choix. L'enseignement théologique et contextuel qu'ils perçoivent est, pour eux, simplement « ce que le texte voulait dire ». En montrant aux croyants (et à tous les autres) différentes possibilités, une pratique de la *lecture globaliste* les aide à reconnaître qu'ils ont fait des choix théologiques et contextuels. Cela pourra les amener à adopter une autre interprétation que celle qu'ils avaient choisie originellement[41]. Mais le but d'une

41. C'est ce qui arrive quand ces croyants découvrent que cet autre enseignement est théologiquement ou moralement « meilleur » pour eux dans leur contexte – peut-être parce qu'il est plus conforme à leurs convictions ou préoccupations, ou au contraire parce qu'il les renouvelle et les transforme.

pratique de la *lecture globaliste* n'est pas de proclamer qu'un enseignement de Romains est « universellement » meilleur que les autres (un anathème pour les féministes et les théologiens de la libération). Son but est plus simplement d'amener les croyants et autres interprètes à reconnaître qu'ils ont fait un choix théologique et contextuel, à se poser la question de savoir si c'est bien, de leur point de vue, le meilleur des choix. Le but pédagogique des biblistes est d'amener les croyants à assumer la responsabilité de leur interprétation et de ses choix théologiques et contextuels.

Une croyante qui a lu Romains en quête d'une Parole de Vie et à qui on a montré les autres options, peut alors assumer la responsabilité de ses choix théologiques et contextuels et en même temps celle de sa foi en confessant : « Oui, c'est bien la Parole de Vie que ce texte de l'Écriture a pour nous dans notre contexte aujourd'hui. C'est ce que je crois. *Credo.* » Mais une pratique de la *lecture globaliste* lui demande de faire cette confession dans une communauté. Les croyantes sont appelées à assumer leur responsabilité pour leur interprétation de manière à ouvrir un dialogue avec les autres pour discerner l'interprétation qui est la meilleure « pour nous aujourd'hui ». Avec les membres de l'Église des Onze Apôtres (une église que j'ai visitée au Botswana et qui est dirigée surtout par des femmes), il faut avoir l'humilité de conclure sa proclamation de l'enseignement d'un texte biblique en demandant : « Frères et sœurs, priez pour moi pour que je comprenne mieux les Écritures. » Et ces frères et sœurs le font aussitôt, avant d'offrir leurs propres interprétations et de demander à leur tour : « Frères et sœurs, priez pour moi pour que je comprenne mieux les Écritures. »

TABLE DES MATIÈRES

Introduction 9
Lectures littéraires 11
Lectures psychosociales 13
Lectures politiques 16
Lectures « interpellantes » 19

Lectures littéraires

Critique littéraire 23
Rhétorique du Deutéronome et construction de la mémoire collective, *par Robert Alter* 23
Rhétorique et Deutéronome 24
Recomposer la mémoire nationale 27
Contre les païens 30
Le Sinaï comme lieu de médiation 32
L'image absente de Dieu 34

Lecture rhétorique 40
Difficultés et enjeux d'une nouvelle approche, *par Jean-Noël Aletti* 40
Brève description des questions 40
La rhétorique comme *« dispositio »* 43
Rhétorique et persuasion 53
La rhétorique comme *« elocutio »* 62
Conclusion : rhétorique et herméneutique 66

Lecture canonique 67
Histoire, canon et débuts du christianisme,
par James A. Sanders 67
La formation du canon juif 72
La littérature prophétique 81
Une relecture du prophète Isaïe – Luc 4,16-30 87
Bibliographie 93

Lectures psychosociales

Lecture féministe 97
Viol, lecture et représentation en Genèse 34,
par Danna Nolan Fewell 97
Lecture féministe et subjectivité féminine 97
Crime et châtiment 101
Comportement ignoble 103
Représentation et fiabilité 105
Ce qui fait problème à propos du viol 107
Trouver un espace pour le sens 111
Bibliographie 113

Lecture culturelle et anthropologique 115
Élie et Élisée, guérisseurs et hommes de Dieu,
par Thomas W. Overholt 115
Élie et Élisée, hommes de pouvoir – 2 R 4,8-37 ; 1 R 17,8-16 118
Nourriture et folklore 120
Guérison et résurrection 122
« Miracles » et croyance 133
Connaissance à distance 136
Équipement et assistants 137
Conclusion 138
Bibliographie 140

Lecture socioscientifique 141
Illustration par l'accusation du Mauvais Œil en Galatie,
par John H. Elliott 141
Émergence et développement de la critique socioscientifique 144
Caractéristiques de la critique socioscientifique 146
Dividendes pour l'interprétation 150

L'accusation du Mauvais Œil en Galates – Ga 4,12-15 153
Croyance et pratique du Mauvais œil 154
Accusations de Mauvais Œil en Galatie 159
Conclusion 164
Bibliographie 166

Lecture psychologique 168
L'expérience de la foi chez Paul, *par Wayne G. Rollins* ... 168
Histoire des études psychologiques 169
Bases théoriques 174
Méthode des études psychologiques 177
Programme de recherche 178
Rm 7-8 : Paul face à la loi 190
Bibliographie 195

Lectures politiques

Lecture « libérationniste » 201
Schisme ou processus de libération ?
« L'envers de l'histoire » dans 1 Rois 12,
par Severino Croatto 201
La vision deutéronomiste de l'histoire 201

La rédaction de l'histoire de Salomon – 1 R 12 204
La pratique administrative de Salomon 218

Lecture idéologique 222
La guérison du centurion, *par David Jobling* 222
Qu'est-ce que l'idéologie ? Pourquoi la lecture idéologique ? 223
Lecture idéologique, histoire et Bible 229

Une lecture idéologicocritique de Luc – Lc 7,2-10 236
Bibliographie 244

Lecture postcoloniale 246
Jean ou la vision d'un monde alternatif, *par Fernando F. Segovia* 246
Débuts de la discipline 246
Une discipline et son contexte 252

Analyse postcoloniale du prologue de Jean – Jn 1,1-8 261
Prospective 271

Lecture impérialiste 273
Christianisme primitif et monde romain, *par Warren Carter* 273
Qu'est-ce qu'une approche selon la critique impériale ? 274
Occultation du pouvoir impérial romain 277
Objectifs 280
L'empire, au centre de la réflexion 281
Modèles d'empire 282
L'empire romain : enquête historique et archéologique 287
Communautés chrétiennes, textes chrétiens et monde impérial 291
« Chefs religieux » dans les évangiles 297

Lecture politique 306
Le cas mystérieux de l'Apôtre Paul, *par Neil Elliott* 306

Rhétorique de Paul et idéologie impériale 309
Lire Paul à l'ombre de l'empire 311
Perspectives 313
Bibliographie 314

Lectures interpellantes

Lecture postmoderne 319
Un exercice d'interprétation paulinienne, *par A. K. M. Adam* 319
Présentation de la lecture postmoderne 319

« Je ne pense pas avoir baptisé quelqu'un d'autre » – 1 Co 1,12-17 324

Lecture globaliste 338
L'épître aux Romains, *par Daniel Patte* 338
La lecture comme choix d'une interprétation 340
Les trois types de choix interprétatifs 341
Les choix analytiques ou textuels faits par les biblistes étudiant Romains 342
Les choix textuels des théologiens et des croyants 350
Vers une interprétation critique qui rende compte de ses autres choix interprétatifs 353
Les choix théologiques ou herméneutiques des biblistes 354
Les choix contextuels et éthiques 358
Choisir une pratique de la critique scripturaire 360

LES AUTEURS

A. K. M. Adam, professeur de Nouveau Testament au Seabury-Western Theological Seminary d'Evanston (Illinois) ; prêtre, auteur conférencier spécialiste de l'interprétation théologique des Écritures saintes, de la théorie postmoderne, de technologie et d'Internet ; éditeur d'un weblog célèbre.

Jean-Noël Aletti, professeur d'exégèse du Nouveau Testament à l'Institut biblique pontifical de Rome.

Robert Alter, professeur d'hébreu et de littérature comparée à l'Université de Californie, Berkeley ; auteur de divers ouvrages sur les aspects littéraires de la Bible, dont récemment *The Five Books of Moses. A Translation with Commentary,* Norton, 2004.

Warren Carter, professeur de Nouveau Testament à la Saint Paul School of Theology de Kansas City (Missouri) ; auteur de *Matthew and the Margins : A Social-Political and Religious Reading,* Orbis-Continuum, 2000 ; *Matthew and Empire,* Trinity Press International, 2001 ; *Pontius Pilate,* Liturgical, 2003 ; *Negociating Rome's World : The New Testament – An Essential Guide,* Abingdon, à paraître en 2006.

Severino Croatto, décédé en 2004, était professeur à l'Instituto superior evangelico de estudios teologicos (ISEDET) de Buenos Aires (Argentine) ; éditeur associé du *Global Bible Commentary,* Nashville, Abingdon, 2004.

John H. Elliott, professeur émérite au département de théologie et d'études religieuses de l'Université de San Francisco (Californie).

Neil Elliott, aumônier de l'Université du Minnesota, enseignant au département d'Études religieuses à la Metropolitan State University ; auteur de nombreux livres et articles sur l'apôtre Paul, dont *Liberating Paul,* Orbis, 1994 ; membre du comité directeur de la Paul and Politics Section de la Society of Biblical Literature ; membre fondateur du Haiti Justice Committee du Minnesota.

Danna N. Fewell, professeur de Bible hébraïque à la Caspersen School of Graduate Studies à l'université Drew de Madison (New Jersey) ; auteur de nombreux ouvrages, dont le plus récent : *The Children of Israel : Reading the Bible for the Sake of Our Children,* Abingdon, 2003.

David Jobling, professeur retraité d'Écritures hébraïques au St. Andrew's College, Saskatoon ; auteur de *1 Samuel* dans la série Berit Olam, co-auteur de *The Postmodern Bible* et coéditeur de *The Postmodern Bible Reader*; ancien rédacteur en chef de la revue *Semeia.*

André Lacocque, professeur honoraire du Chicago Theological Seminary ; directeur fondateur du Center for Jewish-Christian Studies (Chicago) ; coauteur avec Paul Ricœur de *Penser la Bible* (Paris, Seuil, 1998).

Thomas W. Overholt, professeur retraité de l'Université du Wisconsin à Stevens Point ; auteur de plusieurs livres, dont *Cultural Anthropology and the Old Testament*, Fortress, 1996.

Wayne G. Rollins, professeur assistant d'Écritures saintes au Hartford Seminary (Hartford, Connecticut) ; professeur émérite d'Écritures saintes à l'Assumption College de Worcester (Massachusetts).

James A. Sanders, fondateur et président émérite du Centre des manuscrits bibliques anciens et professeur émérite d'études bibliques à la Claremont School of Theology et à la Claremont Graduate University ; a publié les rouleaux des Psaumes des manuscrits de la mer Morte ; ancien président de la Society of Biblical Literature et ancien administrateur des American Schools of Oriental research.

Fernando F. Segovia, professeur de Nouveau Testament et du christianisme primitif à la Divinity School et au Département supérieur des religions à l'université Vanderbilt de Nashville (Tennessee).

Mis en pages par DV Arts Graphiques à Chartres,
cet ouvrage a été achevé d'imprimer par Normandie Roto s.a.s., à Lonrai,
en août 2005, pour le compte de Bayard Éditions

Imprimé en France
Dépôt légal : septembre 2005 – N° d'édition : 2733
N° d'impression : 051756